Leben am See

Leben am See

Heimatjahrbuch
des Bodenseekreises

1990

Band VIII

Herausgegeben vom Bodenseekreis und der Stadt Friedrichshafen
im Verlag Senn

Impressum:

Herausgeber: Landrat Siegfried Tann und
                       Oberbürgermeister Dr. Bernd Wiedmann

Redaktionsleitung: Dr. Brigitte Ritter-Kuhn

Bereichsredaktionen:
– Gegenwart Ost   Jenny Mannheims M.A.
– Gegenwart West   Dr. Brigitte Ritter-Kuhn
  und Umwelt
– Geschichte   Elmar L. Kuhn
– Kunst   Eva Moser M.A.
– Literatur   Oswald Burger
– Gemeindechroniken   Dagmar Miedzianowski
– Kreischronik   Dieter Bucher
– Statistik   Wilfried Franke

Die Verantwortungsbereiche der Redaktionen sind nicht identisch mit der Gliederung der Themenbereiche in diesem Band.

Beirat:
– Stadt Friedrichshafen Udo Haupt, Dr. Georg Wieland
– Stadt Überlingen   Dorothee Kuczkay
– Stadt Tettnang   Erika Dillmann
– Wirtschaft   Hubert Horn, Dr. Manfred Pütz, Wolfgang Schmidt, Horst Voigt
– Soziales   Claudius Beck, Egon Stoll
– Sport   Kurt Heinzelmann
– Umwelt   Friedrich Beran, Joachim Kruschwitz

Satz und Druck: Druck + Verlag Lorenz Senn GmbH & Co KG, Tettnang

Farb-Repros: BGSD Color Reproduktion GmbH Tettnang

Buchbinderei: Großbuchbinderei Moser Weingarten

Spenden für das Heimatjahrbuch

Ewald Bauer & Co. KG, Kieswerk, 8992 Wasserburg
Anton Baumann, Holzwerk, 7994 Langenargen
Bergpracht-Milchwerk Halder & Co., 7992 Tettnang-Siggenweiler
Bezirkssparkasse Überlingen, 7770 Überlingen
Bodenseewerk Gerätetechnik, 7770 Überlingen
Bodenseewerk Perkin Elmer, 7770 Überlingen
Dornier GmbH, 7990 Friedrichshafen
Elektroteile GmbH, 7772 Uhldingen-Mühlhofen
Feinwerktechnik Schleicher & Co. International AG, 7778 Markdorf
Ifm-electronic GmbH, 7992 Tettnang
Kreissparkasse Friedrichshafen, 7990 Friedrichshafen
Landesbausparkasse Württemberg, 7000 Stuttgart
Motoren- und Turbinen-Union FN GmbH, 7990 Friedrichshafen
Sparkasse Konstanz, 7750 Konstanz
Sparkasse Salem-Heiligenberg, 7777 Salem
Steurer GmbH & Co.KG, 7990 Friedrichshafen
Südwestfunk GmbH Baden-Baden (aus Mitteln der Werbung)
Dieter Vöhringer, 7991 Oberteuringen
J. Wagner GmbH, 7778 Markdorf
Winterhalter Gastronom GmbH, 7996 Meckenbeuren
Zahnradfabrik Friedrichshafen AG, 7990 Friedrichshafen
Zwisler GmbH & Co. KG, 7992 Tettnang

Vorwort der Herausgeber

Liebe Leserinnen und Leser,

beim diesjährigen Neujahrsempfang der Stadt Friedrichshafen sprach der Schriftsteller und Journalist Peter Hamm über das Thema Reisen und zitierte dabei den französischen Philosophen Pascal: „Alles Unglück rührt daher, daß der Mensch nicht allein in seinem Zimmer bleiben kann." Aber die Menschen wollen nicht in ihrem Zimmer bleiben, sie reisen, um aus immer anderen Zimmern, Zellen, Vehikeln auf immer andere Zinnen, Gipfel und Seen zu blikken. Was immer mehr Menschen Freude bereitet, bereitet zusammengesehen jedoch immer weniger Freude.

Der Bodensee ist stolz, Fremdenverkehrslandschaft zu sein, also eine Gegend, wo noch Landschaft übrig geblieben und Historie zu besichtigen ist. Daß weiterhin etwas übrig bleibt, ist sowohl das Interesse derer, die hier wohnen als auch derer, die hierhin reisen. Dieses Jahr nun war die Fremdenverkehrssaison wieder besonders erfolgreich, Freud und Leid rückten einander noch näher. Des „Europäischen Jahrs für Fremdenverkehr", dieser Ermunterung, bedurfte es nicht mehr. Genug also der Anlässe, einmal auf das Thema Fremdenverkehr als eines der Schwerpunkte des Jahrbuchs etwas ausführlicher einzugehen.

Fremdenverkehr, er lebt von einer heilen Umwelt und bedroht sie gleichzeitig. Fremdenverkehr ist zuallererst Verkehr, ein Thema, das sich zwangsläufig anschließt. „Wo alles zu viel fährt, geht alles sehr schlecht," fand Herr Seume schon um 1800.

Fremdenverkehr, da kommen Fremde, freundlicher als Gäste bezeichnet. Aber nicht alle Fremde, Gäste, gerade im letzten und diesem Jahr, kamen freiwillig, gerne. Schon die Geschichte des Reisens begann ja mit einer unfreiwilligen Reise, der Vertreibung aus dem Paradies, und viele, die in den letzten Jahren zu uns kamen, verließen kein Paradies, sondern suchten eine menschenwürdige Existenz. Auch diesen Menschen, die eine Heimat verließen, die ihnen keine war, um eine Heimstatt zu finden, gebührt Aufmerksamkeit in einem Heimat-Jahrbuch. Für viele, die zu uns kamen, war die Reisefreiheit nicht das unwichtigste Freiheitsrecht. Freilich, zur Reise gehört die Wiederkehr, und dann werden sie, werden wir feststellen, wir sind auf wichtigere Freiheiten angewiesen.

Mancher Leser wird vielleicht ein Kapitel Geschichte vermissen, aber sie fehlt nicht in diesem Buch. Vielmehr soll Geschichte hier einlösen, was Braudel, der bekannteste französische Historiker ihr abverlangt: „Die ausdauernde Befragung der Vergangenheit im Namen der Probleme und der Wißbegier der Gegenwart". Gerade derzeit erleben wir ja wieder Realgegenwart als Geschichte, und die Beseitigung von Grenzen wird auch unsere Grenzsituation verändern.

Wo alles in Bewegung ist, die Menschen im Raum, die Geschichte in der Zeit, bleibt auch unser Jahrbuch nicht unbewegt. Nach einem kurzen Interregnum haben wir eine neue Redaktionsleitung. Neben den genannten Schwerpunktthemen bietet sie wieder die gewohnte Fülle an Themen, Perspektiven, Schreibweisen, Bildern.

Wir danken Frau Dr. Ritter-Kuhn und der Redaktion, dem Beirat, den Autorinnen und Autoren, den Fotografen, den Spendern, Druck und Verlag für ihr gelungenes Werk und hoffen, daß Ihnen die Lektüre Freude bereitet und Anregungen gibt.

Siegfried Tann
Landrat

Dr. Bernd Wiedmann
Oberbürgermeister

Altdorf am See: Vorbild oder Zerrbild?

Eine nicht ganz fiktive, nachdenkliche Geschichte

Erika Dillmann

Schön ist er geworden, der neue Farbprospekt für die nächste Saison! Wie sich der Surfer da auf dem blauen Wasser in den Wind legt, wie der schlanke Kirchturm vor dem Hang mit den blühenden Obstbäumen gezeichnet ist, wie der Grafiker im Vordergrund noch die Seeterrasse arrangiert und dabei nicht einmal das Glas mit dem rubinroten Seewein vergessen hat, das ist schon eine Freude. Man sieht das gewöhnlich nicht so, zugegeben, aber das wird auch nicht erwartet. Ein Werbeprospekt soll doch vor allem Stimmung vermitteln und einen Eindruck der Landschaft, und er soll etwas von dem zeigen, was dem Gast an Aktivitäten geboten wird. Auch in diesem Punkt kann Altdorf sich sehen lassen und braucht die Konkurrenz der anderen Orte am See nicht zu scheuen.

Daß Altdorf heute ganz selbstverständlich dabei ist, wenn die wichtigen Fremdenverkehrsorte in der Uferregion aufgezählt werden, das hätte sich vor ein paar Jahrzehnten noch niemand träumen lassen. Es gibt Zeiten, da erinnern sich die alten Leute fast wehmütig daran, wie es früher gewesen ist, als man noch mehr oder weniger das ganze Jahr unter sich war, den alten Beschäftigungen wie seit Generationen nachging – beim Fischen auf dem See, in den Reben, in den Obstgärten –, als der „Adler" noch kein Hotel und die Leute am Stammtisch die wichtigsten Gäste waren. Die Fremden aus der Stadt, die hier oder in der kleinen Pension am oberen Ende des Dorfes ihre Ferien verbrachten, setzten sich auch einmal dazu, oder sie schauten am Abend der Skatrunde über die Schulter. Manche kamen Jahre hindurch immer wieder, und man zählte sie fast dazu. Aber das ist lange her. Fremdenverkehr war damals noch kein Thema, jedenfalls nicht in Altdorf. Und mit Geld oder wirtschaftlichem Erfolg hatte das alles noch gar nichts zu tun.

Wie die große Veränderung angefangen hat, kann man sich heute gar nicht mehr so recht vorstellen. Es kam fast unbemerkt, es war, wie wenn ein Zug ganz langsam anrollt, und plötzlich stellt man fest, daß er schon in voller Fahrt ist, viel zu schnell, um noch an Aussteigen zu denken; aber wer hätte das überhaupt gewollt?

Auslöser war das Auto, oder besser, daß immer mehr Leute eines hatten und damit fahren konnten, wann und wohin sie wollten. Und daß immer mehr Leute immer mehr Geld hatten, belebte die Reiselust außerdem. Daß Altdorf – sozusagen als lebendige Illustration seines Namens – immer noch still am Ufer vor sich hin zu träumen schien, während sich in diesem und jenem Nachbarort der Fremdenverkehr schon kräftig entwickelt hatte, machte gerade seinen besonderen Reiz aus. Das war es ja, was die Städter suchten: das Ursprüngliche, das Unberührte, das Dorf, die Landschaft, die Natur.

So eine Übereinstimmung von Nachfrage

und Angebot mußte zum Erfolg führen, wenn man nur bereit war, ein paar Voraussetzungen zu verbessern, und Bürgermeister und Gemeinderat erkannten die Zeichen der Zeit. Alles Mögliche kam ziemlich gleichzeitig ins Rollen. Der „Adler" baute den alten Wirtsgarten zu einer hübschen Seeterrasse aus. Der Postwirt fand einen Geldgeber, stockte auf und richtete moderne Fremdenzimmer ein, der Dorfanger, nicht weit von der Schiffslände, wurde als Parkplatz ausgebaut; nicht nur für die Autos der Gäste, sondern auch für Omnibusse, die in immer größerer Zahl kamen. Die Straßen im Dorf wurden verbreitert und erhielten einen festen Belag, so daß sich auch hier Parkraum ergab, wie er immer mehr auch vor den Privathäusern gebraucht wurde. Die Altdorfer Familien hatten sich nämlich sehr rasch auf den zunehmenden Bedarf an Privatzimmern eingerichtet.

Die Rechnung ging auf, die Gästezahlen stiegen, und davon hatten nicht nur die Wirte ihren Vorteil. Beim Kaufmann zum Beispiel blieb so viel hängen, daß sich bald eine Kette entschloß, den Laden zu kaufen und einen kleinen Supermarkt einzurichten. Das machte einige bauliche Veränderungen erforderlich. Aber einmal mußte der Schritt, im Ortsbild neue Akzente zu setzen, ohnehin getan werden. Ziemlich rasch folgten Um- und Ausbauten in den Nachbarhäusern, da wurden neue Fenster eingesetzt, dort eine neue Tür, Fassaden strahlten in blendendem Weiß, prächtig gedrechselte Holzbalkone, im Sommer von Geranienrot überwuchert, unterstrichen das neue Postkarten-Image. Nach und nach verschwand, was als alt an Altdorf zu erkennen gewesen war. Eines Tages hatte sich die Dorfbäckerei als Café etabliert, der Winzerverein eröffnete eine Weinstube, ein Italiener erhielt die Konzession für eine Pizzeria. Der Erfolg schwebte hell wie eine Sommerwolke über der kleinen Gemeinde. Wer hätte dagegen etwas einzuwenden gehabt?

Bald zeigten sich eine Menge Arbeitsmöglichkeiten während der Saison, die man gern mitnahm. Der kleine Badeplatz am See mauserte sich zu einem richtigen Schwimmbad mit allem Drum und Dran. Als der Hafen, wo früher nur die Fischerboote untergebracht waren, die vielen Gondeln und Tretboote, die man für die Gäste brauchte, nicht mehr aufnehmen konnte, wurde ein richtiger Schutzhafen mit weit ausgreifender Mole gebaut, in dem nun auch die früher an Bojen vertäuten Segelboote Platz fanden, und nicht nur sie. Motorboote kamen hinzu, einer aus dem Dorf schaffte sogar ein kleines Ausflugsboot an, mit dem er während der Saison einträgliche Fahrten veranstaltete. Auf der Fläche von ein paar früheren Bauerngärten in Seenähe lockte vom Frühling bis zum Herbst eine Minigolfanlage zur Freiluftbetätigung, die abends stimmungsvoll indirekt beleuchtet wurde. Auf der Seeterrasse gab es Tanzmusik, und die inzwischen zum Hotel avancierte „Post" richtete einen kleinen Nachtclub ein.

Es war wohl um diese Zeit, daß auf die allgemeine Zustimmung zu Altdorfs rasanter Entwicklung die ersten Schatten fielen. Man konnte eines Tages die Augen nicht mehr vor der Tatsache verschließen, daß das Auto, noch vor kurzem als Umsatz und Wohlstandsbringer hoch gepriesen, zur Belastung wurde, ja, daß es ganz offensichtlich im Begriff war, das Wichtigste in Altdorfs Werbung in Frage zu stellen, nämlich die ruhige Atmosphäre und die gute Luft. Es gab kritische Stimmen im Gemeinderat und schließlich eine regelrechte Initiative mit Plänen, den großen Parkplatz aus der Dorfmitte an den Rand, nicht weit von der Bundesstraße als entscheidenden Zubringer, zu verlegen. Aber, eingefahren wie die Dinge inzwischen waren, schürte das Projekt auch die Angst, eine Einschränkung für den Autoverkehr könnte das Dorf überhaupt vom Strom des Tourismus abschneiden und Alt-

Fischer vor Sipplingen, 1948.

dorf wieder in jene ärmliche Bedeutungslosigkeit zurückfallen lassen, die man glücklich überwunden hatte.

Die Auseinandersetzungen in der Bürgerschaft zogen sich über Jahre hin, aber es zeigte sich, daß nicht alle Probleme sich einfach durch Abwarten lösen lassen. Als sich die Klagen der Gäste über die vom Verkehr stammende Ruhelosigkeit im Dorfkern häuften, und als schließlich ein deutlicher Rückgang der Übernachtungszahlen nicht mehr zu übersehen war, wurde der Parkplatz wirklich verlegt. Zu einer gänzlichen Sperrung der Ortsmitte konnte man sich nicht entschließen. Es gab mittlerweile während der Saison so viele Angebote, deren Erfolg davon abhing, daß sie Tag und Nacht mit dem Auto erreichbar waren.

Altdorf war eben doch nicht mehr Altdorf, zu vieles hatte sich verändert. Längst machte die Zahl der Gäste ein Mehrfaches der Dorfbevölkerung aus. Und dann waren auch die Gäste nicht mehr die gleichen wie in den Anfangsjahren. Man hatte vor allem lernen müssen, sich gleichzeitig auf zwei ganz unterschiedliche Besucherinteressen einzurichten: auf die der Dauergäste und auf die der Wochenend- oder gar nur Sonntagstouristen. Je mehr Autos, Motorräder, Campingwagen es gab, umso leichter fiel der Entschluß, von Stuttgart, München oder Freiburg aus für einen sonnigen Tag an den See zu fahren, vielleicht sogar das Surfbrett auf dem Dach oder das Boot auf dem Hänger. Seitdem Entfernungen nur noch eine relative Größe waren, wurde Land-

Zeltplatz Nußdorf, 1954.

schaft großräumig verfügbar, war, wer das
Geld dazu hatte, überall zuhause; überall
und nirgends.

Es hatte sich nämlich auch das Denken
der Menschen auf eine merkwürdige Weise
verändert. Das Andersartige, was Altdorf
eigentlich ausmachte, das Typische der Seelandschaft, das Unverwechselbare von Natur und Kunst schien kaum noch jemand zu
interessieren. Umso mehr mußten gewisse
Standards erfüllt sein, wollte das Dorf nicht
seine Anziehungskraft verlieren. Tennis-
plätze und ein Reitstall gehörten dazu, Hallenbad und Sauna und das geheizte Freibek-
ken am See, das mit seinen azurblauen Ka-
cheln jene Illusion von Süden vorspiegelte,
die am graugrünen Seewasser keinen An-
halt fand. Und die Gäste wollten auch sonst

ständig umworben und unterhalten sein.
Entlang der Dorfstraße reihten sich jetzt
Kneipen und kleine Restaurants, deren Ne-
onreklamen das nächtliche Altdorf mit ihrem bunten Licht überstrahlten. Es gab
zwei Friseure, einen Kosmetiksalon, es gab
sogar eine Disko, denn schließlich war man
ja auch auf die junge Generation und deren
besondere Wünsche angewiesen. Die eigenen Söhne und Töchter wußten das auch zu
schätzen, soweit sie nicht von dem Großun-
ternehmen Tourismus, in das sich Altdorf in
diesen zehn oder zwanzig Jahren verwan-
delt hatte, als Arbeitskräfte gänzlich aufge-
sogen wurden.

Denn, auch das muß man sehen, die Altdorfer bekamen ihren Erfolg, ihren raschen
Aufstieg zu einem begehrten Ferien- und

Zeltplatz Nußdorf, 1990.

Ausflugsziel alles andere als geschenkt. Irgendwie waren alle mit einbezogen und hatten ihren harten Arbeitstag zu leisten, und das galt sogar in den neuen Wohnquartieren, in denen sich Mitarbeiter benachbarter Industrieunternehmen angesiedelt hatten; es gab wenig Häuser, die nicht wenigstens ein oder zwei Fremdenzimmer während der Saison anboten und auf diese Weise auch ein Teil waren im gemeinsamen „Unternehmen Altdorf".

Je nach Wetter, Wärme und Feiertagskalender begann die Saison irgendwann im April, spätestens Anfang Mai, um ab Ende August abzuklingen, wenn nicht ein milder Herbst auch den September und die ersten Oktobertage noch einbezog. Danach freilich war es für fünf Monate endgültig vor-

bei. In rascher Folge schlossen die Hotels und Pensionen, die Cafés, die Wein- und Grillstuben machten dicht, in der Disko war es still, die Kosmetikerin und die Leute von der Boutique machten Urlaub, Bootsverleih, Minigolf und Tennis waren nicht mehr gefragt, an der Mole legten schon längst keine Dampfer mehr an, und die Segelboote aus dem Hafen warteten unter Vordächern oder in alten Scheunen im Hinterland den nächsten Frühling ab. Altdorf gehörte wieder den Altdorfern: So hatte die Formel für das Wechselspiel von Sommer und Winter jedenfalls früher gelautet, und die Aussicht auf diese ungestörte Zeit dörflichen Eigenlebens hatte manches Unbehagen an den Auswirkungen des Tourismus aufgewogen.

Aber inzwischen stimmte die Formel nicht mehr. Es waren ja nicht nur die Gäste, die wegblieben. Kurz nach den letzten Touristen packten auch Scharen von Angestellten ihre Koffer, um sich einen Job in Regionen mit Wintersaison zu suchen. Die Hoteliers schließlich, die Wirte, die Betreiber der vielen Unternehmen, die sommers von den Touristen in Trab – freilich auch im Brot – gehalten wurden, hatten in der Karibik oder auf den Kanaren gebucht, reisten zur Safari nach Kenia, ließen sich im fernen Asien vom Streß kurieren. War Altdorf früher im Winter nur einfach nicht so voll gewesen wie im Sommer: Jetzt blieb es wie entleert zurück, ganze Straßenzüge glichen mit heruntergelassenen Rolläden und verriegelten Türen einer Geisterstadt. Das Dorf war wie ein übermäßig gewachsener Körper, und das kleine Herz war nicht mehr imstande, ihn ganz zu durchbluten.

Was das bedeutete, war schwer zu fassen und auch nicht auf den ersten Blick einzusehen. Die Leute, die nur einfach in Altdorf wohnten, wie sie es schon immer getan hatten, und die deshalb auch den Winter hier verbrachten, waren mit allem versorgt, zumal, was man nur während der Saison hier bekommen konnte, ohne weiteres aus einer der benachbarten Städte jederzeit zu beschaffen war. Der Unterricht in der Grundschule ging weiter, die Schulbusse waren wie gewohnt zur Stelle, die Linienbusse fuhren und die Tankstelle hatte geöffnet.

Die Veränderung gegenüber den Wintern von einst hing mit einem bedrückenden Gefühl der Verlorenheit zusammen. Die leeren Hotels, die ausgestorbenen Straßen waren von einer Unwirklichkeit, die einem den Atem nahm. Hier konnte man wohnen, aber man war hier nicht mehr zuhause. Auch, wo man mit den verbliebenen Nachbarn noch zusammenrücken konnte, in der kleinen Stube im „Adler" zum Beispiel, die über den Winter für die Einheimischen geöffnet blieb, wurde man die lastende Emp-

findung nicht los, daß irgend etwas Unersetzliches verloren gegangen war. Als sich an der Fasnet der Narrenumzug durch das februargraue Altdorf bewegte, und straßenweise kaum ein Fenster geöffnet wurde, weil niemand dort wohnte, der Freude an dem Spektakel hätte haben können, da spürten selbst die unentwegten Bläser und Trommler vom Musikverein „Frohsinn" ein unangenehmes Gefühl in der Magengrube. Es gab Bilder, die auf der Mattscheibe ein durchaus unterhaltsames Gruseln auslösen konnten: Hier zu Hause in Altdorf waren sie fehl am Platz; nur – konnte man denn noch zurück? Wollte man zurück?

Manche, viele, schoben die Frage einfach zur Seite. „Na, und?", fragten sie, wenn die Rede auf Altdorfs Entwicklung kam, „was soll's? Altdorf ist eben ein großes Hotel, im Sommer geöffnet, im Winter geschlossen. Das ist die Wirklichkeit. Schließlich hat alles seinen Preis." Aber gerade dieser Preis war es, der andere nachdenklich machte: War er nicht doch sehr hoch, und wofür bezahlte man ihn? Kein Zweifel, die „Kasse" stimmte; noch stimmte sie, aber wie lang? Es war die gleiche Frage, die man sich auch Jahre zuvor gestellt hatte, als die negativen Begleiterscheinungen des Autoverkehrs nicht mehr zu übersehen gewesen waren. Damals hatte man sich, aus Angst, das Geschäft zu beeinträchtigen, mit einer halbherzigen Lösung zufrieden gegeben und im Grunde den Dingen ihren Lauf gelassen. Nun trieb dieses Geschäft, das mußte man sehen, wer die Augen nicht verschloß, der Zerstörung seiner eigenen Grundlagen zu. Was einmal Altdorf gewesen war, würde bald nur noch eine einzige Maschine zur Befriedigung touristischer Bedürfnisse sein, oder zumindest dessen, was man dafür hielt. Das Lebendige blieb dabei auf der Strecke: die Menschen und die Landschaft.

Das ist alles Schwarzmalerei, sagten die einen; vielleicht auch nicht, sagten die anderen, aber ändern kann man ja doch nichts.

Untersee Radolfzell, 1955.

Nur: Was würde sein, wenn die sogenannten Schwarzmaler doch Recht behielten? Vor hundert Jahren hatte man noch geglaubt, daß Landschaft ein Allesfresser sei, imstande, restlos zu verdauen, was man ihr auch zumutete. Daß dies ein Trugschluß war, wußte man längst, aber hatte man es auch begriffen?

Und die Menschen: Nie war so viel über die Bedeutung von Heimat geredet und geschrieben worden wie gerade jetzt, da sie allgemein bedenkenlos genutzt und verbraucht wurde, als handle es sich um einen massenhaften, pflegeleichten Konsumartikel. War der Begriff von Freiheit, der dies alles zu fordern schien, nicht ein riesiges Mißverständnis? Und wußte man nicht aus der Geschichte, daß Ichsucht, Willfährigkeit und Kleinmut mehr Katastrophen hervorrufen als böser Wille?

Es gab heiße Diskussionen in Altdorf, und sie halten noch immer an. Manchmal hat es den Anschein, als gewinne die Einsicht an Boden, daß es so nicht weitergehen kann. Nur, geben einige zu bedenken, sei Altdorf kein Einzelfall, es betreffe alle, die ganze Region, niemand könne gegen den Strom schwimmen. Falsch, sagen die anderen, gerade weil es die ganze Region betrifft, müssen wir etwas tun. Es muß immer einer anfangen, wenn sich etwas ändern soll!

Das ist gerade der Punkt: Einer muß anfangen.

Die ſtraſz und

weylen tzu ſant Jacob
auß vnd ein in watheyt gantz erfarn
fundeſtu in dyſem buchlevn

Das Wallfahrtsbuch des Hermann Küng von 1521, ein früher Reiseführer.

Das Reisen war ursprünglich eine Tat der Gottsuchenden und später der Handelstreibenden, noch später der Eroberer und ganz spät eine der Touristen. Man begreift, es kam jeweils Schlimmeres nach.

André Heller, in:
Berner Studien zu Freizeit und Tourismus 26 (1990), Forschungsinstitut für Freizeit und Tourismus (FIF) der Universität Bern (Hrsg.).

Auf den Spuren der Jakobspilger

Die Jodokskapelle in Überlingen

Wolfgang Medinger

Der Apostel Jakobus der Ältere war einer der engsten Vertrauten Jesu. Im Jahre 44 nach Christus wurde er als eines der ersten Opfer der Christenverfolgung gefangengenommen und enthauptet.

Nach der Legende soll der Leichnam des Apostels in einem Schiff ohne Ruder und Segel auf die Reise geschickt worden und später an der Küste Spaniens am Kap Finisterre, dem damaligen Ende der Welt, gelandet sein. Wenige Kilometer von der vermeintlichen Landestelle entfernt wurde 800 Jahre später das Grabmal des Heiligen St. Jakob (spanisch: Santiago) entdeckt. Das Apostelgrab in Santiago de Compostela wurde in den folgenden Jahrhunderten zum Ziel hunderttausender Pilger, Santiago als Wallfahrtsstätte gleichbedeutend mit Rom und Jerusalem.

Vielerlei Pilger: Diebe, Ritter, Apotheker

Neben dem bisher schon existenten europäischen Straßennetz entwickelten sich im Laufe der Jahre eigene Pilgerwege heraus, die gesäumt waren von Wegkreuzen, Kapellen, Kirchen, Herbergen und Hospizen.

Aus dem deutschen Reichsgebiet führten Zubringerstraßen zu den verschiedenen Routen, die über Frankreich und Nordspanien nach Santiago führten.

Überlingen lag an einem Seitenweg des sogenannten „Oberdeutschen Weges", auf dem Pilger über Winnenden, Cannstatt, Tübingen, Hechingen und Pfullendorf an den Bodensee kamen. Von hier aus setzten sie über den See nach Klausenhorn bzw. Konstanz über und pilgerten nach Einsiedeln, einem zentralen Sammelpunkt für Jakobspilger.

Die für die damalige Zeit recht mühevollen Wallfahrten wurden nicht nur aus christlicher Gesinnung als Bitt- oder Dankwallfahrten unternommen, sondern zunehmend auch von kirchlichen und weltlichen Gerichten als Sühne für schwere Verbrechen und Vergehen verordnet.

So wird uns in der Zimmerschen Chronik von einem Landfahrer erzählt, der im September 1554 in Meßkirch festgenommen und wegen Pferdediebstahls zum Tode durch den Strang verurteilt wurde. Graf Froben Christoph von Zimmern, der in diesem Fall seine erste Gerichtsentscheidung treffen mußte, hatte Mitleid mit dem noch jungen Burschen und ließ ihn, der schon auf der Leiter zum Galgen stand, begnadigen. Allerdings erhielt er die Auflage, eine Bußwallfahrt nach Santiago de Compostela anzutreten. Dem Burschen saß jedoch die Angst so in den Knochen, daß er kaum zu bewegen war, die Leiter wieder herabzusteigen. Nachdem er sich von seinem Schrecken erholt hatte, gelobte er Besserung und wurde für die lange Reise noch mit etlichem Geld ausgestattet. Seine Reue hielt jedoch nicht lange an, vielleicht war ihm auch der Fußmarsch zu anstrengend, jedenfalls wurde er wenige Tage darauf bei

Die Jakobspilgerlegende mit acht im Text beschriebenen Szenen. Wandmalereien des 15. Jahrhunderts in der Überlinger Jodokskapelle.

Geisingen erneut beim Pferdediebstahl erwischt und in Engen hingerichtet.

Eine solche Wallfahrt war für die meisten Pilger ein äußerst beschwerliches Unterfangen, da sie zu Fuß Tagesmärsche von 30 bis 50 km zurücklegten. Unterwegs mußten sie mit Überfällen rechnen, die Straßen waren in miserablem Zustand, über die Flüsse gab es kaum Brücken, und mit dem Schuhwerk war es auch schlecht bestellt. So wurde dem Pilger Guillaume Manier z. B. von seinen Mitreisenden empfohlen, seine schmerzenden Füße mit einem Gemisch aus Kerzenruß, Schnaps und Olivenöl zu härten – die Wirkung sei großartig.

Bequemer reisten adlige Pilger, die oftmals zu Pferd unterwegs waren und auch nicht wie die bürgerlichen Pilger auf einem Massenlager in Kirchen, Hospizen oder Ställen kampieren mußten. Sie konnten die Gastfreundschaft ihrer Standesgenossen in Anspruch nehmen und in Burgen, Klöstern, Komtureien und Gasthöfen übernachten.

So reiste z. B. der Überlinger Apotheker Wolf (Jakobus galt auch als Schutzheiliger der Apotheker) im Gefolge des Grafen Johann Werner von Zimmern, des Freiherrn von Gundelfingen, des Jörg Truchseß von Waldberg und einiger Ritter auf dem „Oberen Weg" nach Compostela.

Schon früh wurden die Reiseerlebnisse von heimkehrenden Jakobspilgern auch in schriftlicher Form festgehalten, es entstand sogar eine ganze Reihe von regelrechten „Reiseführern", die genau die Übernachtungsorte, die Verpflegungsmöglichkeiten, aber auch das Verhalten der Herbergswirte schilderten. Der wohl bekannteste deutsche Pilgerführer ist das Reisebüchlein des Servitenmönches Hermannus Künig von Vach aus dem Jahre 1495, dessen Führer in Einsiedeln beginnt. Aber auch schon zweihundert Jahre früher, um 1300, wird im „Itinerarium Einsidlense" der Rückweg von Einsiedeln nach Konstanz beschrieben:

„SO KUMPT MAN DENN ZU AINEM KLOSTER, DAZ HAISSET VISCHA-NUN (Fischingen) UND IST SAND BENEDICTEN ORDEN; UND DENN ZU AINEM DORF, HAIST SERNACH (Sernach) UND DENN GEN AMPPLICH (AMLIKON) AN DAZ WASSER, DAZ HAIST DIU THAUR, UND DENN GEN KOSTENTZ (Konstanz) . . .".

Die Überlinger Jodokskapelle

Wir wissen es nicht sicher, aber mit großer Wahrscheinlichkeit wird auch der Überlinger Bürger Burkart Hipp als Pilger in Santiago gewesen sein. Jedenfalls weist ihn eine Stiftungsurkunde vom 15. Juni 1424 im Generallandesarchiv in Karlsruhe als Stifter der St.-Jodok-Kapelle aus, der insgesamt „zwölfhundert pfund haller guter und genauer Uberlinger werung von aller miner hab ligender und varender nünt ußgenommen" für den Bau des Kirchleins und für eine ewige Messe zur Verfügung stellte. Diese Kapelle war ursprünglich als Bruderschaftskirche gedacht, worin auch eine Jakobsbruderschaft ihren Sitz hatte, in der nur Mitglied werden konnte, wer selbst eine Wallfahrt nach Santiago, Rom, Aach oder St. Josse gemacht hatte, selbstverständlich nur, wenn diese nicht als Strafe verhängt worden war.

Solche Bruderschaften wurden zur Apostelverehrung und wechselseitigen Hilfe unter den Mitgliedern gegründet und hatten die Aufgabe, die durchfahrenden Pilger zu unterstützen, die Mittellosen mit Wein und Brot zu verkösten und im Krankheitsfalle zu pflegen. Häufig wurde den Pilgern mangels anderer Unterkünfte auf dem Boden der Kirche ein Strohlager bereitet, so vielleicht auch in der St.-Jodok-Kapelle.

In dieser Überlinger Pilgerkirche findet sich eine der wohl interessantesten und mit 12 Szenen wohl ausführlichsten Darstellungen der bekannten Jakobspilgerlegende, auch das „Hühnerwunder" genannt.

Solche Wunderlegenden, die sich um den heiligen Jakobus rankten, wurden während der langen, beschwerlichen Pilgerfahrten erzählt, und sie gaben den vielfach gefährdeten Wallfahrern Trost und Schutzgefühl:

Eine Pilgerfamilie – Vater, Mutter und Sohn – kehrt auf ihrer Wallfahrt nach Santiago bei einem Wirt in Santo Domingo ein. Die erwachsene Tochter des Wirtes verliebt sich in den jungen Pilger. Weil dieser ihre Liebe zurückweist, wird den Pilgern aus Rache heimlich zur Schlafenszeit ein kostbarer Becher ins Gepäck gesteckt (1). Als die Pilgerfamilie die Herberge verlassen will, wird sie des Diebstahls bezichtigt. Der herbeigerufene Richter verurteilt den Sohn, bei dem der Becher im Gepäck gefunden wird, zum Tod am Galgen (2).

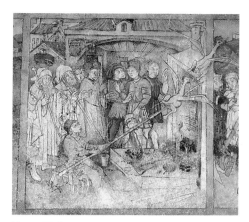

Das „Hühnerwunder".

Die leidgeprüften Eltern eilen weiter zum Grab des Jakobus und beten für ihren Sohn (3). Auf ihrer Rückreise finden sie ihn wider Erwarten lebend am Galgen vor, da der heilige Jakobus ihn die ganze Zeit auf seinen Schultern stützte, so daß sich der Strick um seinen Hals nicht zusammenziehen konnte (4).

Voll Jubel laufen die Eltern zum Haus des Richters, um ihm von diesem Wunder zu erzählen. Der Richter, der ihnen keinen Glauben schenkt, weist auf einige Hühner, die gerade für ihn gebraten werden und sagt, daß diese genauso wenig lebendig seien wie ihr Sohn. Daraufhin springen die gerupften Hühner vom Bratspieß und flattern laut gackernd durch das offene Fenster davon (5).

Der unschuldige Sohn wird vom Galgen genommen (6) und freigesprochen. Stattdessen wird nun der Wirt gehängt (7). Die Pilger eilen nach Compostela und danken dem heiligen Jakob (8). Noch heute erinnert in der Kirche von Santo Domingo ein Hühnerkäfig mit einem lebendigen Hahn und einem Huhn an dieses Wunder.

Darstellungen des „Hühnerwunders" finden sich in fünf süddeutschen Kirchen: Win-

nenden bei Stuttgart, Rothenburg, zwei oberbayrischen Orten und eben in Überlingen. Diese Wandmalereien aus der 1. Hälfte des 15. Jahrhunderts waren lange übertüncht und wurden 1903 durch die Kunstwerkstätte Victor Mezger wieder freigelegt und restauriert.

Neben diesen Wandbildern weist noch eine spätgotische Prozessionsstange der Jakobsbruderschaft auf die Bestimmung des Überlinger Kirchleins hin. Solche Stangen wurden bei Prozessionen und besonderen Anlässen den Zünften oder Bruderschaften vorangetragen.

Jodok und Jakob als Pilgerpatrone

Vom Namenspatron der Kirche, St. Jodok, wird erzählt, daß er der Sohn eines bretonischen Königs war, der ca. im Jahre 636 von seinem Bruder die Frau und Königskrone übernehmen sollte. Leider wissen wir nichts genaueres über seine Motive, jedenfalls zog er es vor, als Einsiedler ein frommes Leben zu führen und entsagte weltlicher Herrschaft. Er wallfahrtete nach Rom und später entstand am Ort der Einsiedelei das Benediktinerkloster St. Josse-sur-mer, eines der möglichen Wallfahrtsziele für eine Mitgliedschaft in der Überlinger Jakobsbruderschaft. Im Netzwerk des Chorgewölbes der Kapelle finden wir St. Jodok auf einem Schlußstein dargestellt.

Angerufen auch gegen die Pest, wird der heilige Jodok neben Jakobus auch vielfach als Patron der Pilger betrachtet. Schon im 14. Jahrhundert waren ihm Kirchen, Kapellen oder Altäre u.a. in Konstanz, Ulm, Aulendorf, Saulgau und Ravensburg geweiht worden. 1487 wurde in Immenstaad der Bau der St.-Jodoks-Kirche vollendet, die bis heute einen Schrein mit einer Reliquie des hl. Jodokus besitzt. In der ehem. Spitals-, heutigen Friedhofskapelle Markdorf befinden sich sowohl eine Jakobs- wie eine Jodoksfigur des 17. Jh. und spätmittelalterliche Kritzelzeichnungen an der Wand mit der Jakobsmuschel evtl. von durchziehenden Pilgern.

Viele Namen und Redensarten weisen noch auf Jakobspilger und ihre Erfahrungen hin; aus den Jaköblern wurden Köbler oder Köberle; etwas Fremdartiges kommt einem „spanisch" vor; der „wahre Jakob" ist auf die Verwirrung der Pilger zurückzuführen, die nicht erst in Santiago, sondern schon in Toulouse ein Jakobsgrabmal (des Jüngeren) vorfanden und im Kanton Thurgau heißt eine Kartoffelsorte, die um Jakobi d. h. um den 25. Juli erntereif ist, „Jaköbler".

Hl. Jodok Schlußstein in der Jodokskapelle.

Die Jakobswege waren die Kulturstraßen des Mittelalters, in deren Umfeld nicht nur eine wirtschaftliche Entwicklung stattfand, sondern sich auch künstlerische und kulturelle Einflüsse über ganz Europa verbreiten konnten.

„Auf nach dem Bodensee!"
oder vom Verschwinden des Panoramas

Fremdenverkehrswerbung am Bodensee am Beispiel Langenargens

Petra Sachs-Gleich

Von der Reisebeschreibung zum Werbeprospekt

Erfreulicherweise gerät der Fremdenverkehr am Bodensee allmählich auch als historisches Phänomen in den Blick. Wenn auch erste Anfänge und frühe Entwicklung im einzelnen noch weiterer Forschung bedürfen, so scheint doch eins gewiß: Die Reise an den Bodensee gewinnt spätestens seit der letzten Jahrhundertwende neue Dimensionen. Sie beginnt, zum Massenphänomen zu werden und entwickelt sich zielstrebig und mit enormer Geschwindigkeit zum modernen Tourismus unserer Tage. Dem Übergang vom elitären Reisen zum Massentourismus entspricht dabei auch eine neue Form der Werbung, und zwar in Gestalt der noch heute üblichen Prospekte.

Für ein bis dahin überwiegend ausgesuchtes Publikum mochte auch eine vergleichsweise bescheidene Form der Werbung genügt haben. Das Vorhandensein einer Residenz, verbunden mit den Aufenthalten adliger Herrschaften, konnte für bestimmte Schichten einer ständisch geprägten Gesellschaft schon Anreiz genug sein (Mainau, Heiligenberg, Kirchberg, Friedrichshafen, Langenargen). Auch der Lobpreis einer Landschaft in literarischer Form (z. B. J. V. v. Scheffel) vermochte sicher nur einen kleinen Publikumskreis zu erreichen. Populärer waren da schon Reisebeschreibungen und -führer, von denen Gustav Schwabs Handbuch vom Bodensee von 1827 sicherlich das bekannteste Beispiel ist. Doch auch diese Führer waren stark literarisch geprägt und präsentierten sich zumeist als umfangreiche Kompendien über Land und Leute, Geschichte, Geografie und vieles mehr. Schon in der zweiten Hälfte des letzten Jahrhunderts gesellten sich dazu erste Formen von Eigenwerbung, v. a. der größeren Städte und Hotels am See, sei es mittels Anzeigen in Zeitschriften oder durch den Druck von Ansichtskarten.

Doch mit der Fertigstellung der Bodenseegürtelbahn 1899/1901 versprachen sich auch in der künftigen Entwicklung des Fremdenverkehrs bislang ungeahnte Möglichkeiten aufzutun. Daß sich damit wesentlich größere Besucherströme an den Bodensee würden locken lassen, erkannte man hierorts sehr rasch. Nicht von ungefähr war es daher ein zentrales Anliegen des schon 1902 gegründeten Internationalen Bodenseeverkehrsvereins, sowohl die Werbung insgesamt zu intensivieren wie auch die Mitgliedsgemeinden in ihren Werbebemühungen zu beraten und zu unterstützen. In ganz anderen Ausmaßen als bisher machten sich nun die Städte und Gemeinden selbst daran, die eigenen Vorzüge gegenüber Fremden anzupreisen. In erster Linie sollte dies künftig über das Medium des Prospekts geschehen. Der älteste Fremdenverkehrsprospekt vom Bodensee erschien denn auch bereits im Jahr 1904.

Der erste Fremdenverkehrsprospekt vom Bodensee erschien im Jahr 1904.

Gegenüber den bisherigen Formen der Werbung zeichnete sich der Prospekt durch den Vorteil einer preisgünstigen, schnellen und großräumigen Verbreitung an jedermann aus. Seine Attraktivität bestand in einer Zeit, in der die Errungenschaften von Fotografie und Film erst wenigen zugänglich waren, vor allem in der engen Kombination von Text und Bild. Nicht selten waren über das Bild Informationen anschaulicher, prägnanter und gefühlsbetonter zu übermitteln. In kaum zu durchschauender Weise fließen im Prospekt Selbstdarstellung der Einheimischen und Erwartungshorizont der Fremden zusammen. Der Fremde soll die Landschaft mit den Augen des Einheimischen sehen und umgekehrt bleibt der Blick des Einheimischen für seine Heimat von den Bedürfnissen der Fremden nicht unberührt. Ziel der Werbung ist es, die Nachfrage einerseits zu wecken und gleichzeitig bereits vorhandene Nachfrage zu befriedigen. Wenn auf den frühen

Bodenseeprospekten das Motto „Auf nach dem Bodensee" prangt, so bleibt ja offen, ob es sich dabei um eine Einladung der Einheimischen oder um einen Entschluß der Reisewilligen handelt. Aber gerade das Zusammenfallen und die Wechselwirkung dieser beiden unterschiedlichen Perspektiven macht den Reiz einer Beschäftigung mit den Prospekten aus.

Nicht von ungefähr unter dem Titel „Auf nach dem Bodensee!" beschäftigte sich aus diesem Grund eine Ausstellung mit dem Thema der Entwicklung der Fremdenverkehrswerbung für den Bodensee in Gestalt von Prospekten und Plakaten. Konzipiert als Wanderausstellung und erarbeitet vom Archiv des Bodenseekreises wurde die Ausstellung in den Jahren 1987 und 1988 an neun verschiedenen Orten im Bodenseekreis gezeigt (Rathaus Meersburg, Lände Kressbronn, Bürgerhaus Immenstaad, Rathaus Uhldingen-Mühlhofen, Graf-Zeppelin-Haus Friedrichshafen, Rathaus Langenargen, Rathaus Hagnau, Haus des Gastes Sipplingen, Landratsamt Bodenseekreis Friedrichshafen).

Angesichts eines bislang vernachlässigten Themas mußte primäres Ziel die Sichtung· und das Zusammentragen der in den Archiven und Verkehrsämtern der Ufergemeinden des Bodenseekreises von Sipplingen bis Kressbronn liegenden, alten und neuen Prospekte und Plakate sein. Das Ergebnis dieser Bemühungen hatte einen stattlichen Umfang und verdiente es, einem größeren Publikum zugänglich gemacht zu werden.

Am Beispiel der Gemeinde Langenargen, deren Prospekte dank des Sammeleifers der dortigen Verkehrsamtsleiter in wohl lückenloser Serie seit etwa 1928 erhalten sind, lassen sich die wichtigsten Ent-

wicklungstendenzen der Prospektwerbung hier am Bodensee exemplarisch aufzeigen.

Traditionelles Markenzeichen: Langenargens Panorama

Überblickt man die ältere Reiseliteratur seit etwa Beginn des 19. Jahrhunderts, so lassen sich die traditionell gepriesenen Vorzüge Langenargens wie folgt zusammenfassen. Immer und in erster Linie wurde seine Lage gerühmt: Auf einer vorgeschobenen Landzunge, am Seeufer „lang"-gestreckt, zwischen den Mündungen der Flüsse Schussen und Argen, in einem obstreichen Garten, umgeben von Wald. Als nicht minder wichtig galt der unvergleichliche Blick über den See, der sich hier, an seiner breitesten Stelle, bot: Von einem Ende des Sees bis

Lithografisches Sammelblatt von Langenargen, Gebr. Wolff, um 1840. Ortssilhouette und Alpenpanorama stehen im Mittelpunkt.

zum anderen, begrenzt von der langen Kette der Alpen, von Vorarlberg über das Rheintal und den Alpstein mit dem Säntis bis zum Hegau. Als besondere Aussichtspunkte werden immer wieder die Terrasse des Hotels Schiff, der Kirchturm und die Ruine bzw. später das Schloß Montfort empfohlen. Auch in umgekehrter Richtung bot sich ein romantischer Blick auf das Halbrund mit Kirche und Spital, umschlossen von Ruine bzw. Schloß und Hafen bzw. Landesteg.

Diese beiden Aspekte, Lage und Aussicht, mußten so lange im Mittelpunkt des Interesses stehen, wie Reisen immer auch die Suche nach dem erhabenen Blick, nach Panoramen, nach Weitblick, nach Überblick, nach neuen Seherfahrungen miteinschloß. Die Aufzählung besonders sehenswerter Aussichtspunkte nimmt dementsprechend in vielen Reiseführern breiten Raum ein. In einer frühen Bildwerbung für Langenargen hat sich dies ebenfalls niedergeschlagen: Im Mittelpunkt eines lithografischen Sammelblatts der Gebrüder Wolff um 1840 stehen eindeutig die beiden berühmten Panoramen: der Blick über den See auf die weitausladende Alpenkette und umgekehrt jener vom See aus auf die Ortssilhouette.

Weitere Vorzüge:
Sehenswürdigkeiten und Badeanstalten

An zweiter Stelle der Vorzüge rangiert die Sehenswürdigkeit des Ortes: zunächst die romantische Ruine, deren Attraktivität nicht zuletzt auf ihrer Verbundenheit mit dem Schicksal eines jahrhundertealten Adelsgeschlechts beruhte, später das vom königlichen Hause gebaute und nach dem Verkauf von einer preußischen Prinzessin als Sommersitz genutzte Schloß Montfort. Erst nach und nach rücken weitere Sehenswürdigkeiten in den Blick, wie die Kirche oder die St.-Anna-Kapelle. Seit der Mitte des 19. Jahrhunderts erfolgte schließlich regelmäßig der Hinweis auf die gut ausgestat-

teten Badeeinrichtungen, welche auch dank des milden Klimas, der reinen Luft und der ruhigen Abgeschiedenheit jährlich mehr Badegäste anlocken sollten. In diesem Zusammenhang wurde dann nicht versäumt, auf die gleichermaßen guten wie preisgünstigen Gasthöfe hinzuweisen. Drei Stichworte kennzeichnen also die traditionellen Vorzüge Langenargens für den Reisenden seit dem 19. Jahrhundert: Lage bzw. Aussicht, Schloß und Badeeinrichtungen.

Weitgehend entsprachen auch die ersten Eigenwerbungen der Gemeinde in Form von Zeitungsanzeigen etwa seit der Jahrhundertwende diesem Schema. Beispielsweise widmete sich im Jahr 1910 eine Sondernummer der berühmten Illustrierten Leipziger Zeitung ganz dem Thema Bodensee. In traditioneller Manier pries sich die Gemeinde Langenargen mit dem großartigen Schauspiel der Alpensicht, dem malerischen Schloß, dem stattlichen Anblick der Ortssilhouette, die übrigens auch als Abbildung beigegeben war, und den vorzüglichen Badeanstalten an. Neu war aber nun die Aufzählung zahlreicher Unterhaltungsmöglichkeiten über das reine „Sehen" und Baden hinaus: Fischen, Rudern und Segeln, wofür Quaianlagen vorhanden und ein neuer, geräumiger Boots- bzw. Gondelhafen angelegt worden war, oder Spaziergänge an der 1908-1910 neu errichteten Uferpromenade zwischen Hafen und Schloß. Bereits 1914 konnte die Gemeinde dann mit der Attraktion der nächsten Jahrzehnte aufwarten: Zusätzlich zu den bislang vorhandenen Badeanstalten gleich westlich des Schlosses konnte man nun auch ein neu angelegtes Naturstrandbad am westlichen Ortsrand vorweisen, das sich durch zwei Vorzüge gegenüber den benachbarten Gemeinden auszeichnete. Es lockte mit einem herrlichen Sandstrand und war Familienstrandbad, d. h. Badefreudige beiderlei Geschlechts konnten sich dort gemeinsam verlustieren. Darüber hinaus war gleich dane-

Das Langenargener Naturstrandbad als (farbige) Grafik mit Alpenpanorama, 1929, und als Schwarzweißfoto, 1924.

ben ein Tennisplatz angelegt worden. Das Familien- und Naturstrandbad sollte künftig zum Schlager im Langenargener Fremdenverkehrsangebot werden.

Der erste Prospekt:
Schwarzweißfotografie und reichlich Text

Der erste bekannte Langenargener Prospekt erschien dann wohl im Jahr 1928. Damit war man in Langenargen zwar etwas später dran als in den benachbarten Städten Friedrichshafen, Überlingen und Meersburg. Aber bei den dort seit etwa 20 Jahren herausgegebenen Prospekten handelte es sich ohnehin eher um eine Art gefalteter Textblätter mit nur wenigen bzw. gar keinen Abbildungen. Unter den kleineren Gemeinden am nördlichen Bodensee gehörte Langenargen aber mit Hemigkofen-Nonnenbach und Immenstaad zu den ersten, die sich schon in den 20er Jahren den Luxus eines Fremdenverkehrsprospekts leisteten. Und wenn schon, dann bediente man sich gleich des aktuellen Mediums der Schwarzweißfotografie. Wenn auch dieser erste, sechsseitige Prospekt mit für heutige Gewohnheiten viel Text aufwartete, so prangte doch bereits auf dem Kopf jeder Seite ein Schwarzweißfoto. Erstmals konnten sich interessierte Reiselustige nun im wahrsten Sinne des Worts auch ein Bild von den Qualitäten Langenargens machen. Das Naturstrandbad, in dem sich Männer und Frauen in für unsere Verhältnisse bescheidener Zahl tummeln, ist gleich zweimal vertreten. Ein Blick in die menschenleere Uferstraße mit blühender Baumallee vermittelt einen Eindruck von der Ruhe und den Naturschönheiten des Ortes. Auch an den beiden traditionellen Panoramen (Ortssilhouette und Alpenkette) hat sich der Fotograf versucht. Doch die technischen Möglichkeiten waren wohl begrenzt. Der tatsächliche Reiz dieser Ansichten kommt nicht so recht zur Geltung.

Der Text schildert die bekannten Hauptvorzüge: großes Strandbad, umfassender Rundblick, das Schloß, die guten Gasthöfe, die Blütenpracht im Frühling, das milde Klima im Herbst, die Verkehrsanbindung per Eisenbahn und Schiff, das Vorhandensein von Arzt und Apotheke. Die Genüsse eines faulen Tags im Strandbad werden einer Palette von Erlebnisangeboten gegenübergestellt: Fischen, Kahnfahren, Spaziergänge, Ausflüge an den Ober- und Untersee oder ins Argental, Besuch des Seenforschungsinstituts, von Abendkonzerten, des alljährlichen Gondelfests mit Seebeleuchtung. Dennoch empfiehlt man sich besonders als ein Ort, an dem sich dem Hasten der Großstadt entfliehen und ausruhen läßt. Auf der Rückseite werben neun Hotels und Gasthöfe um Gäste.

30er Jahre: Erweitertes Erlebnisangebot

Nach allem, was wir heute wissen, hatten die hiesigen Werbeanstrengungen Erfolg, so daß am See schon in den 20er Jahren ein erster Touristenboom zu verzeichnen war (nach Werner Trapp). Dies mag in der Fortsetzung der begonnenen Bemühungen beflügelt haben. Schon fünf Jahre später brachte die Gemeinde Langenargen 1933 einen neuen Prospekt heraus, dessen Charakteristikum einfach „mehr" war: mehr Umfang, mehr Schwarzweißabbildungen, darunter vor allem viele kleinformatige Uferpartien, mehr Attraktionen. Im Strandbad werden nun Turnen, Gymnastik, Ballspiele, Laufen etc., auf Wunsch unter Anleitung fachmännischer Lehrkräfte, angeboten. Statt Kahnfahren steht nun Segeln hoch im Kurs. An sechs Abenden der Woche bieten die Hotels Tanzunterhaltung, Samstagnachmittag Tanztee, die Reichsbahn führt zweimal wöchentlich Nachtfahrten mit beleuchteten Schiffen durch, der örtliche Verkehrsverein veranstaltet Fischerstechen und Seebeleuchtung, für

schlechte Tage steht im Rathaus ein Lese-
zimmer zur Verfügung. Das entscheidende
Novum aber besteht im ersten Auftreten
früher Formen der Motorisierung. Für Ausflüge ist man nicht mehr auf Schiff und Eisenbahn beschränkt. Motorboote stehen
ebenso zur Verfügung wie ein Wasserflug-
zeug, für das Langenargen über eine Landestelle verfügt, oder neuerdings sogar motorisierte Luxuspersonen- oder Aussichtsge-
sellschaftswagen verschiedener Autover-
mietungen. Damit ist natürlich auch die Liste möglicher Ausflugsziele im Prospekt wesentlich länger und internationaler geworden (Vierwaldstättersee, Klausenpaß, Arlberg, Zugspitze, Königsschlösser etc.). Auf
der Rückseite versäumen es die Hotels und
Gasthöfe nun nicht mehr, auf den von ihnen
gebotenen Komfort aufmerksam zu machen: fließend warm und kalt Wasser, Zen-
tralheizung, Autogaragen).

Grafisch: Der Blick in die Alpen

In allen Bodenseeorten wurde während
des Dritten Reichs die Fremdenverkehrswerbung enorm intensiviert. In vielen kleineren Orten wurde nun überhaupt erstmals
ein Prospekt herausgegeben. Gleich drei
verschiedene Prospekte sind zwischen 1935
und 1939 in Langenargen erschienen. Schon
im Prospekt von 1935 überwiegt der noch
immer ganz in schwarz und weiß gehaltene
Bildteil den Text bei weitem, eine Entwicklung, die sich in den kommenden Jahren
fortsetzen sollte. Der Text bietet wenig
Neues, arbeitet aber verstärkt mit Slogans.
Dem bisher üblichen Motto vom „Kur- und
Seebadeort" wird jenes von der „schönen
Sommerfrische" hinzugefügt. Und das
Schlagwort vom „Fischerdorf von alters-
her" mag nationalsozialistischem Ge-
schichtsverständnis entgegengekommen
sein. Im optischen Bereich fällt auf, daß
größere Menschenansammlungen nach wie
vor aufs Strandbad beschränkt bleiben, im
übrigen kommen Personen, Einheimische

*Titelgrafik des Langenargener Prospekts
von 1935: Landesteg, Kirche, Schloß und
Säntis auf einen Blick.*

oder Fremde, nur selten in den Blick: eine
einsame Radfahrerin in der Marktstraße,
eine lesende Urlauberin in den Uferanla-
gen, Fischer beim Einbringen ihrer Netze.
Während die fotografische Wiedergabe der
Ortssilhouette und von Uferpartien nun
einigermaßen gelungen ist, bilden die Al-

pen beim Blick durchs Strandbad, über den Landesteg oder in der Luftaufnahme weiterhin eine verschwommene, unförmige Masse. Wohl aus der Erkenntnis, daß die quasi-objektive Wirklichkeitswiedergabe durch das Foto auch Enttäuschungen bereiten konnte, kehrte man deshalb für Titel und Rückseite des Prospekts von 1935 zum klassischen, künstlerischen Gestaltungsmittel, der Grafik, zurück. Allein das Titelbild macht die Vorzüge deutlich: einen solchermaßen erhöhten Blick vom See aus in Richtung Landesteg, Spital, Kirche und Schloß mit Säntis im Hintergrund gewährt die Natur eben nie. So klar und majestätisch ragte der Säntis noch auf keinem Foto über Schloß Montfort. Auf der Rückseite erlaubt die grafische Gestaltung eines Blicks ins Strandbad, alle Attraktionen auf einmal ins rechte Licht zu rücken: von der beliebten großen Rutschbahn und den zahlreichen Umkleidekabinen über die erst jüngst vergrößerten, baumbestandenen Liegeflächen und die neu angelegten Sport- und Spielplätze auf das große Eingangsgebäude und die Baumalleen der Uferstraße.

Diese Tendenz setzt sich in den folgenden Prospekten konsequent fort. Im fotografischen Innenteil verzichtet der Prospekt von 1937 ganz auf die großen Panoramen. Der Blick in die Alpen findet sich praktisch nur noch in grafischer Verpackung auf dem Titel. Das Fehlen der Alpen dürfte darüber hinaus seine Ursache auch in der zunehmenden Abschottung des Dritten Reichs gegenüber dem Ausland gehabt haben. Bei den Ausflugsvorschlägen sind die exotischen Schweizer Ziele unter den Tisch gefallen. Eine abgebildete Ausflugskarte stellt Verbindungslinien nur zu deutschen Orten her. Im fotografischen Bereich wird der Verzicht auf die Totalen durch die Hereinnahme von Personenaufnahmen wettgemacht. Sie fungieren nun nicht mehr nur als Hintergrundstaffage, sondern im Wasser tollende Jugendliche, eine strahlende Ten-

1937 finden sich erstmals Autos in einem Langenargener Prospekt.

nisspielerin, Fischer in ihrem Boot, Passagiere eines vollbesetzten Ausflugsdampfers rücken in Nahaufnahme in den Vordergrund. Ein völlig neues Motiv findet nun erstmals Aufnahme in einen Langenargener Prospekt: Autos auf dem Parkplatz vor dem Strandbad. Im Text wird auf die gut gepflegten Straßen, den großen neuen Autoparkplatz und die Garagen für die Automobilisten verwiesen. Der private Autoverkehr beginnt das Terrain zu erobern. Ebenfalls erstmals bedient man sich nun des berühmten Droste-Zitats in ihrem Brief an Levin Schücking von 1842. Ihr „Versäume ja Langenargen nicht!" leistet in einer ganzen Serie kommender Prospekte immer wieder gute Dienste.

Urlaubsglücksgefühle

Der nächste Prospekt erscheint im ersten Kriegsjahr 1939. Er wartet mit zahlreichen, großformatigen Schwarzweißfotos auf, in denen häufig Personennahaufnahmen im Vordergrund mit weiten Rundblicken im Hintergrund kombiniert werden, wie z. B. das Titelfoto des freien Rückens einer blonden Frau im Badeanzug vor der ausgebreiteten Ortssilhouette. Die Alpen sind allerdings nicht vertreten. Der Text ist auf sehr knappe, meist reichlich pauschale Formulierungen reduziert, mit denen weniger der Ort charakterisiert wird als vielmehr allgemeine Urlaubsglücksgefühle heraufbeschworen werden sollen: „. . .aus Sonne, See, Strand, Wald, Sport, Geselligkeit bildet sich in Langenargen jene Ferienseligkeit, aus der wahre Erholung und echte Urlaubsfreuden erwachsen. . . wunschloses Glücklichsein. . . genießendes Ausruhen. . . Badeglück im lebensfrohen deutschen Süden." Mit dem Titelmotto „Vor der Südsonne ausgebreitet liegt Langenargen am Bodensee" wird die Sehnsucht nach dem (wirklichen) Süden gleichermaßen heraufbeschworen und ersatzbefriedigt.

Nach dem Krieg: Erstmals Farbe

Dann bringen Krieg und Nachkriegszeit eine längere Pause. Verluste sind dabei auch für die Langenargener Prospektbestände nicht vollständig auszuschließen. Der erste erhaltene Nachkriegsprospekt wartet jedoch gleich mit einer revolutionä-

Zum ersten Mal in Farbe: die Titelgrafik des Prospekts von 1952.

ren Neuigkeit auf: Farbe. Titel, Rückseite und zwei Seiten im Innenteil sind als Grafik farbig gestaltet, während die Fotos noch ganz aufs Schwarzweiße beschränkt bleiben. Farbe und Grafik werden nun ganz gezielt eingesetzt, um die schon im Text des Prospekts von 1939 erwähnten Ferienglücksgefühle zu wecken. „Badeglück im lebensfrohen deutschen Süden" scheint die lachende und winkende Frau im roten Badeanzug auf dem Titel zu verheißen, „wunschloses Glücklichsein" die auf der Ufermauer vor Sonnenschirm und Liegestuhl ausgestreckte Frau, die ihren Blick auf das Schloß und die Alpen richtet, „echte Urlaubsfreuden" können die in ein herrliches Blau des Wassers und des Himmels getauchten Segler vor dem Ufer genießen. „Farbenpracht" und „Blütenzauber" vermittelt der Blick aus dem Hinterland durch die Baumblüte auf die Ortssilhouette und

die Alpenkette. Urlaubsstimmung soll sich wohl auch bei den erstmals eingestreuten Schwarzweißfotos in Kleinformat einstellen: ein kleines, lachendes Mädchen im Sand, zwei winkende Frauen in einem Tretboot, eine am Wasser sitzende Frau. Ein konkreter Ortsbezug ist diesen Kleinfotos allerdings nicht zu entnehmen.

Wenn man auch mit Ausnahme der Farbe im ersten Langenargener Nachkriegsprospekt noch nicht mit Neuerungen aufwarten konnte, so sollte sich dies bereits mit seiner Neuauflage im Jahr 1954 ändern. Wer im Zuge des beginnenden Wirtschaftswunders konkurrenzfähig bleiben wollte, mußte seinen Gästen etwas bieten können. Ausführlich wirbt daher der Langenargener Prospekt für das jüngst zum Kurhaus umgebaute Schloß Montfort mit seiner Einmaligkeit von Lage und Architektur. Dort stehen nun nicht nur Aufenthaltsräume zum Lesen und Schreiben, für Musik und Tagungen, sondern außerdem ein schöner Kurpark zur Verfügung. 1954 liest man außerdem erstmals den noch heute verwendeten Slogan von der „Sonnenstube am Bodensee".

Immer neue Attraktionen

Die folgenden drei Prospekte, die etwa den Zeitraum zwischen Ende der 50er und Anfang der 70er Jahre abdecken, entsprechen alle in etwa demselben Schema. Bild- und Textrepertoire variieren nur geringfügig. Im Titel wird jeweils mit farbenfrohen Grafiken geworben, die gleichermaßen Ferienstimmung aufkommen lassen und den Blick auf die Alpen und das Ortsbild freigeben. Bereits im Titel werden jetzt auch immer schon die Bezüge zu den sportlichen Betätigungsfeldern hergestellt: Baden, Schwimmen, Segeln, Motorboot- und Wasserskifahren. Erstmals werden nun zwei ganzseitige Farbfotografien für den Innenteil verwendet: in traditioneller Manier ein Blick durch die blühenden Kuranlagen aufs Schloß und ins bevölkerte Strandbad. Sinnfällig wird aber auch, daß der Ort nun mit fast jeder Neuauflage des Fremdenverkehrsprospekts mit neuen Attraktionen aufwarten kann. So z. B. die Minigolfanlagen, die Bocciabahnen, das Freiluftschach und die Konzertmuschel, die im Zuge der 1961 erfolgten Uferaufschüttung gleich westlich der Zufahrt zum Schloß angelegt bzw. errichtet wurden. Alles Folge der zunehmenden nationalen und internationalen Konkurrenz dieser Jahre. Die umfassende Motorisierung lockt nicht nur viele Reisende ins Ausland, sondern macht auch den Tourismus am Bodensee international. Die Textinformationen schrumpfen so aufs Mindestmaß, werden dafür aber auch in Englisch und Französisch geliefert. Echtes

Lokalkolorit enthalten eigentlich nur noch die knappen Hinweise aufs Kurhaus, die Lage des Ortes an der breitesten Stelle des Sees und das Droste-Zitat. Doch nicht nur im Blick auf das infrastrukturelle Angebot, auch hinsichtlich des Übernachtungskomforts wollte man konkurrenzfähig bleiben.

70er Jahre: Dominanz der Farbfotografie

Neue Wege werden dann wieder mit den Prospekten seit 1973 beschritten. Sie bleiben in ihrer äußeren Aufmachung bis 1984 im großen und ganzen unverändert in Verwendung und werden nur im Detail durch Aktualisierungen etwas modifiziert. So kann seit 1975 mit dem Prädikat „staatlich

Titelgrafiken der Prospekte zwischen Ende der 50er und Anfang der 70er Jahre verheißen Ferienglück und geben noch den Blick auf die Alpen frei.

anerkannter Erholungsort" geworden werden. Das neu eröffnete Ortsmuseum ist seit 1976 ebenso mit einer Abbildung vertreten wie die Uferaufschüttung mit Brunnenanlage östlich des Hafens, die ebenfalls 1976 eingeweiht wurde. Seit 1973 wird in Langenargener Prospekten nur noch mittels Farbfotografie geworben. Grafik und Schwarzweißfoto sind seitdem endgültig verbannt, damit aber auch das traditionelle Merkmal des Ortes: das herrliche Alpenpanorama. Statt dessen setzt man nun auf die Kombination von großformatigen Totalen mit direktem Ortsbezug (Uferpromenade, Kuranlagen mit Schloß, Strandbad, belebte Marktstraße) und zahlreichen Kleinaufnahmen als Beleg für das schier unerschöpfliche Erlebnisangebot, allerdings ohne direkten örtlichen Bezug (Inneres des neuen Hallenbades, Radlerin am Flußufer, Tennisplatz, Segelhafen, Bocciabahn, Minigolfplatz, Warmschwimmbecken im Strandbad, Hotelbar, Segelboote auf dem Wasser, Sängerin und Pianistin beim Konzert, vollbesetz-

ter Restaurantgarten, Gesangverein in der Konzertmuschel, etc.). Im Textlichen lassen sich ebenfalls Veränderungen feststellen. Die Konkurrenz besonders mit dem südlichen Ausland erzwingt eine verstärkte Werbung für den Fremdenverkehr rund ums Jahr. Die Textpassagen werden nun nicht nur wieder deutlich länger und ortsbezogener, sondern orientieren sich an den drei Jahreszeiten der Langenargener Saison: Frühling, Sommer und Herbst. Ausgegangen wird folglich von der Voraussetzung, daß es zwei Sorten von Touristen gibt: im Sommer jene, die in südlicher Heiterkeit unbeschwert baden, alle Arten von Sport treiben und abends der Geselligkeit frönen wollen, im Frühjahr und Herbst jene, die geruhsame Erholung suchen, die gerne wandern und spazierengehen, den Blick in die Berge genießen und sich vom Hauch der Kultur und Geschichte anwehen lassen wollen. Kurz: Langenargen bietet (fast) rund ums Jahr für jede Art von Touristen sehr viel. Ließ sich das noch steigern?

Mäßigung

In der Tat scheint mit dem Langenargener Prospekt, wie er seit 1984 bis heute aufliegt, eine gewisse Beruhigung eingetreten zu sein. Der Text wurde praktisch unverändert beibehalten, d. h.: was der Urlaubswillige im Jahr 1989 dem Langenargener Fremdenverkehrsprospekt entnehmen kann, konnte er schon 1973 in gleicher Weise lesen. Auch das Bildmaterial wurde nicht nennenswert korrigiert. Fürs Titelfoto wurde dasselbe Motiv der Uferpromenade verwendet, allerdings in einer neueren Aufnahme, etwas weniger blau, dafür grüner. Im Innenteil ist neuerdings die Oberdorfer Kirche mit Wiese und Kühen im Vordergrund vertreten. Ferien auf dem Bauernhof sind ebenso beliebt wie einträglich geworden. Und auf dem sportlichen Sektor ist Surfen jetzt der neueste Renner.

Es hat also den Anschein, als hätte sich in Langenargen manches beruhigt. Da wartet man nicht mehr jedes Jahr mit einer weiteren Attraktion auf. Die Jahre, in denen man auf unendliche Expansion gesetzt hatte, scheinen einer gewissen Mäßigung gewichen zu sein, sowohl was den Ausbau des Angebots als auch den Aufwand der Werbung betrifft. Das ist nicht überall so. Nicht wenige Gemeinden am Bodensee gestalten ihre Fremdenverkehrsprospekte mittlerweile wie Zeitschriften in DIN A 4-Format mit 30 Seiten und mehr Umfang sowie einer Flut von Abbildungen. In Langenargen gibt man sich da mit den 12 Seiten, dem alten quadratischen Format und dem traditionellen Bild- und Textprogramm noch bescheiden. Wer aber Langenargen an schönen Sommertagen kennt, weiß, daß das seiner Beliebtheit jedenfalls noch keinen Abbruch getan hat. Wie lange noch, kann man sich fragen. Zumindest einen Hinweis auf den sanierten Münzhof mit seinem Kulturprogramm wird man mit Sicherheit im künftigen Prospekt erwarten dürfen.

Verschwunden: Das Alpenpanorama

Verschwunden aber ist aus der Langenargener Fremdenverkehrswerbung – und nicht nur dort – das älteste und traditionellste Element: das Panorama, der weite Blick über den See hinüber in die Alpen hinein. Nur im Text wird dieses Phänomen noch beiläufig mit Worten beschworen und in einer Reliefkarte grafisch projiziert. Das Verschwinden des Alpenpanoramas vollzog sich, wie gezeigt, in einem langsamen Prozeß. Mit dem Einzug der Fotografie nahm es eigentlich bereits mit Einsetzen der Prospektwerbung seinen Anfang. Grafisch vermittelt war ihm dann noch ein Weiterleben bis einige Jahre nach dem Krieg beschieden. Nicht aus allen Werbeprospekten vom See ist das Alpenpanorama so endgültig verschwunden wie in Langenargen. Aber überall spielt der panoramatische Blick, der ja immer ein Blick über den eigenen Horizont hinaus ist, nurmehr eine untergeordnete Rolle für den Bodensee als Tourismusgebiet. Als vor ungefähr zweihundert Jahren das Reisen an den Bodensee „modern" wurde, bestand darin gerade der ausschlaggebende Reiz dieser unserer Landschaft. Zweifellos bezeichnet der Verlust oder zumindest der Bedeutungsschwund des panoramatischen Blicks nicht nur ein Phänomen der Werbung, sondern er zeigt auch einen Mentalitätswandel an, dem Fremde wie Einheimische gleichermaßen unterlegen sind.

Literatur:
Gemeinde Langenargen (Hg.): Langenargener Geschichten 3, 1988:
(1) Bücheler, H.: Der Tourismus in Langenargen, S. 60-61.
(2) Fischer, B.: Der Ausbau der Uferpromenade und des Hafens in Langenargen, S. 49-53.
(3) Rodinger, G.: Badegeschichten aus Alt-Langenargen, S. 42-48.
(4) Trapp, W.: Von der „Bildungsreise" zum modernen Massentourismus. In: Rorschacher Neujahrsblatt 1986, S. 11-25.

Weiterhin entscheidendes Standbein

Fremdenverkehr als Wirtschaftsfaktor in der Region Bodensee-Oberschwaben

Ulrich Brand

Die Aussage, daß der Fremdenverkehr in der Region Bodensee-Oberschwaben eine wichtige Rolle spielt, würden die meisten hier lebenden Menschen unterschreiben. Dafür bedarf es keiner Nachweise, das lehrt die alltägliche Begegnung mit den Gästen in sehr vielen Gemeinden.

Dennoch ist es notwendig, die Bedeutung des Tourismus genauer zu betrachten. Einerseits gerät er bei einigen Einheimischen und Politikern unter Legitimationszwang, das heißt der Sinn des Tourismus wird in Frage gestellt. Das ist gut so. Denn nur die Diskussion aller Betroffenen über Nutzen und Schaden führt zu einer gesunden Entwicklung. Und von den wirtschaftlichen, ökologischen und gesellschaftlichen Auswirkungen des Fremdenverkehrs sind alle Einwohner betroffen. Deshalb ist ein einseitiges Wachstumsdenken von denen, die vom Tourismus profitieren und vielleicht noch dieses Denken durchsetzen, der falsche Weg. Denn die Attraktivität eines Zielgebietes besteht unter anderem aus der Akzeptanz der Bewohner. Andererseits können von einer genaueren Untersuchung wichtige Schlußfolgerungen für die touristische Planung ausgehen.

Im folgenden Beitrag werden einige wirtschaftliche Aspekte des Fremdenverkehrs aufgezeigt. Seine Bedeutung, Probleme bei der Erfassung genauerer Zahlen und die zukünftige Entwicklung sollen dargestellt werden. Die sozio-kulturellen und ökologi-schen Faktoren werden im Rahmen des gestellten Themas nicht behandelt. Deshalb sind sie aber nicht weniger wichtig.

Wirtschaftliche Folgen des Tourismus

Der Fremdenverkehr hat Auswirkungen auf die Einkommen und Beschäftigung im Raum Bodensee-Oberschwaben und eine überregionale Ausgleichsfunktion.

Einkommenseffekt. Die Befriedigung der touristischen Nachfrage schafft Einkommen in Form von Löhnen, Gehältern und Gewinnen. Zuerst verdienen diejenigen, die im direkten Kontakt mit den Gästen stehen: Hoteliers, Köche, Souvenirverkäufer und andere. Dazu kommt das Zulieferergewerbe, zum Beispiel bei einem Hotel die Wäscherei, die Getränke- und Lebensmittelhändler.

Ein weiterer Einkommenseffekt entsteht aus dem Konsum derer, die im Tourismus arbeiten. Die Krankengymnastin einer Kurklinik gibt ihr Geld wiederum überwiegend in der Region aus. Dadurch verdienen andere, die scheinbar mit dem Tourismus gar nichts zu tun haben.

Beschäftigungseffekt. Der Fremdenverkehr ist bekanntermaßen sehr arbeitsintensiv, und es gibt nur sehr begrenzte Rationalisierungsmöglichkeiten, da er dem Dienstleistungssektor zuzurechnen ist.

Dabei sind es nicht nur die Arbeitsplätze, die direkt vom Tourismus abhängen, wie beispielsweise in den Hotels. Auch indirekt werden durch die Ausgaben der Gäste Menschen beschäftigt (z. B. im Lebensmitteleinzelhandel oder der Landwirtschaft).

Dazu kommt gerade in der Region Bodensee-Oberschwaben ein hoher Anteil von Nebenerwerbs-Arbeitsplätzen, wie ein Blick auf die Liste der Privatquartiere zeigt.

Wichtige überregionale Funktion

Ausgleichseffekt. Der Kur- und Urlaubstourismus hat in der BRD bzw. in Baden-Württemberg eine wichtige ökonomische Ausgleichsfunktion. Die Erholungssuchenden kommen oft aus den ökonomischen Zentren wie dem Neckar-Ballungsraum oder etwas weiter entfernt dem Ruhr- oder Rhein-Main-Gebiet. In weniger besiedeltem und natürlicherem Umfeld suchen sie einen „Gegenalltag". Von daher wirkt der Fremdenverkehr der wirtschaftlichen Konzentration auf wenige Regionen entgegen und schafft im ländlichen Raum Einkommen und Arbeitsplätze. Oberschwaben ist dafür ein bekanntes Beispiel. Während die beiden ersten erwähnten Auswirkungen ein Kennzeichen für alle Wirtschaftszweige sind – auch die Metallindustrie schafft Einkommen und Arbeitsplätze – ist die Ausgleichsfunktion typisch für den Tourismus.

Für die Region Bodensee-Oberschwaben oder für eine einzelne Gemeinde wären genauere Angaben über vom Tourismus verursachte Beschäftigung und Einkommen sicherlich interessant. Eine Untersuchung mit bestehenden Statistiken ist schwierig. Das hat vor allem drei Gründe:
– Das Meldegesetz in Baden-Württemberg sieht eine Meldepflicht des Hoteliers erst dann vor, wenn er mehr als acht Betten zu

vermieten hat. Damit erscheinen in einer Region mit vielen Privatvermietern, die gerade mal zwei oder drei Zimmer zu vermieten haben, viele Übernachtungen gar nicht in der Statistik.

– Viele meldepflichtige Hoteliers vermuten hinter der statistischen Erfassung ihrer Gäste das Finanzamt. Da aus verschiedenen Gründen nicht jeder Bettenanbieter seinen gesamten Umsatz angeben möchte, resultiert daraus eine nicht unerhebliche Dunkelziffer.

– Ein eher methodisches Problem ist die Unterscheidung von touristischen und nicht-touristischen Umsätzen. Wird beispielsweise das Essen in einem Restaurant von einem Urlauber verzehrt, dann ist es für die Berechnung der wirtschaftlichen Bedeutung des Fremdenverkehrs an einem Ort oder in einer Region relevant. Das gleiche Essen, verzehrt von einem Einheimischen, interessiert bei dieser Fragestellung nicht. Ähnlich verhält es sich bei Umsätzen in Lebensmittelgeschäften oder bei öffentlichen Verkehrsträgern.

Eines wird klar: Bei der Erfassung von konkreteren Zahlen kommt man um Schätzungen nicht herum. Aber Vorsicht bei der Hochrechnung einzelner Zahlen: Konstanz hat beispielsweise einen hohen Anteil von Ausflugstourismus (u.a. die Mainau), während Bad Waldsee zum großen Teil Kurgäste beherbergt. Eine der wenigen vorliegenden Statistiken, nämlich diejenige der Übernachtungen, weist aber für beide Orte 1988 um die 330.000 Übernachtungen aus. Davon für Bad Waldsee und Konstanz auf Beschäftigungs- oder Einkommenseffekte hochzurechnen, wäre unseriös. Die Schwierigkeiten sind besser zu beheben, wenn mehr Einzelheiten bekannt sind. Damit werden die Schätzungen genauer.

Eine nachfrageseitige Erhebung – das heißt die Befragung der Urlauber über ihr Konsumverhalten – ist unmöglich. Die Gäste sind selbst stichprobenartig gar nicht zu erfassen.

Umsatzberechnung schwierig

Einen Versuch, den touristisch verursachten Umsatz näherungsweise anzugeben, unternahm das DWIF. Für das Jahr 1986 wurde in der BRD ein Umsatz von 96 Milliarden Mark im Tourismus errechnet. Für die Region Bodensee-Oberschwaben wäre folgendes Rechenbeispiel denkbar:

Laut Statistischem Bundesamt hatte die Region im gleichen Jahr 2,2 Prozent aller gemeldeten Übernachtungen in der Bundesrepublik. Wenn man davon ausgeht, daß Bodensee-Oberschwaben „Durchschnitt" war, dann müssen einige Annahmen gemacht werden. Es wurden dem Bundesgebiet entsprechend viele Übernachtungen nicht gemeldet, der übernachtende Fremdenverkehr sorgte für 44 Prozent des Umsatzes, der Ausflugstourismus für 56 Prozent, der Anteil von Kur-, Geschäfts- und Urlaubsnachfrage verhält sich wie im BRD-Durchschnitt, die Gäste gaben tatsächlich die in der Studie angenommenen durchschnittlichen Summen aus (z. B. für eine Kurübernachtung inklusive aller Ausgaben 124 Mark, für eine Urlaubsübernachtung im Kleinbetrieb 52 Mark, für eine Campingübernachtung 35 Mark). Wenn diese Annahmen gemacht werden, sorgte der Fremdenverkehr in der Region Bodensee-Oberschwaben 1986 für einen Umsatz von 2,1 Milliarden Mark. Das entspräche etwa 12 bis 15 Prozent des Gesamtproduktionsumsatzes des verarbeitenden Gewerbes.

Doch die Region Bodensee-Oberschwaben ist in vielem nicht „Durchschnitt". Einige Beispiele: Der Geschäftstourismus nimmt hier einen geringeren Stellenwert ein, dafür liegt das allgemeine Preisniveau höher. Nach Aussage von Ulrich Erhardt, Geschäftsführer des Fremdenverkehrsverbandes Bodensee-Oberschwaben, liegt die Region bei den Ausgaben der Touristen für

Essen im oberen Drittel. Die durchschnittlichen Zusatzausgaben für Ausflüge und ähnliches der übernachtenden Gäste sind fast doppelt so hoch wie an anderen Orten.

Genauso schwierig ist es, für die Region die Übernachtungszahlen zu ermitteln. Ein Versuch mit Hilfe von Geschäftsführer Erhardt: 1989 wurden ungefähr 6,05 Millionen Übernachtungen von Hotels mit mehr als acht Betten gemeldet. Dazu kommen ungefähr 30 Prozent von Kleinbetrieben und Privatquartieren, das sind 7,87 Millionen, und eine Dunkelziffer von 10 bis 20 Prozent. Das ergibt eine Übernachtungszahl (ohne Camping) am Bodensee und in Oberschwaben zwischen 8,66 und 9,44 Millionen.

Argumentationshilfen für Touristiker

Was im Rahmen dieses Beitrages nur angeregt wird, kann in einer Gemeinde detaillierter erfolgen, da erstens genauere Zahlen vorliegen und zweitens die Besonderheiten eines Ortes berücksichtigt werden. Die Ermittlung der wirtschaftlichen Bedeutung des Fremdenverkehrs in einer Gemeinde lohnt sich für den Touristiker aus mehreren Gründen:
- Wenn einmal annähernde Zahlen über touristisch bedingte Arbeitsplätze, Einkommen oder Umsätze vorliegen, kann den Einheimischen die Bedeutung des Fremdenverkehrs eher aufgezeigt und eine positive Einstellung unterstützt werden.
- Gegenüber den Politikern werden die touristisch Verantwortlichen an Argumentationskraft gewinnen. Ein gutes Beispiel sind die oftmals langen Kämpfe in den Gemeinderäten um Werbeetats, bei denen der Nutzen nicht meßbar ist. Auf die in der Regel touristisch ungebildeten Politiker wird es Eindruck machen, wenn der ökonomische Stellenwert des Fremdenverkehrs genauer qualifiziert wird als mit der Aussage, er sei eben „sehr wichtig

für die Gemeinde". Eine andere Kennziffer verwendet Norbert Henneberger, Geschäftsführer der Konstanzer Tourist-Information. Er beziffert die Steuereinnahmen der Stadt aus dem Fremdenverkehr mit 4,5 Millionen Mark.
- Der Vergleich verschiedener Kennzahlen über einen längeren Zeitraum hinweg kann bestimmte Entwicklungen aufzeigen. Ein Ausgabenrückgang pro Gast ist beispielsweise für die Planung des touristischen Angebots ein wichtiger Anhaltspunkt.

Keine enge Sichtweise

An dieser Stelle möchte ich betonen, daß man bei der ökonomischen Betrachtung des Fremdenverkehrs die ökologischen und sozio-kulturellen Faktoren nicht vergessen darf. Der Tourismus greift massiv in die „Identität" einer Gemeinde ein und kann bei Überbetonung der rein wirtschaftlichen Aspekte zerstörerisch wirken. Die sich häufenden Meldungen von Fremdenfeindlichkeit aus Ländern, die sehr stark vom Tourismus abhängig sind und keine Grenzen setzen, bieten ein schlimmes Beispiel.

Genauso ist der Erhalt des natürlichen Umfeldes ganz entscheidend: Einerseits für die Einheimischen, die langfristig sicher nicht akzeptieren, wenn Fremde – es sind dann nicht mehr Gäste – und die vom Tourismus Profitierenden die Natur mißbrauchen. Und andererseits für die Urlaubs- und Kurtouristen, die gerade die einigermaßen intakte Natur suchen.

Was wird in Zukunft wichtig sein, um den Fremdenverkehr in der Region Bodensee-Oberschwaben wirtschaftlich bedeutend zu halten? Besteht die Gefahr einer einseitigen Orientierung in einigen Gebieten? Gibt es Entwicklungen, die nicht verpaßt werden dürfen, wie beispielsweise der flächendeckende Anschluß an Computerreservierungssysteme? Müssen größere Hotels gebaut werden? Sollte die Region verstärkt um Gäste aus Osteuropa werben?

Jede Frage müßte ausführlich diskutiert werden und viele wären noch zu stellen. Nachfolgend einige Meinungen von Fachleuten, die laufend Antworten suchen und wegweisende Entscheidungen treffen sollen. Natürlich alle langfristig richtig und zum Wohle der Menschen in der Region Bodensee-Oberschwaben.

Viele Entscheidungsfelder

Die Bedeutung von Computerreservierungssystemen darf nach Meinung von Ulrich Erhardt nicht überschätzt werden. „Wir sind noch nicht so weit, um eine umfassende Beurteilung liefern zu können. Dazu benötigen wir noch zwei oder drei Jahre. Eines kann man trotzdem schon sagen: Der deutsche Urlauber wird unsere Region weiterhin telefonisch oder brieflich direkt im Hotel reservieren und nicht in ein Reisebüro gehen. Daher werden die Systeme eher zur Information als zur Reservierung gebraucht." Erhardt sieht auch keine Impulse für den Incoming-Tourismus. Angesichts der vielen kleinen Hotels in der Region wird für viele ein Anschluß gar nicht in Frage kommen. „Es kann aber sein, daß ein elektronisches Buchungssystem in Zukunft verlangt wird, und dann müssen einige Anbieter darauf reagieren. Die Kettenhotels handeln heute schon entsprechend."

Einen anderen Aspekt betont Sabine Schürnbrand, die das Verkehrsamt in Allensbach leitet: „Gerade für die kleinen Orte ist ein Verbund untereinander wichtig. Wenn bei uns alle Zimmer belegt sind, dann müssen wir lange umhertelefonieren. Mit einem Buchungssystem könnten wir die freien Zimmer in den Nachbargemeinden schnell abfragen." Doch auch, was die Reservierung der Gäste am Heimatort angeht, dürften die kleinen Orte nicht an den Rand gedrängt werden.

Ein anderes immer aktuelles Thema ist die Saisonverlängerung. Gerade die hohen Fixkosten der Hotellerie, aber beispielsweise auch arbeitsmarktpolitische Aspekte erfordern Aktivitäten, um die Kapazitäten besser auszulasten. Dazu meint Frau Schürnbrand: Ein Ort wie Allensbach könne Ausgangspunkt für Radrundfahrten oder Wanderungen werden und diese als Paket anbieten. Oder mehrtägige Kulturprogramme. „Schwierig zu beurteilen sind große Investitionen. Es ist nicht sinnvoll, gleich nach einem Hallenbad zu rufen, damit ein paar Gäste außerhalb der Saison kommen." Insgesamt sieht sie die steigende Beliebtheit des Bodensees als große Chance, wenn es ein vernünftiges Angebot gibt.

Das Jahr 1989 zeigte, daß im Kurtourismus einseitige Abhängigkeiten gefährlich sind. Das Gesundheitsreformgesetz verursachte in den Kurorten Oberschwabens einen zum Teil erheblichen Übernachtungsrückgang. Petra Misch-Stephan, Leiterin der Kurverwaltung Bad Waldsee, möchte den Begriff Monostruktur aber nicht hören. „Natürlich spielen die Kurgäste in unserem Gebiet eine ganz wichtige wirtschaftliche Rolle, aber es gibt auch Klein- und Mittelindustrie. Außerdem haben wir nicht nur eine

Art von Kurtourismus. Die Sozialversicherungsgäste, die stationär behandelt werden und die Kur komplett bezahlt bekommen, sind nicht ausgeblieben. Lediglich bei der offenen Badekur gab es starke Einbrüche." Nach der Verunsicherung unter Kurwilligen und Ärzten im vergangenen Jahr ist für 1990 Besserung in Sicht für Bad Waldsee, das 1989 fast 400.000 Übernachtungen zu verzeichnen hatte, davon mindestens 80 Prozent von Kurgästen. „Die breit angelegte Informationspolitik macht sich bemerkbar", meint Frau Misch-Stephan.

Der Bodensee lebt vor allem von seinen natürlichen Gegebenheiten und ist deshalb besonders im Sommer attraktiv. „In der Saison von Ostern bis Oktober sind die Hotels ohnehin ausgelastet. Es geht nur um die Zielgruppe. Konstanz versucht mehr Tagungsveranstalter anzusprechen, da dort

mehr Geld pro Übernachtung verdient werden kann", sagt Norbert Henneberger. Aber diese Gästegruppe käme auch nur in den „schönen Monaten" wegen der Tagung und dem Rahmen. „Als wirkliche Saisonverlängerung wollen wir stärker mit der Universität zusammenarbeiten und wissenschaftliche Kongresse an den See holen." Konstanz ist nicht repräsentativ für die Region. Das betrifft auch das Niveau der Hotels. Henneberger: „Wenn wir mehr Tagungs- und Kongreßgäste wollen, dann haben wir in Konstanz Nachholbedarf im gehobenen Bereich." Die wichtigste Tourismusart wird natürlich der Urlaubstourismus bleiben.

Keine starken Auswirkungen wird nach Ansicht des Geschäftsführers der Konstanzer Tourist-Information die Veränderung in Osteuropa auf den Fremdenverkehr in der

Region haben. „Langfristig werden wir mehr Gäste vor allem aus der DDR bekommen. Dabei darf man aber nicht vergessen, daß der Bodensee ein relativ hohes Preisniveau hat, beispielsweise im Vergleich mit dem Bayerischen Wald." Damit meine er nicht teuer, denn es werde auch einiges geboten.

„Renaissance der Privatzimmer"

Bernhard Joachim, Leiter des Verkehrsamtes in Meersburg, sieht dagegen schon in Kürze einen Teil der DDR-Urlauber ihre Ferien in der Region Bodensee-Oberschwaben verbringen. „Es wird eine kurze Renaissance der Privatzimmer mit fließend kaltem Wasser geben." Die familiär geprägte Hotellerie wird für die Region vorherrschend bleiben. „Lediglich in Städten wie Konstanz, Lindau oder Friedrichshafen haben Hotelkonzerne eine Chance, da sie auch vom Geschäftstourismus leben. Der bietet für die Städte eine gute Ergänzung zum Ferientourismus außerhalb der Ferienzeit." Für einen ausgeprägten Geschäftstourismus ist nach Meinung Joachims die Infrastruktur wichtig, insbesondere für das Gebiet um Friedrichshafen die Größe der Messe."

Die kurzen Aussagen zu verschiedenen Fragen zeigen einige unterschiedliche Meinungen. Diskussionsstoff gibt es natürlich nicht nur in diesen Punkten. Aber gerade das ist wichtig: Auf regionaler und Gemeindeebene über Probleme zu sprechen und Lösungen zu suchen. Nur daraus kann sich ein gutes touristisches Angebot entwickeln.

Die Ferienziele der Urlauber und Kurgäste sind in der Regel nicht das Hotel X oder Y, sondern die ganze Region. Da gilt es in Konkurrenz mit anderen Regionen ebenso zu bestehen wie „ nach innen" eine breite Akzeptanz zu haben. Dann bleibt der Fremdenverkehr interessant für alle Beteiligten und somit ein entscheidendes wirtschaftliches Standbein am Bodensee und in Oberschwaben.

Ausgebucht

Kerstin Aurich

Die Bänke besetzt
Die Boote vermietet
Das Ufer belegt
Das Licht abgelichtet
Der See vergriffen

Tourismusexperten werden initiativ

10 Thesen zur Steuerung des Fremdenverkehrs am See: Beipiel Friedrichshafen

Udo Haupt

Spitzenreiter unter den Ferienlandschaften des Landes Baden-Württemberg mit einer Zunahme der Übernachtungen von 7 % war 1989 der Bodensee. Ein Bilderbuchsommer und Umweltkatastrophen im Mittelmeerraum waren Ursache für diesen Boom. Erstmals ging die Erholungsregion im Herzen Europas unter Tourismusdruck. Die Erholungsbedürfnisse von Anwohnern, Wochenendausflüglern und Feriengästen kamen sich in die Quere. Die Belastbarkeit der Bodenseelandschaft wurde hinterfragt. Der Fremdenverkehr am Bodensee kam ins Gerede.

Boom in Zahlen

Nun ist der Bodensee mit seinen 3 Ländern und 1000 Möglichkeiten (erfolgreicher Werbeslogan des Int. Bodenseeverkehrsvereins) seit den frühen 80ern „in". Das belegen auch die Gästezahlen (Ankünfte und Übernachtungen) rings um den See. Am Beispiel der Messe- und Zeppelinstadt Friedrichshafen kann über einen Zeitraum von 7 Jahren die Entwicklung der Ankunfts- bzw. Gästezahlen und der Übernachtungen verfolgt werden: 1983 wurden 97740 Ankünfte und 284737 Übernachtungen gezählt. 1985 waren es schon 111574 Ankünfte und 315361 Übernachtungen. 1987 waren es 119430 Ankünfte und 308672 Übernachtungen und 1989 waren es gar 150489 Ankünfte mit 424829 Übernachtungen.

Im Vergleich zu 1983 stieg die Zahl der Ankünfte bzw. Gäste um 54 % und der Übernachtungen um 49,2 %.

An dieser Entwicklung partizipierten alle touristischen Teilbereiche recht erfolgreich. So stiegen die Ankunfts- und Übernachtungszahlen im Geschäftsreiseverkehr einschließlich Messe ganz beachtlich. Aber auch die Ferienerholung verzeichnete kräftige Steigerungen. Der konsequente Ausbau der touristischen Infrastruktur einschließlich Hotellerie und Gastronomie in Friedrichshafen und in den Ortsteilen Ailingen, Fischbach und Schnetzenhausen hat sich gelohnt. Beweis dafür sind die Übernachtungszahlen im Juli und August, wo der Geschäftsreiseverkehr fast zum Erliegen kommt.

Ein weiterer Bereich, nämlich das Tagungsgeschäft, entwickelt sich seit Eröffnung des Graf-Zeppelin-Hauses im Oktober 1985 gut. Über 4000 Gäste erbrachten im Jahr 1989 schon knapp 15000 Übernachtungen.

Die Bettenzahl in Friedrichshafen stieg in diesem Zeitraum (1983–89) von 2188 auf 2625 und damit um 437 Betten bzw. um 20 %.

1983 verfügte Friedrichshafen über 1416 Betten in Hotels, Gasthöfen und Pensionen. 366 Betten in Privatzimmern und 406 Betten in Ferienwohnungen. 1989 waren es 1754 Betten in Hotels, 322 Betten in

Privatzimmern und 549 Betten in Ferienwohnungen.

Deutlich gestiegen ist in Friedrichshafen auch der Tagestourismus. Genaues Zahlenmaterial läßt sich hier nicht vorlegen. Indikator dafür sind jedoch die Besucherzahlen der Museen, Personenfrequenzen beim Kurs- und Sonderverkehr der Schiffahrt und auch beim Fährverkehr zwischen Friedrichshafen und Romanshorn. So verzeichnete das Bodenseemuseum mit der Zeppelinabteilung

1983	73 323	Besucher
1985	71 617	Besucher
1987	97 701	Besucher
1989	106 330	Besucher

Der Fährverkehr zwischen Friedrichshafen und Romanshorn verzeichnete

1983	404 569	Fahrgäste
1985	427 966	Fahrgäste
1987	451 070	Fahrgäste
1989	523 100	Fahrgäste

Mit den Schiffen der Vereinigten Schiffahrtsunternehmen (VSU) wurden auf dem ganzen Bodensee befördert:

1983	3 457 246	Fahrgäste
1985	3 675 194	Fahrgäste
1987	3 499 238	Fahrgäste
1989	4 395 177	Fahrgäste

Diese Entwicklung, die auch alle anderen Bodenseeorte am deutschen Ufer aufzeigen können, führte 1989 erstmals zu Berichten in den Medien über „Tourismus-Boom am Bodensee", „Der Rummelplatz als Erholungsgebiet in der Hochsaison", und das Wort von der Beschränkung macht die Runde. Es war für die Tourismusfachleute am Bodensee an der Zeit, initiativ zu werden und einem Negativ-Trend entgegenzuwirken.

Fremdenverkehrsexperten ziehen Konsequenzen – Zehn Thesen

Die Chancen des Fremdenverkehrs können nicht ohne die Risiken gesehen werden, mehr noch, viele Risiken liegen in den Chancen begründet, sagen Touristiker. Sie sehen das Ziel ihres Wirkens in einem funktionierenden Fremdenverkehr auf der Grundlage und Sicherung einer intakten Landschaft und haben daher ein Thesenpapier zur Frage der Belastbarkeit des Bodensees erarbeitet, das nachstehende Punkte umfaßt und dessen Realisierung bereits in Angriff genommen wurde:

1. Weitere Entzerrung der Ferienzeiten.
2. Förderung und Bau von Umgehungsstraßen (Entzerrung des „hausgemachten" Verkehrs in den Ortschaften).
3. Der IBV wird keine gezielte Werbung für Tagestouristen betreiben.
4. Die Möglichkeiten preislicher Nivellierungen in den Spitzensaisonzeiten müssen geprüft werden.
5. Baulanderschließung, Siedlungs- und Bevölkerungszuwachs sind Mitverursacher der stärkeren Belastung.
6. Zusätzliche Aktivitäten in der Hochsaison, z. B. Massenradveranstaltungen rund um den See, Rockkonzerte usw. sind nicht notwendig und sollten außerhalb der Spitzenmonate Juli und August durchgeführt werden.
7. Der IBV sieht die Notwendigkeit der Förderung des Umweltbewußtseins sowohl bei der Bevölkerung, bei den Gästen und auch bei seinen Mitgliedern. Das Innenmarketing soll deshalb verstärkt werden. Werbemittel werden nicht überflüssig, sondern müssen umgeschichtet werden, so zum Beispiel zur Information der Mitglieder und anderer am Fremdenverkehr Beteiligter.
8. Informationssysteme unter Einbeziehung der Medien sollen dazu beitragen, Verkehrsspitzenzeiten zu entlasten.

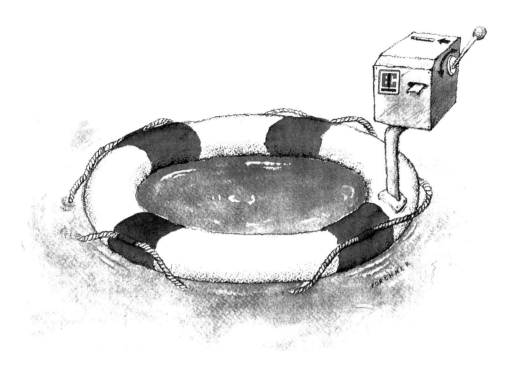

(aus „Nebelspalter", Sondernummer des Internationalen Bodensee-Verkehrsvereins, 1989).

9. Notwendig scheint eine Studie über die tatsächlichen Verkehrsströme des Tagestourismus.
10. Alternative Angebote, z. B. Nostalgiefahrt im Zug um den Bodensee, „Fahr Schiff und wandere", die „Bodensee-Kreuzfahrt", generell das Thema „Wandern am See", sollen gefördert werden.

Umsetzung vor Ort

Es gilt nun einzelne Thesen auch vor Ort umzusetzen. Örtliche Infrastruktur und Besonderheiten sind zu beachten.

Für Friedrichshafen mit einem modernen, urbanen Gesicht, mit Industrie, Handel und Gewerbe, mit Messegelände, Kultur- und Kongreßhaus, mit Flughafen, Ei-

senbahnknotenpunkt und Ausgangshafen der Bodensee-Schiffahrt bedeutet dies für These 2 (Förderung und Bau von Umgehungsstraßen) die zielstrebige Realisierung einer innerstädtischen Verkehrsberuhigung und der sofortige Baubeginn für den Westteil der innerstädtischen Umgehung.

Dies allein wird nicht ausreichen für eine dauerhafte Lösung der Verkehrsmisere in dieser Stadt und am nördlichen Bodenseeufer. Die bereits bestehenden Umgehungsstraßen zeigen am Beispiel Überlingen und auch Meersburg, daß die Wohnbebauung bereits bis an und über diese Umgehungsstraßen reicht und diese über kurz oder lang ihre eigentliche Funktion einbüßen müssen. Nur eine großräumige Umgehung des nördlichen Bodenseeufers kann die erforderli-

45

che Entlastung bringen. Es fehlt ganz einfach die Autobahnspange Stockach-Lindau.

Zu These 3 (keine gezielte Werbung für Tagestouristen): Die Stadt Friedrichshafen mit ihren Einrichtungen übt auch ohne Werbung Anziehungskraft auf Tagestouristen aus. Eine Stadt verkraftet den Tagestourismus auch leichter wie der klassische Ferienort. Schiffahrt, Gastronomie, Museen und Einzelhandel brauchen den Tagesgast.

Zu These 4 (preisliche Nivellierung in Spitzensaisonzeiten):

Ein Instrument, das unsere Nachbarn in Vorarlberg in der Wintersaison bereits einsetzen, an dem wir am Bodensee auf Dauer wohl auch nicht vorbeikommen, und wenn es nur als Folge der 35 Stunden Woche zum Einsatz kommt. Preisliche Nivellierungen könnten in verschiedenen Bereichen zum Wochenende in der Spitzensaison Anwendung finden. So z. B. bei Verkehrsträgern wie Schiffahrt, Bergbahnen, Busunternehmen. Keine Gruppenermäßigungen mehr für die Schiffahrt oder auch für die Insel Mainau am Samstag und Sonntag. Vielleicht schaffen Ermäßigungen oder günstigere Eintrittspreise unter der Woche Entlastung für die Wochenenden der Spitzensaison.

Auch in der Gastronomie wird extreme Wochenendbelastung zum Problem. Immer mehr Menschen wollen an den Wochenenden immer mehr und immer bessere Service-Leistungen. Der finanzielle Anreiz für die Wochenendbeschäftigung führt zu höheren Preisen, die nach dem Verursacherprinzip weitergegeben werden sollte.

Zu These 10 (alternative Angebote):

Hier sind bestimmt noch nicht alle Möglichkeiten genutzt. Allein die Möglichkeiten der Bahn und der Busse rund um den See sind viel zu wenig bekannt und auf die Bedürfnisse der Touristen abgestimmt. Auch fehlen hier attraktive Angebotsformen wie z. B. Nostalgiefahrten im Zug um den Bodensee. Dies gilt auch mit Einschränkung für die Schiffahrt. Überholte Fahrplanstrukturen z. B. Obersee-Längsverkehr und zu wenig Querverkehr, kaum Abendangebot (Sommerzeit = hell bis 22.30 Uhr), keine neuen Anlegestellen z. B. Bregenzer Festspiele, Haltnau, Birnau usw.

Gefördert gehört unbedingt auch das Wandern am See und im Umland. Dazu bedarf es neuer Angebotsformen wie geführte Mehrtageswanderungen, Etappenwandern, Gepäcktransport, Einbeziehung des Umlandes wie Hegau, Linzgau, Oberschwaben und damit Ausdehnung des Wandergebietes.

Die Tourismusleute rings um den See haben das „Wetterleuchten" am Ende der vergangenen Saison registriert. Eine Schwalbe am Himmel macht zwar noch keinen Sommer. Eine gute Saison ist nach einem verregneten Sommer schnell vergessen. Überfüllung am See, Rummelplatz statt Erholung kein Thema mehr. Die Statistik der letzten 20 Jahre liefert genügend Beweise dafür. Dennoch müssen Steuermechanismen eingebaut, muß die Belastung der internationalen Seeregion gemindert werden. Die Erhaltung der Bodenseelandschaft hat Vorrang.

Die Welt, die uns ja – oft genug zitiert – nur geliehen ist, von denen, die nach uns kommen, darf nicht von den Auswirkungen der Touristikbranche geschlachtet werden.
André Heller, in:
Berner Studien zu Freizeit und Tourismus 26 (1990).

Tourismusachse ins Hinterland?

Kommunalpolitiker müssen ihre eigenen Zielvorstellungen entwickeln
und vor allem mitentscheiden.

Karl-Heinz Beck

Fremdenverkehr (eigentlich keine werbewirksame Wortschöpfung), Tourismus, Kur und Ferienerholung, das sind Begriffe, mit denen sich auseinandersetzen muß, wer das Glück hat, in einem Urlaubs- oder Feriengebiet zuhause zu sein, arbeiten zu dürfen. Wir am See, im Bodenseekreis, gehören zu diesen glücklichen Menschen. Und die Zahl derer, die den „Fremdenverkehr" zu ihrem Thema gemacht haben – machen mußten –, ist sprunghaft angestiegen. Das ist gut so. Denn je stärker der Tourismus zu einem bedeutenden Wirtschaftsfaktor in unserer Raumschaft geworden ist, desto vielfältiger und komplexer sind auch die Fragen geworden, die aufzuarbeiten sind.

Nicht erst seit dem „Boomjahr 1989", aber besonders seither, haben sich einige Tourismusmanager vom Saulus zum Paulus gewandelt, sind wohl selbst erschrocken ob ihres durchschlagenden Werbeerfolgs. Sie haben sicher aber auch erkannt, daß ein Ausufern des Fremdenverkehrs leicht wieder zu einem starken Attraktivitätsverlust führen kann. „Sanfter Tourismus" ist die Antwort darauf. Ich habe allerdings noch niemanden gefunden, der genau erklären konnte, was darunter zu verstehen ist und vor allem, wie man dies macht. Gemeint ist wohl das Bemühen, die erkannten Belastungen des zunehmenden Fremdenverkehrs mit den Grundanforderungen zum Erhalt unserer wertvollen Landschaft in Einklang zu bringen.

Wie schwer das ist und nur vergleichbar mit der Quadratur des Kreises, zeigt schon das im Jahr 1983 von der Internationalen Raumordnungskommission der Bodenseeanrainerländer herausgegebene Leitbild für das Bodenseegebiet. Unter der Überschrift Fremdenverkehr heißt es:

„Der Fremdenverkehr kann sich die zunehmende Freizeit zunutze machen, wenn der erreichte Stand gesichert und ausgebaut wird. Um den verschiedenartigen Ansprüchen der Erholungssuchenden gerecht zu werden, bedarf es der Freihaltung, Gestaltung und Ausstattung geeigneter Erholungsgebiete". Aber: „Diese müssen vor übermäßiger Belastung gewahrt werden. Dies gilt vor allem für die Natur- und Landschaftsschutzgebiete, die durch Erholungsnutzung nicht gefährdet werden dürfen." Und dann wieder: „Die Auslastung der Freizeit-, Erholungs- und Fremdenverkehrseinrichtungen ist teilweise unzulänglich. Ihre Tragfähigkeit kann auch durch Maßnahmen zur Saisonverlängerung verbessert werden".

Mit solchen, sozusagen geschlechtsneutralen Aussagen ist wohl heute die Problematik nicht zu bewältigen. Gefordert ist die Politik, besonders die Kommunalpolitik. Von ihr erwartet sowohl die Tourismusbranche als auch der Ökologe ausreichende Antworten, und es wird für Gemeinderäte und Bürgermeister zunehmend schwieriger, das Schiff durch das immer schmaler wer-

dende Fahrwasser zu steuern. Eigene Vorstellungen sind deutlich zu machen, und das Tourismusmanagement darf stärker merken, daß die Kommunalpolitik mit am Tisch sitzt.

Bisher konnte man sich – 10 km weg vom See – genüßlich zurücklehnen, interessiert beobachten, wie Konflikte größer, wie Lösungen versucht werden. Man konnte, wenn man wollte – zwar bescheiden, aber immerhin – an den Segnungen des Bodensees partizipieren, ohne mit den Problemen der Ufergemeinden konfrontiert zu sein. Es scheint, als ob sich diese geruhsame Zeit dem Ende zuneigt. Nicht nur, daß die Kapazitäten am Uferbereich erschöpft sind und deshalb Unterkunftsangebote im „Hinterland" angenommen werden. Nein, auch die Einstellung des Gastes hat sich gewandelt. Die motorisierte Mobilität macht es heute nicht mehr erforderlich, direkt neben dem Strandbad zu wohnen. Komfortable Gästezimmer und Ferienwohnungen, eine leistungsfähige ansprechende Gastronomie und nicht zuletzt sanierte „Dorfentwicklungsprogrammdörfer" haben viele Gäste angelockt.

Mit rund 200.000 Übernachtungen ist rund um den Gehrenberg ein durchaus ansehnlicher und für die Uferorte ernstzunehmender Partner im Tourismusgeschäft entstanden. Damit neigen sich aber auch hier die Zeiten rasch dem Ende entgegen, wo dieses Geschäft quasi ehrenamtlich betrieben werden konnte. Auch hier werden künftig zunehmend hauptamtliche Kräfte eingesetzt werden müssen, um den durch die gestiegenen Übernachtungszahlen vermehrten Anforderungen gerecht zu werden. Damit entsteht aber auch im „Hinterland des Bodensees" die Gefahr, daß ein Kreislauf in Gang gesetzt wird, der im Uferbereich während der Hauptsaison zu ersten Asthmaanfällen geführt hat. Mehr Übernachtungen verursachen mehr Investitionsbedarf im personellen und sachlichen Bereich. Dieser verstärkte Mitteleinsatz wiederum kann nur durch höhere Übernachtungszahlen, eine längere Saison, ein breiteres Angebot ausgeglichen werden usw.

Wäre es da nicht möglich, daß eine Gemeinde gezwungen wird, ihre Investitionsentscheidungen danach auszurichten, ob sie dem Gast, dem Fremdenverkehr dienen? Wäre es dann nicht noch schwerer, ein wesentliches Ziel jeder Kommunalpolitik zu erreichen: Identifikation des Bürgers mit seiner Gemeinde? Sicher ist, die Landschaft, die an den Bodenseeuferbereich angrenzt, hat ihre touristische Jungfräulichkeit schon längst verloren, was schon allein aus der Gästestatistik hervorgeht. Es kann also nur darum gehen, die eigenen Ziele klar zu definieren und sich dabei die Erfahrungen anderer zunutze zu machen.

Und wie könnten diese Ziele – 10 km vom Ufer entfernt – aussehen? Mit einem Satz ist das nicht zu beantworten. Der starke Strukturwandel in der Landwirtschaft hat gerade auch ländlichen Kommunen zur Aufgabe gemacht, im Rahmen ihrer Möglichkeiten bei Lösungen zu helfen. Und hier eröffnet der Fremdenverkehr für landwirtschaftliche Betriebe eine zusätzliche finanzielle Perspektive. Der Reiz von Ferien auf dem Bauernhof oder die sprunghaft gestiegene Nachfrage nach Ferienwohnungen unterstützen diese Bemühungen. Neben dieser sozialpolitischen Aufgabe stellt sich die Frage, ob eine Gemeinde, die in einer für Fremdenverkehr prädestinierten Landschaft liegt und deshalb Aufgaben im Bereich Ferienerholung wahrnehmen kann, sich einer solchen Verpflichtung entziehen darf. Schon vor Jahren wurde diese Frage verneint und der Fremdenverkehr organisiert, institutionalisiert. Die Entwicklung war bisher überschaubar. Muß man sich schon mit „sanftem" Tourismus vertraut machen? Noch ist Tourismus nicht zum bestimmenden Faktor geworden. Das sollte für die Zukunft auch so bleiben, und dazu gehört, daß eben nicht jeder reizvolle Winkel in einer Radwanderkarte verzeichnet sein muß oder die letzte unberührte Waldlichtung mit einem Wanderparkplatz erschlossen wird. Dazu gehört auch die Erkenntnis, daß nicht jedes Dorf ein Erlebnisbad braucht oder den vollgestopfen Veranstaltungskalender mit Angeboten fast rund um die Uhr.

Die Landschaft vor dem Bodensee will und kann keine Konkurrenz zu den Fremdenverkehrsorten am Ufer werden.

Es gibt deshalb auch in Zukunft keine „Tourismusachse ins Hinterland".

Die zunehmende Attraktivität des ländlichen Bereichs, die forciert wird durch Mobilität und sich wandelnde Erholungsvorstellungen, verlangt aber einen verstärkten Dialog. Dazu gehört, daß sich Verantwortliche am See und die Funktionäre in den Verbänden nicht nur dann ans „Hinterland" erinnern, wenn am Ufer die Kapazitäten erschöpft sind. Lebenswichtig wird aber das Gespräch über gemeinsame Ziele, wenn wir unsere gesegnete Landschaft nicht blind dem Tourismus überlassen, sondern unseren Nachkommen erhalten wollen. Und über dieses Ziel gibt es ja wohl keinen Streit. Oder?

Ausflugsschiffe

Kerstin Aurich

Urlauber
Mit nichts mehr was zu tun
Werfen ihren Alltag über Bord
Und die Kippen hinterher

Wohlstandslieferant mit Pferdefuß

Vom Tourismus in Vorarlberg

Marlies Mohr

Autokolonnen hin, Tageskartenrationierung her: Der Vorarlberger weiß die Vorteile des Tourismus noch allemal zu schätzen. Und das manifestiert sich auch in seiner Gesinnung, wie eine Studie bestätigt. Nicht weniger als 91 Prozent der Befragten gestehen dem Fremdenverkehr eine hohe Bedeutung zu.

Nach dem Volkszorn, den Blechschlangen und überfüllte Pisten im Winter des vergangenen Jahres heraufbeschwört hatten, wollte es der Landesverband für Tourismus ganz genau wissen und ließ der Tourismusgesinnung der heimischen Bevölkerung einmal ordentlich auf den Zahn fühlen. Denn ausgehend von der These, daß speziell dieser Wirtschaftszweig nur dann wirklich florieren und existieren kann, wenn ihm auch das Wohlwollen der Einheimischen sicher ist, sollte erkundet werden, welchen Stellenwert der Tourismus im Bewußtsein der Vorarlberger tatsächlich hat. Die Untersuchung widmete sich vier Themenschwerpunkten: Den positiven und negativen Seiten des Fremdenverkehrs, seiner weiteren Entwicklung und dem Sonderaspekt der Freizeit-Infrastruktur. Der Landesverband selbst versprach sich klare Grundlagen für zielführende Maßnahmen im Sinne der Imagepflege sowie Richtlinien für die künftige Tourismuspolitik, die vor allem im Winter, wenn Tagestouristen für eklatante Verkehrsprobleme sorgen, immer schwieriger zu rechtfertigen ist. Mit der Untersu-

chung beauftragt wurde des Meinungsforschungsinstitut Dr. Edwin Berndt in Göfis, das 404 Vorarlberger über 16 Jahren befragte.

Auf zu einem „maßvollen" Tourismus

Für den Direktor des Landesverbandes, Mag. Sieghard Baier, ist die Studie zwar „positiver als erwartet" ausgefallen, die Ergebnisse hätten dennoch bewiesen, „daß wir uns noch mehr bemühen müssen." Denn wenngleich der Fremdenverkehr als Arbeitgeber (von 96%), Steuerlieferant (von 81%) und zwecks der Völkerverständigung (88%) besonders geschätzt wird, sieht man kritischen Auges auch seine Belastungen für die Umwelt. Nicht weniger als 67 Prozent der Befragten fürchteten bei aller Wertschätzung des Tourismus als Wohlstandslieferant um die Natur, immer noch 54 Prozent um die eigene Lebensqualität. Der zuweilen in endlosen Kolonnen mündende Tagestourismus ist 82 Prozent der Bevölkerung ein Dorn im Auge, 56 Prozent vermögen ihm, die klingende Münze im Visier, aber auch positive Seiten abzugewinnen. In der heurigen Winter erstmals am Arlberg praktizierten Tageskartenkontingentierung sehen allerdings die wenigsten (43%) ein probates Mittel, die sportliche Völkerwanderung zu reduzieren. Wohlweislich mit Vorsicht genießt man beim Landesverband die Bereitschaft von 47 Prozent der Befragten, auf öffentliche Ver-

An verkehrsreichen Wintertagen sind nicht alle „Willkommen im Bregenzerwald".

kehrsmittel, beispielsweise Skibusse, umzusteigen. Spätestens dann nämlich, wenn es an die Realisierung solch' hehrer Vorsätze geht, ist auch dem Einheimischen das Auto in der Garage näher als der Bus an der Haltestelle.

Angesichts dieser nicht wegzudiskutierenden Probleme plädieren 57 Prozent für eine maßvolle Weiterentwicklung des Tourismus im Einklang mit den Bedürfnissen der Bevölkerung und der Umwelt. Doch wer glaubt, daß rein quantitatives Denken in Zeiten wie diesen ausgedient hat, der irrt. Es gibt noch 16 Prozent, die soviele Gäste wie nur möglich sehen wollen, um die Wirtschaft entsprechend absichern zu können. Etwa 15 Prozent der Befragten hat zwar nichts gegen gleichviel Gäste, die dürfen jedoch etwas zahlungskräftiger sein. Nur fünf Prozent sind übrigens der Auffassung,

daß weniger oder überhaupt keine Gäste mehr nach Vorarlberg kommen sollten. Doch wie auch immer, 62 Prozent sind der Ansicht, daß jede Region eigentlich selbst über ihre touristische Zukunft entscheiden können sollte.

Eines der interessantesten Kapitel der Studie ist jenes über den Zusammenhang zwischen Freizeiteinrichtungen, Tourismus und Wünschen der Einheimischen. Immerhin sind 61 Prozent der Meinung, daß es die meisten Freizeiteinrichtungen ohne den Tourismus gar nicht gäbe. So scheinen die Vorarlberger auf den ersten Blick mit dem vorhandenen Freizeitangebot auch relativ zufrieden, bei näherem Hinsehen werden detaillierte Wünsche aber sehr deutlich. Und die heißen Wandern, Radeln, Erlebnisbäder, Golf, Fitneß auf der Umweltspur. 74 Prozent möchten ein Wanderangebot mit

Überfüllter Parkplatz einer Seilbahngesellschaft.

öffentlichen Verkehrsmitteln, 59 Prozent mehr Radwanderwege und 53 Prozent dürsten nach Erlebnishallenbäder, die vor allem bei den Jugendlichen auf der Wunschliste ganz oben stehen. Sogar Golf, für dessen Ausübung es bis jetzt im Ländle trotz eifrigstem Bemühen noch keine Möglichkeit gibt, wird von einem Drittel gewünscht, stärker sogar noch von jungen Vorarlbergern (39 %) und solchen aus höheren sozialen Schichten (44 %).

Vorprogrammiert: Schnee führt zum Verkehrsinfarkt

Doch nicht nur heile Welt, auch Ängste. Immerhin trifft die Behauptung, „der Tourismus schädigt die Natur", für zwei Drittel der Vorarlberger zu. Über die Hälfte der Befragten fühlt sich vom Verkehr, den der Tourismus verursacht, in ihrer Lebensqualität beeinträchtigt. Überdurchschnittlich kritisch sind die Befragten im fremdenverkehrsintensivsten Bezirk Bludenz. Dort wird dem drittstärksten Wirtschaftszweig des Landes, der im vergangenen Jahr auf der Einnahmeseite rund 13,6 Milliarden Schilling zu verbuchen hatte, zwar die größte Sympathie entgegengebracht, aber auch die massivste Kritik. Die Furcht vor Schädigungen der Natur durch den Tourismus steigt bis 75 Prozent. Kaum geringer ist die Angst vor dem touristischen Umweltkollaps im Bezirk Bregenz, der dann zum stark frequentierten Schleichweg wird, wenn die Autobahn den Verkehrsstrom nicht mehr zu schlucken vermag. Einschlägige Erfahrungen aus diesem und dem vergangenen Winter haben mißtrauisch gemacht. Vor allem deshalb, weil trotz groß-

Stau vor dem Pfändertunnel.

spuriger Ankündigungen kaum wirksame Maßnahmen gegen den unkontrolliert anschwellenden Tagestourismus gesetzt wurden.

„Schon im kommenden Winter soll mit ersten Maßnahmen dem heuer besonders deutlich gewordenen Verkehrshorror zu Leibe gerückt werden", tönte es im April des vergangenen Jahres nach einem vierstündigen „Tourismusgipfel" in Bregenz. In Aussicht gestellt wurden unter anderem elektronische Anzeigetafeln, die die Auslastung von Skigebieten signalisieren sollten, Geschwindigkeitsbeschränkungen auf Autobahnen und vor neuralgischen Stellen an verkehrsstarken Tagen sowie die Verteuerung und Kontingentierung von Tageskarten an Wochenenden. Zu letzterer Maßnahme hat sich einzig der Arlberg durchgerungen. Dazu zwang allerdings nicht der Tagestourist, sondern der Schneemangel. Angesichts der fehlenden weißen Pracht sind auch die guten Vorsätze der Tourismusverantwortlichen wie Schnee in der Sonne geschmolzen. Keine Tagestouristen, keine Maßnahmen. Stattdessen ein großes finanzielles Loch in den Kassen der Seilbahnunternehmen. Doch man hat wieder einmal die Rechnung ohne den Wirt gemacht. Genug Schnee auf einen Schlag, dann nur noch Sonne und blauer Himmel, und schon rollte sie wieder, die skibegeisterte Kolonne. Der obligate Verkehrsinfarkt auf dem Weg ins Skivergnügen. Er hat zwar wieder aufgeschreckt, aber mehr auch nicht. Bleibt den Verantwortlichen allerhand zu tun, um, wie es unter „Konseqenzen" in der Studie des Landesverbandes für Tourismus heißt, „das derzeitige Vertrauen der Vorarlberger in den Tourismus zu erhalten.

Adria „out" – Bodensee „in"?

Doch nicht nur das. Die Umwelt wird verstärkt auch ein Faktor bei der Wahl des Urlaubsortes. Immerhin ortete der Studienkreis für Tourismus in Starnberg schon vor zwei Jahren eine deutliche Sensibilisierung der Gäste gegenüber Umweltproblemen. Vergleiche mit der Befragung von 1985 zeigten, daß sich die Zahl derer, die Umweltprobleme wahrnehmen, auf fast 47 Prozent bei 22,8 Millionen reisender Deutscher, die auch hierzulande noch immer das Hauptkontingent an Urlaubern stellen, verdoppelt hat. Erfreulich, daß über die Umwelt im Ländle zumindest bislang ein Großteil seiner Gäste nichts kommen läßt. So nehmen, wie die Österreichische Gesellschaft für Angewandte Fremdenverkehrswissenschaft eruierte, 75 Prozent der Urlauber „keine wesentliche Beeinträchtigungen" der Umwelt wahr. Jene 17 Prozent, denen „negative Einflüsse" auffallen, stoßen sich vornehmlich an Verkehrslärm und zu vielen Straßen, an Abgasen, sterbenden Wäldern und Baumschäden. Die demnach zum Teil doch noch vorhandene „heile Welt" ist es nach Ansicht von Experten, die auch den Bodensee mit seiner, allerdings nur durch millionenschwere Investitionen wieder erlangten guten Wasserqualität und dem sehrvielfältigen Angebot zunehmend attraktiver macht. Beim Landesfremdenverkehrsverband Baden-Württemberg ist man sogar überzeugt, daß der Bodensee immer mehr eine Alternative zum arg lädierten Mittelmeer wird. Auf österreichischer Seite gibt man sich zum heiklen Thema Adria zugeknöpfter als im Schwabenland. Ob der heimische Bodenseetourismus dem Mittelmeerraum tatsächlich Marktanteile abspenstig gemacht hat, lasse sich nur schwer sagen, „ist jedoch denkbar", so Doris Rinke vom Landesverband für Tourismus vorsichtig. Man hat über „Radio Adria" schließlich auch kräftig für das Ländle zwischen Arlberg und Bodensee geworben. Bei allen Spekulationen ist aber eines sicher: Die Nächtigungen rund um das Schwäbische Meer ließen sich in den letzten fünf Jahren von vier auf mehr als fünf Millionen steigern. Über eine halbe Million

steuert alljährlich auch Vorarlberg bei. Mit
582.644 Übernachtungen konnte 1988 sogar
ein Rekordzuwachs von 11,1 Prozent ver-
meldet werden. Und auch im vergangenen
Jahr bauschten sich die Tourismussegel wieder kräftiger im Wind. Mit 612.932 Nächtigungen, was einer Zunahme von 5,2 Prozent entspricht, schipperte man weiter auf
Erfolgskurs.

Erstaunlich in diesem Zusammenhang,
daß im Bezirk Bregenz rund 40 Prozent der
Befragten die Gefahr eines Ausverkaufs der
Heimat befürchten. Ein Viertel gibt auch
an, die Volkskultur werde durch den Fremdenverkehr negativ beeinflußt. Stark ausge-
prägt ist diese Angst vor allem bei älteren
Leuten. Die befragte Jugend hatte nämlich
„keine Ahnung", wie die Studie ergab. Eine
Verbesserung der ökologischen Grundaus-
bildung in den Schulen ist deshalb gefordert
...

*Ich plädiere daher, und nur zur Hälfte
ironisch, für die Schaffung eines reinen
Tourismuslandes, das all das beinhaltet,
was die Tourismusindustrie als Köder
verwendet. Wesentliche Museen wesentlicher Städte zeigen schon seit längerem
in ihren Sammlungen täuschend echt wir-
kende Duplikate ihrer größten Kostbar-
keiten, da die Gefährdung der Originale
durch Geisteskranke, Temperatur-
schwankungen, Luftverschmutzung und
dergleichen von keinem Kustos mehr zu
verantworten wäre.*
André Heller, in:
Berner Studien zu Freizeit und Tourismus 26
(1990).

Schiffe in Tunnels und Trögen

Pläne für eine Wasserstraße Donau – Bodensee

Ernst Näher

Als zu Beginn des vorigen Jahrhunderts Württemberg sein Staatsgebiet im Süden bis zum Bodensee ausdehnen konnte, ergaben sich für die Stuttgarter Regierung daraus zwei verkehrspolitische Ziele. Zunächst galt es, Oberschwaben mit dem altwürttembergischen Kernland, das nördlich der Schwäbischen Alb lag, zu verbinden. Noch wichtiger aber war, den lukrativen Transitverkehr von den Nordseehäfen zu den Ländern Schweiz, Österreich und Norditalien von den badischen und bayrischen Konkurrenzwegen ab- und auf das eigene Staatsgebiet hinzulenken. Die Regierung in Stuttgart zeigte sich deshalb Vorschlägen zum Bau von „Communicationswegen höherer Ordnung" stets aufgeschlossen. Einer der ersten Vorschläge kam aus Ulm, das seit 1810 zu Württemberg gehörte. Am Kreuzungspunkt von 7 internationalen Fernstraßen gelegen, spielte diese Stadt eine wichtige Rolle im Durchgangshandel von den Nordseehäfen nach Süden. Etwa 1600 Tonnen Kaufmannsgüter nahmen jährlich ihren Weg über Frankfurt oder Nürnberg nach Ulm und wurden von dort nach der Schweiz, Vorarlberg und Norditalien spediert. 1820 besaß Ulm den größten Getreidemarkt in ganz Oberschwaben, von dem aus u.a. die Schweiz und Vorarlberg versorgt wurden. Dieses Verkehrsaufkommen hatte Baurat Schlumberger im Sinn, als er am 6. Juni 1819 der Ulmer Kreisregierung vorschlug, mit einem Aufwand von 70.000 Gulden einen Kanal von der Donau zum Bodensee zu bauen. Nachprüfungen im Stuttgarter Innenministerium führten jedoch zu der realitätsnäheren Kostensumme von etwa 4 Millionen Gulden, die sich niemals rentiert hätten. Das Ministerium ordnete deshalb im Juli 1821 die Einstellung der Vorarbeiten an. Die württembergische Regierung blieb jedoch weiterhin am Ausbau der Haupttransitstrecke interessiert und sandte zwischen 1822 und 1826 mehrfach einen Techniker ins Ausland, „um für den Verkehr des Landes Wege neuer Art zu eröffnen". Alle Pläne und Berechnungen zu beschreiben, welche sich im 19. Jahrhundert mit diesem Großprojekt beschäftigten, würde den Rahmen dieses Aufsatzes sprengen.

„Ja, mach nur einen Plan..."

In eine entscheidende Phase gelangte der Plan einer Schiffahrtsstraße Bodensee – Donau, als die württembergischen Bauräte Gugenhan und Eberhardt eine Studie für einen Donau-Bodensee-Kanal für 600-Tonnen-Schiffe im Jahr 1907 fertigten. Im Jahre 1916 schlug der schweizerische Ingenieur Dr. Gelpke einen 161 km langen Oberdonau-Untersee-Kanal von Ulm über Tuttlingen, Immendingen, Singen nach Radolfzell für die Befahrung von 1000-Tonnen-Schiffen vor. Schließlich hat im Auftrag des Südwestdeutschen Kanalvereins der frühere Ulmer Stadtbaurat Göller im Jahr

1918 ein Projekt für einen 103 km langen Großschiffahrtsweg Ulm-Friedrichshafen für 1200-Tonnen-Schiffe mit einem Überlandkanal an Biberach, Ravensburg vorbei bis zum Bodensee bei Friedrichshafen mit insgesamt 24 Schleusen aufgestellt.

Im letzten Entwurf von dem Präsidenten des Südwestdeutschen Kanalvereins Dr. Ing. Otto Konz, Stuttgart, wurde in Übereinstimmung mit dem Ergebnis der technischen Kommission vom Jahr 1929 von der Führung des Großschiffahrtsweg auf der Donau durch Ulm abgesehen. Ein Kanal von der Donau oberhalb Ulm an bis oberhalb Biberach käme in dem moorgefüllten und nassen Talgrund der Westernach und der Riß zu liegen. Dort waren die Baugrundverhältnisse für große Schleusenstufen und höhere Dammanlagen äußerst ungünstig und hätten eine übermäßig große

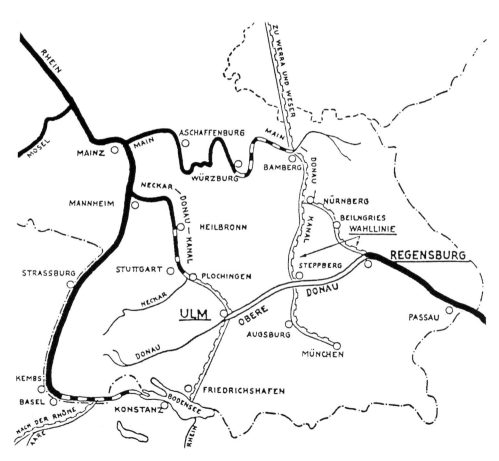

Das süddeutsche Wasserstraßennetz.

Zahl von Schleusen erfordert. Diese hier nur kurz skizzierten und andere Schwierigkeiten hätten umgangen werden können, wenn der Donau-Bodensee-Kanal von der Donaustrecke unterhalb Ulm abgezweigt wäre, die Hauptbahn Ulm-München unterfahren hätte und im trockenen Talboden entlang der Eisenbahn Ulm-Kempten bis Unterkirchberg weitergeführt worden wäre, von da auf einem Gegengewichts-Hebewerk mit senkrechtem Hub 32 m auf die trockene Ebene zwischen Iller und Laupheim aufgestiegen, das Torfgebiet bei und unterhalb Laupheim durchfahren und entwässert hätte. Schließlich sah die Planung eine Linienführung an Biberach und Aulendorf vorbei und einen 104 m hohen Abstieg ins Schussental bei Mochenwangen auf einem Hebewerk (Schiefe Ebene mit 2,1 %) vor, von da an Ravensburg vorbei auf einem senkrechten Hebewerk von 32 m wie bei Unterkirchberg. Zwischen Friedrichshafen und Manzell war die Einmündung des Kanals in den Bodensee geplant. Diese Kanallinie wäre 106 km lang geworden. Zur Überwindung der Höhenunterschiede zwischen Donau und Bodensee mit zusammen 242 m (Höhe der Donau bei Ulm 463 m, der Scheitelhaltung Aulendorf 550 m, Höhe des Bodensees 394 m über N.N) in acht Stufen waren 3 Doppelschleusen mit je 10 m Höhe, vier Gegengewichtshebewerke mit 22, 23 bzw. 32 m Höhe und ein Doppelhebewerk mit Trogwagenfahrt auf flachgeneigter Ebene von 104 m Höhe vorgesehen.

Die Wasserscheide Donau-Bodensee bei Winterstettenstadt wäre mit einem 1 km langen Tunnel mit 15 m lichtem Durchmesser durchfahren worden. Die Wasserversorgung des Kanals hätte in natürlichen Gefällen, also ohne Pumpanlagen erfolgen können, nämlich die Strecke Ulm-Unterkirchberg aus der Iller, zwischen Unterkirchberg und Aulendorf aus Westernach und Riß und zwischen Mochenwangen und Friedrichshafen aus der Schussen. An den einzelnen Stufen war die Errichtung von Wasserkraftwerken vorgesehen, die auch den Strom für den Kanalbetrieb und für die Abrechnung von abzulösenden Wassertriebwerken gesichert hätten. Für das Doppelhebewerk mit zwei nebeneinander liegenden Fahrbahnen bei Mochenwangen zur Beförderung der Schiffe in Trogwagen auf flachgeneigter Ebene von 5000 m Länge und 2,11 % Neigung waren die Trogwagen als Selbstfahrer mit rein elektrischem Reibungsantrieb auf besonders konstruierten Laufrädern ausgelegt. Die Überwindung der Höhe von 104 m zwischen den beiden anschließenden Kanalbrücken hätte eineinhalb Stunden erfordert. Für die Gegengewichts-Hebewerke mit senkrechter Förderung der Schiffe in einem Fahrtrog von 85 m Länge, 12 m Breite und 2,50 m Wassertiefe war die Bauart Friedrich Krupp, Grusonwerk in Magdeburg, als betrieblich sicherste und leistungsfähigste Lösung mit den geringsten Bau- und Betriebskosten vorgesehen. Diese Firma baute seinerzeit das Schiffshebewerk Niederfinow, das 36 m Höhenunterschied im Berlin-Stettiner-Großschiffahrtsweg bewältigt. Die Zeit für die Beförderung eines Schiffes von einer Haltung zur anderen mit diesem senkrechten Hebewerk hätte einschließlich Ein- und Ausfahrt der Schiffe bei 32 m Hub 16 Minuten, bei 22 m Hub 14 Minuten betragen, bei einem Strombedarf von 60-70 kwh für einen Hub. Im Gegensatz zu herkömmlichen Schleusen fielen hier keine Wasserverluste an.

Die Förderung der Bestrebungen für diese Großschiffahrtsstraße ist der satzungsgemäße Vereinszweck des „Verbandes Obere Donau e.V." mit dem Sitz in Ulm, der für eine Kanalverbindung Ulm-Bodensee und für die Ausnützung der Wasserkräfte entlang dieser Kanalverbindung eintrat. Alle diese Pläne, auch der von Otto Konz aus dem Jahr 1940/42, wurden von den Politikern ignoriert. Sie hatten 1942, mitten im Krieg, andere Sorgen.

Talüberquerung.

„Gehn tun sie alle nicht"

Nach dem zweiten Weltkrieg verschlechterten sich die Bedingungen für den Kanalbau. Die Kohle wurde vom billigen Erdöl verdrängt, und mit ihr verlor der Wasserweg sein wichtigstes Transportgut. Die Regierung von Baden-Württemberg distanzierte sich nicht nur deswegen vom Kanalprojekt. Dieses widersprach auch vehement den Zielen von Landschafts- und Naturschutz, vor allem am Bodensee. Unbeugsam jedoch hielt der damalige Oberbürgermeister Sauer von Ravensburg am Donau-Bodensee-Kanal fest und hielt den Ravensburger Trassenabschnitt frei, obwohl die Stadt an allen Nähten zu platzen drohte. Auch die Planungsgesellschaft Östlicher Bodensee-Allgäu wies in ihrem Raumordnungsplan den umstrittenen Kanal noch aus. Zusammen mit dem Verband Obere Donau engagierten die Interessenten gar den Stuttgarter Wasserbauprofessor Arthur Röhnisch, der den Plan von Otto Konz nochmals überarbeitete und aktualisierte.

Im Stuttgarter Innenministerium konnte man nur noch staunen, mit welcher Hartnäckigkeit das Wasserstraßenprojekt von den daran interessierten Kreisen weiter verfolgt wurde. Trotz dieses massiven Drucks entschied die Landesregierung im Jahr 1969 jedoch unwiderruflich, das Projekt einer Wasserstraße Donau-Bodensee nicht in den Landesentwicklungsplan aufzunehmen. Der Bundesverkehrsminister gab der Landesregierung dabei wunschgemäß Rückendeckung, zog am 18. September 1970 einen Schlußstrich unter die nahezu 200 Jahre Planungen und schrieb: „Eine Wasserstraßenverbindung Donau-Bodensee wird in absehbarer Zeit nicht verwirklicht werden können. Ich halte es daher nicht für erforderlich, daß die Trasse des Kanals freigehalten wird."

Sommersturm

Kerstin Aurich

Im Getümmel der See
Geht unter.
Abends
Im rosa Schein der schon
Untergegangenen Sonne
Scheint er mir wieder
Der See

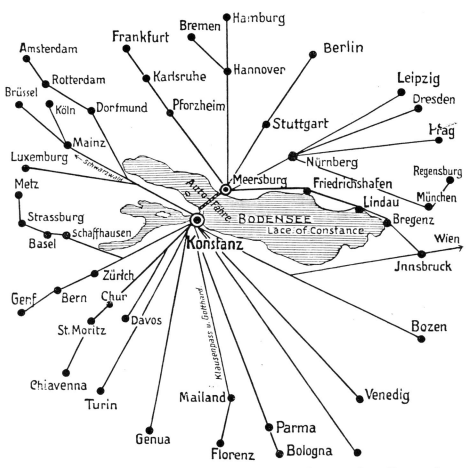

Fährewerbung der Stadt Konstanz 1929: Alle Wege führen über Meersburg-Konstanz!

Der Traum vom Nabel der Welt

Das Projekt „Bodenseefähre" im Spannungsfeld regionaler Verkehrsinteressen

Werner Trapp

Die Fähre Meersburg-Konstanz ist längst zur selbstverständlichen Einrichtung geworden, die wir als ein Stück technischer Infrastruktur unserer hochindustrialisierten Lebenswelt voraussetzen und benutzen, wie Kühlschrank und Auto, Waschmaschine, Flugzeug oder Farbfernseher auch. Für Schlagzeilen oder Sensationen scheint sie kaum geeignet, allenfalls liefern ihre jährlichen Betriebsergebnisse kargen Stoff für die unauffällige Fortschreibung dessen, was längst zur Routine geworden ist. Pünktlichkeit des Verkehrs, Komfort und vor allem perfekte Betriebssicherheit sind heute Selbstverständlichkeiten, über die niemand mehr nachdenkt. In den nunmehr 60 Jahren ihre Bestehens hat die Bodenseefähre zwischen Konstanz und Meersburg über 36 Millionen Autos, 5,4 Millionen Nutzfahrzeuge und mehr als 150 Millionen Menschen über den See gebracht, ohne daß es je zu einer Katastrophe oder einem schweren Unglück mit gravierenden Folgen für Leib und Leben der Passagiere gekommen wäre.

Erst im Blick zurück, auf die Geschichte, verlieren solche Selbstverständlichkeiten und Gewißheiten ihre gleichsam überzeitliche, ewig gültige Dimension. Fast nichts an dieser Fähre war am Anfang gegeben, selbstverständlich, unbestritten, nahezu alles hingegen Neuland, technisches Wagnis, wirtschaftliches Risiko, politisches Abenteuer. Der Weg von der erstmaligen Diskussion des Projekts im November 1924 bis zur Eröffnung des Betriebs im Herbst 1928 war voller Pannen, Hindernisse und Widerstände. Kein Projekt hat in den 20er Jahren die Gemüter in Stadt und Region so bewegt wie gerade dieses, wohl kaum ein Projekt hat jedoch auch als technische Novität über die Grenzen der Region hinaus so viel Beachtung gefunden wie diese erste Kraftwagenfähre auf dem Bodensee, damals zugleich auch als erste große Binnensee-Automobilfähre Europas im In- und Ausland mit Neugier verfolgt und registriert.

Konstanz im Abseits

Die Idee kam nicht zufällig von einem Hotelier: Als Julius Augenstein, Besitzer des noblen „Halm" am Konstanzer Bahnhofsplatz, das Projekt im November 1924 zum ersten Mal in die Diskussion brachte, hatte er beileibe nicht nur altruistische Motive im Sinn. Doch der Gedanke allein, die noch kleine Schar automobiler Touristen mittels einer Fähre von den Nordufern des Sees direkt in die Mauern der Bodensee-Metropole zu lenken, konnte einem Unternehmen, das von Anfang an mit so vielen technischen, wirtschaftlichen und politischen Risiken behaftet war, kaum die nötige Zustimmung sichern. Wenn die nach der Inflation fast illiquide Stadt sich dennoch auf solches Wagnis auflud, so aufgrund einer geradezu als dramatisch empfundenen Situation: Konstanz, vor 1914 wirtschaftlich mit der Schweiz weit enger verflochten denn mit seinem deutschen Umland und vielfach als „heimliche Hauptstadt des Kantons Thurgau" bezeichnet, hatte durch die lange Grenzsperre infolge des Weltkriegs sein natürliches Hinterland fast völlig verloren. Die mitten durch die Stadt verlaufende Grenze war plötzlich zur trennenden Mauer geworden, hemmte Handel und Verkehr.

Nun erst empfand man die fast einzigartige geographische Lage der Stadt an der Spitze einer schmalen, bevölkerungsarmen und rings vom See umschlossenen Halbinsel als bedrückende Enge, ging die Angst um vor regionaler Isolation und wirtschaftlichem Niedergang; statt von „Bodensee-Metropole" war in den 20er Jahren immer häufiger von „Grenzlandnot", ja von „Grenzlandtragik" die Rede.

Dies um so mehr, als der Krieg auch die Beziehungen zwischen Konstanz und den Nordufern des Sees entscheidend verändert hatte, wie aus der ersten, die Fähre betreffenden Vorlage des Stadtrats an den Bürgerausschuß vom November 1926 deutlich wird:

„Auch die Kundschaft aus dem Linzgau ist durch den Krieg und die Nachkriegszeit fast vollständig verloren gegangen: der Fahrplan der Bodenseedampfschiffahrt wurde derartig eingeschränkt, daß es den Linzgauern nicht mehr möglich war, ohne große Zeit- und Geldverluste ihre Einkäufe in Konstanz zu besorgen. Auch heute noch ist der Fahrplan, namentlich im Winterhalbjahr, das erfahrungsgemäß für den Einkauf der hauptsächlich landwirtschaftlichen Bevölkerung eine größere Rolle spielt als der Sommer, vollständig ungenügend... und es besteht... kaum Aussicht auf Besserung, weil die Reichsbahn den Verkehr auf dem Überlingersee wegen seiner Zuschußbedürftigkeit nicht weiter auszudehnen gewillt ist." Verbunden war dies mit einer neuen Qualität des Konkurrenzkampfes der Städte um Absatzmärkte und Einzugsgebiete – ein direktes Ergebnis der damals beginnenden Motorisierung: „Die frühere Konstanzer Kundschaft aus dem sogenannten Linzgau hat sich natürlich ebenfalls Ersatz suchen müssen und hat diesen in den württembergischen Städten Friedrichshafen und Ravensburg gefunden. Die maßgebenden Kreise in Württemberg geben sich die größte Mühe, durch ihre Grenzstädte Friedrichshafen und Ravensburg diesen Gewinn zu sichern".Einzig der Bau einer „schwimmenden Brücke" über den See, so das Kalkül ihrer Befürworter, konnte die Stadt aus dieser strukturellen Klemme befreien, versprach Handel und Gewerbe neue Absatzchancen am jenseitigen Ufer und den Konstanzer Geschäftsleuten einen Ersatz für die ausbleibende Kundschaft aus der Schweiz.

Doch in einer Stadt, in der der Besitz eines Automobils noch das Privileg einer Minderheit war, stieß auch solches Vorhaben auf nicht geringe Skepsis, leuchteten die Segnungen des kommenden automobilen Zeitalters noch ebensowenig ein wie die Notwendigkeit eines automobilen Brückenschlags über den Bodensee. Um diese plausibel zu machen, bemühte man eine rhetorische Figur des Fortschritts, die bis in die Gegenwart hinein an Wirkungsmacht kaum verloren hat: den argumentativen Brückenschlag vom Trauma des eigenen Niedergangs zum Traum von künftiger Größe, Bedeutung und Zentralität. Das Fortschrittsversprechen, eingewoben in den großen Atem von historischer Rückbesinnung und Verheißung künftigen Wohlstandes, überließ den Befürwortern der Fähre das Verdienst einer Entscheidung von historischer Bedeutung, den Gegnern aber das Stigma, eine Chance von ebensolcher Tragweite versäumt zu haben. Konstanz, im Mittelalter Sitz des größten europäischen Bistums und Zentrum bedeutender Fernhandelswege, hatte seinen Abstieg zur vernachlässigten vorderösterreichischen Landstadt der Neuzeit nie verwunden. Die Industriali-

Bau des Meersburger Fährehafens. Farblithographie von Kasia Szadurska, 1928.

sierung im 19. Jahrhundert brachte zwar einen bescheidenen Aufschwung, doch die Hoffnungen, über die Eisenbahn endlich wieder eine wichtige Rolle im internationalen Verkehr zu gewinnen, hatten sich nicht erfüllt: mit der Entscheidung für den Bau der Gotthardbahn und gegen die von der Stadt favorisierte Trasse über den Lukmanier führte der internationale Eisenbahnverkehr künftig am Bodensee vorbei, Konstanz selbst blieb ein unbedeutender Sackbahnhof in der Provinz. Erst das nahende Zeitalter des Automobils schien noch einmal die geradezu historische Chance zu bieten, nachzuholen, was man in der großen Ära der Bahnen versäumt hatte: den Anschluß an eine internationale Schlagader

des künftigen Verkehrs, auf der Route Berlin – München – Konstanz – Zürich – Genf – Marseille. Und für die Protagonisten dieses Verkehrs hieß das zugleich: Anschluß an die großen wirtschaftlichen Entwicklungen der Zeit. Nur noch der See stand dieser Vision im Wege, als ein ganz und gar lästiges Hindernis des Verkehrs.

Die Karriere eine Landstädtchens

Auf der anderen Seite des Sees hatte Konstanz in der badischen Kleinstadt Meersburg einen Partner für das Projekt gefunden, dessen historische Biographie von ganz ähnlichen Abstiegserfahrungen geprägt war. Deutlicher noch als Konstanz hatte Meersburg, das vom 16. bis zum

18. Jahrhundert als zeitweilige Residenz der Konstanzer Fürstbischöfe einige Bedeutung erlangt hatte, den Anschluß an die moderne Entwicklung des 19. Jahrhunderts verpaßt. Seine beengte Lage an einem Steilhang machte es für Industrieansiedlungen denkbar ungeeignet, und die erst um 1900 fertiggestellte „Bodensee – Gürtelbahn" führte weiträumig an Meersburg vorbei durch das Linzgauer Hinterland. Als mit dem kontinuierlichen Niedergang des Weinbaus auch noch der wichtigste traditionelle Erwerbszweig in die Krise geriet, schien der Abstieg endgültig besiegelt. Anläßlich einer Ortsbereisung im Jahre 1904 sprach der badische Bezirksamtmann von einem „dorfähnlichen toten Landstädtchen", in welchem „unzweckmäßig angelegte Abflußrinnen einen üblen Geruch verbreiten" und wo es schon „seit Jahrzehnten an einer Bedürfnisanstalt am Landungsplatz der Dampfschiffe" fehle.

Zu Beginn der 20er Jahre jedoch schienen sich, ganz ähnlich wie in Konstanz, gleichsam über Nacht völlig neue Perspektiven zu eröffnen: „Aus norddeutschen Städten, von allen großen Industrieplätzen und aus der Reichshauptstadt richtet sich ein ununterbrochener Strom von Kurgästen an den Bodensee; unser kleines Städtchen ist plötzlich so überlaufen wie früher die berühmtesten Fremdenorte der Schweiz und des Südens" – die Feststellung des rührigen Bürgermeisters Dr. Karl Moll gipfelte denn auch rasch in der Erkenntnis, daß der moderne Tourismus die wohl letzte Chance bot, die Stadt aus den Irrwegen und Sackgassen ihrer Vergangenheit herauszuführen. In nur 10 Jahren, zwischen 1919 und 1929, brachten die gerade 1800 Einwohner das Kunststück zustande, die Zahl der den Fremden dargebotenen Betten von 130 auf über 700 zu steigern, bereits 1929 zählte man etwa 250.000 Gäste in der Stadt – ein Strukturwandel, der in Tempo und Radikalität am See wohl ohne Beispiel ist. „Der Wettbewerb des Kraftwagens mit der Lokomotive, der Landstraße mit dem Schienenweg, bestimmt heute den Verkehr von Stadt zu Stadt, von Land zu Land". Völlig verändert habe sich damit, so Moll, auch der Fremdenverkehr, „der in raschem Wechsel und Genuß mit Gesellschaftswagen oder eigenem Gefährt schöne Landgegenden aufsucht, die bisher nicht an bevorzugten Verkehrswegen lagen, zum großen Nachteil des einst üblichen längeren Kuraufenthaltes. Die Kostbarkeit der Zeit bestimmt heute das Geschäft ebenso wie das Vergnügen". Das eifrige Engagement des Kleinstadtbürgermeisters für die moderne Kraftwagenfähre über den See war denn auch nur eine logische Konsequenz dieser Erkenntnis. Und mit dem durchaus nicht unberechtigten Argument, daß man am Überlinger See „in Verkehrsfragen um 50-80 Jahre zurückgeblieben sei", waren auch in Meersburg die letzten Zweifel an der Notwendigkeit des Fortschritts ausgeräumt.

Verkehrspolitische Kriegserklärungen

Noch aber war es nicht so weit. Betrachtet man rückblickend die Vielfalt lokaler, regionaler und zentralstaatlicher Widerstände, dazu die technischen Probleme und planerischen Mängel, dann erscheint es fast als ein kleines Wunder, daß es noch vor der großen Weltwirtschaftskrise der Jahre nach 1929 überhaupt zur Betriebseröffnung kam. Da war zunächst die innerstädtische Opposition in Konstanz selbst, vor allem jene zahlenmäßig bedeutsame Gruppe von Kleinhändlern und Handwerkern, die sich weder ein Auto leisten noch eine Ausdehnung ihrer Geschäfte über die Grenzen der Stadt hinaus vorstellen konnte.

Es ist heute üblich geworden, solche Regungen als Ausdruck purer Fortschrittsfeindlichkeit und als Symbol eines provinziellen Kirchturmshorizonts einzustufen. Doch die eher dumpfe Ahnung des kleinen Mittelstandes, daß die Fähre und mit ihr der moderne Verkehr statt einer Belebung des eigenen Geschäfts lediglich noch mehr Konkurrenz und damit den eigenen Ruin bedeuten könnten, war so abwegig nicht – jene, die sich damals noch zaghaft wehrten, sind inzwischen längst dem wirtschaftlichen Strukturwandel der letzten Jahrzehnte zum Opfer gefallen.

Wenn solche Widerstände in Meersburg zumindest quellenmäßig schwerer zu belegen sind, so lag dies nicht nur an den kleinräumigeren politischen Verhältnissen, sondern vor allem an der Person von Karl Moll, der offenbar unangefochten Idee und Heft des Fortschritts in der Hand hatte, zu dem gerade in Meersburg damals niemand eine Alternative anbieten konnte. Alternativen noch und noch hingegen bot die Frage, wo denn nun genau die künftige Fähre verkehren solle. Der ursprüngliche Plan einer Verbindung vom Hafen Konstanz nach dem Hafen Meersburg scheiterte am Widerstand der Reichsbahn, die schnell erkennen ließ, daß sie in dem Projekt der Städte Konstanz und Meersburg nur eine unliebsame Konkurrenz erblickte. Für Moll wie für den Konstanzer Bürgermeister Arnold war rasch klar, daß nur eine Verbindung von Staad nach Meersburg in Frage kam, doch führten gerade die Schwierigkeiten auf Meersburger Seite, wo bald fünf verschiedene Hafenstandorte im Gespräch waren, zu einer nachhaltigen Verzögerung des Projekts: während der Hafen in Staad schon fast fertig war, hatte man das Hafengelände in Meersburg überhaupt noch nicht planerisch gesichert! Die für die Stadt wesentlich günstigere Lösung im Westen scheiterte immer wieder an der Markgräflich Badischen Verwaltung in Salem, die für ihr Rebge-

Bau des Fährehafens in Staad.

Massenandrang bei der Eröffnung der Fährverbindung.

lände den horrenden Preis von 8,00 DM pro m² verlangte, während die Stadt Meersburg selbst ihr Baugelände noch zu 1,50 DM pro m² abgab.

Westlich von Meersburg aber entstand – begünstigt noch durch diese Schwierigkeiten und Verzögerungen – eine Koalition von Interessenten, die zunächst hofften, den Verkehr über eine Fährverbindung zwischen der Mainaubucht und Unteruhldingen an sich ziehen zu können, und die – je mehr diese Hoffnung schwand – zum entschiedenen Widerstand gegen die Bodenseefähre überging. Bald wurde offenkundig, daß der Kampf um die Fähre und damit um den automobilen Verkehr der Zukunft den ganzen Linzgau in zwei unversöhnliche Lager spaltete, deren Auseinandersetzungen den scharfen Trassenkämpfen des Eisenbahnzeitalters in nichts nachstanden:

Hatte Moll in offenbar klarer Voraussicht des Kommenden schon 1925 einen „Interessenverband der östlichen Seestädte" gegründet, so konterte Überlingens Bürgermeister Dr. Emerich bald darauf mit der Gründung eines eigenen „Interessenverbands Überlinger See" unter Ausschluß von Meersburg. Nicht weniger als 28 Gemeinden des Linzgaus protestierten zusammen mit der Markgräflich Badischen Verwaltung in Salem und dem Fürstlich Fürstenbergischen Forstamt in Heiligenberg gegen die Fähre mit einer Eingabe an das Badische Innenministerium in Karlsruhe, aus der einige Kostproben zitiert sein sollen. Schon die einleitende Passage, in welcher sich die „Unterzeichneten ganz ergebenst einem hohen Ministerium Nachfolgendes ehrerbietigst zu unterbreiten" gestatten, zeigt, daß man am Überlinger See offenbar nicht nur in der Verkehrspolitik den Anschluß an die neue Zeit verpaßt hatte:

„Dieses teure Projekt würde aber nicht nur den Zweck nicht erfüllen, sondern wäre gleichbedeutend einem wirtschaftlichen Ruin für den ganzen Überlinger See und seiner Umgebung. Derselbe würde durch das Zustandekommen der Fähre Konstanz-Meersburg nach und nach lahmgelegt schon deshalb, weil die Reichsbahngesellschaft die Schiffe und Bahnen noch mehr einschränken würde, und dies hätte zur Folge, daß seine Umgebung in wirtschaftlicher Hinsicht dauernd in der empfindlichsten Weise geschädigt würde. Der Überlinger See ist ohnehin wirtschaftlich und verkehrspolitisch stark zurückgesetzt. Ein flüchtiger Blick auf die Landkarte zeigt, daß nicht das hinter einem Bergrücken gelegene Meersburg, das auch keinerlei Bahn hat, der gegebene Platz für eine Fähre sein kann, wenn eine solche überhaupt entstehen soll, sondern ein an der Ausmündung des Salemertals an dessen Bahnlinie und der Bodenseegürtelbahn gelegener Ort, und das ist unstreitbar der von Natur aus geschaffene günstig gelegene Platz Unteruhldingen mit seinen schon bestehenden und hierzu wie dazu geschaffenen Hafenanlagen. Schon der Kosten und Rentabilität wegen sollte man diesem Projekt den Vorzug geben. Es wäre ein nie wieder gut zu machender Fehler der anliegenden Orte des Überlinger Sees und seines Hinterlandes, der Umgehung der günstiger gegebenen Verhältnisse ruhig zuzusehen und ihnen den immer bleibenden Umweg nach Meersburg aufzuzwingen".

Es war dies nicht die einzige Eingabe bzw. Protestresolution dieser Art. Moll, der es offenbar besonders liebte, in die Saiten nachbarlicher Polemik zu greifen, entgegnete im Meersburger Gemeindeblatt:

„Gerade Uhldingen hätte mit seinen unablässigen und natürlich unwirksamen Versuchen, mit Überlingen zusammen dem Unternehmen Schwierigkeiten zu bereiten,

oder die Landestelle an die Mündung der Seefelder Aach zu ziehen, ein wenig weitblickender sein können und einsehen sollen, daß es sich bei dem neuen Verkehrsunternehmen um größere Dinge handelt als eine Salemer Holzfähre oder ein Mimmenhauser Kälberschiff – was denn doch das aufgewendete Kapital ebensowenig wert wäre, als die viele Arbeit, Überlegung und Berechnung. (…) Zum feierlichen Abschluß erscheint jetzt eine Erklärung des Überlinger Gemeinderats, die eine verkehrspolitische Kriegserklärung gegen Konstanz und Meersburg heißen könnte, wenn sie nicht gar so klein und kläglich wäre. Eine für den Überlinger See überaus wirksame und nützliche Losung: „Weg von Konstanz und dem Obersee, hinüber nach Stahringen und Schwackenreute!"

Um die Jahreswende 1927/28 drohte das Fähreprojekt dann an einem noch gewichtigeren Widerstand zu scheitern: Der neue Reichsbankpräsident Hjalmar Schacht, der im Verein mit mächtigen Interessengruppen der Wirtschaft in den Großinvestitionen und öffentlichen Unternehmungen der Kommunen nur eine „kalte Sozialisierung" am Werke sah, versagte der Stadt Konstanz die Aufnahme einer günstigen 5 Millionen-Anleihe in der Schweiz. Inlandsgeld aber war damals zu akzeptablen Konditionen nicht mehr zu bekommen, und so mußten Arbeiten am Meersburger Hafen vorerst auf Eis gelegt werden.

Eine Fülle technischer Probleme kam hinzu, ich nenne nur zwei: den Bau der Landebrücken in Staad und in Meersburg, die so konstruiert werden mußten, daß sie trotz der über drei Meter schwankenden Wasserstände des Sees jeweils noch eine fahrbare Verbindung zum Fährschiff zuließen, und natürlich den Bau des ersten Fährschiffes selbst – damals als technisches Novum auf dem Bodensee eine kleine Sensation. Berufene wie weniger berufene Kritiker bezweifelten schon vor der Eröffnung die Taug-

Blick auf das Deck des ersten Fährschiffes.

lichkeit des von der Bodanwerft in Kressbronn gebauten Schiffes für den Automo-
biltrajekt und damit die Betriebssicherheit
des ganzen Unternehmens. Schon die ersten Fahrversuche und Probebelastungen
des Schiffes, das bei einer Nutzlast von 68
Tonnen etwa 15 Kraftwagen und 200 Personen Platz bot, fanden denn auch in der Öffentlichkeit derart lebhafte und kontroverse
Erörterung, daß die Besatzung ultimativ
verlangte, „ ohne jede Einmischung Außen-
stehender Fahrproben machen zu können.“
„Sollte dies nicht geschehen“, so fügte man
drohend hinzu, „wird sich bald niemand
mehr finden, der die Fähre bedienen will!“

Verkehrsfieber und Verkehrswettlauf

Im Herbst 1928 war die allgemeine Skepsis und Verunsicherung so groß, daß sich die
Stadtverwaltung Konstanz trotz erheblicher
Sicherheitsbedenken – der Hafen in Meersburg war erst provisorisch fertiggestellt –
zum Sprung nach vorne entschloß und den
Betrieb ohne große Eröffnungszeremonie
aufnahm. Mit einer späteren Eröffnung
nämlich in der verkehrsarmen Winterzeit
schien der Mißerfolg gleichsam schon vorprogrammiert. Doch was nun folgte, stellte
selbst kühnste Hoffnungen in den Schatten:
Bereits am ersten Betriebstag „führte der
Reiz des neuen Verkehrsmittels der Fähre
Passagiere in solcher Zahl zu, daß sie den
ganzen Tag über außerordentlich stark besetzt war. 2500 Passagiere trug sie auf ihrem
breiten Rücken über den See, 160 Autos er-
sparte sie die zeitraubende Fahrt um den
Überlinger See“ – dem begeisterten Echo in
der Presse folgte schon bald ein Massenan-

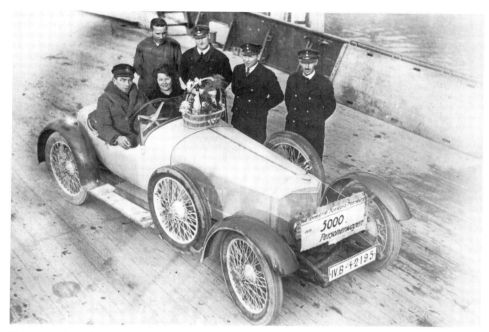

Schon nach sechs Wochen feierte man den „5000. Personenwagen" auf der Fähre – einen Meersburger Hotelier mit Gattin im offenen Mercedes Benz.

sturm des Publikums, der Kritiker und Zweifler rasch verstummen ließ.

Für die noch kleine Minderheit der reisenden Kraftwagenbesitzer erschloß die Fähre neue Dimensionen automobiler Beweglichkeit, steigerte sie das Gefühl von Freiheit und Mobilität. Hatte schon vor dem Ersten Weltkrieg die Entdeckung des Hochgebirges auf alpinen Pässen und Pisten die Phantasie der motorisierten Touristen beflügelt, so erschien nunmehr die Überquerung des Bodensees per Automobil, gepaart mit dem „Reiz des neuen Verkehrsmittels", als technisches Faszinosum der Saison, als eindrückliche Erfahrung und Demonstration der Grenzenlosigkeit technischen Fortschritts. Ob es nun der „Bayerische Automobilklub Lindau" war, der eine „Suserfahrt nach Meersburg" mit der „erst-

maligen Benützung der Fähre" verband, oder „eine Gruppe von 70 Wagen aus Zürich, die zum ersten Mal mit der Fähre über den See fahren wollten" – immer häufiger riefen bald deutsche wie schweizerische Automobilklubs ihre Mitglieder zu Ziel- und Sternfahrten an den See, warben die Klubzeitschriften für ein „Auto-Weekend am Bodensee": das Erlebnis, mit dem eigenen Gefährt auch ein mehr als vier Kilometer breites Gewässer gefahrlos zu überwinden, wurde dabei zur Krönung, ja fast schon zum Ziel der Reise selbst. Für die breite Masse aber blieb solche Mobilität noch ein Traum: „Es ist wirklich sehenswert und zieht immer viele Leute als Zuschauer an, wenn die großen und kleinen Fahrzeuge zur Fährbrücke fahren. Da sieht man Lastwagen mit Schnittholz, Kohlen und Koks, Tankwagen für Kraftstoffe, Pferdegespanne und Schlachtvieh, Möbelwagen, Verkehrswagen und Personenautos vom kleinsten Fahrzeug bis zum großen eleganten Wagen" – die große Mehrheit des Publikums versammelte sich staunend am Ufer und verfolgte die ein- und ausfahrenden Fahrzeuge, die mit ihrer bunten Mischung in- und ausländischer Kennzeichen den Benzingeruch der großen weiten Welt an den See trugen. Der aufstrebenden Fremdenstadt Meersburg bescherte das neue Verkehrsmittel einen durchaus nicht unerwünschten Nebeneffekt: Da die Fähre selbst Groß- und Kleinvieh mit auf den Weg nahm, hatten die Zeiten, da im Meersburger Reichsbahnhafen neben den Touristen auch Kühe, Ochsen und Kälber auf die Dampfschiffe verladen wurden, nun bald ein Ende.

Die weitere Entwicklung liest sich wie die gleichsam mikroskopische Chronik der steten Akzeleration automobilen Fortschritts: Schon im ersten vollen Betriebsjahr – 1929 – wurden statt der kalkulierten 12.000 über 48.000 Personenwagen und Nutzfahrzeuge befördert, und statt der erwarteten 50.000 hatten über 360.000 Personen die Fähre benutzt! Nach nur 10 Jahren hatte sich die Zahl der beförderten Fahrzeuge erneut mehr als verdoppelt, bereits 1930 mußte ein zweites, 1939 ein drittes Fährschiff angeschafft werden.

Die Zukunft am Bodensee, das signalisierten solche Zuwachsraten, gehörte eindeutig dem Automobil. Zukunftshoffnungen wie Abstiegsängste wurden bald überall vom motorisierten Verkehr bestimmt – wehe dem, der dessen rechtzeitige Förderung verpaßt hatte! Das dem Automobil inhärente Prinzip des individuellen Fortkommens mündete rasch in einen unerbittlichen Konkurrenzkampf aller Gemeinden am See um möglichst große Anteile am motorisierten Verkehr der Zukunft. Schon bald zeigte eine Reihe weiterer Fähreprojekte, daß am Bodensee ein ganz neuer Verkehrswettlauf

begonnen hatte: Kaum war die Autofähre Konstanz-Meersburg eröffnet, da verkehrte zwischen Friedrichshafen und Romanshorn mit dem Fährschiff „Schussen" bereits ein moderner Trajektkahn, der neben dem auf dieser Strecke schon seit 1869 betriebenen Einsenbahntrajekt nun ebenfalls Automobile befördern konnte! Nun wollte man auch am Obersee den großen internationalen Durchgangsverkehr, auf den Konstanz so erpicht war! Als gar zu Beginn der 30er Jahre die Einrichtung weiterer Automobilfähren zwischen Langenargen und Arbon wie zwischen Lindau und Rorschach diskutiert wurde, sprach die „Konstanzer Zeitung" vom „Fieber des modernen Verkehrs" und von einem drohenden „Automobilfährenkampf" am Bodensee…

Automobil und Verkehr wurden so zu Garanten von Fortschritt und Wohlstand – eine Maxime, die in den zuweilen skurrilen Blüten der Verkehrswerbung jener Jahre besonders gut zum Ausdruck kommt. So brachte die Stadt Konstanz bereits 1929 ein Werbeblatt für die Fähre heraus, das die Stadt gleichsam als „Nabel der Welt" oder zumindest als „Nabel Europas" präsentierte. Ob man nun per Auto von München nach Venedig, von Stuttgart nach Bozen oder von Frankfurt nach Zürich oder Genf wollte – der Weg führte zunächst einmal nach Meersburg und von dort mit der Fähre nach Konstanz. Die Konkurrenzverbindung Friedrichshafen-Romanshorn, obwohl bereits bekannt, war auf diesem Werbeblatt nicht eingezeichnet, ein Vorgehen, das, wie der Überlinger Bürgermeister beklagte, damals Schule zu machen schien: „Wir wissen auch, daß auf Karten, die s. Zt. vom Konstanzer Verkehrsverein herausgegeben wurden, der Bodensee unmittelbar vor Überlingen aufgehört hat, und weiter, daß in dem in vielen Zehntausenden von Exemplaren alljährlich verbreiteten Faltprospekt von Meersburg alle Schiffsverbindungen, nur die Verbindung nach Überlingen nicht eingezeichnet ist, ebenso wie die Amtsstadt totgeschwiegen wurde auf den Plakaten für die Autolinien".

Der Traum automobiler Freiheit endet im Stau

Die sich in solchen Dokumenten manifestierende Verkehrsphilosophie hat bis in unsere Gegenwart hinein nicht nur Denken und Handeln von Politikern und Verkehrsplanern bestimmt, sie hat in ganz besonderem Maße Gesicht und heutige Probleme der Bodenseelandschaft geprägt und geformt. Nachdem sich die Reichsbahn weigere, neue Linien zu bauen, habe man „von der Tatsache auszugehen, daß der Bodensee eigentlich erst durch das Automobil entdeckt würde" – so hatte der Konstanzer Bürgermeister und Initiator der Fähre, Fritz

Arnold, die Notwendigkeit eines automobilen Brückenschlags über den See begründet, vor mehr als 60 Jahren. Der industrielle Entwicklungsrückstand der Bodenseeregion sowie deren späte und ungenügende Erschließung durch die Eisenbahn wurden so zum Argument, die Landschaft großzügig für den automobilen Verkehr zu öffnen, und die Fähre Konstanz-Meersburg gleichsam zum Startsignal und Symbol dieser Entwicklung. Immer besser hat man seither, vor allem in den letzten beiden Jahrzehnten, den Bodenseeraum für den automobilen Individualverkehr erschlossen: vor Chur das Rheintal hinab nach Rorschach/St. Gallen und Bregenz, von Zürich über Frauenfeld bis nach Kreuzlingen, von Stuttgart über Singen bis nach Konstanz sind neue Autobahnen (weitgehend) fertiggestellt, von München nach Lindau, von Ulm nach

Das Fährschiff „Konstanz" auf einer seiner Fahrten.

Friedrichshafen und von Basel den Hochrhein entlang nach Singen und von dort über Stockach nach Lindau sind neue Autobahnen oder großzügige Schnellstraßen geplant, im Bau und in Teilen schon vollendet. Wenn hierzulande in den vergangenen Jahren um die Zukunft der Region gerungen wurde, dann stets für, um oder gegen neue Autobahnen. Die Eisenbahn dagegen hat vergleichsweise selten für Schlagzeilen gesorgt. Bahnmäßig ist der Bodensee auch heute noch internationale Provinz und zumindest auf deutscher Seite um Jahrzehnte hinter der Entwicklung zurückgeblieben: die Hochrheinbahn von Basel nach Singen ist ebensowenig elektrifiziert wie die Strecke am Nordufer des Sees von Radolfzell nach Lindau/München oder die Strecke Ulm/Friedrichshafen, und das Wagenmaterial, das noch von Dieselloks durch die Gegend gezogen wird, gehört nicht gerade zum feinsten, was die Deutsche Bundesbahn zu bieten hat.

Für die Verkehrsentwicklung von Konstanz speziell hatte die Fähre einschneidende Folgen, welche die „Deutsche Bodensee Zeitung" bereits im Juni 1932 so beschrieb: „Seit der Errichtung der Autofähre von Konstanz nach Meersburg ist Kreuzlingen zu einem der wichtigsten Eingangsorte für den Straßenverkehr in der Schweiz geworden. Nur in Basel und in Chiasso fahren noch mehr Autos über die Grenze als in Konstanz bzw. Kreuzlingen". Damals waren das 100.000 Autos im Jahr – heute sind es 70mal mehr, nämlich 7 Millionen Autos und Lastwagen, die sich jährlich durch das Nadelöhr Konstanz/Kreuzlingen über die Grenze zwängen und die Konstanz zu dem nach Basel wichtigsten Grenzübergang im deutsch-schweizerischen Fahrzeugverkehr gemacht haben. Diesen mehr als 7 Millio-

„Gesellschaftsreisen im offenen Aussichtswagen" – die neue Mode der 20er und 30er Jahre wurde für die Fähre zum großen Geschäft.

nen Autos und LKW an der Konstanzer Grenze aber steht im internationalen Eisenbahntransit nur ein einziger Kurswagen auf der Strecke Stuttgart-Chur via Konstanz gegenüber! Und wie zum Beleg dieser Relation hat man den Eisenbahntrajektverkehr zwischen Friedrichshafen und Romanshorn – zumindest eine symbolische Alternative zum automobilen Verkehr über den See – schon seit 1976 eingestellt.

Heute, da gerade am Bodensee der Traum automobiler Freiheit oft genug im Stau sein Ende findet, blicken wir ebenso fasziniert wie irritiert auf die Anfänge jener Entwicklung zurück. Von den Dimensionen und Folgen, die der damals entfesselte Prozeß einmal annehmen würde, vermochten sich die Zeitgenossen noch kaum eine Vorstellung zu machen. Begriffe wie Stauprognose, Unfalldichte, Emissionsschlange oder Treibhauseffekt waren den Enthusiasten des automobilen Fortschritts noch ebenso fremd wie der Gedanke, daß der Treibstoff der neuen Mobilität einmal zur Neige gehen könnte. Meersburgs Bürgermeister Karl Moll, der so eifrig darauf bedacht war, den automobilen Verkehr und Tourismus der Zukunft in und über sein Städtchen zu leiten, hatte für die Gegner der Autofähre nur den Vergleich mit der Lindauer Schifferzunft übrig, die ein Jahrhundert zuvor „gegen die Personen- und Güterbeförderung durch ein viel bespötteltes und bezweifeltes Dampfschiff Einspruch

erhoben" hatte – für ihn nur ein Beweis mehr, daß der „Fortschritt" niemals aufzuhalten und schon deshalb immer im Recht war. Aufzuhalten war die damals konzipierte Idee des Fortschritts in der Tat nicht, doch die Technik- und Verkehrsbegeisterung jener Jahre ist inzwischen einer weitreichenden Skepsis gewichen. In vielen völlig überlasteten Uferorten des Bodensees zum Beispiel wird das jahrzehntelange Streben nach noch mehr Verkehr längst vom lautstarken Ruf nach leistungsfähigen Umgehungsstraßen übertönt. Zweifel an Sinn und Nutzen einer pauschalen Förderung des Autoverkehrs hatten wohl auch schon Karl Moll befallen, als er sich 1935, ein Jahr vor seinem Tode, in einem Schreiben an den Konstanzer Oberbürgermeister darüber beklagte, daß 85 Prozent der Autos auf der Fähre lediglich durch Meersburg durchführen und somit der Stadt nichts brächten. Und würde man heute in Konstanz und in Meersburg eine Volksabstimmung darüber durchführen, ob man den durch die Fähre verursachten reinen Durchgangsverkehr noch haben will oder nicht, so stünde das Ergebnis wohl zweifelsfrei fest. Auf die Fähre verzichten wollen würde aber deshalb gewiß kaum jemand, und dies zeigt nur, daß heute offenbar eine große Mehrheit an den Segnungen des Automobils teilhaben möchte, von dessen negativen Folgen aber möglichst verschont bleiben will.

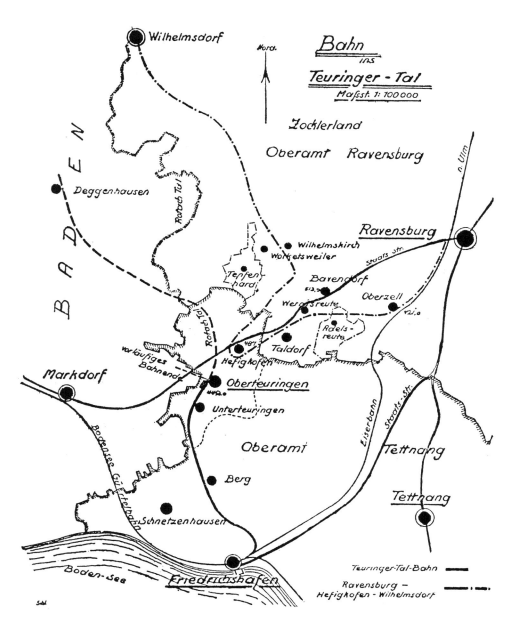

Skizze „Bahn ins Teuringer Tal" 1919, eingezeichnet die Bahn Friedrichshafen-Oberteurin-gen, mit eventueller Weiterführung, und die Bahn Oberzell-Wilhelmsdorf.

Der „Teuringer Blitz"

Zu spät und zu kurz: Die Teuringer Talbahn

Heinrich Hunger

Wir sagen hin und wieder, über diese oder jene Sache „ist Gras gewachsen", nun – für die Teuringer Talbahn Friedrichshafen-Oberteuringen trifft dies im wörtlichen Sinne zu.

Wo früher das Dampfbähnle entlangschnaufte, sind heute wieder Wiesen, oder es wurden Wege und Straßen, sogar Häuser auf der ehemaligen Trasse erbaut. Wer denkt schon bei einem Spaziergang von Meistershofen auf dem Frankenweg nach Berg daran, daß er sich auf der Trasse der TTB befindet.

Gegen 30 Jahre sind es nun her, daß der letzte Zug die Strecke befuhr, eine Ausstellung im vergangenen Jahr im Rathaus in Oberteuringen wollte an diese Kleinbahn unserer Heimat erinnern, die, nach schwierigem Start, 40 Jahre lang ihren Dienst an der Bevölkerung in bescheidener Weise verrichtete. Damals war die Gesellschaft ja noch nicht vollmotorisiert wie heute.

Pläne bis zum 1. Weltkrieg

In den Jahren vor der Jahrhundertwende – die Hauptbahnen in Württemberg waren praktisch gebaut, die Bodensee-Gürtelbahn war im Bau und wurde 1899 von Lindau bis Friedrichshafen und 1901 von Friedrichshafen bis Überlingen dem Verkehr übergeben – da bemühten sich die im Verkehrsschatten liegenden Landstriche um eine Nebenbahn, um ebenfalls am Verkehr und der damit zusammenhängenden Entwicklung teilnehmen zu können.

An Bahnprojekten mit einer Station Oberteuringen hat es nicht gefehlt. Schon 1864, als der Bau der Bodensee-Gürtelbahn diskutiert wurde, bemühten sich die Gemeinden des Hinterlandes, diese auf deutscher Seite nicht seenah, sondern von Stockach über Markdorf und Oberteuringen nach Kressbronn zu führen.

1896 gab es ein Projekt für eine Bahn von Mengen über Wilhelmsdorf und Oberteuringen nach Friedrichshafen, etwa zur gleichen Zeit bemühte sich besonders Ravensburg um eine Nebenbahn Ravensburg-Markdorf, von einer Zeitung enthusiastisch als Herzstück einer „Süddeutschen West-Ostbahn" von Straßburg nach Bayern gepriesen.

Es gab auch badische Eisenbahnpläne – eine Deggenhausertal-Bahn von Salem durchs Deggenhauser Tal nach Pfullendorf, Anschluß für Oberteuringen wäre in Wittenhofen gegeben gewesen. Wären diese Pläne realisiert worden, was wäre Oberteuringen für ein Eisenbahnknotenpunkt geworden!

Von der Streckenführung her muß die Bahn Mengen-Friedrichshafen als Vorläufer der späteren TTB angesehen werden, zumal diese ja auch bei der Realisierung immer als Teilstück einer später durchgehenden Strecke ausgewiesen wurde.

Unter Führung von Stadtschultheiß Laub von Mengen bildete sich 1896 ein Eisenbahn-Komitee zur Erbauung einer normalspurigen

Bahn von Mengen über Ostrach, Wilhelmsdorf, Hefigkofen, Oberteuringen nach Friedrichshafen, gedacht als Teil einer zweiten
Hauptbahn vom Unterland an den Bodensee, als Entlastung der damals noch eingleisigen Südbahn Ulm-Friedrichshafen, außerdem deutlich kürzer als diese.

Es wurden Eingaben an die Kgl. Eisenbahnverwaltung und die Ständekammern gemacht, Denkschriften mit Streckenführung
und Rentabilitätsberechnungen eingereicht.
Württemberg wollte aber keine zweite
Hauptbahn ins Oberland, lediglich eine Nebenbahn zur Erschließung der verkehrsfer-
nen Räume Wilhelmsdorf-Zocklerland und
Teuringer Tal wurde für möglich gehalten.

Die Stadt Ravensburg befürchtete, bei einer Führung der Bahn nach Friedrichshafen
von seinem natürlichen Hinterland abge-
schnitten zu werden, sie agitierte für einen
Zielort Ravensburg bzw. Oberzell, zeitweise
war auch eine Einmündung in die Südbahn in
Meckenbeuren gedacht.

Durch diese Unklarheiten der Trassenfüh-
rung und durch die Unterschiedlichkeit der
Interessen verstrich die Zeit. Der Ausbruch
des 1. Weltkrieges 1914 machte dann zunächst allen weiteren Bahnträumen ein Ende.

Planung, Bau und ein schnelles Ende

Unmittelbar nach dem 1. Weltkrieg wurden die Bemühungen um den Bahnbau im
Hinterland der Städte Ravensburg und Friedrichshafen wieder aufgenommen.

Ravensburg wollte seine Bahn, abzweigend in Oberzell nach Wilhelmsdorf; sie
sollte in einer Schleife über Bavendorf-Hefig-
kofen geführt werden, um auch das Teurin-
gertal nach Ravensburg zu erschließen. Diese
kuriose Linienführung erhielt spöttisch den
Namen „Entenschnabel".

In Friedrichshafen hatte der Weltkrieg die
wirtschaftlichen Verhältnisse gründlich verändert. Durch den Bau von Zeppelinen und
Flugzeugen für Heer und Marine war eine
große Rüstungsindustrie entstanden.

Waren es 1914 gerade 700 Beschäftigte, so
stieg die Arbeiterzahl im Luftschiffbau und
den daraus entstandenen Betrieben bis 1918
auf 11.500. Die Herbeischaffung der Arbeitskräfte und die Versorgung der stark gestiegenen Bevölkerung ergab große Probleme.
Hier wäre eine Bahn ins Hinterland sehr von
Nutzen gewesen.

Dann kam 1919 der Versailler Vertrag und
verbot Deutschland den Bau von Zeppelinen
und Flugzeugen, die Beschäftigtenzahl im
Luftschiffbau ging auf ca. 3000 zurück, in
Friedrichshafen und Umgebung herrschte zunehmende Arbeitslosigkeit.

In dieser Situation betrieb Friedrichshafen,
unterstützt vom Luftschiffbau, den Bahnbau
nach Oberteuringen, wobei man schon einen
Weiterbau einplante, nun nicht mehr in Richtung Wilhelmsdorf, sondern ins Deggenhausertal. Einerseits wollte man das Hinterland
erschließen, andererseits sollte Arbeit für die
Erwerbslosen geschaffen werden.

Die Zeppelin-Wohlfahrt legte eine Planung vor für die elektrische, normalspurige
Bahn vom Stadtbahnhof entlang des Zeppe-
lingeländes, vorbei an Jettenhausen über
Berg nach Oberteuringen. Es bildete sich ein
vorläufiger Eisenbahnausschuß unter Führung des Oberamtes, am 3. Juli 1919 wurde
die Teuringertalbahn GmbH gegründet. Gesellschafter waren die Stadt Friedrichshafen,
unterstützt durch den Luftschiffbau mit ca.
70 % Kapitalanteil, die restlichen Anteile
übernahmen das Oberamt und die Gemeinden Oberteuringen, Berg und Schnetzenhausen.

Die Württ. Regierung erteilte am 14. September 1919, zusammen mit jener für die Ravensburger Bahn die Konzession zum Bau einer nun dampfgetriebenen Bahn von Friedrichshafen nach Oberteuringen. Eine Verbindung beider Bahnen war in Hefigkofen vorgesehen.

Während die Ravensburger Bahn nie gebaut wurde, begannen die Bauarbeiten an der
TTB am 6. Oktober 1919. Die Tiefbau- und

Streckenarbeiten wurden der Stuttgarter Baufirma Weh übertragen, die Erfahrungen im Bahnbau hatte, mit der Auflage, vorwiegend Häfler Erwerbslose zu beschäftigen.

Schon bald aber ergaben sich durch die sehr schwierigen wirtschaftlichen Verhältnisse im Reich und durch die sich beschleunigende Geldentwertung enorme finanzielle Probleme, auch die Beschaffung von Material, insbesondere Schienen wurde immer schwieriger.

Erst Ende Mai 1922 war die Bahn soweit fertiggestellt, daß die Inbetriebnahme erfolgen konnte. Die feierliche Eröffnung fand am 31. Mai statt. Die Betriebsführung übernahm die Württ. Nebenbahnen AG, die auch das Personal stellte, während die Betriebsmittel –

zwei Loks und einige Wagen – der GmbH gehörten. Täglich verkehrten drei Züge in jede Richtung.

Zunächst schien sich der Bahnbetrieb gut anzulassen, bald aber schon ergaben sich Probleme. Der Personenverkehr war gering, auch das Frachtaufkommen war zu gering, die wirtschaftlichen Verhältnisse und die Inflation taten ein übriges. Mit den geringen Einnahmen konnten kaum noch die Kohlenkosten gedeckt werden.

Schon nach sieben Monaten mußte Ende Januar 1923 der Personenverkehr, am 1. Mai auch der Frachtverkehr, eingestellt werden. Das Personal wurde entlassen, der Betriebsführungsvertrag mit der WNG wurde aufgelöst. Den Lokführer Fischer, einen tüchtigen

Der geschmückte Eröffnungszug am 31. Mai 1922 am Stadtbahnhof.

Fachmann, brachte man im Luftschiffbau unter. Er wartete neben seiner Arbeit dort die Fahrzeuge der TTB, zur Deckung der Schulden wurden noch vorhandene Schienen verkauft.

Nach so kurzer Zeit konnte dies doch nicht schon das Ende der TTB sein! Man hoffte, den Bahnbetrieb nach einer Besserung der wirtschaftlichen Verhältnisse so rasch wie möglich wieder aufnehmen zu können.

Der Eigenbetrieb 1924-42

Nach der erzwungenen Stillegung der Bahn im Mai 1923 konzentrierten sich die Bemühungen darauf, die Bahn so schnell wie möglich wieder in Betrieb zu nehmen. Ein Antrag auf Übernahme der Betriebsführung durch die Reichsbahn vom 7. Mai 1923 als „Notschrei und Hilferuf" an den Reichverkehrsminister wurde von der Reichsbahn-Direktion Stuttgart abschlägig beschieden.

So prüfte man die Führung des Bahnbetriebes in eigener Regie, wobei Berechnungen ergaben, daß den geschätzten Kosten für Betriebsstoffe und Personal von M 20000,– Einnahmen aus Personen- u. Frachtverkehr von M 16000,– gegenüberstehen würden. Es ergäbe sich somit ein jährliches Defizit von M 4000,–, das die beteiligten Gemeinden zu übernehmen hätten.

Eine wichtige Voraussetzung war das Ende der Inflation, die Teuringertalbahn GmbH stellte ihr Stammkapital zum 1. April 1924 in der sog. Goldmarkbilanz von bisher 2322000,– auf 25000,– Goldmark um, wobei sich folgende Gesellschaftsanteile ergaben:

Oberamt Tettnang:	M 4300,–	= 16%
Stadt Friedrichshafen:	M 17230,–	= 70%
Gem. Oberteuringen:	M 2470,–	= 10%
Gem. Schnetzenhausen:	M 270,–	= 1%
Gem. Berg:	M 730,–	= 3%

Die beteiligten Gemeinden leisteten zur Bestreitung der ersten Ausgaben einen Betriebsvorschuß von 5000,– Goldmark, wobei

das an der Wiederinbetriebnahme besonders interessierte Oberteuringen 6/10, Friedrichshafen 3/10 und Berg 1/10 übernahm.

Es wurde beschlossen, die Bahn nach einer Instandsetzung zum 1. Juli 1924 wieder in Betrieb zu nehmen.

An Personal wurden fünf Personen für unbedingt notwendig erachtet:

1 Bahnagent in Oberteuringen, später Bahnverwalter	= H. Vöhringer
1 Lokomotivführer	= H. Fischer
1 Heizer	= H. Kling
1 Schaffner/Zugführer	= H. Bucher
1 Streckenaufseher/ Streckenarbeiter	= H. Zoller

dazu nebenamtlich als Inspektor für die technische Aufsicht Herr Rauch und als Agent für den Bahnhof Berg Herr Hund.

Der Fahrplan mit drei Zugpaaren täglich wurde beibehalten, die Personentarife wurden denen der Reichsbahn 3. Klasse angeglichen, ebenso die Frachttarife.

Der Haltepunkt Trautenmühle wurde zur ZF verlegt (erst 1930 wurde wieder ein Haltepunkt Trautenmühle eingerichtet), um 1930 wurde auch ein Haltepunkt Kappelhof eingerichtet (für Bahnbenutzer aus Raderach).

In den folgenden Jahren erwirtschaftete die TTB bei sparsamster Betriebsführung die notwendigen Einnahmen, um Strecke und Betriebsmittel zu erhalten. In der Wirtschaftskrise 1929-1932 kam die Bahn nochmals an den Rand ihrer Existenz.

Ab 1933 besserten sich die Verhältnisse laufend. Nach wie vor aber blieb der Personenverkehr bescheiden, das Frachtaufkommen war stark von dem Ausfall der Obsternte in Oberteuringen und Berg abhängig.

Bemühungen um einen Weiterbau der Bahn bis nach Wittenhofen scheiterten am Desinteresse von Baden.

Der 2. Weltkrieg und die sich verstärkende Rüstungsindustrie in Friedrichshafen brachten der TTB ab 1939 ein gesteigertes Personenverkehr- u. Frachtaufkommen.

Bahnhof Oberteuringen um 1938.

Die Fahrzeuge der Bahn

Noch während des Baues der Bahn ging die Gesellschaft davon aus, daß die Württ. Eisenbahnverwaltung die Betriebsführung übernehmen würde.

Erst als sich dies als unmöglich herausstellte (mit Gesetz vom 30. April 1920 gingen die Staatseisenbahnen auf das Reich über), wurden Ende '21, Anfang '22 eigene Fahrzeuge beschafft.

Folgende Fahrzeuge besaß die TTB während der Zeit ihres Bestehens als selbständige Gesellschaft 1922-1942:

1) Lokomotiven
   a) B-Lok mit Schlepptender Nr. 243, Type 1 B, gebaut von Maschinenfabrik Esslingen 1869 als „Erlangen". Die Lok erfuhr zahlreiche Umbauten im Staatsbetrieb.
      Gekauft von der EB-Dir. Stuttgart für M 145000,–.

Von der WÜNAG bei Übernahme der Betriebsführung 1922 als ungünstig bezeichnet, da vor jeder Fahrt der Tender angehängt werden mußte, außerdem ein rechter „Kohlenfresser".
Soll als Reservelok verwendet werden und so schnell als möglich ausgetauscht werden. Diese Lok fuhr den Festzug bei der Eröffnung (siehe Bild).
Verkauft an Fa. Dreyfuß Söhne Heilbronn 1925 für M 2400,–.
   b) T-Lok Nr. 120.
      Hersteller unbekannt. Jan. 1922 in Berlin-Weissensee gekauft für M 275000,–.
      Verkauft 1926 für M 1800,–.

Bei den Erwerbspreisen ist die enorme Geldentwertung nach dem 1. Weltkrieg zu bedenken.

Diese beiden Loks waren bei der Betriebseröffnung vorhanden.

c) Württ. T 3-Lok Nr. 989 (Reichsbahn-Nr. 89308),
gebaut 1893 von Esslingen als „Beimerstetten". Okt. 1925 ab Standort Aulendorf für RM 10000,– gekauft.
Diese Lok wurde bei der Verstaatlichung von der Reichsbahn übernommen.

d) Württ. T 3-Lok Nr. 979 (Reichsbahn-Nr. 89312)
1896 von Esslingen gebaut als „Eschenau". Aug. 1926 von RD Stuttgart ab Standort Rottweil gekauft für RM 7000,–
Bei Verstaatlichung von Reichsbahn übernommen und 1944 an Maschinenfabrik Esslingen verkauft, lief dort als Werkslok bis 1962. Stand vor der ME bis ca. 1976 als Denkmalslok.
Diese Lok ist noch vorhanden und ging dieser Tage an das neue Technikmuseum in Mannheim.

2) Personenwagen
Bestand 1922   2 PW (1-2achs., 1-4achs.)
         1927   3 PW
         1934   4 PW
         1937   5 PW
         1941   4 PW (1 unbrauchb. verkauft, dafür nach Bedarf Zumietung von RB)

3) Güterwagen
1922 waren 2 GW vorhanden, einer offen, einer gedeckt. Der offene wurde 1927 als entbehrlich verkauft. Die Güterwagen wurden jeweils von der Reichsbahn gegen Wagenstandsgelder angefordert.

4) Gepäckwagen
Während der ganzen Betriebszeit war ein Gepäckwagen mit Postabteil im Einsatz.

Der „Negus" auf der „Rosa"

Das „Bähnle" oder „Käskiste", auch den „Teuringer Blitz" nannte man die kleine Bahn.
„Rosa" nannte Lokomotivführer Fischer, der die Loks auch wartete, liebevoll eine der kleinen Dampflokomotiven.
„Negus" riefen die Lausbuben den Lokführer, wenn sie ihn ärgern wollten.
Etwas beschaulicher als auf der Hauptbahn soll es schon zugegangen sein: Als einmal eine Ausflüglergruppe rennen mußte, um das Bähnle zu erreichen, soll der Zugführer gesagt haben: „Ihr hettet it so renne müsse, mir wäret au a Stückle retour gfahre".
Einmal wurde in Oberteuringen eine Sau verfrachtet. Der Metzger erwartete selbige am Stadtbahnhof. Möglicherweise war der Schweinekoben schlecht verschlossen, jedenfalls konnte die Sau beim Haltepunkt ZF entfliehen. Nun begann eine wilde Jagd auf die Sau, die erst nach großer Mühe wieder eingefangen wurde.
Diese Episode der Kleinbahn berichteten viele Zeitungen, angeblich bis nach Amerika.

Anschluß an das V 2-Werk

1942 wurde als Außenstelle der Raketenversuchsanstalt Peenemünde in Raderach eine Wehrmachtsanlage unter der Bezeichnung MUNA-SÜD VN X 1 (SS 4019 - D) errichtet. Beim Bau waren viel KZ-Häftlinge eingesetzt.
Am 8. April 1942 erfolgte die Beschlagnahme eines 146 ha großen Geländes um Raderach, wobei vorwiegend die Gemeinde Raderach, aber auch die Gemarkungen Schnetzenhausen, Kluftern und Riedheim betroffen waren. Zum Transport der Baustoffe und auch der Betriebsstoffe wurde ein Anschlußgleis an die TTB, abzweigend oberhalb Kappelhof von ca. 3,5 km Länge auf Kosten des Oberkommandos des Heeres gebaut. Die enteigneten Landwirte wurden entsprechend entschädigt.

Für die TTB ergab dies einen starken Aufschwung im Frachtverkehr, der einen wesentlichen Ausbau der Strecke und auch eine Erweiterung des Fahrzeugparkes bedeutet hätte.

In einer Besprechung zwischen der TTB und Vertretern des Oberkommandos des Heeres machten diese den Vorschlag, die TTB für das OKH zu erwerben, wobei sie zusicherten, den privaten Bahnverkehr mindestens im bisherigen Umfang aufrechtzuerhalten. Dies führte dann zu Verhandlungen mit der Reichsbahn und zur Übernahme der TTB durch diese.

Nach dem Einmarsch der Franzosen wurde das V 2-Werk von einer frz. Dienststelle GRWA in Ravensburg verwaltet. Wichtige Anlagen wurden durch die Franzosen demontiert. Die Schienen des Anschlußgleises wurden Ende 47, Anfang 48 durch diese Dienststelle entfernt.

Zwischen dem 7. April und 21. April 1948 wurde das V-Werk von einer französischen Pioniereinheit gesprengt, wobei die umliegenden Gemeinden, vor allem Raderach zum Teil große Gebäudeschäden zu verzeichnen hatten.

Die Gemeinde Oberteuringen erhielt von der obigen Dienststelle die Erlaubnis, den Kies des Bahndammes kostenlos zu entnehmen. Die Grundstücke wurden dann wieder landwirtschaftlich genutzt und später den früheren Besitzern zurückgegeben.

Die eigentliche V-Anlage wurde als Wehrmachtsvermögen Bundeseigentum, verwaltet durch die OFD Freiburg. Ca. 75 ha wurden an Landwirte in Raderach und umliegende Gemeinden verpachtet. Die restlichen ca. 70 ha wurden bzw. werden noch heute als Truppenübungsplatz durch das frz. Militär genutzt.

TTB 2 am Stadtbahnhof um 1940.

Nebenstrecke der Reichsbahn

Das Jahr 1942 war das erfolgreichste Geschäftsjahr der TTB seit ihrem Bestehen, hatten sich doch 1942 die Einnahmen aus Personen- und Frachtverkehr nahezu verdoppelt.

Die Gründe waren
a) Bau des V-Werkes in Raderach,
b) Inbetriebnahme des Anschlußgleises für Zeppelin und Maybach, abzweigend beim Haltepunkt Trautenmühle,
c) starke Zunahme der Beförderung von Arbeitern zu den Häfler Betrieben.

Zunächst wollte das Oberkommando des Heeres die TTB übernehmen. Sogar ein Weiterbau in Friedenszeiten in Richtung Pfullendorf wurde in Aussicht gestellt.

Doch waren die Gesellschafter der Meinung, daß eine Übernahme durch die Reichsbahn die bessere Lösung wäre, zumal diese bisher wegen des geringen Verkehrs gescheitert war. Es wurden Verhandlungen mit der Reichsbahn aufgenommen, wobei folgende Forderungen gestellt wurden:
a) Übernahme 500000,– RM, wobei dieser in der Verhandlung auf 300000 bis 350000,– RM gesenkt werden könnte.
b) Der Verkehr muß im seitherigen Umfang mit mindestens 3 Zugpaaren täglich aufrechterhalten werden.
c) Das Personal der TTB ist in die Reichsbahn zu übernehmen.

Die Reichsbahn bot zuerst eine Entschädigung von nur RM 29000,– an, was als unangemessen abgelehnt wurde.

In weiteren Verhandlungen wurde ein Übernahmepreis von RM 100000,– vereinbart, die übrigen Forderungen wurden von der Reichsbahn zugesagt.

Am 3. Dezember 1943 wurde vor dem Notar in Friedrichshafen der Verstaatlichungsvertrag, rückwirkend zum 1. Januar 1943 geschlossen.

Am 11. Dezember 1944 fand im Kurgarten-Hotel die letzte Gesellschafterversammlung der TTB statt.

Die abgeschlossenen Verträge wurden gebilligt, die Entschädigungssumme von RM 100000,– wurden im Verhältnis der Gesellschaftsanteile verteilt.

Es wurde beschlossen, die Teuringer Talbahn-GmbH im Handelsregister zu löschen.

Damit endete die Geschichte der TTB als selbständige Privatbahn. Fortan war sie nur noch eine Nebenstrecke der Reichsbahn, nach 1945 der Deutschen Bundesbahn.

Der letzte Akt – die Stillegung

Nach 1945 wurde der Bahnbetrieb auf der Strecke Friedrichshafen-Oberteuringen wieder aufgenommen.

1945 wurde der Haltepunkt Trautenmühle sogar zu einem Bahnhof mit Fahrkartenverkauf, Expreßgut- und Frachtverkehr aufgewertet.

Doch schon bald mußte die TTB das Schicksal so mancher anderen Nebenstrecke teilen: Stillegung in Etappen, auch wenn manche, besonders in Oberteuringen, heftig protestierten. Die Bundesbahn bezeichnete die Strecke der TTB als eine der unwirtschaftlichsten im ganzen Direktionsbezirk Stuttgart.

Die Stillegung erfolgte in Etappen:
a) ab Winterfahrplan 52/53 – Streichung des Mittagszuges und Ersatz durch Bus.
b) ab Sommerfahrplan 54 – Einstellung des Personenverkehrs auf der ganzen Strecke. Bedarfsweise Bedienung des Wagenladungsverkehrs bis Oberteuringen.
c) 15. Februar 1960 – Völlige Stillegung des Güterverkehrs mit Ausnahme der Bedienung der Anschlußgleise ZF und Industriegelände.
d) 1962 – Abbau der Geleise bis Trautenmühle und Verkauf des Trassengeländes an die betroffenen Gemeinden.
e) 1968 – Abbruch des Bahnhofes Oberteuringen, der dem Ausbau der Landesstraße 328 weichen mußte.

Dies war nun wirklich das letzte Kapitel der Geschichte der TTB.

Auf gleicher Schiene ins Unglück

Erinnerungen an das Zugunglück in Kluftern vor 50 Jahren

Stefan Ruf

Der drohende Krieg mit Frankreich war Anlaß für den sogenannten Freimachungsbefehl, der besagte, daß grenznahe Orte und Städte zu evakuieren waren. Dieser Befehl betraf auch das Markgräflerland mit der Stadt Weil und den Gemeinden Binzen, Egringen, Fischingen, Haltingen und Welmingen. So verließen am 3. September 1939 Hunderttausende von Bewohnern in drei Marschblöcken Haus und Hof. Jeder durfte nur gerade mitnehmen, was er tragen konnte. Evakuiert wurden vor allem Frauen und Kinder, aber auch Alte und Gebrechliche. Viele der Betroffenen wurden ins Allgäu und ins Kleine Walsertal gebracht.

Auf der Fahrt nach Hause

Als es am Oberrhein bis Dezember 1939 zu keinen Kampfhandlungen kam, wurde der Druck auf Partei und Wehrmacht so groß, daß im Dezember die Genehmigung für die Rückreise der Evakuierten erteilt wurde. So fuhren am 22. Dezember 700 Personen in einem Sonderzug aus Oberstdorf ab, um endlich wieder in die Heimat zurückzukehren.

Die Rückwanderer im Zug waren voller Zuversicht und guten Mutes, Weihnachten wieder in der Heimat verbringen zu können. „In einigen Stunden sind wir wieder daheim" hörte man immer wieder. Was kümmerten sie noch die harten Holzbänke und die Enge der Abteile. Düster war es in den Eisenbahnwaggons und kalt, denn es herrschten wegen des Krieges strenge Vorschriften hinsichtlich der Verdunkelung. Einige Kinder schliefen in den Armen ihrer Mütter, andere spielten noch. Der Zug fuhr auf der Strecke Kempten-Friedrichshafen und ab dort auf der eingleisigen Bodenseegürtelbahn in Richtung Radolfzell.

Der Zugverkehr auf der Strecke Friedrichshafen-Radolfzell war für diesen Tag schon fast vorbei. Von Überlingen her schnaufte noch ein langer und schwerer Kohlenzug, der voll beladen war. Das Personal in den Bahnhöfen sehnte nach zehn Stunden ununterbrochener Arbeit endlich den Dienstschluß herbei.

In Kluftern, Lipbach und Efrizweiler verlief dieser vorweihnachtliche Abend zunächst sehr ruhig. Obwohl es keinen Schnee gab, war es doch sehr kalt, und es zog dichter Nebel auf. Die Kirchenchorprobe war beendet, die Mitglieder des Musikvereins, die noch keinen Gestellungsbefehl erhalten hatten, trafen sich noch zu einem Kameradschaftsabend. In den meisten Häusern war es gegen 22.00 Uhr bereits dunkel. Die Kinder schliefen, nur noch ein paar Bauersfrauen waren mit vorweihnachtlichen Arbeiten beschäftigt. Gewohnheitsmäßig warteten einige schon auf das Geräusch des Kohlenzuges, der jeden Abend zwischen 22.00 und 23.00 Uhr den Ort passierte.

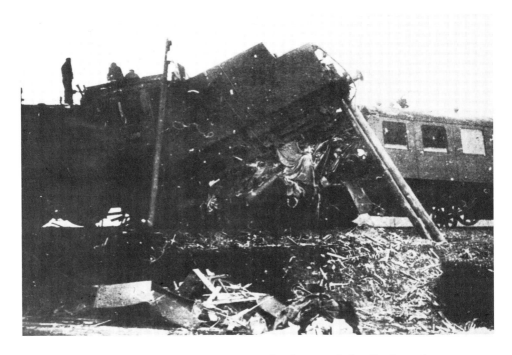

Das Unglück

Das Zugmeldebuch sah vor, daß der Kohlenzug aus Überlingen den Sonderzug in Markdorf kreuzen sollte. Da der Kohlenzug immer ohne Zwischenhalt in Markdorf durchfuhr, waren auch an diesem Abend die Signale gewohnheitsmäßig auf Durchfahrt gestellt.

Als der Fehler in Markdorf bemerkt wurde, passierte der Kohlenzug bereits die Station und konnte nicht mehr aufgehalten werden. Um das drohende Unglück zu vermeiden, rief der Fahrdienstleiter den Bahnhof Kluftern an, um zu erreichen, daß der Personenzug dort gestoppt wird. Dies war aber nicht mehr möglich, da der Personenzug mit den Rückwanderern den Bahnhof Kluftern ebenfalls schon durchfahren hatte.

Um 22.19 Uhr stießen auf der Höhe von Lipbach der schwere Kohlenzug und der Sonderzug mit den Rückwanderern zusammen. Beide Züge hatten eine Geschwindigkeit von etwa 60 Stundenkilometern. Der starke Bodennebel ließ die beiden Lokführer die Gefahr erst auf einer Entfernung von 20-30 Meter erkennen. Obwohl auf einer der beiden Lokomotiven noch die Bremsen betätigt wurden, konnte nicht verhindert werden, daß die beiden Züge aufeinanderprallten.

Der erste Waggon des Personenwagens wurde vollständig zerstört, der zweite zur Hälfte. Der dritte Personenwagen schob sich über diese und stellt sich schräg in die Höhe. Die beiden Lokomotiven blieben ohne umzustürzen auf den Gleisen stehen, die auf einer Länge von 65 Metern zerstört wurden. Ein ganzer Berg von Trümmern türmte sich hinter der Lokomotive des Güterzuges auf. Ein Gepäckwagen und drei der Kohlewagen schoben sich ineinander.

Ein Anwohner, der damals vor dem Rathaus in Kluftern stand, erzählt, daß ein explosionsartiger Knall den Ort erschütterte. Dieser Knall, als ob eine Bombe niedergegangen wäre, war sogar noch in Oberteuringen zu hören. Den ersten Helfern aus Kluftern und Lipbach bot sich ein grauenhaftes Bild. Man stand am Bahndamm inmitten von Trümmern und Toten und hörte die Schreie der Schwerverletzten. Splitter, Eisenstücke, Puffer und sogar der Schornstein einer Lokomotive lagen in weitem Umkreis auf den benachbarten Feldern.

Die ersten Hilfeleistungen wurden durch den dichten Nebel sehr erschwert, außerdem gab es kein ausreichendes Licht. Um das Licht der Fackeln und Taschenlampen zu verstärken, wurden Autos mit eingeschalteten Scheinwerfern im Halbkreis aufgestellt.

Auf einer Anhöhe bei Riedheim war eine Flakbatterie stationiert, die die Industriestadt Friedrichshafen gegen drohende Fliegerangriffe schützen sollte. Der Gendarmeriemeister von Markdorf forderte die Einheit auf, ihre Scheinwerfer auf die Unglücksstelle zu richten. Aus militärischen Gründen wurde dies aber abgelehnt.

Aus den Orten der Umgebung waren nach Berichten des Roten Kreuzes etwa 110 Helfer und Helferinnen beschäftigt. Es halfen ebenfalls Abteilungen der technischen Nothilfe, der Polizei, der Wehrmacht und der SA. Bis zum Eintreffen der technischen Nothilfe war es sehr schwierig, die Eingeklemmten zu befreien, denn geeignetes Werkzeug fehlte. Ein ehemaliger Helfer berichtet, daß überall, wo man den Hebel ansetzen wollte, die Verunglückten schrien.

Die Bewohner der naheliegenden Orte Lipbach und Kluftern halfen nach Kräften mit. Aus den Bauernhäuser wurden Stroh und Decken sowie warme Getränke gebracht.

Aus dem ersten Waggon des Personenzuges, der völlig zerstört wurde, überlebte bis auf ein kleines Kind niemand. Es wird berichtet, daß man mit dem Schneidbrenner buchstäblich einen Weg durch die Trümmer bahnen mußte, um dieses Kind zu befreien. Es grenzt an ein Wunder, daß dieses Kind unverletzt schlafend in den Trümmern aufgefunden wurde. Dieser Glücksfall ging von Mund zu Mund, doch gleichzeitig spielten sich erschütternde menschliche Tragödien ab.

Ein Mann lief wie irr gegen den Zug, kletterte den Trümmerhaufen hinauf und schrie „Da drunten sind meine Frau und meine fünf Kinder". Sie alle waren tot, auch die Schwiegereltern und noch zwei Verwandte. Eine Frau, die verwundet war, fragte nach ihrem Mann und ihren Kindern. Man brachte nur den Mann, der ebenfalls verwundet war, und legte ihn neben sie hin.

Von den 33 Verletzten und Schwerverletzten, die in die umliegenden Krankenhäuser gebracht wurden, starben in der folgenden Zeit nochmals sieben. Somit belief sich die Schreckensbilanz des Unglücks auf 106 Tote.

Volle zwei Tage dauerte es, bis die Schienen wieder freigemacht waren und man den Zugverkehr wieder fortsetzen konnte. Von den beiden Lokomotiven konnte die eine noch zum Bahnhof Kluftern geschleppt werden, die andere mußte umgestürzt und noch vor Ort demontiert werden. Noch Wochen sollte es dauern, bis der wirre Trümmerhaufen auf den Feldern und am Bahndamm weggeräumt war.

In Weil am Rhein wartete man vergeblich auf die Ankunft des Rückwandererzuges. Die Nachricht vom schweren Zugunglück traf um 3.30 Uhr in Weil ein. Die unzerstörten Wagen des Rückwandererzuges wurden über Friedrichshafen und Tuttlingen nach Weil geleitet. Dort am Bahnhof fanden ergreifende Wiedersehensszenen statt. Die Polizei stand bereit, denn man rechnete mit Unruhe unter den Angehörigen. Diejenigen, die Opfer zu beklagen hatten, fuhren

noch am 23. Dezember mit dem Bus nach Markdorf.

Viele der Toten waren noch nicht identifiziert. Sie lagen aufgebahrt in der Markdorfer Bahnhofshalle und auf der Bahnhofsrampe. Es wird berichtet, daß Mitglieder der nationalsozialistischen Partei versuchten, die Angehörigen mit Phrasen zu trösten. Als ihnen jedoch zugerufen wurde, „Ihr Halunken seid ja doch an allem schuld", verließen sie sofort die Stätte.

Trauer-Propaganda

Die Trauerfeier fand am ersten Weihnachtsfeiertag 1939 auf dem Marktplatz in Markdorf statt. Über hundert Särge waren aufgebahrt. Zwischen diesen Särgen stand die Hitlerjugend Spalier. Starke Formationen der Partei und Wehrmacht marschierten auf. An der Stirnseite des Platzes wurde den Angehörigen neben den Würdenträgern der Partei ein Platz zugewiesen. Über

200 Kränze waren über Nacht besorgt worden.

Aus dem Führerhauptquartier war ein Telegramm gekommen, für Hitler einen mächtigen Kranz zu besorgen. Die Schleife mit seinem Namenszug wurde mit einem Sonderkurier gebracht, jedoch auf Befehl des Gauleiters Robert Wagner wieder vom Kranz entfernt.

Tausende Trauergäste mußten miterleben, wie die Feier zu einem Schauspiel des Nationalsozialismus wurde, um das schreckliche Unglück propagandistisch zu nutzen.

Die Gedenkrede von Gauleiter Robert Wagner lag ganz auf dieser Linie. Wagner fand keine anderen Worte des Trostes und der Anerkennung, als daß es die Aufgabe des Deutschen sei, sich einer „großen Zeit" zu opfern.

Im Anschluß an Wagners Gedenkrede folgten die Kranzniederlegungen der Wehr-

1989: Gemeinsam enthüllten Oberbürgermeister Dr. Wiedmann und sein Kollege aus Weil am Rhein, Dr. Peter Wittmann, in Kluftern einen Gedenkstein zum 50. Jahrestag des Bahnunglücks in Lippach, bei dem 106 Menschen aus dem Markgräfler Land den Tod fanden.

macht und der Reichsbahn. Am zweiten Weihnachtsfeiertag wurden die Opfer mit dem Zug in ihre Heimat gebracht. Die Trauer dort war sehr groß, so hatte die Gemeinde Binzen alleine über 40 Opfer zu beklagen.

Ein halbes Jahr nach dem Unglück kam es zur Verhandlung vor dem Landgericht Konstanz. Vier Personen des Bahnpersonals aus Markdorf und Kluftern wurden der fahrlässigen Tötung angeklagt. Zwei davon wurden zu drei bzw. einem Jahr Gefängnis verurteilt. Das Urteil wurde damit begründet, daß die Dienstvorschrift sträflich vernachlässigt worden sei. Dem Hauptverantwortlichen wurde zusätzlich noch zur Last gelegt, daß er seinen Dienst in der SA, auch

während der Arbeitszeit, oft wichtiger genommen habe als seinen Beruf.

Erinnerung als Mahnung

Auch wenn sich dieses Ereignis am 22. Dezember 1989 bereits zum 50. Mal jährte, ist dieses Unglück den älteren Mitbürgern im Markgräflerland und auch am Bodensee noch immer in schmerzlicher Erinnerung. Bei einer Gedenkfeier am 50. Jahrestag erinnerte der Präsident der Bundesbahndirektion Karlsruhe, daß weder harte gerichtliche Strafen gegen die Verantwortlichen noch materielle Wiedergutmachung Vater oder Mutter ersetzen konnten. Zum Gedenken der 106 getöteten Kinder,

Männer und Frauen wurde unweit der Unglücksstelle in Lipbach ein Gedenkstein enthüllt. Dieser Stein stammte aus dem Markgräflerland und wurde von der Stadt Weil gestiftet.

Bei einem gemeinsamen Essen im Bürgerhaus Kluftern nach der Gedenkfeier kam auch der Wunsch nach Kontakten zwischen den Gemeinden zum Ausdruck. Dies wurde sowohl von Kluftern als auch von den Gästen aus dem Markgräflerland unterstri-chen. Der Binzener Gesang- und Musikverein plant bereits, mit den Klufterner Vereinen Kontakt aufzunehmen.

Auch wenn das Unglück auf menschliches Versagen zurückzuführen ist, sollte man nicht vergessen, daß der Krieg zu diesem Unglück geführt hat. Und so soll der Gedenkstein nicht nur an die Toten erinnern, sondern auch ein Mahnmal für den Frieden sein.

Amoklauf im Hinterland?

Befürchtungen um eine noch intakte Landschaft

Friedrich Beran

Die Prognosen sind gut, die Experten frohlocken, Optimismus allenthalben: wir sind ein dynamischer Wirtschaftsraum, ein begehrter Wohn- und Arbeitsplatz, ein beliebtes Ferienland. Nichts als Wachstum und Erfolgsmeldungen Jahr für Jahr.

Doch die Kehrseite zeigt sich ebenso unerbittlich. Die Landschaft am Bodensee steht unter Streß: wachsender Flächenbedarf und zunehmende Zerstörung bisher intakter Landschaftsbilder; Betriebe erweitern ungehemmt oder gründen neu auf bislang grüner Wiese; Gemeinden weisen Bauland um Bauland aus, oft ohne Gespür für sensible und exponierte Lagen; Erholung und Freizeit fordern ihre Tribute bis in die verschwiegensten Winkel; der Autoverkehr wächst und wächst und seine Fürsprecher verlangen nach immer breiteren und schnelleren Wegen.

Wie soll das alles vernünftig unter einen Hut gebracht werden? Die Antwort ist einfach, die Durchführung schwer. Wir müssen Prioritäten setzen, Zielvorgaben machen. Wir müssen klar sagen, was in unserer Landschaft auf keinen Fall zur Disposition stehen kann, um bei künftigen Entwicklungen und bei der Lösung anstehender Probleme geopfert zu werden.

Das Bodenseeufer ist heute in weiten Teilen zugebaut. Wir werden uns zwar immer deutlicher der Sünden der Vergangenheit bewußt und versuchen auch da und dort durch Verordnungen und Verfügungen (z. B. Hochbautenerlaß, Bodenseeuferplan) einiges zu retten. Immer stärker aber, und offiziell gefördert, greift die gleiche ungute Entwicklung über auf die Landschaft weiter weg vom See, auf das sogenannte seenahe Hinterland. Zeitlich versetzt läuft dort dieselbe Phase ab, die mangels Masse am See zu Ende geht. Die horrent gestiegenen Grundstückspreise, etwa auf der Schiene Oberteuringen-Markdorf-Salem, sprechen eine deutliche Sprache.

Was also an diesem Hinterland ist es wert, der nächsten und übernächsten Generation erhalten zu bleiben? Eine Antwort darauf kann finden, wer sich z. B. den Streckenabschnitt auf der Trasse der A 98 zwischen dem Tüfinger Wald westlich von Salem und dem Leimbach-Hepbacher Ried östlich von Markdorf näher ansieht.

Jahrelang tobte der Streit. Kaum ein Stück Autobahn in Deutschland war so umstritten wie die 64 km zwischen Stockach und Lindau. Im Mai 1985 fiel die Entscheidung. In dicken Lettern konnte man in der Zeitung lesen: „Die Autobahn ist vom Tisch". Ein zweiter Artikel lieferte gleich die Begründung in der Überschrift mit: „Bodensee-Autobahn fiel beim Umwelttest durch." Getestet wurde von Fachleuten im Auftrag des Innenministeriums in Stuttgart, und was dabei herauskam in der umfangreichen Umweltverträglichkeitsprüfung ähnelt weit mehr der Beschreibung eines ökologischen Lehrpfads als einer Autobahntrasse.

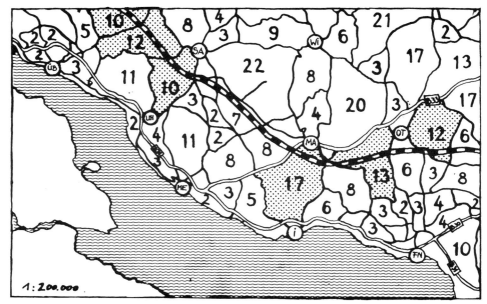

Netz der Bundes-, Land- und Kreisstraßen im Bodenseekreis zwischen Überlingen (Üb), Wittenhofen (Wi) und Friedrichshafen (FN). Die Zahlen geben die verbleibenden Freiflächen in Quadratkilometern an. Die punktierten Flächen markieren die größeren Areale, die durch eine A 98/B 31 neu zerschnitten werden würden.

Das ist nicht verwunderlich, denn über 150 kleinere und größere Biotope reihen sich hier wie Perlen auf einer Schnur entlang der umstrittenen Trasse aneinander: Weiher und Tümpel, naturnahe Bachläufe und Feldgehölze, markante Baumgruppen und Wälder, Streuobstwiesen und Schilfröhrichtbestände.

Die Befürworter der Trasse sprachen in ihrer verständlichen Enttäuschung von „Blauäugigkeit", von einem „Trauerspiel der Verkehrspolitik" und einem „Scherbenhaufen der Regionalplanung". Politiker aus der Region traten schnell die Flucht nach vorn an und tauften die eben im Umwelttest durchgefallene A 98 kurzerhand in eine „Umwelttrasse" um, um wenigstens in Worthülsen im Einklang mit den Erfordernissen und Erkenntnissen der Zeit zu sein.

Sehen wir uns einmal in dem vermeintlichen Scherbenhaufen etwas um. Hat nicht die Region durch den „Verzicht" etwas unendlich Wertvolles bekommen, oder besser gesagt (vorläufig?) behalten: die letzten intakten, großräumigen Flächen. Von vielen Bundes-, Landes- und Kreisstraßen zerschnitten und dem wachsenden Druck expandierender Ortschaften und Städte mit deutlicher Tendenz zur Zersiedelung ausgesetzt, bleiben im Bodenseeraum nur noch kleine Restflächen übrig, wie die Karte eindrucksvoll zeigt. Nur auf Arealen aber, welche vom Verkehr und dessen zwangsläufigen Beeinträchtigungen ‑frei sind, können Menschen sich erholen, Pflanzen und Tiere sich gesund entwickeln. (vgl. German, Rüdiger: Naturschutz und Landschaftspflege S. 28 ff.)

Im Leimbach-Heppacher Ried nach einem ergiebigen Regen. Die alte Planung sah eine Trasse vor, die das Bild von rechts unten nach links oben tangiert hätte.

Wer einmal erlebt hat, wie während der Laichzeit auf einem Streckenabschnitt von ein paar hundert Metern (z. B. K 7742 zwischen Markdorf und Raderach) innerhalb von zwei Stunden über 150 Erdkröten und Frösche plattgefahren wurden, der ahnt, wie sehr der Verkehr an der Dezimierung der Tierpopulationen und dem Aussterben der Arten beteiligt ist. Dabei sind dies nur die auffallenden Spitzen dieses blutigen Eisberges, denn vieles stirbt lautlos und aus der Perspektive des eiligen Autofahrers völlig unbemerkt.

Für eine Erholung frei von Lärm scheiden Flächen unter einer Größe von 10 km² aus, denn selbst im dichten Laubwald halbiert sich der Verkehrslärm erst in einer Entfernung von über 400 m von der Straße. Es leuchtet deshalb ein: je größer die Fläche, um so größer ihr Wert für die Erholung, für die Ökologie, aber auch für die Landwirt-schaft. Die mit Abstand größte Freifläche zwischen Neckar und Bodensee ist mit 125 km² der Truppenübungsplatz in Mün-singen auf der Schwäbischen Alb. Die größte Freifläche Oberschwabens entfällt mit 41 km² auf den Altsdorfer Wald nord-östlich von Weingarten. Je näher wir zum Bodensee kommen, um so kleiner und en-ger werden die verbleibenden Räume zwi-schen den Straßen. Die beiden größten Flä-chen im Straßennetz des Bodenseekreises sind der Gehrenberg (20 km²) und das Hü-gelland zwischen Bermatingen, Salem und Wittenhofen (22 km²). Alle anderen Flä-chen sind deutlich kleiner, die weitaus mei-sten nur zwei bis sechs km² groß. Die strit-tige A 98 Trasse verläuft nun ausgerechnet mitten durch die letzten größeren Areale mit Flächen zwischen 10 und 17 km². Von neun solchen Gebieten auf dem Kartenaus-schnitt durchschneidet sie sechs! Damit

Blick von Osten auf die Hochkreuzkapelle bei Riedheim/Markdorf.

Zeichnung: Gleicher Blick, nun als Autobahnkapelle, falls die ursprüngliche Planung der A 98 verwirklicht worden wäre.

würden diese Räume unwiderruflich ihren eigentlichen Wert verlieren.

Doch es geht nicht nur um Meßbares, nicht nur um Quadratkilometer und Dezibel entlang der Trasse. Der Tüfinger Wald zählt zu den größten und schönsten geschlossenen Waldgebieten im Bodenseehinterland. Die Drumlin- und Weiherlandschaft um den Prälatenweg herum sucht ihresgleichen im ganzen Kreisgebiet. Zwischen Salem und Bermatingen liegt die Trasse auf besten landwirtschaftlichen Böden. Vor Markdorf beeinträchtigt sie den beliebten Erholungswald Gehau und quert die wichtigste und reizvollste Radlerstrecke

der Markdorfer zum See. Östlich der Stadt aber liegt der ursprünglich größte Niedermoorkomplex des Bodenseekreises, das Leimbach-Hepbacher Ried. Mit einer Treffsicherheit ersten Ranges zerschneidet die Trasse dieses einmalige Landschafts- und Naturschutzgebiet, das bislang einzige auf Markdorfer Gemarkung.

Inzwischen verfestigt sich leider der Eindruck, daß die für tot erklärte Autobahn A 98, vielleicht abgespeckt als sogenannte „zweite Linie", zumindest zwischen Überlingen, Salem und Markdorf wieder auferstehen könnte. Die ungebremst wachsende Verkehrsflut ruft nach Lösungen, die bisher immer nur darin bestanden, dem Verkehr neue Breschen durch die Landschaft zu schlagen. Es kann hier nicht darum gehen, konkrete Wege aus der Verkehrsmisere aufzuzeigen, sondern nur darum, auf Grundsätze aufmerksam zu machen, die unserer heutigen ökologischen Notsituation angemessen sind. Voraussetzung für jede verantwortliche Planung und jeden vertretbaren Straßen- und Siedlungsbau muß heute sein, daß alle unsere letzten größeren Flächen in ihrem Wert als Reservate erkannt werden. Allein diese Tatsache müßte ausreichen, sie zu Tabuzonen zu erklären, die unter allen Umständen respektiert, d.h. gemieden werden müssen. Erst auf der Basis solcher Grundbestimmungen kann ökologisch vertretbar geplant und, eventuell, gebaut werden.

Die entscheidende Frage, die uns unsere Kinder und Enkel wahrscheinlich schon sehr bald stellen werden, dürfte nicht lauten: „Wieviel Autobahnen und Straßen, wieviel Hallen und Häuser habt ihr uns gebaut?" Sie werden uns viel elementarere Dinge fragen: „Wieviel Freiraum, wieviel Luft und Wasser, wieviel nutzbaren Boden, wieviel Vielfalt des Lebens habt ihr uns hinterlassen?" Erst auf dem Hintergrund dieser Fragen gewinnen wir die richtigen Antworten für die notwendigen Entscheidungen von heute, die nicht ohne ein radikales Umdenken in Richtung auf eine wirklich konservative d.h. bewahrende Politik gefunden werden können.

Noch zeigt ein Blick auf die heutige Landschaft im seenahen Hinterland, daß sich diese Mühe lohnt.

Auf dem schönsten und sichersten Radweg von Markdorf zum Bodensee. Felder und Wälder bei Bürgberg/Markdorf.

Nur noch mit Ballons und U-Booten?

Gedanken zum Verkehr am See

Helmut Schnell

Es wird eng am Bodensee. Der Verkehr quillt über. Anders als in früheren Jahren, wo Ferien, schönes Wetter und noch die eine oder andere Sonderveranstaltung zusammenkommen mußten, um einen totalen Verkehrsstau zu erzeugen, reicht heute jede einzelne dieser Bedingungen aus, um den Verkehr an jeder beliebigen Stelle am See und auch im Hinterland zum Stocken zu bringen und um den Verkehrsteilnehmer in schiere Verzweiflung zu treiben. Keiner, der so verzweifelt ist, will sich selbst gerne als Ursache sehen. Da ist es schon einfacher, wenn man andere als Verursacher feststellt, z. B. die Trabis, die in diesem Sommer zum ersten Mal in großer Anzahl zum Teil sogar mit Wohnwagen auf den Straßen am See DDR-Verkehrsgeschichte vorführten. Auch der Lastwagen wird gerne als Verursacher der Überlastung angesehen oder – für die Luftfahrt – neuerdings der Mallorca-Flieger für den Lärm im Friedrichshafener Luftraum. Für die Segler auf dem See sind es die Motorbootfahrer und für die letzten Wanderer auf dem Bodensee-Rundwanderweg sind es die Radfahrer und – wie gesagt – für den einzelnen sind es die anderen.

Jetzt kann man dies alles im einzelnen widerlegen. Z. B. für den Lkw: In den letzten zehn Jahren hat sich im Bodenseekreis die Zahl der Lkws von 2404 auf 3123 erhöht. Die Zahl der Pkws aber von 67412 auf 92660. Damals kamen auf einen Lkw 28

Pkws, heute sind es 30. Oder an der automatischen Zählstelle auf der „Bodenseestraße" von Stockach nach Lindau hält sich der Anteil der Lkws am Gesamtverkehr ziemlich stabil bei ca. 10% aller Fahrzeuge im Winter und bei unter 8% aller Fahrzeuge im August. Dieser Wert ändert sich kaum, manchmal ist er im vergangenen Jahr niedriger als in den Vorjahren gewesen. Und schließlich weist jeder Lkw-Fahrer mit Recht darauf hin, daß die allergrößten Verkehrsstaus am See meist an den Wochenenden zu verzeichnen sind, an denen sie gar nicht fahren dürfen. Oder um ein Beispiel aus dem Fremdenverkehr zu nehmen: Die Radfahrer auf dem Bodensee-Rundwanderweg werden – auf Überlastungstendenzen angesprochen – empört entgegnen: „Wir gehören doch nach Aussagen aller Fremdenverkehrsfachleute zu den „sanften" Touristen. Wir sind doch gerade erst vom Pkw umgestiegen – und sei es auch nur am Parkplatz um die Ecke – und nun können wir doch nicht schon wieder als Verstopfungsursache herangezogen werden". Und so gibt es für jeden ein Argument, und doch wird es von Tag zu Tag enger am See.

Lösungen

Verhindern kann man das Wachstum des Verkehrs offensichtlich kaum. Und gerade beim am wenigsten geliebten Verkehr – dem Lkw-Verkehr – wäre ein solcher Versuch auch am empfindlichsten zu spüren. Bei aller Enge übt der See nach wie vor eine solche Anziehungskraft aus, daß die Verkehrsüberlastung offensichtlich wenige abhält dorthin zu fahren mit der Folge, daß die hier Lebenden und Arbeitenden Probleme haben, überhaupt einmal vom See weg zu kommen. Wenn aber der Lösungsansatz „Verhinderung" ausfällt, bleibt die Frage, wie man die große Nachfrage nach Verkehr in allen Bereichen möglichst umweltschonend vernünftig bewältigt. Dazu gehört es eben auch, daß man sich einige – komischerweise nicht übliche – Lösungsgedanken macht:

Konstanz und Friedrichshafen, zwei Oberzentren, verbunden nur durch die Straße und die Fähre Konstanz-Meersburg. Wieso kein direkter öffentlicher Personennahverkehr auf dem See? Die Kursschifffahrt ist so gut wie ausschließlich Ausflugsschiffahrt. Wieso also nicht ein oder zwei schnellere Schiffe (keine Angst, es müssen ja keine Tragflügelboote sein – obwohl die auch weniger laut und erschreckend sind, als man sie vom jugoslawischen Adria-Urlaub her kennt), denn wenn man Nahverkehrsprogramme zur Verbindung von Witschwende und Wammeratswatt mit je acht Busfahrten erstellen kann, dann wird man doch auch einen entsprechenden Bedarf nach Nahverkehrsleistungen zwischen Friedrichshafen und Konstanz anerkennen und befriedigen wollen, wenn es auch mit anderen Geräten gehen muß als mit Omnibussen.

Friedrichshafen-Romanshorn: Wieso eigentlich nur zwei Fähren und im Winter nur eine Fähre und nicht drei, vier oder gar sechs Fähren, wo doch so vieles für diese Fähre spricht.
– Einsparen von 70 km Straßenstrecke
– Einsparung einer Grenzkontrolle
– schöpferische Pause (für Lkw-Fahrer schließlich gelegentlich auch vorgeschrieben)

– optimale Verknüpfung des deutschen Eisenbahntaktsystems mit dem Swiss-Takt
– ausgesprochen komfortables Reisen, wie man auf den beiden frisch überholten Fährschiffen erleben kann.

Zum Schienenpersonennahverkehr: Warum nicht aus der Bodenseegürtelbahn eine S-Bahn machen und neue Wohngebiete – da wo es noch möglich ist – nicht abseits jeder möglichen Anbindung durch die Bahn auszuweisen, sondern an den Bahnhöfen, so daß man in Bermatingen aus dem Haus zur S-Bahn zu Fuß gehen kann und in Friedrichshafen oder in Überlingen zur Arbeit? Warum statt dessen festhalten an einem einzelnen Eilzug von München nach Basel? Warum nicht durch die S-Bahn die Interregio-Strecken Konstanz, Singen, Offenburg einerseits und Lindau, Friedrichshafen, Ulm andererseits im Takt verknüpfen?

Zum Schienenpersonenfernverkehr: Wieso ist eigentlich die einzige sichtbare Reaktion auf das Bemühen einiger Weniger für das Splügenprojekt auch im Bodenseeraum die Ablehnung des Splügenprojekts in Lindau gewesen? Warum kommen eigentlich so wenige Bürger darauf, daß nur eine optimale Anbindung an eine neue Alpenbahn (wo immer sie im einzelnen auch liegen mag) der Strecke Lindau-Friedrichshafen-Ulm so viel Kraft geben würde, daß sie elektrifiziert, beschleunigt und mit Intercity-Zügen belegt werden kann?

Im Schienengüterverkehr setzt sich bei der Bahn die Abteilung immer mehr durch, die auch für den Bodenseeraum ganz auf Rückzug eingestellt ist. Bis zu einem gewissen Grade ist dies auch vernünftig. Z. B. die letzte Stückgutreform, wo man durch Rationalisierung und Beschränkung auf wenige Stückgutbahnhöfe im Kammerbezirk immerhin eine Leistungsverbesserung erzielen konnte. Für den Bodenseeraum gefährlich ist allerdings die Tendenz, daß alle drei Bahnverwaltungen in Österreich, der Schweiz und der Bundesrepublik Deutschland ihre Rationalisierungslinien tendenziell vom See weg verlegen. Nun gäbe es – wenn man Eisenbahnverkehr nicht als besonderen Ausdruck staatlicher Hoheit begreifen würde – genausogut die Möglichkeit, den umgekehrten Weg zu beschreiten:

Warum nicht einmal das Potential für den Schienengüterverkehr in allen seinen Facetten und in allen drei Bodenseeländern als gemeinsames Aufkommen betrachten? Wieso muß Stückgut aus Vorarlberg über Kiefersfelden nach Stuttgart befördert werden und Appenzeller Käse über Basel nach Nürnberg? Wir können nur mehr Güter auf die Bahn bringen, wenn die Bahn für den Bodenseeraum bessere Angebote bereitstellt. Und dies wiederum geht nur, wenn das Frachtaufkommen des gesamten Bodenseeraumes nicht dadurch künstlich verringert wird, daß die jeweiligen nationalen Bahnen mit aller Macht versuchen, die Güter eine möglichst lange Strecke in ihrem eigenen Lande zu fahren.

Jetzt kommt natürlich gleich der Einwand, daß man damit zu viel Verkehr am Bodensee habe. Dies ist eben einfach nicht richtig: Die Transportnachfrage ist ja da. Und wer die kurze direkte Strecke nicht anbietet, fährt mit wenigen Gütern zu lange Strecken. Wer dagegen den direkten Weg anbietet, der fährt mit vielen Gütern den kurzen Weg. Er spart Tonnenkilometer und – hier bezogen auf die Bahn – nur so besteht eine Chance, Straßengüterverkehr zu ersetzen: wenn die Bahn dieses Konzept realisiert.

Zum Straßenverkehr ein ganz absurder Gedanke: Warum nicht einmal gemeinsam für die Fertigstellung einer Umgehungsstraße eintreten. Oder – wenn dies nicht geht – zumindest einmal eine Bürgerinitiative gegen eine Maßnahme mit der Maßgabe gründen, die immer erwähnten, aber konkret selten gefundenen besseren Alternativen tatsächlich durchzusetzen und dabei die Kehrseite der Abwehrenergie – den Lösungswillen – nutzbar machen?

Tut man nichts, passiert folgendes: Der Bodensee wird nicht mehr als schön empfunden, weil man ihn nicht mehr erreichen kann. Die Wirtschaft wird andere Standortentscheidungen treffen. Wenn am See nichts mehr läuft (dies wäre auch eine Problemlösung – aber sie kann von niemandem gewünscht werden), dann wird es – in Anlehnung an die alte Zonenrandförderung – eine EG-Randförderung geben. Es wird auch groß angelegte Untersuchungen und Standortförderprogramme geben. Zu glauben, daß man dann für den Verkehr den verstärkten Ballon- oder U-Boot-Einsatz empfehlen wird, wäre zwar phantasie- aber nicht wirkungsvoll.

Ein Hauptproblem des Verkehrs am Bodensee ist im Grunde genommen kein Verkehrsproblem: Es ist die fehlende Realisierung der alten Planungsidee einer zweiten Linie. Was heißt das?

Schon seit langem hat man festgestellt, daß die Entwicklung im unmittelbaren Seeuferbereich zu stark ist, während im Hinterland durchaus Entwicklungsimpulse benötigt werden. Die neueste Statistik über die Bevölkerungsentwicklung und vor allem die neuesten Prognosen dazu zeigen, daß der Bodenseeuferbereich auch in Zukunft überdurchschnittlich als Wohnort gesucht werden wird. Auch für die Industrie hat die Seenähe eine gewisse Attraktivität (dort arbeiten, wo andere Urlaub machen). Daher die alte Idee, die zweite Linie als Entwicklungslinie zu nutzen. Von dem Instrumentarium, nämlich hier durch Investitionen Impulse zu schaffen und dort durch Reglementierung zu bremsen, ist bisher im wesentlichen nur das zweite Mittel eingesetzt worden. Es ist noch nicht einmal eine vernünftige Definition der zweiten Linie entstanden, so daß auch die Initiative der Hinterlandgemeinden gar nicht recht beginnen kann, weil man dort eben nicht so recht weiß, welcher Linie man eigentlich zuzurechnen ist. Also: diese zweite Linie definieren und dann dort entsprechende Infrastrukturen ausbauen, gemeinsame Industriegebiete schaffen und, wo es besonders schön ist, Fremdenverkehrseinrichtungen wie Campingplätze anlegen! Das hätte einen verkehrsverteilenden Effekt, es würde den Verkehrsdruck am Bodensee mindern. Wahrscheinlich hätte dies sogar – wenn man den Wachstumseffekt herausrechnet – einen verkehrsvermindernden Effekt, weil Pendlerbeziehungen reduziert werden könnten und weil in großzügig angelegten übergemeindlichen Industriegebieten eine rationellere Verkehrsabwicklung auch im Güterverkehr realisiert werden könnte.

Im Grunde genommen sind die hier geäußerten Gedanken weder ketzerisch noch unüblich und schon gar nicht neu. Sie wirken für denjenigen komisch, der an die Realisierung nicht glaubt oder sie nicht will. Wer aber bei der Analyse, wonach es am Bodensee eng wird, mitgemacht hat, müßte auch bei diesen Gedanken mitmachen oder neue, vielleicht revolutionärere Vorschläge machen. Und größere Realisierungschancen hätten solche Lösungen, wenn man sich klarmachen würde, daß sie nicht nur für die anderen da sind, sondern auch für jeden selbst.

Verlagerung Straße-Schiene in Ravensburg: Solche Züge könnten regelmäßig nach Italien gehen, doch die Bundesbahn macht noch einen Strich durch die Rechnung.

Bodenseelandschaft und Verkehrsberuhigung

– Anmerkungen zur regionalen Verkehrsberuhigung –

Burghard Rauschelbach

Wie in anderen Regionen auch, haben die Verkehrsmengen auf den Straßen des Bodenseegebiets in den letzten Jahren stark zugenommen. Dies trifft nicht nur für die Hauptdurchgangsstraßen zu, sondern praktisch für das gesamte Verkehrsnetz. Zahlreiche neue Straßen wurden gebaut, alte Straßen wurden ausgebaut und Straßenführungen verändert, um die Leistungsfähigkeit zu erhöhen. Gleichzeitig verschärften sich die Konflikte zwischen der verkehrlichen Nutzung und anderen Raumfunktionen. Als Antwort darauf entwickelten sich neue Ansätze der Verkehrs- und Umweltplanung. Verkehrsberuhigung ist nun eines der Schlagworte, mit denen Maßnahmen umschrieben werden, die darauf abzielen, verkehrliche Anforderungen mit anderen Belangen zu versöhnen.

Verkehrsberuhigungsmaßnahmen verschiedenster Arten und Formen sind inzwischen in zahlreichen Orten eingeführt worden: Fußgängerbereiche, Zonen mit Geschwindigkeitsbeschränkungen, straßenbauliche Einzelmaßnahmen. Dabei beschränkte sich die Verkehrsberuhigung überwiegend auf Teile des Straßennetzes im besiedelten Bereich. Im folgenden sollen nun Aspekte zu einem Konzept einer regionalen Verkehrsberuhigung geschildert werden, wie sie besonders für einen weitflächig besiedelten Raum wie das Bodenseegebiet gelten. Dabei ist zunächst das Netz der Verbindungs- und Erschließungsstraßen angesprochen, die meistens zur Kategorie der Landes-, Kreis- oder Gemeindestraßen gehören, und die überwiegend den innerregionalen Quell- und Zielverkehr mit relativ kurzen Fahrentfernungen aufnehmen. Im Rahmen dieses Artikels ist also mitnichten eine vollständige Darstellung der Verkehrssituation im Bodenseeraum vorgesehen. Vielmehr werden hier einige allgemeine Aspekte zur Verkehrsberuhigung herausgegriffen und mit Bezug zum Bodenseegebiet konkretisiert und veranschaulicht. Außerdem werden einzelne Beispiele vorgestellt und kommentiert.

Grundsätze der Verkehrsberuhigung

Mit dem Stichwort „Verkehrsberuhigung" verbindet man gemeinhin die Vorstellung von „Fußgängerzone" und „Zone 30". Die Grundidee ist jedoch weit umfassender. So sind mit Verkehrsberuhigung Maßnahmen gemeint, die dazu führen, daß der Straßenverkehr
- empfindliche Gebiete meidet, und daß er
- zu einer Fahrweise angeregt wird, die rücksichtsvoll und umweltfreundlich ist.

Als „empfindliches Gebiet" kann etwa ein bestimmtes Wohngebiet oder ein hochwertiges Biotop angesprochen werden.

Dahinter stehen wichtige Ziele der Verkehrs- und Umweltpolitik:
- Erhöhung der Sicherheit für alle Verkehrsteilnehmer

- Verbesserung des Wohnumfeldes
- Verbesserung der städtebaulichen und landschaftlichen Qualitäten
- Verringerung der Schadstoff- und Lärmbelästigung
- Verringerung der Parzellierungs- und Trennwirkung von Straßen.

Konkret geht es bei der Einführung verkehrsberuhigender Maßnahmen in erster Linie darum, ein niedrigeres Geschwindigkeitsniveau zu erreichen. Die Sicherheitsqualitäten niedriger Geschwindigkeiten sind eigentlich allgemein bekannt, treten jedoch erst bei kritischen Situationen und dann häufig zu spät ins Bewußtsein. So ist der durchschnittliche Anhalteweg (das ist die Strecke, die ein Fahrzeug während der Reaktionszeit – „Schrecksekunde" – und der Bremszeit zurücklegt) bei einer Ausgangsgeschwindigkeit von 30 km/h 14 Meter, bei 50 km/h 33 Meter, bei 80 km/h 68 Meter und bei 100 km/h über 100 Meter. Der Raum für weitere Reaktionen nimmt also mit zunehmender Fahrgeschwindigkeit exponentiell ab, d. h. eine kaum merklich höhere Geschwindigkeit engt den Spielraum für weitere Reaktionen erheblich ein. Dies gilt im übrigen nicht nur für den Kraftfahrer, sondern auch für die Reaktionszeit, die „langsameren" Verkehrsteilnehmern

bleibt, um sich auf ein nahendes Fahrzeug einstellen zu können.

Ein niedriges Geschwindigkeitsniveau erlaubt es, städtebauliche, gärtnerische oder natürliche Elemente in den Straßenraum einzufügen, die die Verkehrsfunktion auch baulich zugunsten anderer Funktionen in den Hintergrund treten lassen. Man erwartet also eine gewisse Wechselwirkung: Der Straßencharakter soll niedrigere Geschwindigkeiten nahelegen oder auch erzwingen – niedrige Geschwindigkeiten geben Raum für die Entwicklung eines bestimmten Straßencharakters.

Auch was die unmittelbaren Belastungen durch Lärm und Schadstoffe betrifft, sind niedrigere Geschwindigkeiten wesentlich günstiger als hohe Geschwindigkeiten: Der Reifenabrieb ist weit weniger und auch die Schadstoffemission und die Lärmbelästigung nehmen bei niedrigerer Geschwindigkeit ab.

Schließlich muß noch eine weitere Wirkung genannt werden, die in manchen Gegenden mehr ist als nur ein Nebeneffekt: Dadurch, daß das Geschwindigkeitsniveau für den Kraftfahrzeugverkehr niedrig wird, steigt indirekt die Attraktivität für den langsameren Fahrradverkehr und für öffentliche Verkehrsmittel.

Schnelle Ortsdurchfahrt Grünwangen. Der Ausbau der Straße beschleunigte den Verkehr. Die nachträglich angelegten „Grünstreifen" wirken kaum verkehrsberuhigend. Hier wären durchgreifende Maßnahmen zum Schutz der Bewohner einsetzbar.

Der landschaftliche Aspekt von Straßen

Zur Eigenart einer Landschaft gehören ihre Straßen: Sie zeichnen topographische Formen nach und führen dem Reisenden regionale und örtliche Merkmale vor Augen. Straßen verschaffen den ersten Eindruck von einer unbekannten Gegend und prägen – häufig unbewußt – das Bild der Heimat. Demgegenüber trägt die durchgreifende,

Argentalstraße 1985 und 1990. Mit dem Ausbau dieser Kreisstraße sind zahlreiche verkehrsberuhigende und geländebetonende Elemente verschwunden. Die Straße wurde verbreitert, begradigt und eingeebnet. Sie wurde für den Durchgangsverkehr attraktiver, fährt sich bequemer und verleitet zu hohen Geschwindigkeiten. Das straßenbauliche Instrumentarium ist offensichtlich noch nicht so entwickelt, daß es gelingt, individuellen Straßencharakter in einer einzigartigen Tallandschaft (wieder-)herzustellen.

flächendeckende Standardisierung des Verkehrsnetzes mit dazu bei, landschaftliche Unterschiede zu verwischen.

Es gibt sie auch im Bodenseeraum kaum noch, die Straßen, die die Kleinformen des Geländes spüren lassen und die eine Gemarkung oder eine Ortschaft unmittelbar „erfahren" lassen. Die Straßenbreite, das Pflaster, die typischen Unebenheiten, die Straßenneigung, die Straßenbäume, die Kurvigkeit gehören beispielsweise zu solchen Faktoren, die die Individualität einer Straße ausmachen. Doch Ausbauprogramme lassen keinen Raum für solche „Straßenindividuen"; uneinheitliche Straßenelemente werden häufig als störend empfunden. Die Folge ist, daß selbst kleine Straßen ihre Besonderheiten verlieren: Die Querschnitte sind vereinheitlicht, die Ortsdurchfahrten gleichen einander, Höhenunterschiede im Straßenverlauf sind minimiert, Kurvenradien sind möglichst groß. Im Alltag schätzt man offenbar ein landschaftsbezogenes Fahr-Erleben gering, da der Wert einer Straße häufig allein im schnellen, ungehinderten Erreichen des Fahrtzieles gesehen wird. Dementsprechend könnte man das Thema unter „nostalgische Wehmut" ablegen oder Einwände mit dem Hinweis abtun, daß man nicht in einem Freilichtmuseum, das vielleicht schön, aber unbequem sei, leben wolle. Doch es gibt weitere, gewichtige Gründe, die zu einem neuen Denken im Straßenbau führen und teilweise bereits in den Straßenbau Eingang gefunden haben. Eine grundlegende Erkenntnis liegt im Verständnis der Straße als Ort, der vielfältige Aufgaben zu erfüllen hat.

Der funktionelle Aspekt von Straßen

Straßen sind unmittelbar öffentlicher Raum. Die Nutzer dieses Raumes stellen unterschiedliche Ansprüche, die sich manchmal miteinander vereinbaren lassen, häufig aber auch zu Konflikten führen können. Grundlage einer umsichtigen Straßen- und Verkehrsplanung und einer modernen Umweltplanung ist die Analyse des Systems „Straßenraumnutzer (Anwohner, Autofahrer, Radfahrer, Fußgänger) und ihre Tätigkeiten (Wohnen, Arbeiten, Transportieren, Verweilen, Sicherholen, Einkaufen)". Viele Straßen im ländlichen Raum des Bodenseegebiets sind gerade dadurch gekennzeichnet, daß sie viele Funktionen erfüllen müssen: Sie sind Transportlinie; gleichzeitig gehören sie im Siedlungsbereich zum engeren oder weiteren Wohnumfeld und werden dort vielfältig genutzt.

Die Verlagerung von Verkehrsunfällen

Wie in anderen Regionen gehorchte der Straßenbau im Bodenseeraum der Forderung nach möglichst ungehindertem Verkehr für Kraftfahrzeuge; dies um so lieber, als man glaubte, ein großzügiger Ausbau der Straßen würde gleichzeitig der Sicherheit der Verkehrsteilnehmer dienen. Die Verkehrsunfallstatistik des Bodenseekreises (die folgenden Zahlen zum Unfallgeschehen im Bodenseekreis sind den Verkehrsberichten der Polizeidirektion Friedrichshafen entnommen) zeigt jedoch eine stetige Zunahme der Gesamtunfälle, die zum Teil auf die Zunahme der Gesamtverkehrswege zurückzuführen sind. So stieg die Zahl der Unfälle zwischen 1979 und 1989 um ca. 18 % auf rund 5500. Davon geschahen fast 3700 (entspricht 67 %) innerhalb geschlossener Ortschaften. Die genannten Verkehrsberichte nennen „zu schnelles Fahren" mit fast 20 % als eine der Hauptursachen. Analysiert man das Unfallgeschehen genauer, so stellt man fest, daß auch bei anderen Unfallursachen eine zu hohe Geschwindigkeit als maßgebende Unfallursache angesehen werden muß.

Eine weitergehende Unfallursachenforschung gibt es für den Bodenseeraum nicht oder wurde nur im Zuge einzelner räumlich begrenzter Planungsprojekte wie etwa bei der Entwicklung eines Verkehrsberuhigungskonzepts für die Stadt Radolfzell durchgeführt. Sie wäre aber zu fordern, um die Mittel für den Straßenbau gezielt einsetzen zu können. Derzeit beschränkt man sich auf die Identifizierung von Unfallhäufigkeitspunkten. Die Therapie führt dann mehr oder weniger schnell zu einer Entschärfung eines Unfallschwerpunktes mit der unbeabsichtigten Konsequenz der gleichzeitigen Verlagerung oder Verteilung des Unfallgeschehens in andere Bereiche des Straßennetzes. So führt im allgemeinen der Straßenausbau zwischen zwei Orten dazu, daß das Potential an Unfällen in die Orte verlagert wird. Außerdem läßt sich nachweisen, daß nach dem Ausbau zwar die Anzahl der Unfälle abgenommen hat, die Unfallschwere jedoch zugenommen hat. Diese allgemeinen Feststellungen gelten z. B. für die Argentalstraße im Osten des Bodenseekreises, die Gehrenbergstraße nördlich Markdorfs und die Kreisstraße zwischen Ailingen und Meckenbeuren-Kehlen. Freilich müßte diesen Beobachtungen eine detailliertere Unfallursachenanalyse folgen, um unmittelbar straßenbauliche oder verkehrstechnische Sicherheitsmaßnahmen oder weitergehende, flächendeckende Verkehrsberuhigungsmaßnahmen einzuleiten.

Pointiert kann man sagen, daß der Ausbau eines Straßenabschnitts mit der Folge der Verlagerung verkehrskritischer Abschnitte weiteren Ausbau begründet, mit der Folge der Verlagerung von Unfällen, die wiederum als Begründung gelten für den Ausbau weiterer Straßenabschnitte usw. usw.

Erst in jüngster Zeit versucht man, diesen Kreislauf zu durchbrechen, indem man punktuell mehr oder weniger rigorose Maßnahmen zur Geschwindigkeitsreduzierung einsetzt. Die nachstehenden Bilder zeigen u. a. Beispiele für eine unterschiedlich ef-

fektive, nachträgliche Entschärfung von überzogen ausgebauten Straßen.

1989 betrug die Zahl der Verunglückten (Verletzte und Tote) im Bodenseekreis 1490 Personen, davon 44 Tote. Die besondere Gefährdung der nicht-motorisierten Verkehrsteilnehmer zeigt sich in ihrem Anteil von 35 % der Verunglückten. Überträgt man die in verschiedenen Untersuchungen gewonnenen Erkenntnisse auf die Unfallsituationen im Bodenseeraum, so dürfte – vorsichtig geschätzt – die Zahl der Verunglückten, insbesondere der Schwerverletzten, um etwa 20-30 % abnehmen, wenn sich beim Straßenbau die Grundsätze der flächendeckenden, regionalen Verkehrsberuhigung durchsetzen würden.

Ansatz für eine regionale Verkehrsberuhigung des Bodenseegebiets

Mit regionaler Verkehrsberuhigung ist allgemein eine Konzeption für eine umwelt- und sozialverträgliche Verkehrsentwicklung gemeint und konkret ein Straßenbauprogramm angesprochen, das sich die Aufgabe stellt, den motorisierten Straßenverkehr einer ganzen Region zu verlangsamen und für bestimmte Bereiche zu verstetigen. Sie kann dabei auf vielfältige Erfahrungen aufbauen und ist im Prinzip schon einsetzbar. Dabei wäre es jedoch falsch, regionale Verkehrsberuhigung als die Summe aller Einzelmaßnahmen zu verstehen. Sie sind vielmehr als Ausgangspunkt für weitergehende Maßnahmen anzusehen. Für das Bodenseegebiet gelten insbesondere die folgenden Leitlinien:
– es ist ein durchgängiges Konzept für alle Baumaßnahmen im und am Straßenraum zu entwickeln (Verkehrsberuhigung als Merkposten nicht nur für straßenbauliche Maßnahmen, sondern jeder Bau- und Gestaltungsmaßnahme im Straßenraum und dessen Nachbarschaft);
– jeder Ortseingang ist (straßen-)baulich als „Geschwindigkeitsbremse" zu gestalten,

– landschaftlicher Charakter und vielfältige Geländeform sind zu betonen (Streuobstbäume oder Alleebäume als Straßenbäume, Geländedellen oder -erhebungen sind einzubeziehen; Banketten sind übergangslos mit den benachbarten Flächen zu verzahnen),
– bestehende Bauwerke sind als den Fahrweg gliedernde Elemente zu nutzen (z. B. Brücken),
– die Akzeptanz gegenüber verkehrsberuhigenden Maßnahmen ist durch Kampagnen zu erhöhen (wie z. B. besondere Beschilderung, zeitweilige Beflaggung oder Spruchbandsetzung, Öffentlichkeitsarbeit, Presseberichte usw.),
– empfindliche Wohnbereiche und Bereiche schwieriger oder häufiger Querungen sind in Verbindung mit Querungshilfen baulich/optisch zu betonen,
– empfindliche Biotopbereiche mit straßenquerenden Verbindungen (z. B. Wildwechsel, Amphibienwanderstrekken, Vogelflugschneisen) sind ausfindig zu machen und in der straßenbaulichen Gestaltung zu berücksichtigen,
– das bestehende Straßennetz (vorgezogenerweise einzelne Straßen oder Straßenteile) ist im Hinblick auf das Verkehrsberuhigungspotential einer Revision zu unterziehen und muß auf der Basis von Unfallanalysen und der Untersuchung funktioneller Zusammenhänge zu realistischen Vorschlägen führen.

Regionale Verkehrsberuhigung ist eine längerfristige Angelegenheit. Sie versteht sich als politische und planerische Aufgabe, die Phantasie erfordert und Rückschläge einstecken können muß. Regionale Verkehrsberuhigung ist letztlich aber die einzige Antwort auf den Dauerkonflikt Umwelt/Verkehr, die in der Kompetenz einer Region liegt. Das Bodenseegebiet wäre aufgrund seiner besonderen geographischen Funktionen herausgefordert, auf diesem Gebiet Pionierleistung zu erbringen.

Überdimensionierte Kreuzung in Ahausen. Der Ortsmittelpunkt ist zu einem unfallträchtigen Verkehrsknoten geworden.

Zone 30: Beispiel aus Friedrichshafen/ Windhag. Die Verschmälerung der Fahrbahn erlaubt das Passieren nur eines Fahrzeugs. Damit soll der schnelle Verkehrsfluß durchbrochen werden.

Zwischen Ailingen und Kehlen: Eine Trasse, die zu hohen Geschwindigkeiten verleitet. Vor Kehlen ein „Tropfen", um die Geschwindigkeit zu brechen.

Wir haben es gut

Über den Umgang mit der Bodensee-Landschaft

Wilfried Löderbusch

Wir haben es gut.

Wir leben in einem „paradiesischen Land, in dem in reicher Fülle Obst und Wein gedeihen", wir können im Frühling „durch das betörende Blütenwunder des Obstlandes am Bodensee" wandern, wir finden „überall ein ruhiges beschauliches Plätzchen zum Träumen, Philosophieren oder um die Schönheit der Natur zu genießen".

Es genügt ein Blick in die Fremdenverkehrsprospekte der Gemeinden, um festzustellen, daß die Natur bei uns am Bodensee noch in Ordnung ist: Bunte Wiesen, glitzernde Bäche, grüne Landschaft, soweit das Auge reicht – und immer wieder blühende Streuobstwiesen in zig Variationen: mit weidenden Kühen, mit grasenden Pferden, mit wandernden und radelnden Touristen, mit Kirchen, Kapellen und Fachwerkhäusern im Hintergrund. Maisäcker, Hopfen-Anlagen und Intensiv-Obstanlagen sind in kaum einem Prospekt zu finden.

Die Wirklichkeit ist rauher: Ailingen zum Beispiel wirbt mit dem Slogan „Der Obstgarten am Bodensee" und Bildern von blühenden Streuobstwiesen (mit grasenden Pferden) – den Feriengast erwarten überwiegend monotone Niederstammplantagen samt zugehörigen Spritzmittelschwaden.

In Neukirch wird die Vorfreude auf das versprochene „beglückende Erlebnis unberührter Natur" gleich am Ortseingang gedämpft: Eine gut 100 Meter lange kahle Fabrikfassade schiebt sich riegelartig vor „das schmucke Dorf, wie im Bilderbuch um die auf alte, romanische Wurzel zurückgehende Kirche gruppiert".

Langenargen, das inzwischen fast nur noch Niederstammplantagen aufzuweisen hat, bildet gleich auf der ersten Seite zwei blühende Streuobstwiesen ab (mit weidenden Kühen und Kirche im Hintergrund); Plantagen sind im ganzen Prospekt nicht zu finden.

Die Beispiele ließen sich fortsetzen.

Trotzdem: Touristen, die aus Norddeutschland kommen und die dortigen monotonen Agrar-Steppen gewohnt sind, empfinden die Bodenseelandschaft als heile Welt, und in weiten Teilen ist sie das ja tatsächlich noch: Eine intakte und vielfältige, schöne und reiche Kulturlandschaft.

Aber sie verändert sich, sie verarmt langsam aber sicher: So sind zum Beispiel im Bodenseekreis allein von 1960 bis 1987 über 700 ha Feuchtgebiete trockengelegt worden, eine Fläche, die größer ist als alle Naturschutzgebiete im Kreis zusammengerechnet. Die Streuobstwiesen, die in keinem Fremdenverkehrsprospekt fehlen, sind seit der Obstbaumzählung 1951 kreisweit auf weniger als die Hälfte zurückgegangen, an ihre Stelle sind ca. 5000 ha Niederstammplantagen getreten. Eine neuere Streuobst-wiesen-Kartierung aus der Ravensburger Umgebung stellt einen Rückgang um 2,4 % innerhalb der letzten 3 Jahre fest.

Die wichtigsten Landschaftsgestalter sind bei uns noch immer die Bauern. Die Schönheit der Bodensee-Kulturlandschaft geht zum großen Teil auf das Konto der Landwirtschaft, nur kann sie davon nicht leben: Rund 2 Prozent der Höfe fallen derzeit jährlich im Bodenseekreis dem „Bauernsterben" zum Opfer. Es ist abzusehen, daß das Verschwinden der kleineren bäuerlichen Betriebe und die Konzentration auf wenige große eine weitere Intensivierung mit sich bringt. Und die geht auf Kosten der Bodenseelandschaft, denn fast alles, was der erholungsbedürftige Tourist – und nicht nur er – an unserer Landschaft schätzt, ist für den Bauern, der darin arbeitet, mit Ertragseinbußen oder zusätzlichem Arbeitsaufwand verbunden: Die Streuobstwiese mit alten Hochstämmen bringt betriebswirtschaftlich gesehen weit weniger ein als die Niederstammplantage; die bunte, blumenreiche Magerwiese bringt weit geringere Heuernten als die überdüngte, blumenarme Fettwiese oder gar der Hochleistungs-Grasacker; eine Hecke oder eine Reihe von Flurbäumen steht ständig im Weg und verhindert die Zusammenlegung von Feldern zu größeren Schlägen.

Betriebswirtschaftlich mögen solche Lebensräume deshalb „nutzlos" sein, deswegen sind sie aber nicht „wertlos", und das ist in diesem Fall auch finanziell zu verstehen: Die Schönheit der Bodenseelandschaft ist Betriebskapital und Existenzgrundlage eines ganzen Wirtschaftszweigs, des Fremdenverkehrs.

Um Mißverständnissen vorzubeugen: Es geht bei diesen Überlegungen nicht nur um den Fremdenverkehr, zumal der bei geballtem Auftreten oft genug das, was er an landschaftlicher Schönheit sucht, selbst zerstört. Eine schöne und reiche Landschaft nützt auch uns, die hier leben und arbeiten. Der Tourist hat bestenfalls einige Wochen seine Freude an dieser Landschaft – wir dagegen das ganze Jahr. Die Prospekte, in denen die Gemeinden sich selber darstellen, zeigen zweierlei: Sie zeigen, daß wir genau wissen, wie eine intakte Bodensee-Landschaft aussieht und sie zeigen, daß die Schönheit dieser Landschaft auch einen finanziellen Gewinn bringt.

Es wäre deshalb an der Zeit, daß die Fremdenverkehrsgemeinden, die von der

Wiese im Deggenhausertal, 1986 noch bunt von Margeriten, Wiesen-Glockenblumen und Kuckuckslichtnelken; 1989, zur gleichen Jahreszeit: Gülle oder Mineraldünger haben die bunten Arten verschwinden lassen, an ihre Stelle ist eine eintönige Gesellschaft von wenigen Süßgräsern getreten.

Vielfalt ihrer Landschaft leben und damit werben, etwas zur Erhaltung dieses Betriebskapitals tun. Indem sie beispielsweise die verhältnismäßig aufwendige Pflege von hochstämmigen Obstbäumen angemessen entgelten, indem sie den Erhalt von Flurbäumen und Hecken oder den Verzicht auf Wiesenintensivierung honorieren, indem sie eigene Naturschutzprogramme ins Leben rufen.

Aber nicht nur die Landwirtschaft gestaltet die Landschaft. Das tut auch der Straßenbau – meist sehr gründlich und endgültig. Um die gravierenden Auswirkungen von Straßenneubauten auf Natur und Landschaft wenigstens einigermaßen zu lindern, schreibt das Naturschutzgesetz vor, daß die damit verbundenen Eingriffe durch sogenannte „Ausgleichsmaßnahmen" kompensiert werden müssen.

Man sollte meinen, daß diese Regelung in einer Landschaft wie der Bodenseelandschaft besonders sorgfältig umgesetzt wird. Schön wär's – das Gegenteil ist oft genug der Fall: Was in den Plänen als „Ausgleich" für die Vernichtung wertvoller Lebensräume vorgesehen ist, mutet oft an wie ein Hohn auf alle Naturschutzgesetze und -bemühungen. Ein Beispiel:

Die B31-Umgehung Kressbronn, mit deren Bau inzwischen begonnen worden ist, zerstört mindestens 15 Streuobstwiesen und durchschneidet weitere drei Reihen landschaftsprägender Obstbäume; vier Feuchtgebiete kommen unter die Räder, eine alte Kiesgrube mit Amphibien-Laichgewässern wird zugeschüttet. Der in den Plänen aufgeführte „Ausgleich": Fünf kleine Flächen unmittelbar am Straßenrand der neuen B31, insgesamt weniger als ein halber Hektar, werden mit Gebüsch bepflanzt. Fertig.

Unauffälliger als die großen Straßenneubauprojekte und meist mit viel weniger Beachtung in der Öffentlichkeit gehen die kleinen Ausbaumaßnahmen von Landes- und Kreisstraßen über die Bühne. Verbrei-

terungen, Begradigungen und Kurvenaufweitungen lassen zahllose Kleinstrukturen rechts und links der Straße verschwinden. Auch hierfür ein Beispiel:

Die von Markdorf auf den Gehrenberg führende, wenig befahrene Kreisstraße wurde 1989 mit Zustimmung der Gemeinde Deggenhausertal und der Stadt Markdorf für rund zwei Millionen DM auf 5 Meter Breite ausgebaut – gegen den heftigen Widerstand von Naturschutzverbänden und einer Markdorfer Bürgerinitiative und obwohl sich 1500 Markdorfer Bürger per Unterschrift dagegen ausgesprochen hatten.

Bei einer Feier zur Einweihung der Straße bescheinigten sich die Verantwortlichen gegenseitig, daß der Natur- und Umweltschutz „sehr ernst genommen worden" sei und daß eh „kaum ein Unterschied zu vorher" feststellbar sei.

Solche Unterschiede sind sehr wohl feststellbar: Verschwunden sind rechts und links der Straße Gebüsche, Einzelbäume, Raine, Böschungen, Staudensäume, Gräben – Strukturen, die, jede für sich genommen, meist relativ unbedeutend sind, die aber in ihrer Gesamtheit die Straße in die Landschaft einbetten und die Ausstrahlung und das unverwechselbare Gesicht der Landschaft prägen. Der Fotovergleich zeigt, was verlorengegangen ist: Aus dem bescheidenen, unauffälligen Sträßchen ist ein landschaftlich dominierendes Asphaltband geworden.

Für Naturschützer ist es stets das gleiche Dilemma: Die Bedeutung, die solche Kleinstrukturen für das Gesicht einer Landschaft haben, läßt sich ebensowenig messen oder belegen wie der Charakter der Landschaft selbst und ebensowenig wie die Auswirkungen, die das Verschwinden der vielen kleinen und kleinsten Biotope auf die Tier- und Pflanzenwelt entlang solcher wenig befahrenen Straßen hat. Auch hier trifft wohl die Vermutung des „Rates der Sachverständigen für Umweltfragen zur Beratung der

Der Baum am linken Rand zeigt, daß es sich tatsächlich um den selben Bildausschnitt handelt: Die Kurve holt, um ein zügigeres Durchfahren zu ermöglichen, weiter aus, eine Reihe Obstbäume blieb auf der Strecke.

Verschwunden sind nicht nur das Ruhebänkchen und der Apfelbaum, auch der vorher ungenutzte Altgrasstreifen entlang der Straße hat sich verabschiedet, die Wiesennutzung reicht bis unmittelbar an die Straße.

Die Bilder zeigen, daß nicht nur Kleinstrukturen wie Obstbäume, Säume, Böschungen und Gräben rechts und links der Straße unter die Räder gekommen sind, sondern daß die Straße selbst vom landschaftsangepaßten Sträßchen zum landschaftsbeherrschenden Asphaltband geworden ist.

Bundesregierung" zu, daß „für das Verschwinden und den Rückgang vieler Arten wie Biotope" nicht nur die großen, spektakulären Eingriffe in die Natur, sondern „häufig die Summe vieler keiner, örtlich begrenzter Eingriffe . . . verantwortlich" ist.

Trotzdem erntet, wer sich für den Erhalt solcher Kleinstrukturen einsetzt, meist bestenfalls ein müdes Lächeln. Was sind schon ein paar Böschungen und Staudensäume angesichts einer Bausumme von fast zwei Millionen Mark. Dabei zeigt auch hier der Blick in die Fremdenverkehrsprospekte, welche Straßen wir als schön, landschaftlich angemessen und „werbewirksam" empfinden: immer sind es die schmalen Straßen, die unauffällig durch die Landschaft schlängeln und nicht die breiten, schnellen, leitplankengesäumten Asphaltbänder.

Uhldingen-Mühlhofen, so heißt es im Prospekt, „lebt vom Reiz der umgebenden Landschaft" und „einer gehörigen Portion

Oben links: Ortseingang von Neukirch, mit Blick auf „das schmucke Dorf, wie im Bilderbuch um die auf alte, romanische Wurzel zurückgehende Kirche gruppiert" (Fremdenverkehrsprospekt).

Oben rechts: Uhldingen-Mühlhofen, Marktplatz. „Hier findet sich noch überall ein ruhiges beschauliches Plätzchen zum Träumen, Philosophieren oder um die Schönheit der Natur zu genießen" (Fremdenverkehrsprospekt).

Unten: Wir übersehen es einfach, daß ein ruhiges, gewachsenes Ensemble aus Feldkreuz, Ruhebänkchen und Wacholderbusch von einem schreiend roten Plastik-Papierkorb niedergebrüllt wird (Riedheim). Wir übersehen den orangefarbenen Streusalzbehälter neben dem gotischen Sandstein-Spitzbogen am Eingang der Markdorfer Pfarrkirche.

Natur". Portion für Portion geht es dieser Natur derzeit an den Kragen: So fielen allein 1989 zum Beispiel in Uhldingen-Mühlhofen eine große alte Streuobstwiese, ein Feuchtgebiet und eine ökologisch wertvolle Wiesen-Niederung der Siedlungsexpansion zum Opfer.

Siedlungswachstum und Flächenverbrauch liegen in Uhldingen-Mühlhofen wie in fast allen Bodensee-Ufergemeinden sehr hoch: Von 1968 bis 1984 nahm allein der Wohnungsbestand um fast 90 % zu, obwohl die Bevölkerung im gleichen Zeitraum nur um knapp 20 % zulegte; in den übrigen Ufergemeinden sieht es ähnlich aus. Noch gravierender ist der Siedlungsflächenzuwachs bei den Gemeinden im seenahen Hinterland, die nach einem Gutachten der Universität Stuttgart das „mit Abstand stärkste Siedlungsflächenwachstum" in der ohnehin überdurchschnittlich wachsenden Bodenseeregion aufweisen. So sind 70 % der heutigen Markdorfer Siedlungsfläche in den letzten 30 Jahren bebaut worden, die übrigen 30 % in den 800 Jahren vorher.

Bei dieser Siedlungsexpansion bleiben Natur und Landschaft fast zwangsläufig immer wieder auf der Strecke; die im Fremdenverkehrsprospekt versprochenen „ruhigen und beschaulichen Plätzchen zum Träumen, Philosophieren oder um die Schönheit der Natur zu genießen" werden allmählich rarer.

Wenn wir die Bodenseelandschaft erhalten wollen, müssen wir zweierlei tun:

■ Wir müssen die Landschaft wieder genauer wahrnehmen; vieles von dem, was an tagtäglichen kleinen Landschaftszerstörungen stattfindet, findet nur deshalb statt, weil niemand hinschaut, weil wir uns so an die Landschaft gewöhnt haben, daß wir die ständigen kleinen Verluste gar nicht mehr bemerken. Wir übersehen es einfach, daß ein ruhiges, gewachsenes Ensemble aus Feldkreuz, Ruhebänkchen und Wacholderbusch von einem schreiend roten Plastik-Papierkorb niedergebrüllt wird (Bild); wir übersehen den orangefarbenen Streusalzbehälter neben dem gotischen Sandstein-Spitzbogen am Eingang der Markdorfer Pfarrkirche (Bild).

■ Wir müssen uns entscheiden: Die Bodenseelandschaft kann nicht gleichzeitig Erholungsgebiet für den Massentourismus und Ballungsraum und intensive landwirtschaftliche Produktionslandschaft sein (und gleichzeitig noch das Trinkwasser für halb Baden-Württemberg liefern).

Wenn sie so bleiben soll, wie sie sich in ihren Fremdenverkehrsprospekten selbst beschreibt, müssen wir etwas dafür tun: Wir müssen uns den Erhalt der Landschaft etwas kosten lassen. Wir, das ist jeder Einzelne, der sich die Zerstörung der Landschaft nicht gefallen läßt und sich für ihre Erhaltung einsetzt (zum Beispiel dadurch, daß er beim Lebensmittelkauf nicht ausschließlich auf den möglichst niedrigen Preis schaut, sondern auch auf möglichst natur- und landschaftsverträgliche Produktionsbedingungen); das sind auch Kreis und Land, die zum Beispiel beim Straßenausbau viel behutsamer und bescheidener vorgehen und unter Umständen zugunsten von Natur und Landschaft auf Ausbaumaßnahmen verzichten; das sind die Gemeinden, die ihre Bauern für den Erhalt der Landschaft honorieren, auf ökologisch heikle Bauvorhaben verzichten und generell viel sparsamer mit ihrer Fläche umgehen.

Das kostet natürlich mitunter einiges, aber es war schon immer etwas teurer, in einer besonderen Landschaft zu leben.

Literatur:

(1) Landratsamt Bodenseekreis (1988): Feuchtgebiete im Bodenseekreis. Feuchtgebietskartierung 1982-1987, S. 1-63 – Friedrichshafen.
(2) Der Zustand der Naturschutzgebiete im Bodenseekreis. Gutachten des BUND Friedrichshafen, 1987.
(3) Bischof, H. (1988): Ein Plädoyer für den Obstbaum von einst. In: Leben am See, Heimatbuch des Landkreises Bodenseekreis VI, S. 89-95 – Friedrichshafen.
(4) BUND-Ortsgruppe Ravensburg (1989): Hochstamm-Obstwiesen auf der Gemarkung der Stadt Ravensburg. S. 1-17 – Unveröff. Mskr.
(5) Südkurier vom 15. 2. 1990
(6) Rat der Sachverständigen für Umweltfragen zur Beratung der Bundesregierung, Umweltgutachten 1987 (Bundest. Drucksache 11/1568 v. 21. 12. 1987).
(7) G. Hecking et al. (1988): Bevölkerungsentwicklung und Siedlungsentwicklung im Bodenseeraum. Untersuchung des Städtebaulichen Instituts der Universität Stuttgart im Auftrag des Innenministeriums Baden-Württemberg.

Dagegen ist kein Kraut gewachsen

Vom Verschwinden des Bodenseesteinbrechs

Andreas Megerle

Konflikte zwischen Tourismus und Natur gab es am Bodensee schon um die Jahrhundertwende.

Ein folgenschweres Beispiel dafür stellt der „Sensationstourismus" am Zeppelinlandeplatz in Manzell dar.

Am Bodenseestrand befand sich hier bis zum Bau der Luftschiffhallen der einzige größere württembergische Bestand einer der seltensten Pflanzenarten der Welt: Der ausschließlich am Bodensee vorkommende Bodenseesteinbrech (Saxifraga oppositifolia L. var. amphibia Südermann) hatte sich als Eiszeitrelikt den schwierigen ökologischen Bedingungen des kiesigen Seeufers anpassen und an einigen Stellen Jahrtausende überdauern können. Wie frühere Botaniker berichten, wuchs diese botanische Kostbarkeit bei Manzell „in dichten Rasen" und verwandelte während ihrer Blütezeit im April den gesamten Strand in diesem Bereich in ein purpurfarbenes Blütenmeer. Noch 1899 vermerkte der Botaniker Daiber den Manzeller Fundort des Bodenseesteinbrechs in seiner „Flora von Württemberg bis Hohenzollern". Doch nur 16 Jahre später, im Jahre 1915, mußte der berühmte Geograph Robert Gradmann in der Tettnanger Oberamtsbeschreibung feststellen, daß die Pflanze hier ausgerottet war.

Was war in Manzell geschehen, daß der Bodenseesteinbrech in nur 16 Jahren vollkommen verschwand?

Wie Karl Bertsch 1921 mitteilt, war das zierliche Pflänzlein unter anderem Opfer der Zuschauermassen geworden, die den zwischen 1900 und 1909 hier stattfindenden Starts und Landungen der Zeppeline vom Ufer aus zuschauen wollten.

Seit Jahrtausenden hatte der Steinbrech nicht nur dem alljährlichen Hochwasser des Sees, den Stürmen und sogar Klimaschwankungen erfolgreich getrotzt. Dem derben Tritt der Stiefel und Schuhe von Sensationstouristen konnte das Steinbrechgewächs aber nichts entgegensetzen. Ausgerissen und breitgetreten, wurde der amphibisch lebende Bodenseesteinbrech in Manzell in kürzester Zeit bis an den Rand des Aussterbens gebracht.

Zwar konnte sich der Steinbrechbestand nach dem Abebben des Touristenansturms wieder für kurze Zeit erholen. Doch die nach 1909 einsetzende Uferverbauung durch die Flugzeugindustrie in Manzell gab ihm den Rest.

Nach dem Verlust dieses letzten württembergischen Fundorts gingen die Vorkommen dieser großen botanischen Rarität aufgrund der zunehmenden Uferverbauung und der Trittbelastungen, vor allem aber aufgrund der Gewässereutrophierung am gesamten Bodensee stark zurück. Im Bodenseekreis fand sich 1948 die Pflanze nur noch im badischen Immenstaad.

Im Jahre 1943 fotografierte der Konstanzer Arzt und bekannte Naturschützer

Dr. Winfried Jauch den Bodenseesteinbrech an der klassischen Fundstelle „Hörnle" bei Konstanz. Mitten im Kriegsgeschehen gelangte der Diafilm unbeschadet in die Hamburger Entwicklungsanstalt und wieder zurück.

Nach dem Erlöschen dieses letzten Fundorts bei Konstanz in den siebziger Jahren gilt die Pflanze heute insgesamt als ausgestorben.

Dank Dr. Jauch haben wir heute wenigstens noch eine farbliche Vorstellung vom Bodenseesteinbrech.

Literatur:

(1) Baumann, E.: Die Vegetation des Untersees (Bodensee), Stuttgart 1911, S. 354-361

(2) Bertsch, K.: Ein Kriegsopfer unserer Flora, in: Jahreshefte des Vereins für vaterländische Naturkunde in Württemberg 77 (1921), S. XXVII ff.

(3) Bertsch, K. u. F.: Flora von Württemberg und Hohenzollern, Stuttgart 1948, S. 233

(4) Daiber, J.: Flora von Württemberg und Hohenzollern, 6. Aufl., Stuttgart 1899

(5) Gradmann, R.: Pflanzenwelt, in: Beschreibung des Oberamtes Tettnang, 1915, S. 126

(6) Oberamtbeschreibung: Beschreibung des Oberamts Tettnang, 1838, S. 32 ff

Im Kriegsjahr 1943 fotografierte der Konstanzer Arzt und bekannte Naturschützer Dr. Winfried Jauch den Bodenseesteinbrech (Saxifraga oppositifolia L. var. amphibia Südermann) am „Hörnle" in Konstanz. Diese einzigartige Pflanze ist heute ausgestorben.

113

Naturschutzwarte oder „schwäbische Ranger"?

Information und Überwachung in unseren Schutzgebieten noch in den Kinderschuhen

Andreas Megerle

Ein Naturschutzwart im Einsatz:
Es ist Sonntag. Strahlender Sonnenschein.

Im Naturschutzgebiet „Eriskircher Ried" sind Hunderte von Menschen unterwegs. Da zieht es viele zum See, obwohl das Betreten des Schutzgebietes außerhalb der Wege untersagt ist.

Vom linken Schussenufer beim Schwedi aus bemerke ich, wie zwei Pärchen im Naturschutzgebiet auf den im Winter trockenliegenden Schlickflächen direkt in Richtung der bei uns überwinternden Singschwäne laufen. Ein weiteres Paar geht am Ufer entlang in Richtung Strandbad Eriskirch und schädigt dabei die trittempfindlichen Schilfwurzeln.

Ich bin außer Rufweite und kann meinen Pflichten als „Naturschutzwart nicht nachkommen. Als ich über die „Panzerbrücke" ins Naturschutzgebiet gelange, klettern gerade zwei weitere „Seesuchende" über das Schild „Naturschutzgebiet – Kein Seezugang". Ich rufe sie zurück, weise mich als Naturschutzwart aus und stelle sie zur Rede.

„Do stoht doch gar nix dra von wege verbote" ist die verblüffende Antwort. Und überhaupt, was mir eigentlich einfiele, sie einfach so überfallartig anzumachen. Nein, sie seien nicht von hier. Dem Akzent nach kommen sie aus dem Unterland. „Wo kommt ma noh an See?" Nach einer kurzen Belehrung über die Störungsempfindlich-

keit der überwinternden Vögel und eine Information über den öffentlichen Seezugang am Schwedi zeigt das Paar etwas mehr Verständnis und zieht weiter.

Ein anderer Fall:

Ca. 100 m hinter dem entsprechenden Verbotsschild beobachte ich eine dreiköpfige Familie direkt im Naturschutzgebiet am Strand. Es raucht, denn die Familie macht zur Freude ihres Sohnes ein „Feuerchen". Ich fühle mich etwas als Störer, als ich dieser „Familienidylle" ein Ende bereiten muß.

Meine Belehrung, daß sie sich im Naturschutzgebiet befinden, auf wertvollen Schilfwurzeln herumtrampeln und diese sogar noch durch „Rösten" zerstören, stößt auf Erstaunen. „Ha des hämmr it gwisst, mir wolltet bloß unserem Sohn a Freid macha". Ich empfehle der Familie, das Feuerchen irgendwo außerhalb des Schutzgebietes zu machen. „Wo solle mr denn na?" ist die Antwort. Ich verwies auf die öffentlichen Feuerstellen und ziehe mich unter den erbosten Blicken von Eltern und Kind zurück.

Ein dritter Fall:

Wie jedes Jahr kontrolliere ich im Hinterland eines der größten Märzenbechervorkommen im Bodenseeraum. Wie jedes Jahr stoße ich „zufällig" auf eine Person, die sich bereits einen ansehnlichen Strauß dieser geschützten Art gepflückt hat.

Oben links: Spaziergänger in der Flachwasserzone vor dem Naturschutzgebiet „Eriskircher Ried": Empfindliches Störungspotential für überwinternde Vogelarten.

Oben rechts: Der Trampelpfad im Naturschutzgebiet wird immer breiter: Neben der direkten Vegetationsstörung ist die Störungswirkung rechts und links der Schneise zu beklagen.

Mitte links: Naturliebhaber schaden der Natur: Tierfotograf im frischgepflanzten Bodensee-schilf.

Mitte rechts: Auch im Hinterland wäre eine bessere Überwachung wichtig. Durch Tritt und Feuer wurden an diesem Picknickplatz bereits wertvolle Orchideen und Enziane in einem Trockenbiotop des Bodenseekreises vernichtet.

Unten links: Im Hinterland: Anglerstege als „Erschließungsachsen" für Erholungssuchende. In Naturschutzgebieten können solche Störungen zum Aussterben bedrohter Brutvögel führen.

Unten rechts: Naturerlebnis ohne Störung: Erholungssuchende bewundern mit ihren Kindern ablaichende Grasfrösche an einem „Demonstrationstümpel" (bei Tübingen).

In diesem Jahr ernte ich wenig Verständnis: Was mir denn einfiele, hier wachsen doch so viele, da macht doch ein so kleiner Strauß nichts aus. Nicht mal einen Blumenstrauß könne man sich noch pflücken, ohne daß so ein Naturschützer sich darüber aufregt.

Ich versuche es zuerst durch sachliche Information und kläre die Frau darüber auf, daß sie nicht die einzige sei, die einen Märzenbecherstrauß pflücken wolle. Darüber hinaus schädige sie durch ihr Herumtrampeln die Märzenbecher fast noch mehr als durch das Pflücken. Leider ernte ich daraufhin nur Geschrei und das Versprechen, im nächsten Jahr wieder herzukommen und wieder Märzenbecher zu pflücken. Da die Frau sich weigert, ihre Personalien anzugeben, muß ich unverrichteter Dinge wieder abziehen.

Wandertouristen und Spaziergänger als Naturzerstörer?

Alle diese Fälle haben eines gemeinsam: Wandertouristen und Erholungssuchende stören empfindliche Naturschutzflächen. Alle drei Fälle ereigneten sich nicht in der Touristensaison im Sommer, sondern mitten im Winter oder im zeitigen Vorfrühling.

Wie in der Fremdenverkehrswirtschaft ist auch in den Schutzgebieten der Trend zur ganzjährigen Freizeitsaison zu beobachten. Diese Entwicklung ist von besonderer Problematik: Z. B. sind die bei uns überwinternden Vogelarten besonders scheu und störungsanfällig. Jede Störung bedeutet für sie den Verlust lebenswichtiger Energie und kann wesentlich zum alljährlich festzustellenden Erschöpfungs- und Erfrierungstod vieler Tiere beitragen.

Das Problem stellt sich besonders in den Schutzgebieten am Ufer, ist aber leider nicht auf diese Bereiche beschränkt. Besonders die Weiher und Seen im Hinterland sind bei Touristen, Brutvögeln und seltenen Pflanzen gleichermaßen beliebt. Obwohl

Naturtourismus ohne Schäden: Führung im Streuobstmuseum Weilermühle bei Ailingen.

die Schädigung der Natur ohne bösen Willen geschieht, sind vielfältige Nutzungskonflikte die Folgen.

Die bisher für die Überwachung der Schutzgebiete zuständigen ehrenamtlich tätigen Naturschutzwarte sind vollkommen überfordert.

Sie opfern schon jetzt ihre Freizeit an Wochenenden, um wenigstens zu bestimmten Jahreszeiten in den am stärksten frequentierten Schutzgebieten im Uferbereich einigermaßen geregelte Überwachungen ermöglichen zu können. Der Lohn dafür ist kärglich: die Freude, einen Mitmenschen von der Wichtigkeit des Naturschutzes überzeugt zu haben, wird allzuoft von der Trauer überlagert, wieder einmal von einem verständnislosen Naturrowdy „angemacht" worden zu sein. Außer einem Ausweis und einer Anstecknadel erhalten die Naturschutzwarte keinerlei Kompetenzen. Die einzige Ausnahme: die Berechtigung, Personalien von Personen aufzunehmen, die etwas angestellt haben. Doch das Beispiel „Märzenbecher" zeigt, was passiert, wenn diese Person sich weigert, ihre Personalien anzugeben. . .

Die meisten Naturschutzwarte sind in den größeren Orten, z. B. Friedrichshafen, ansässig. Zwangsläufig werden daher die

*Naturschutzzentrum „Wollmatinger Ried",
ein Beispiel für erfolgreiche Besucherlenkung.*

Schutzgebiete und schutzwürdigen Flächen
im Hinterland – sie gehen im Bodenseekreis
in die Hunderte – selten oder nie kontrolliert.

So werden die Brutplätze schützenswer-
ter Vogelarten sehr oft zu Stammpicknick-
plätzen von Erholungssuchenden degradiert. Etliche Vorkommen seltener Pflanzen sind bereits durch die Trittbelastung
von „Naturfreunden" ausgelöscht worden.

Lösungsansätze: Naturschutzzentren,
Nutzungskonzepte und
Schutzgebietsbetreuer

Es ist ein sonniger Wintersonntag.
Eine Touristengruppe besucht das Naturschutzgebiet „Wollmatinger Ried" bei Konstanz. Direkt am Eingang steht das Naturschutzzentrum des Deutschen Bundes für
Vogelschutz. Hier informieren sich die Besucher zuerst einmal in einer Ausstellung
über das berühmte Schutzgebiet mit Euro-
padiplom. Der Leiter des Naturschutzzen-
trums, ein Biologe, geht auf die ersten Fragen ein. Danach marschiert die geschlossene Gruppe auf einem kleinen Pfad unter
fachkundiger Leitung in das Schutzgebiet
hinein. Der Pfad ist so angelegt, daß die Besucher nur wenig stören. Trotzdem kann

man von ihm aus die wichtigsten Tiere und
Pflanzen beobachten. Die meisten Besucher wären an den größten Besonderheiten
vorbeigelaufen, wenn sie nicht der Biologe
darauf aufmerksam gemacht hätte.

Plötzlich steht die Gruppe vor einem bisher unsichtbar gebliebenen Aussichtsturm.
Von ihm aus haben die Besucher einen herrlichen Blick auf die in der Flachwasserzone
überwinternden Vögel. Die Tarnung der
Aussichtsplattform ist so perfekt, daß die
Tiere nicht gestört werden. Die Besucher
sind glücklich, die wichtigsten Tiere und
Pflanzen gesehen zu haben und kehren befriedigt zum Ausgang des Schutzgebietes
zurück.

Ein Sprung in die USA, in die Metropole
San Francisco. Unweit der City, wenige Kilometer jenseits der berühmten Golden
Gate-Brücke, findet sich ein kleines, aber
bedeutendes Schutzgebiet: Das Muir
Woods National Monument ist nur etwa
225 ha groß und damit durchaus mit dem
Naturschutzgebiet „Eriskircher Ried"
(552 ha) vergleichbar. Hier finden wir noch
einen der schönsten Bestände urweltlicher
Mammutbaumwälder. Am Eingang des
Schutzgebietes steht ein Naturschutzzentrum. Hier informieren freundliche Ranger
die Besucher über den Wert und die Probleme des Schutzgebietes.

Die meisten Besucher beschränken ihren
Rundgang auf den behindertenfreundlich
gestalteten und mit einem Holzzaun einge-
faßten Naturlehrpfad am Rand des Schutzgebietes. Von hier aus hat man einen Blick
auf die schönsten Mammutbäume. In einem
kleinen Bach neben dem Weg schwimmen
Lachse.

Nur wenige interessierte Naturfreunde
wagen sich auf die ungeteerten Wander-
wege in das Zentrum des Schutzgebietes.
Eine patrollierende Rangerin schießt plötzlich auf einen 1,85 m großen Mann zu, der
sich gerade eine Zigarette anzünden will.
Freundlich klärt sie ihn auf, daß im Schutz-

gebiet strenges Rauchverbot herrsche. Ein Funke könne genügen, um den herrlichen Mammutbaumurwald niederbrennen zu lassen. Der Mann schaut verdutzt auf die gerade gezogene Zigarette und entschuldigt sich vor der uniformierten Frau.

Ranger am Bodensee?

Warum nicht. Nachdem im Schwarzwald der erste schwäbische „Ranger" seinen Dienst bereits angetreten hat, sollte auch in der zweiten großen Erholungslandschaft Baden-Württembergs an die Einstellung hauptamtlicher Schutzgebietsbetreuer gedacht werden.

Schutzverordnungen für ökologisch wertvolle Flächen helfen nur, wenn auch ihre Einhaltung kontrolliert wird. In fast jeder Gemeinde gibt es Vollzugsbeamte, die zurecht die Parkverordnungen überwachen und Falschparker aufschreiben. Ist die Überwachung der Naturschutzverordnungen nicht genau so wichtig?

Die Umweltgemeinde Radolfzell geht wieder einmal mit gutem Beispiel voran: Seit einigen Jahren überwacht ein hauptamtlicher Flurhüter die die Einhaltung der Naturschutzvorschriften auf der Gemarkung.

Ein erster Schritt zu den „schwäbischen Rangern am Bodensee".

Das sogenannte Replika-Territorium soll entstehen. Eine Musterkollektion von kaleidoskophaft wechselnden Eindrücken mit klimatischen Zonen aller Geschmacksrichtungen. Eiswüsten neben zaghaft aktiven Vulkanen, elektronisch gesteuerte Atlantik-Brandung neben provenzalischen Lavendelfeldern, lawinensichere Tiefschneeabfahrten neben tahitianischen Transvestitenbordellen. Eine Mischung aus Disneyland, Zisterzienserkloster und Club Méditerranée, Vatikan und Kreml, McDonald's und Gault-Millau.

André Heller, in:
Berner Studien zu Freizeit und Tourismus 26 (1990).

Tourismus am Scheideweg

Möglichkeiten zur ökologischen Neuorientierung

Christa Leushacke, Elke Thielcke-Resch

Arbeitszeitverkürzung und zunehmende Mobilität des Einzelnen haben in den letzten Jahren zu einem immer größeren Druck auf die Landschaft geführt. Gleichermaßen wie eine intakte und natürliche Landschaft für die Freizeitgestaltung vorausgesetzt wird, so wird sie durch die damit einhergehenden Nutzungsansprüche gefährdet. Oftmals dringen Erholungssuchende in letzte noch ungestörte Bereiche ein. Zerstörung der Pflanzenwelt, Gefährdung störempfindlicher Tierarten, Gewässerverschmutzung und Versiegelung der Landschaft sind nur einige der Folgen einer intensiven touristischen Nutzung der Landschaft. Vielfach werden diese Folgen aus rein wirtschaftlichen Erwägungen in Kauf genommen.

Entwicklung des Tourismus am Bodensee

Als größter Binnensee Deutschlands übt der Bodensee seit jeher eine starke Anziehungskraft auf Erholungssuchende aus. Eine explosionsartige Entwicklung des Freizeit- und Erholungssektors setzte insbesondere Mitte der 60er Jahre ein. Mit der Anbindung des Bodenseeraumes an das Autobahnnetz wurde dieses Urlaubsziel in viel kürzerer Zeit erreichbar. Bedenkt man nun, daß die Bevölkerungsdichte des Bodenseeraumes ohnehin der eines Ballungsgebietes nahe kommt, so stellt der stetig ansteigende Touristenstrom eine zusätzliche Belastung dar. Während die Ballungsgebiete jedoch an Wochenenden entlastet

werden, tritt im „Ballungsraum Bodensee" genau das Umgekehrte ein.

Die Folgen sind immer weiter fortschreitender Landschaftsverbrauch. Der Bauboom im Bereich Straßen und Ferienwohnungen sowie die Erweiterung von Campingplätzen und Hafenanlagen führen zu einer Zerstörung der reizvollen Uferlandschaft. Vom 162 km langen baden-württembergischen Bodenseeufer wird fast die Hälfte durch Uferpromenaden, Strandbäder, Campingplätze und durch Anlagen für die Schiffahrt in Anspruch genommen. Aufgrund des Massentourismus in Seenähe weichen immer mehr Urlauber ins Hinterland aus. Dort finden sie eine ruhigere und ebenfalls reizvolle Wohnlage vor, ohne auf die Möglichkeit, den See zu erreichen, verzichten zu müssen. Dieses Ausweichen in andere Regionen führt auch dort zu einer immer größeren Belastung der Landschaft.

Ein Beispiel: Das Eriskircher Ried

Das Eriskircher Ried zieht als größtes Naturschutzgebiet am nördlichen Bodenseeufer jedes Jahr viele zehntausend Besucher an. Seine Bedeutung als Rastgebiet für Wasser- und Watvögel sowie seine floristische Besonderheit, das größte Vorkommen der Sibirischen Schwertlilie in Deutschland, haben es überregional bekannt gemacht. Der durch das Schutzgebiet ausgewiesene Bodenseerundwanderweg führt zu einem verstärkten Zustrom an

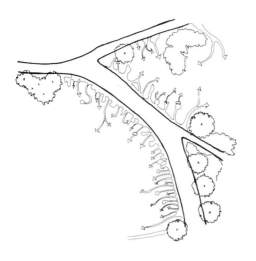

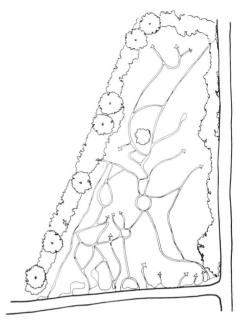

Rechts: Trampelpfade „Orchideenwiese".

Links: Trampelpfade „Iriswiese".

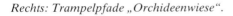

Fahrradfahrern. So wurden 1988 140548 Radfahrer im Gebiet gezählt im Vergleich zu 41327 Fußgängern. An Wochenenden im Mai und Juni bedeutet das über 4000 Besucher pro Tag. Aufgrund der hohen Zahl an Erholungssuchenden tritt schon eine gegenseitige Störung ein, insbesondere der Fußgänger durch die Radfahrer.

Die Beeinträchtigung der Flora und Fauna ist im wesentlichen auf Trittschäden, Beunruhigung von Tieren und das Ausgraben oder Abpflücken von Pflanzen zurückzuführen. Die weitreichende Erschließung des Gebietes mit Wegen führt dazu, daß kaum noch ungestörte Zonen als Rückzugsgebiete für Pflanzen und Tiere vorhanden sind.

Dieses Beispiel macht sehr eindringlich deutlich, wie notwendig eine Entwicklung weg vom intensiven Massentourismus hin zum „Sanften Tourismus" ist.

Sanfter Tourismus – Was ist das?

Ein „Sanfter Tourismus" macht sich die Erkenntnis, daß eine wirkliche Erholung nur in einem intakten Naturhaushalt möglich ist, zur Grundlage seines Handelns. Er nutzt die Natur ohne sie zu zerstören und setzt sich für Schutz, Pflege und Entwicklung einer naturnahen Landschaft ein. Ein Tourismus, wie er derzeit betrieben wird, führt zur Zerstörung der eigenen Existenzgrundlage, der „Ressource" Natur. Sanfter Tourismus fordert ein Umdenken bei Politikern, Gästen und Gastgebern gleichermaßen. Es muß nicht nur jeder Erholungssuchende sein Verhalten überdenken, sondern es müssen ihm auch die Möglichkeiten zu einem naturverträglichen Verhalten gegeben werden.

Maßnahmen

Für die Fremdenverkehrsgemeinden bedeutet sanfter Tourismus an erster Stelle den konsequenten Schutz der letzten Reste naturnaher Landschaft, insbesondere des Seeufers. Hierzu gehören die Naturschutzgebiete wie das Eriskircher Ried. Der Naturhaushalt dieser Rückzugsgebiete vieler oftmals selten gewordener Lebensgemeinschaften reagiert gegenüber Eingriffen besonders sensibel. Daß trotz ihres Schutzstatus' enorme Mißstände in diesen einzigartigen Landschaften zu verzeichnen sind, belegen verschiedene Untersuchungen. Nur die schnelle Umsetzung von Entwicklungskonzepten, die Maßnahmen zur Besucherlenkung, -information und -betreuung ebenso vorsieht wie eine wirkungsvolle Überwachung der Gebiete, können Abhilfe schaffen.

Im Eriskircher Ried würde z. B. die Errichtung eines Informationszentrums außerhalb des Schutzgebietes als Anlaufstelle für Besucher, eine sinnvolle Wegeführung, die genügend große Ruhezonen unberührt läßt sowie ein gezieltes Angebot an Aussichtspunkten eine spürbare Entlastung bringen. Eine Zusammenarbeit zwischen Naturschutz und Tourismus ist hierfür zwingend notwendig.

Um den Urlaubern auch außerhalb der Naturschutzgebiete Erholungsmöglichkeiten in „freier Natur" zu bieten, ist es erforderlich, den Erlebniswert der intensiv genutzten Agrarlandschaft zu erhöhen. Durch eine Extensivierung der Landwirtschaft und Biotopvernetzung wird nicht nur die Leistungsfähigkeit des Naturhaushaltes erhöht, sondern auch das Landschaftsbild mit gliedernden und belebenden Elementen angereichert und dem Bedürfnis des Menschen nach Kontakt mit der Natur Rechnung getragen.

Ein weiterer Baustein für ein „ökologisches Gästehaus" Bodensee ist eine breit angelegte Öffentlichkeitsarbeit. Sie bietet den Gemeinden die Möglichkeit, ihre Konzepte vorzustellen und diskutieren zu lassen, Alternativen zu Promenadenkonzerten und Tennis anzubieten und für ein umweltverträgliches Verhalten der Einheimischen und der Touristen zu werben.

Um die Blechlawine einzudämmen, die ab dem Frühjahr an jedem schönen Wochenende zu endlosen Staus führt, ist der Ausbau des öffentlichen Nahverkehrs voranzutreiben. Wenn es möglich ist, zu angemessenen Preisen in angemessener Zeit auch ohne Pkw an sein Ausflugsziel zu kommen, so wird auch die Anreise per Bundesbahn an Attraktivität gewinnen.

Der einzigartige Naturraum Bodensee muß vor einer weiteren Zerstörung bewahrt werden. Lösungen können in diesem Rahmen nur angerissen werden. Der Bodenseekreis und der Kreis Konstanz sowie deren Gemeinden sind gefordert, gemeinsam Möglichkeiten für eine naturverträgliche Erholung zu erarbeiten. Darüber hinaus ist aber jeder einzelne gehalten, sein Verhalten zu überdenken und zu einem feinfühligeren Umgang mit der Lebensgrundlage Natur zu gelangen.

Literatur:

(1) Arbeitsgemeinschaft Tourismus mit Einsicht (Hrsg.): Tourismus mit Einsicht. Starnberg 1988. –

(2) Deutscher Rat für Landespflege (Hrsg.): Freizeit und Erholung – Herausforderung und Antworten der Landespflege. Schriftenreihe des Deutschen Rates für Landespflege Heft Nr. 57, Nov. 1989. –

(3) Leushacke, C., Thielcke-Resch, E. (unveröff.): Naturschutz und Erholung. Ein Interessenkonflikt dargestellt am Beispiel des Eriskircher Riedes. Zwei Diplomarbeiten im Studiengang Landespflege der Uni-GH Paderborn, Abteilung Höxter. –

(4) Nohl, W., Richter, U.: Ansätze zu einer umweltorientierten Freizeitpolitik im Rahmen der Stadtentwicklung. Schriften des Instituts für Landes- und Stadtentwicklungsforschung des Landes NRW Nr. 16, Dortmund 1988.

Das Bildungszentrum Markdorf mit weitläufigen Außenflächen: Bereits vor drei Jahren waren die Biotopflächen deutlich zu erkennen.

① Die erste „Öko-Tat": Tümpel, jetzt eingewachsen

② Magere Blumenwiesen statt Sterilrasen

③ Eine zweischürige Wiese

④ Unser zweites Feuchtgebiet

⑤ Ausgedehnte Heckenareale, heute brüten bereits Dorn- und Gartengrasmücke

⑥ Ein Steinwall für Trockenliebhaber

⑦ Fast 1 ha ist unter Wasser, heute bereits vom Laubfrosch und Graureiher entdeckt

Natur macht Schule

Unterricht vor dem Klassenzimmer

Felix Beer, Kerstin Gertstschke, Tanja Köhler, Alice Natter, Mechthild Schulz,
Gerd Steinke, Gudrun Triemel unter der Leitung von Franz Beer

Wer setzt sich für den Schutz von Natur und Umwelt ein? Diese Frage erörterten wir angesichts der täglichen Katastrophenmeldungen über Umweltzerstörungen im Grundkurs Biologie im Jahr 1983. Aus den Überlegungen ging hervor, daß ein Engagement für den Erhalt unserer vielfältigen Lebensgemeinschaften möglichst gute Kenntnisse über die Lebensbedingungen der Tiere und Pflanzen voraussetzt. Von diesen sollten möglichst viele einheimische Arten dem Schüler bekannt sein. Also wäre ein erlebnisreicher Biologieunterricht nötiger denn je, da viele Kinder die Natur mit ihren vielfältigen Lebensgemeinschaften fast nur noch am Bildschirm erfahren.

Wie könnte nun an unserer Schule dieses Ziel erreicht werden? Ein amerikanischer Gastschüler erzählte uns begeistert vom schuleigenen Exkursionsbus, der sie wöchentlich in die großen Wälder fuhr, wo der Ökologieunterricht regelmäßig „vor Ort" erlebt wurde. Hatten wir ähnliche Möglichkeiten? Bestimmt nicht. Gab es aber nicht doch Verbesserungschancen? Ein Blick aus dem Klassenzimmer auf die langweiligen Rasenflächen, die gerade der Hausmeister herunter rasierte: Schon war die Idee geboren, die weitläufigen Schulaußenbereiche in wertvollere Lebensräume umzukrempeln.

Eine Ideenbörse wird eröffnet

Eines war uns von vornherein klar: Wir wollen nur die Grobstrukturen der „Le-benshäuser" mauern. Die Bewohner sollen dann von alleine kommen. Niemand sollte durch Umsiedlung gezwungen werden. Da unsere Schulgebäude ganz am Siedlungsrand liegen und der Kontakt zur freien Landschaft gegeben ist, schien uns die Hoffnung berechtigt, daß Tiere und Pflanzen den Weg alleine finden würden. Heute können wir mit Bestimmtheit sagen, daß die damaligen Vorstellungen sogar noch übertroffen wurden. Allerdings haben wir in begründeten Einzelfällen mit Pflanzen etwas nachgeholfen. Kleinere Gruppen entwikkelten die Pläne der zu schaffenden Lebensräume. Welche Tiere und Pflanzen sollten sich künftig auf dem Schulhof wohlfühlen?

Wer fühlt sich im Wasser wohl?

Ein Schulweiher kam uns als erstes in den Sinn. Da die Schule am Rande eines großen, längst entwässerten Niedermoores liegt, wäre eine Wasserfläche sicher kein Fremdkörper in der Landschaft.

Zuerst waren drei kleinere Tümpel ohne großen Kostenaufwand neben der Sporthalle auf einer Fläche, die nach Regenfällen das Wasser staute, vorgesehen. Gleich zu Beginn machten wir die Erfahrung, daß ohne die Abstimmung mit der Behörde nichts lief. Unsere Idee war ihr zunächst einmal neu, die Skepsis der Behördenvertreter wich erst nach und nach. Letztendlich bekamen wir die notwendige Unterstützung und legten los. Dies mitten in den Herbstfe-

Die erste „Ökotat": Viele fleißige Hände tragen eine große Rasenfläche ab, um ein Tümpel-geländer entstehen zu lassen. Nur vier Jahre später: Weiden, Erlen und Schilf geben den Ton an. Der Vogel des Jahres 1988, der Teichrohrsänger, hat hier gebrütet. Schlupfende Großlibelle.

rien und das noch mit weit über sechzig Frei-willigen. Unterstützt von einem Bagger war dann sogar ein großflächiger Teich bald fer-tig, der während des nun einbrechenden Winters mit Wasser voll lief. Dank des leh-migen Untergrundes war eine Folie nicht nötig.

Die weitere Geschichte ist rasch erzählt. Die sparsame Bepflanzung der Tümpelrän-der erfolgte nach der Devise, daß verschie-dene Tierarten nie die gleichen Lebensan-sprüche haben. Auch die angrenzenden Flä-chen rings um den Tümpel sollten ordent-lich verwildern und nasse sowie trockene Standorte aufweisen. Große Steine und alte Baumstubben wurden mühsam herbeige-schafft. Eingegrabene Schilfwurzeln und

Korbweiden sollten den notwendigen Sicht-schutz nach und nach herstellen.

Bereits im Jahr darauf wurden im Unter-richt Wasserproben hinsichtlich ihrer che-mischen und biologischen Qualität getestet und das auftauchende Kleintierleben unter-sucht. Ein randlicher Erdwall wurde den ganzen Sommer über nicht gemäht, so daß sich dort ein beachtliches Insektenleben (Pflanzenläuse, Spinnenarten, Heuschrek-ken, Schwebfliegen) entwickelte.

1985 laichten erstmals Grasfrösche ab. Seither erhöht sich in jedem Frühjahr die Zahl der Laichballen. Heute sind diese Tiere den ganzen Sommer über in den an-grenzenden Flächen zu finden. Eine spon-tane Umfrage in der Schule ergab: 100%

fanden den Teich entweder gut oder super. So konnte man oft auch Sätze wie „hat Spaß gemacht, ihn anzulegen, hat Spaß gemacht, aktiv am Naturschutz teilzunehmen!" hören. Auch wurde z. B. treffend bemerkt: „Eine Schule ohne Teich ist wie Persien ohne Scheich."

Kein Wunder, daß der erste Teicherfolg weitere Umgestaltungen des Schulgeländes induzierte. So entstand in unmittelbarer Nähe des ersten Feuchtgebietes auf unsere Planung hin ein etwas ungewöhnlicher, kleinerer Weiher. Auf abschüssigem Gelände, welches einen stark verdichteten Untergrund besitzt, wurde mittels eines Lehmwalls eine Hohlform geschaffen und mit Moorboden, der beim Weiterbau in einem Naturschutzgebiet anfiel, ausgekleidet. Die Regenfälle füllten die „Badewanne" rasch. Pflanzenballen aus der Reservefläche der Mülldeponie legten den Grundstock für die randliche Hochstaudenflur. Erfolgsmeldungen: Noch im gleichen Frühjahr tauchten die ersten Gelbbauchunken auf! Wie sie den Weg gefunden haben, ist uns ebenso schleierhaft wie das Erscheinen von ca. 5 bis 10 Laubfroschmännchen, deren „Spektakel" weit in die Landschaft schallte.

Manche mögen's heiß

Auch andere Flächen der weitläufigen Schulanlagen wurden im Lauf der nächsten Jahre gründlich umgewandelt. Eine phantasielose Betonmauer, die als Sichtschutz gedacht war und einen Rasen zierte, belegten wir einseitig mit mächtigen, unbehauenen Steinen, die unverfugt aufeinander geschichtet wurden. Um einen Heckenbewuchs auf der Oberkante zu ermöglichen, schichteten wir viel Humusboden zwischen Betonwand und die Steinmauer.

So entstand eine Trockenmauer mit vielen Unterschlupfmöglichkeiten, die dazu den Betonriegel kaschierte. An anderer Stelle schufteten sich Schüler an einem Um-

welttag damit ab, große Kalksteine im Südbereich zu einem Dorado für Eidechsen aufzuschichten. Da natürlich vielerlei Insekten hier zum Sonnenbaden und Beutesuchen herkommen, ist der Tisch für die Reptilien reich gedeckt.

Ähnlich sonnig und trocken sind die Bedingungen auf den angelegten Magerwiesen. Zuerst kam der Rasen herunter und an seine Stelle wurde Sand aufgefüllt. Bald stellen sich zahlreiche Blütenpflanzen ein und im Gefolge Schmetterlinge und Feldgrillen. „Endlich können die Bestimmungsübungen für Blütenpflanzen unmittelbar vor der Schulstube stattfinden, die Wiesen der Umgebung sind viel zu artenarm", so die erfreuten Äußerungen eines Biologielehrers. Auch vor dem Sensen und Dengeln schreckten wir nicht zurück. Ein Rasenmäher war „out", die zahlreichen Heuschrecken verlangten nach einer schonenderen Behandlungsweise. Nicht alle unsere „Ökoflächen" werden im Herbst gemäht, die Krautschicht verbleibt im braunen Zustand den Winter über als natürliche Futterwiese für die nahrungssuchenden Vögel. Diese Bereiche entsprechen nicht immer dem Ordnungssinn der Zeitgenossen, die der Natur den Stempel des menschlichen Handelns zu sehr aufdrücken wollen. Der Kontrast zu den noch vorhandenen Rasenflächen ist unübersehbar. Allerdings sind sie durch angepflanzte Apfelbäume alter Sorten aufgelockert. Die ersten Früchte konnten bereits geerntet werden. Eine andere Ernte haben auch längst die Lehrer eingefahren: Sie können im Schulgelände ökologische Zusammenhänge zwischen Standort und Anpassungsform aufzeigen. Und dies besonders im Oberstufenunterricht. „Es ist auch eine Entspannungsphase, wenn man mal rauskommt". Auch direkte Tierbeobachtungen sind während der Pausen möglich. Wochenlang bewachten Sechstkläßler „ihre Ente", als diese fast unmittelbar neben dem Weg im Binsengebüsch auf den Eiern saß. Alles Bewachen brachte aber leider nichts. Eines Tages war das Gelege zerstört und die toten, fast schlupfreifen Küken rührten zu Tränen.

Hecken zum Verstecken

So mancher Abiturient hat sich seinen Baum oder Strauch im Schulgelände gepflanzt. Eine Reihe von Pflanzungen, auch an schulfreien Tagen, beginnend im Frühjahr 1985 an der nordwestlichen Hangrasenfläche, fand unter Mithilfe vieler Freiwilliger statt. Diese Hecke sollte zur Auflockerung der großen einheitlichen Rasenfläche, die regelmäßig gemäht wurde, dienen.

Angepflanzt wurden Büsche und Sträucher, die an den Waldrändern und in Hecken der Markdorfer Feldflur zu finden sind. Nicht alle Baumschulen führen solche „üblichen Arten", daher mußten erst Informationen eingeholt werden.

Krautige Pflanzen treten zwischen diesen Büschen auch ohne menschliches Dazutun auf. Die Hecke dient als Dickicht für Fallensteller wie z. B. Spinnen, Nistplatz für Busch- und Bodenbrüter wie z. B. Singvögel, als Versteck und Schlafplatz für Kröten und als Nahrungsquelle für Vögel und Insekten. Gehäuseschnecken und Kleinsäuger (Spitzmäuse) finden hier ein Winterquartier. Es besteht auch die Möglichkeit, daß sich Heckenbrüter wie Neuntöter, Dorngrasmücke, Gartengrasmücke und Goldammer ansiedeln. Die Bepflanzung war zuvor vom Landratsamt mit der Auflage genehmigt worden, auch die Heckenpflege zu gewährleisten. Da die Sträucher im Abstand von 1 m bis 1,50 m gesetzt wurden, konnte der frühere Rasen noch weitgehend ungehindert wachsen. Daher wurde die Krautschicht mit Sicheln und Sensen im Laufe der letzten Jahre niedergehalten. Durch diese Pflege war es einer ganzen Reihe von Blumen möglich, bereits in diesem frühen Stadium schon Fuß zu fassen. Das Zurückschneiden der angehenden

Hecke führt an den Schnittstellen zu neuen Verzweigungen, so daß ein dichterer Wuchs zustande kommt (Wirtelbildung). Auch ein zweites Heckenareal im SW-Bereich des Schulgeländes hat sich bestens entwickelt. Die eingesetzten Sträucher sind weitgehend zusammengewachsen und bilden so ein fast undurchdringliches „Gestrüpp".

Die Vielfalt der Arten gibt im Frühjahr ein abwechslungsreiches Blütenbild und im Herbst ein großes Nahrungsangebot an Früchten.

Dorngrasmücken brüten bereits. Außerdem warten wir gespannt darauf, ob nicht der stark gefährdete Neuntöter sich heranwagt. „Da die Goldammer und der Zilp Zalp ständig singen, kann ich meinen Schülern sogar die Vogelstimmen nahebringen" (Lehrerzitat).

Für den guten ökologischen Wert dieses Areals spricht auch die Tatsache, daß sich in ruhigen Abendstunden sogar schon ein Rebhuhnpaar am Heckenrand aufgehalten hat. Auch Elstern stellen sich zunehmend zeitweise ein – ein gutes Zeichen!

Wir wagen mehr

Als 1984 die Stadt Markdorf bekannt gab, daß auf einem Gebiet direkt südlich an eines unserer Heckenareale anschließend eine große Sportanlage geplant sei, interessierten sich der ADAC-Markdorf und eine spontan entstandene Schülergruppe „Projekt Breitwiesenweiher" für die verbleibende Restfläche.

Es kam zum Interessenkonflikt. Der ADAC plante die Errichtung eines Verkehrsübungsplatzes zur Durchführung von Zweiradschulungen und der Verkehrsvorbereitung für Grundschüler.

Die Schülerarbeitsgruppe wollte auf der freien Fläche ein großes Feuchtgebiet anlegen. Dieses Biotop sollte die Möglichkeit zu weiterem, praxisnahen naturwissenschaftlichen Unterricht bieten, was vor allem der verstärkte Bildungsauftrag der Lehrpläne

Außenflächen an der Sporthalle: Monotoner Zierrasen kontra lebensvielfältige Wiese. Als Starthilfe werden die gepflanzten Pfaffenhütchen, Schneeballsträucher, Hasel und Weißdorn mit Sensen von der Krautschicht befreit.
Hecken zum Verstecken: Die Zebraspinne lauert auf Beute, die Faltenwespe zieht ihre Brut groß.

zur Umwelterziehung forderte. Außerdem bot sich diese Fläche als Lebensraum für gefährdete Tier- und Pflanzenarten an. Nachdem die Schüler durch eine Unterschriftensammlung und mit Hilfe einer Podiumsdiskussion das Interesse der Bevölkerung weckten, fand man in Verwaltung und Gemeinderat schließlich einen Kompromiß, der die Ideen beider Seiten berücksichtigte: Auf Parkflächen eines Sportlerheims sollte der Verkehrsübungsplatz errichtet werden, die umkämpfte Restfläche wurde zur Anlage eines Feuchtbiotops freigegeben.

Die Schülergruppe erhielt finanzielle Unterstützung durch die Robert-Bosch-Stiftung und die Deutsche Umwelthilfe, so daß

mit dem Ausbaggern begonnen werden konnte.

Um eine große Lebensvielfalt zu ermöglichen, wurde versucht, das Gebiet in mehrere verschiedene Lebensräume einzuteilen. Neben den reinen Wasserflächen und Trockenstandorten bedeutete dies auch die Errichtung von Geröllzonen, kiesigen und sandigen Abschnitten mit einer Trockenmauer und stark lehmigen Flächen.

Durch das Auflösen des geraden Verlaufs eines Bächleins, das sich an einer Seite des Weihers entlangzieht, wurden drei Abschnitte mit unterschiedlicher Fließgeschwindigkeit geschaffen. Diese Abschnitte passen sich den jeweiligen Lebensräumen an.

127

Zahl der Planzenarten insgesamt

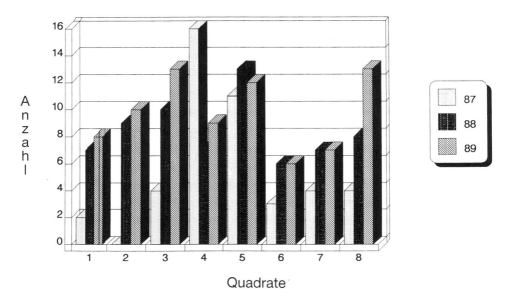

Rund um den Schulweiher wurden an acht verschiedenen Stellen Flächen von je 1 m² mit Eisenstäben markiert. So kann jährlich eine genaue Erhebung der vorkommenden Pflanzen nach Artzugehörigkeit und Flächenbedeckung durchgeführt werden. Da alle vorkommenden Pflanzen sich von selbst angesiedelt haben, können wir die sogenannte Sukzession, d. h. den fortlaufenden Wandel der Artzusammensetzung genau protokollieren. Wie das abgebildete Diagramm zeigt, läuft dieser natürliche Vorgang in jedem Quadrat unterschiedlich ab, da die Boden- und Lichtverhältnisse sehr unterschiedlich sind.

Treibholz aus dem Bodensee wurde mit dem Ziel beschafft, Nahrung und Unterschlupf zu bieten. Zum gleichen Zweck wurden in einem, bereits mit älteren Weidenbüschen bewachsenen Gebiet ein System von Röhren und Hölzern eingegraben.

Nach mehreren Monaten stellte sich der Besiedelungsvorgang vor allem durch einjährige Pflanzen ein. Mehrjährige Pflanzen gesellten sich dazu, um in den nächsten Jahren zu dominieren.Die Liste der beobachteten Tiere und Pflanzen ist lang: 212 Pflan-zenarten, 15 Libellenarten und acht Heuschreckenarten sind von einem Fachmann festgestellt worden. Natürlich haben auch die Wasservögel Einzug gehalten. Spaziergänger erfreuen sich an den Stockenten und mit etwas Vorsicht sehen sie auch den Graureiher, das scheue Teichhuhn oder eine einzelne Bekassine auf dem Durchzug. Im Frühjahr 1990 beobachtet eine Schülergruppe sogar Beutelmeisen beim Vesper von Rohrkolbensamen, die zur Stärkung für die Weiterreise gefressen wurden.

Die Forscher werden aktiv

„Sammlung von limnologischen Daten und Beobachtung der Sukkzessionsstadien an den Uferbereichen eines neu angelegten Schulweihers". So klangvoll lautet die Thematik der Arbeitsgemeinschaft, die seit 1987 besteht und sich aus Schülern der höheren Klassen zusammensetzt. Sie führt Wasseruntersuchungen am bereits geschilderten Schulweiher durch. Dabei wird die Wasserqualität mit Photometer, Leitfähigkeits- und Sauerstoffmeßgeräten etc. regelmäßig im Schullabor getestet. Aufgrund der erhaltenen Werte werden z. B. Zusammenhänge zwischen Wassertemperatur, Planktonzahl und Bakterienvorkommen ermittelt. Auch die botanischen Ergebnisse auf festgelegten Probequadraten werden ebenso wie Nitratveränderungen bei verschiedenen Wassertemperaturen in die elektronische Datenverarbeitung eingegeben.

Die Früchte für die mehrjährige, freiwillige AG kamen durch die Teilnahme an einem Wettbewerb: 1989 wurde der AG in Bonn der Europäische Umweltpreis (Kategorie: Jugendinitiativen für die Umwelt) verliehen.

Was Hänschen schon lernt, . . .

Wie „Müll" zum aufregenden Thema im Kindergarten wird

Almut Deckner, Peter Degenhart, Christine Fetzer,
Gabi König, Vera Krösch, Brigitte Matt, Gabi Ritter und Susanne Wandeff

Den Kindern ihre Umwelt bewußt zu machen, das ist schon seit Jahren Teil der täglichen Arbeit in unserem Pestalozzi-Kindergarten (etwa 100 Kinder, vier Gruppen) in Markdorf. Dabei geht es nicht um Aufzeigen oder Erkennen zerstörter Umwelt oder gar um Vermittlung theoretischer Grundlagen, sondern um das Erleben und „Be-greifen" der Natur. In dem, was die Kinder täglich umgibt und womit sie umgehen, geben wir unser Umweltverständnis an sie weiter, angefangen beim Naturmaterial zum Bauen anstelle von Plastikspielzeug über vollwertige Ernährung bis hin zum Gestalten mit Ton anstelle von synthetischem Knetmaterial.

Mülldorf „Sammelsurium"

Als Frau Sydow, Müllberaterin im Landratsamt Friedrichshafen, sich durch einen Brief bei uns vorstellte, eröffnete sich für uns die Möglichkeit, mit den Kindern das Thema Müll zu erleben und zu gestalten. Nach einem persönlichen Gespräch mit uns Erziehern, das uns viele neue und hilfreiche Informationen einbrachte, starteten wir mit den Kindern unser erstes Projekt: Wir bauten unser Mülldorf „Sammelsurium", zu dem jede Gruppe ihren Teil beitrug und in dem wir täglich folgende Wertstoffe sammeln: Papier in einem Haus, Aluminium in einem Brunnen, Glas und Weißblech auf einem Traktoranhänger, organische Abfälle im Kompost. Das Erkennen und richtige Sortieren der einzelnen Wertstoffe sowie die Möglichkeiten, Müll zu vermeiden, erlebten die Kinder sehr anschaulich und mit viel Freude, indem sie mit Frau Sydow einen Riesenberg Müll untersuchten und ordneten. Es war für Kinder wie für Erwachsene äußerst eindrucksvoll zu sehen, was wir so täglich wegwerfen, und zu erkennen, daß man auf einen großen Teil davon verzichten könnte, vor allem auf Verpackungsmaterial. Aber wo landet der ganze Müll?

Im großen Müllwagen, und dann . . .

Weiter denkt heute kaum einer, und so war es uns besonders wichtig, mit den Kindern einen Schritt weiter zu gehen. Wir fuhren zur Mülldeponie in Raderach. Jedes Kind nahm aus „Sammelsurium" etwas von den Wertstoffen mit, um es auf der Deponie richtig zu entsorgen. Dort staunten wir alle über die riesigen Mengen Müll, und alle zwei Minuten kam ein neues Müllauto und brachte noch mehr Müll! Tagelang war dieses Erlebnis noch Gesprächsthema in der Gruppe. Inzwischen achten die Kinder im Kindergarten selbständig darauf, daß unsere täglich anfallenden Wertstoffe richtig sortiert werden. Sie gehen mindestens so häufig ins Dorf „Sammelsurium" wie zum Mülleimer, der übrigens seit Beginn unseres Projektes nie mehr richtig voll wird.

Und auch zu Hause, berichten die Eltern, ist den Kindern die Trennung Wertstoff von Müll wichtig.

Eine gute Idee, die Eltern zur Müllvermeidung anzuregen, gab uns Frau Sydow, und wir griffen sie auf. Die Kinder gestalteten als Geschenk zum Muttertagsfest Bäckersäckchen aus Stoff, die großen Anklang fanden. Die gute Zusammenarbeit mit Frau Sydow hat uns Erziehern und den Kindern sehr viel Freude bereitet und uns viel Wissenswertes vermittelt. Auf der anderen Seite hat dieses Projekt unser tägliches Leben verändert. Keine Frage, wir werden auch in Zukunft mit Kindern und Eltern daran arbeiten.

Das selbstgebaute Mülldorf „Sammelsurium" hat seinen festen Platz im Kindergarten.

Unsere Zentraldeponie: Weiherberg bei Raderach.

Abfallwirtschaft im Bodenseekreis

Istzustand und Perspektiven

Helmut Theurer

Die konventionelle Abfallbeseitigung unter dem Gesichtspunkt einer möglichst billigen Ablagerung, wie sie in den 60er und teilweise noch 70er Jahren praktiziert worden ist, hat sich in den 80er Jahren zu einer Abfallwirtschaft entwickelt. Wesentliche Voraussetzung hierfür war, daß vom Gesetzgeber neue Rahmenbedingungen geschaffen wurden, die aus einer ausschließlichen Abfallbeseitigung die Entwicklung zu einer Abfallbewirtschaftung ermöglicht haben. Mit dem Gesetz über die Vermeidung und Entsorgung von Abfällen vom 27. August 1986 – kurz genannt Abfallgesetz – hat der Bundesgesetzgeber die für notwendig erkannten neuen Rahmenbedingungen geschaffen. Nach dem Abfallgesetz gilt hierbei in der Fortentwicklung der Abfallwirtschaft folgende Hierarchie:
– Abfallvermeidung
– Abfallverwertung
– sonstige Abfallentsorgung

In der Folge daraus wurde auch das Landesabfallgesetz des Landes Baden-Württemberg den neuen Erfordernissen angepaßt und zu Beginn des Jahres 1990 verabschiedet.

Der Bodenseekreis hat schon sehr früh die Zeichen der Zeit erkannt und Maßnahmen in die Wege geleitet, die die Abfallvermeidung bzw. Abfallverwertung im Landkreis gefördert haben. So wurde bereits im Jahre 1979 vom Kreistag beschlossen, ideell tätigen Vereinen und Organisationen, die

Abfälle zur Wiederverwertung einsammeln, ein Entgelt zu leisten.

Aufgrund der fortlaufend wachsenden Aufgaben bei der Abfallentsorgung bzw. Abfallverwertung wurde vom Kreistag im Sommer 1989 beschlossen, dem veränderten Stellenwert der Abfallwirtschaft Rechnung zu tragen und ein separates Abfallwirtschaftsamt einzurichten. Bisher war die Abfallbeseitigung der Kämmerei angegliedert; die Aufgaben wurden von einem 4köpfigen Team durchgeführt. Das neue Amt wurde personell verstärkt, indem zum vorhandenen Team neben einer Abfallberaterin auch ein neuer Amtsleiter vom Kreistag gewählt wurde.

Aufgabe des Abfallwirtschaftsamtes ist es, das vom Kreistag im Juni 1989 beschlossene Abfallwirtschaftskonzept umzusetzen bzw. weiterzuentwickeln mit dem Ziel, zu einer integrierten umweltverträglichen Abfallwirtschaft zu gelangen.

Im folgenden wird das Abfallwirtschaftskonzept und deren Weiterentwicklung kurz erläutert.

Darstellung der abfallwirtschaftlichen Situation

Der Bodenseekreis mit seinen 23 Gemeinden und ca. 175.000 Einwohnern verfügt in seinem Kreisgebiet über eine Zentraldeponie, über die die im Landkreis anfallenden Abfallstoffe entsorgt werden. Die Zentraldeponie Weiherberg liegt an der

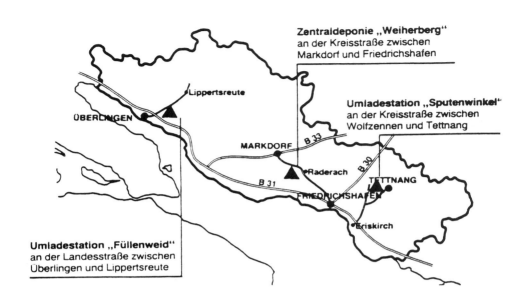

Zentraldeponie „Weiherberg"
an der Kreisstraße zwischen
Markdorf und Friedrichshafen

Umladestation „Sputenwinkel"
an der Kreisstraße zwischen
Wolfzennen und Tettnang

Umladestation „Füllenweid"
an der Landesstraße zwischen
Überlingen und Lippertsreute

Gesamtmüllaufkommen 1989:   137.990 t/a

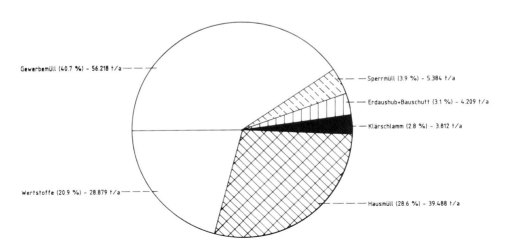

Gewerbemüll (40.7 %) - 56.218 t/a

Sperrmüll (3.9 %) - 5.384 t/a

Erdaushub+Bauschutt (3.1 %) - 4.209 t/a

Klärschlamm (2.8 %) - 3.812 t/a

Wertstoffe (20.9 %) - 28.879 t/a

Hausmüll (28.6 %) - 39.488 t/a

Kreisstraße zwischen Raderach und Markdorf räumlich sehr günstig, da mehr als die Hälfte des Abfalls des Bodenseekreises im nahen Einzugsbereich der Deponie anfällt. Aus Wirtschaftlichkeitsüberlegungen und zur Verminderung der Verkehrsbelastung wurden im Ost- und im Westteil des Landkreises je eine Umladestation eingerichtet, über welche die im dortigen Einzugsbereich anfallenden Abfallstoffe umgeschlagen werden (siehe Abbildung).

Die auf der Zentraldeponie bzw. Umladestation anfallenden Abfallstoffe werden nach Abfallarten getrennt erfaßt bzw. gewogen. Die im Jahr 1989 auf der Zentraldeponie angenommenen Mengen sind in der Abbildung dargestellt.

Gleichzeitig werden auch die wiederverwertbaren Stoffe nach Stoffgruppen getrennt erfaßt. Hierbei ist festzustellen, daß im Jahr 1988 bereits 24.600 Tonnen an Abfallstoffen einer stofflichen Verwertung zugeführt wurden. Dies entspricht einem Anteil von ca. 20 %. Im Vergleich zu anderen Landkreisen in Baden-Württemberg nimmt der Bodenseekreis hierbei eine Spitzenposition ein.

Umgerechnet auf einen Einwohner ergibt sich für den Hausmüll im Bodenseekreis ein spezifisches Abfallaufkommen im Jahr 1988 von 219 kg pro Einwohner und Jahr. Im Vergleich zum mittleren Hausmüllaufkommen in der Bundesrepublik Deutschland, das nach der bundesweiten Hausmüllanalyse von 1985 bei rund 230 kg pro Einwohner und Jahr betrug, liegt der Bodenseekreis unter dem Durchschnitt.

Innerhalb der einzelnen Gemeinden des Bodenseekreises selber ist das Hausmüllaufkommen erheblichen Schwankungen unterworfen, die im Jahr 1988 zwischen 141 kg pro Einwohner und Jahr und 319 kg pro Einwohner und Jahr liegen. Das Abfallwirtschaftsamt erstellt jedes Jahr eine Hitliste, aus der deutlich wird, welche Gemeinde im Bodenseekreis den höchsten bzw. ge-

ringsten Müllanfall aufweist. Dadurch soll unter anderem auch eine Art Wettbewerb unter den einzelnen Gemeinden geschaffen werden mit dem Ziel, das Müllaufkommen zu minimieren.

Die Hausmüllzusammensetzung im Bodenseekreis wurde im Jahr 1987 in etwa wie folgt abgeschätzt:

Papier	18 %
Kunststoff	5,5 %
Glas	10 %
Metall	4 %
Inertes	3 %
Textilien	1,5 %
Leder	2,5 %
organische Stoffe	27 %
Fraktion kleiner 40 mm	28,5 %

Gesamtsumme 100 Gewichtsprozent

Hierbei handelt es sich um den abgefahrenen Hausmüll ohne Berücksichtigung der bereits erfaßten Wertstoffe. Die Zusammensetzung zeigt auf, daß der Verwertungsanteil noch weiter zu steigern ist.

Wertstofferfassung

Wie bereits dargestellt, hat nach dem Abfallgesetz die Verwertung der Abfälle Vorrang vor der sonstigen Entsorgung. Der Bodenseekreis hat hierbei ein flexibles System aufgebaut, das es möglich macht, auf künftige Änderungen in der Abfallwirtschaft angemessen, schnell und kostengünstig zu reagieren. Das Recyclingsystem beinhaltet zum einen die Sammlung von Papier, Altglas und Altmetall durch Vereine sowie zum andern ein flächenhaftes Containernetz für diese Wertstoffe. Die Vereine erhalten dabei für Altpapier bzw. Altglas pro Tonne gesammeltem Wertstoff einen Zuschuß von 35 DM. Für das Überwachen der Containerstandplätze auf rechtzeitige Entleerung bzw. Sauberhalten werden den Vereinen Containerpatenschaften angeboten. Dafür erhalten sie den gleichen Zuschuß auch für die in den Containern gesammelten Mengen. In den letzten Jahren haben sich dabei

Wertstoff-Trennung auf der Deponie: Papier – Glas – Metalle – Altreifen.

die gesammelten Wertstoffmengen kontinuierlich erhöht. Die Abbildung zeigt die Entwicklung der gesammelten Wertstoffe für den Zeitraum von 1979 bis 1989.

Neben der Erfassung von Wertstoffen über Vereinssammlungen und Depotcontainersystem wurden in den letzten Jahren auch auf den drei Abfallbeseitigungsanlagen sogenannte Wertstoffdepots eingerichtet. Auf diesen Wertstoffdepots können Wertstoffe wie Glas, Papier, Folien, Holz, Weißblech und Schrott aus dem privaten bzw. auch gewerblichen Bereich kostenlos angeliefert werden. Auch hier haben sich in den letzten Jahren erhebliche Steigerungsraten ergeben, so wurden beispielsweise im Jahr 1988 über die Wertstoffdepots 4115 Tonnen erfaßt.

Darüber hinaus betreibt der Landkreis auf den drei Abfallbeseitigungsanlagen je

eine zentrale Kompostierungsanlage. Hier werden Grün- und Gartenabfälle kostenlos entgegengenommen, aufbereitet und als Kompost vermarktet. Im Jahre 1988 wurden dabei ca. 11.100 t an Grünabfällen angeliefert; das entspricht einen Anteil von über 60 kg pro Einwohner und Jahr. Unter Berücksichtigung auch der gesammelten Wertstoffmengen wurden im Jahr 1988 ca. 140 kg pro Einwohner und Jahr an Abfallstoffen einer stofflichen Verwertung zugeführt.

Weiterentwicklung des Abfallwirtschaftskonzeptes

– Reduzierung Müllbehältervolumen bei Hausmüllabfuhr

Durch die Einführung kleinerer Müllgefäße wird angestrebt, daß sich der Bürger durch diese Beschränkung mehr Gedanken

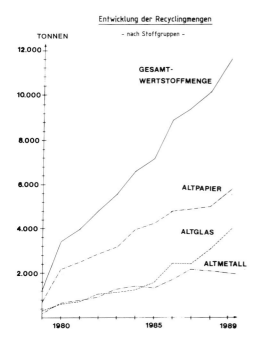

Entwicklung der Recyclingmengen
- nach Stoffgruppen -

TONNEN

12.000

10.000

8.000

6.000

4.000

2.000

GESAMT-
WERTSTOFFMENGE

ALTPAPIER

ALTGLAS

ALTMETALL

1980   1985   1989

macht über Abfallvermeidung und andererseits mehr wiederverwertbare Materialien separat sammelt und in den Wertstoffkreislauf zurückführt. Bei einem Vergleich des Abfallaufkommens in Gemeinden des Bodenseekreises mit kleinen Müllgefäßen bzw. 240 l Großbehältern ist festzustellen, daß das Abfallaufkommen in den Gemeinden mit kleinen Gefäßen deutlich niedriger ist.

Dies wurde auch in den Gemeinden, in denen eine Müllbehältervolumenreduzierung durchgeführt wurde, festgestellt. Hier ging das Abfallaufkommen um ca. 10 % zurück. In nahezu allen Gemeinden des Bodenseekreises wird bis zum 1. Juli 1990 eine Behältervolumenreduzierung durchgeführt, so daß das zur Verfügung stehende Behältervolumen pro Person und Woche in der Regel nur noch 30 l beträgt.

– Ausweitung Depotcontainersystem bzw. Vereinssammlungen

Es wird angestrebt, daß in allen Gemeinden des Bodenseekreises das vorhandene Depotcontainernetz weiter ergänzt wird. Es ist vorgesehen, die Containerdichte auf ca. 500 bis 1000 pro Containersystem auszuweiten. Damit kann flächendeckend Glas, Papier und Weißblech über das Depotcontainersystem erfaßt werden. Darüber hinaus ist vorgesehen, auch Kunststoffe (Polyethylen und Polypropylen) getrennt nach Hohlkörperware und Folien in den Bau- bzw. Recyclinghöfen in den einzelnen Gemeinden zu erfassen. Die Kunststoffe werden in einer Wiederaufbereitungsanlage in Coburg verarbeitet und anschließend einer Verwertung zugeführt. Um eine weitere Steigerung der Erfassungsquote bei Wertstoffen zu erzielen, ist zusätzlich auch eine Ausweitung der Vereinssammlungen in Verbindung mit der Erstellung eines Abfuhrkalenders geplant.

– Klärschlammtrocknung bzw. Verwertung

Im Bodenseekreis fallen derzeit ca. 23.000 t an Klärschlämmen bei einem Wassergehalt von ca. 65 Gewichtsprozent an. Auf die Deponie werden dabei gegenwärtig ca. 2000 t pro Jahr verbracht. Der Rest wird einer landwirtschaftlichen Verwertung zugeführt. Da diese sich aufgrund der Schadstoffproblematik in den letzten Jahren zeitweise zunehmend erschwert hat, wird auch hier eine sichere Verwertung angestrebt (es sei hier angemerkt, daß sämtliche anfallenden Klärschlämme bei den Schadstoffen weit unter den Grenzwerten der geltenden Klärschlammverordnung liegen).

Um eine langfristig sichere Verwertung des Klärschlammes zu erzielen ist geplant, den gesamten Klärschlamm in einer zentralen Anlage zu trocknen. Dadurch ließe sich die anfallende Klärschlammenge auf ca. 5000 t (bei einem Wassergehalt von 10 %) reduzieren. Das dabei erzeugte Produkt

137

verfügt über einen guten Heizwert und kann beispielsweise als zusätzlicher Brennstoff in einer Feuerungsanlage verwertet werden.

– Sortierung von Gewebe- und Sperrmüll sowie gemischten Baustellenabfällen
Die derzeit ca. 50.000 t pro Jahr an Gewerbe- und Industrieabfällen können grob unterteilt werden in ca. 10.000 t gemischte Baustellenabfälle, 8.000 t Gießereisande, 25.000 t Gewerbemüll sowie ca. 7.000 t sonstige Abfälle. In den letzten Jahren ist es im Bereich des Gewerbemülls zu Steigerungsraten von teilweise über 10 % pro Jahr gekommen. Da hier noch ein großes Potential an verwertbaren Abfällen enthalten ist, ist geplant, eine zentrale Sortieranlage für Gewerbemüll, gemischte Baustellenabfälle und Sperrmüll einzurichten. Hierbei sollen bei einem Input in die Anlage von ca. 35.000 t pro Jahr ca. 15.000 bis 20.000 t pro Jahr an Abfallstoffen einer stofflichen Verwertung zugeführt werden.

– Biomüllkompostierung
Im anfallenden Hausmüll sind nach vorliegenden Untersuchungen ca. 40 bis 45 % der Abfälle nativ-organischer Natur (Küchenabfälle und Gartenabfälle). Diese Abfälle können problemlos einer Kompostierung zugeführt werden. Bei der Einführung einer zweiten Mülltonne (Biotonne) zur Erfassung sämtlicher organischer Abfälle aus dem Hausmüll ließen sich im Bodenseekreis weitere 14.000 t einer stofflichen Verwertung zuführen. Im Jahr 1990 ist geplant, zuerst in einem Versuchsgebiet von 30.000 Einwohner die Biotonne einzuführen, um dann aufbauend auf den erzielten Ergebnissen ggf. das System flächenhaft zu realisieren.

Perspektiven

In der zukünftigen Entwicklung in der Abfallwirtschaft muß der Abfallvermeidung oberste Priorität eingeräumt werden. Hierbei ist in besonderem Maße der Gesetzgeber gefordert, der hier die Rahmenbedingungen schaffen muß, damit eine wirksame Abfallvermeidung realisiert werden kann.

Darüber hinaus ist jedoch hier der einzelne Bürger gefordert, der durch umweltbewußtes Kaufverhalten die Mechanismen des freien Marktes beeinflussen kann. Zur Förderung des umweltbewußten Verhaltens insbesondere der heranwachsenden Generation hat der Landkreis bereits heute eine Abfallberaterin eingesetzt, die in Kindergärten und Schulen die Möglichkeit der Abfallvermeidung bzw. -verwertung darstellt. Diese Beratungstätigkeit wird zukünftig insbesondere auf kommunaler Ebene erheblich erweitert werden müssen. Gleiches gilt sicherlich noch mehr für den Bereich des Gewerbemülls, da hier die Möglichkeiten der Abfallvermeidung bzw. auch stofflichen Verwertung bisher nur im geringen Maße genutzt werden.

Bei Umsetzung der vorgenannten Maßnahmen zur Steigerung der stofflichen Verwertung der im Bodenseekreis anfallenden Abfälle und bei optimaler Entwicklung der Maßnahmen zur Förderung der Abfallvermeidung erscheint es möglich, mittelfristig die Abfallmenge auf über 50 % der derzeitigen Menge zu reduzieren. Dadurch ließe sich die Abfallmenge von derzeit 130.000 t pro Jahr auf weniger als 65.000 t vermindern. Voraussetzung dafür, dieses Ziel zu erreichen, ist allerdings, daß es gelingt, auch für die aus dem Abfall gewonnenen Wertstoffe einen langfristig gesicherten Absatzmarkt aufzubauen. Für die verbleibende Restmüllmenge muß jedoch nach wie vor eine gesicherte Entsorgung bzw. Lösung gesucht werden.

Nach der sich in den letzten Jahren dargestellten Entwicklung in der Wissenschaft und Technik kann sich die langfristig sichere Entsorgung nicht auf die derzeitige Praxis der Deponierung von Abfällen beschränken, da dadurch Lasten geschaffen werden, deren Beseitigung in dieser Generation und auch wahrscheinlich nicht in der nächsten möglich sein wird. Dieses Bewußtsein muß die Grundlage all unserer Überlegungen zur modernen Abfallwirtschaft werden, die ihr Ziel darin sieht, Abfallstoffe thermisch so zu behandeln, daß die erzeugten Endprodukte der Erdkruste ähneln und daß die verbleibenden toxischen Reststoffe sich so wenig wie möglich der Umwelt mitteilen können.

Um diese moderne Abfallwirtschaft realisieren zu können, bedarf es entsprechender technischer Anlagen, mit denen eine thermische Verwertung der Abfälle durchgeführt werden kann.

Es bleibt zu wünschen, daß hier alle Verantwortlichen – insbesondere die Politiker – den Mut haben, zum Wohle der Gemeinschaft die notwendigen Entscheidungen zu treffen, damit eine moderne, integrierte und umweltverträgliche Abfallwirtschaftskonzeption realisiert werden kann. Die Lösung wird dann erfolgreich sein, wenn nicht „St. Florian" regiert, sondern wenn die Entscheidungen von gegenseitigem Geben und Nehmen getragen sind.

M.Ü.L.L. – Mehr über leidige Lasten

Abfallberatung im Bodenseekreis am Beispiel von Projekttagen an der St.-Elisabeth-Realschule in Friedrichshafen

Bianca Sydow

„Müll" war jahrelang kein Problem der bundesdeutschen Wohlstandsgesellschaft.

Fällt im Haushalt Abfall an, so stellt die Entsorgung eigentlich kein Problem dar, denn jedem Haushalt steht eine Mülltonne zur Verfügung, die einmal in der Woche von der Müllabfuhr geleert wird. Wohin dieser Müll verbracht wird, interessiert die wenigsten. Hauptsache der Abfall, also das unbrauchbar Gewordene, ist weg, nach dem Motto „Aus den Augen, aus dem Sinn".

Dieser gedankenlose Umgang mit „Altrohstoffen" trieb Blüten. So stieg innerhalb der letzten 20 Jahre der Verpackungsanteil im Hausmüll auf etwa 50% an und entsprechend vergrößerte sich das Müllbehältervolumen. Inzwischen produziert jeder Bundesbürger laut Statistik im Jahr durchschnittlich 300 kg Müll.

Einen ersten kleinen Schritt in Richtung Abfallvermeidung wurde Mitte der 80er Jahre durch Inkrafttreten des neuen Abfallgesetzes unternommen. Ziel dieses Gesetzes ist, der Wegwerfmentalität Einhalt zu gebieten. Hierbei steht die Abfallvermeidung im Vordergrund und erst an zweiter Stelle die Abfallverwertung, d. h. die Rückgewinnung von Wertstoffen aus Abfällen. Zur Verminderung der Müllberge erscheint es unerläßlich, Müll dort zu trennen, wo er auch anfällt. Hier setzt dann auch die Abfallberatung ein.

Die Abfallberatung ist unter anderem ein Weg, der zu einem hohen Informations-

stand und zu hoher Teilnahmebereitschaft in bezug auf Abfallvermeidung und -trennung in der Bevölkerung führt. Gerade durch die Öffentlichkeitsarbeit wird Bewußtsein und Verantwortungsgefühl für die Abfallproblematik geschaffen. Im allgemeinen fördert das Anheben des Informationsstandes und die gleichzeitig zu leistende Überzeugungsarbeit die Beteiligungsbereitschaft seitens der Bevölkerung bei der Einführung neuer Entsorgungsstrategien.

Zur Schaffung bzw. Erhaltung einer intakten Natur und Umwelt soll das Verhalten der Bürger und Bürgerinnen – durch die Abfallberatung – zu vorsorgendem Umweltschutz positiv beeinflußt werden. Umfassende Informationen über Müllvermeidung und Mülltrennung sind daher wichtige Maßnahmen zur Reduzierung des Müllaufkommens.

Projekt „M.Ü.L.L."
vom 28. März bis 31. März 1990
– ein Erfahrungsbericht

Enttäuschung macht sich breit auf den Gesichtern von 13 Mädchen der 9. Klassen der St.-Elisabeth-Realschule in Friedrichshafen als bekanntgegeben wird, daß sie dem Projekt „Müll" zugeteilt sind. Die Schülerinnen verspüren keine besondere Zuneigung zu dieser „schmuddeligen Angelegenheit". Dennoch wird dieses 3tägige Projekt in Zusammenarbeit mit der Lehrerin und Projektleiterin, Johanna Dollak, hinsicht-

Planung der „Müll-Aktivitäten" für die Ausstellung.

lich Lerninhalte und methodischer Vorgehensweisen vorbereitet.

1. Projekttag

Mittwoch, den 28. März 1990 um 8.00 Uhr, beginnt nun das Müll-Projekt. Hiermit sinkt auch endgültig der letzte Hoffnungsschimmer der Schülerinnen bezüglich einer Absage des ungeliebten Projekts.

Gerade diese ablehnende Haltung stellt eine besondere Herausforderung dar. Gefragt ist hier ein hohes Maß an Überzeugungskraft, um den Mädchen die Notwendigkeit der Müllvermeidung und Müllverwertung näher zu bringen.

Als erstes gilt es, das Interesse der 13 Schülerinnen zu wecken und darüber hinaus Betroffenheit zu erzeugen. Zum Einstieg in die Müllproblematik werden 4 Dias gezeigt,

die das bisher gewohnte Bild der Müllentsorgung verdeutlichen sollen. Anhand einiger Schaubilder wird dann die Situation in der Bundesrepublik Deutschland und speziell im Bodenseekreis dargestellt. Besonders beeindruckend für die Schülerinnen ist die Tatsache, daß in der Bundesrepublik jährlich ca. 29 Millionen Tonnen Hausmüll und hausmüllähnlicher Gewerbemüll anfallen. Diese kaum vorstellbare Menge entspricht einem Müllberg von der Höhe der Zugspitze, oder, diese Müllmenge füllt einen Güterzug von ca. 6000 km Länge, der von Berlin bis zum Äquator reicht.

Als nächstes wird die Entwicklung des Müllaufkommens in diesem Jahrhundert aufgezeigt. Kamen um die Jahrhundertwende noch etwa 100 kg Müll auf eine Person, so hat sich diese Zahl 1990 verdreifacht. Beim Müllvolumen verelffachte sich das Aufkommen von 200 Liter im Jahr 1900 auf 2 200 Liter im Jahr 1990.

Ein entscheidender Grund für diese Entwicklung ist der zunehmende Verbrauch von Kunststoffverpackungsmaterialien. Im Laufe der Zeit wurden Mehrwegsysteme z. B. Pfandflaschen immer weiter zurückgedrängt; die für Industrie, Handel und Verbraucher scheinbar bequemere Einwegverpackung hielt Einzug.

Neben diesen, auf die Bundesrepublik bezogenen Fakten, wird im weiteren Verlauf gezielt auf die regionale Entwicklung eingegangen. Auch der Bodenseekreis weicht nicht von der allgemeinen Entwicklung ab; auch hier ist ein kontinuierlicher Anstieg der jährlich anfallenden Gesamtmüllmenge zu beobachten. Wird das Gesamtmüllaufkommen von ca. 138.000 Tonnen im Jahr 1989 aufgeschlüsselt, so ist feststellbar, daß der Löwenanteil auf den Gewerbemüll mit 40,7 % (56.218 t) und dem Hausmüll mit 28,6 % (39.488 t) entfällt. Erfreulich ist die steigende Tendenz beim Wertstoffaufkommen. Immer mehr Bürger verhalten sich umweltbewußter, indem sie zumindest Wertstoffe aus dem Müll aussortieren. Interessant ist für die Schülerinnen die Analyse der sogenannten „Müll-Hitparadenliste" der gemeindlichen Müllverursacher bzw. deren Wertstoffaufkommen. Dabei kann nämlich der Zusammenhang zwischen niedrigem Hausmüllaufkommen und hohem Wertstoffaufkommen bzw. umgekehrt leicht gezeigt werden.

Abschließend wird noch auf die Standorte der Müllbeseitigungsanlagen im Bodenseekreis eingegangen. Wiederum ist für die Schülerinnen die Tatsache bemerkenswert, daß die Laufzeit der Zentraldeponie Weiherberg bei Raderach sich voraussichtlich bis zum Jahr 2016 verlängern wird, aber nur unter der Prämisse, daß sämtliche vom Bodenseekreis geplanten Müllvermeidungs- und Müllverwertungsmaßnahmen tatsächlich umgesetzt werden.

Die theoretische Erarbeitungsphase zur Müllproblematik ist damit abgeschlossen. Es werden nun die konkreten praktischen Handlungsmöglichkeiten, die jedem einzelnen in bezug auf Müllermeidung zur Verfügung stehen, an realen Beispielen erarbeitet. Den Schülerinnen wird dadurch klar, daß der Verbraucher nicht unbedingt hilflos der Müllproblematik gegenübersteht, sondern sein eigenes Einkaufsverhalten überdenken und entsprechend die abfallärmeren Produktvarianten bevorzugen kann. Nun darf an dieser Stelle nicht unerwähnt bleiben, daß der Erwerb umweltfreundlicher Waren auch meistens mit einem größeren finanziellen Aufwand verbunden ist.

Zum Abschluß des ersten Projekttages werden Ideen zur Umsetzung des Gehörten und Gesehenen gesammelt. Diffus vorhandene Gedankenimpulse werden im Kreisgespräch weiterentwickelt. Ausschlaggebend für die Schülerinnen ist, daß sie die Müll-Informationen, die sie persönlich am meisten berührt haben, auf irgendeine Art und Weise gestalterisch umsetzen können.

Das Eis ist gebrochen. Die anfänglich negative Haltung zur Müllproblematik weicht Betroffenheit und schlägt dann in Interesse um. Dieses Interesse entwickelt sich am 2. Projekttag – der Deponiebesichtigung – entsprechend fort.

2. Projekttag

Donnerstag, den 29. März 1990 ist der Treffpunkt der Projektgruppe auf der Zentraldeponie Weiherberg. Ausgerüstet mit Gummistiefeln und Regenbekleidung werden die 13 Schülerinnen mit den „Überresten unserer Wohlstandsgesellschaft" konfrontiert.

In der Wertstoffabteilung werden die aussortiert angelieferten Wertstoffe wie Papier, Pappe, Weißglas, Braunglas, Grünglas (Polyethylen-) Folien, Buntmetalle, Eisenschrott, Holz und Altreifen getrennt erfaßt und einer Wiederverwertung zuge-

„Kuno von Müllstein" hinterläßt für die nächsten Jahrtausende ein beachtliches Erbe: Kaum verrottbarer Müll!

führt. Grünabfälle wie Baum-, Hecken- und Grasschnitt, Laub und sonstige Pflanzenteile werden auf dem Kompostplatz angenommen und zu hochwertigem Rohkompost verarbeitet. Die Reifezeit des Kompostes dauert von der Anlieferung der Grünabfälle bis zur Abgabe des Fertigproduktes etwa 4 Monate.

Auf der Deponie herrrscht ein ständiges Kommen und Gehen. Müllfahrzeuge bilden z. T. Warteschlangen vor bzw. hinter der Waage, wo der Müll zunächst gewichtsmäßig erfaßt wird.

Neue Aus- und Einsichten eröffnen sich nach der „Besteigung des Müllberges", der im Laufe der 8jährigen Betriebszeit allmählich entstanden ist. Von oben aus können die zukünftigen Erweiterungsgebiete der Deponie in Augenschein genommen und der Abladevorgang des frisch angelieferten Mülls beobachtet werden. Da kommen die unterschiedlichsten Wertstoffe zutage, z. B. Kartons, Papier, Glas und vor allem Dosen, die aufgrund von Bequemlichkeit oder auch aus anderen Gründen nicht aussortiert wurden. Selbst Pfandflaschen aus Glas waren im Müll zu finden.

Als die Gruppe den Rückweg nach unten zum Betriebsgebäude antritt, verstärkt sich der ständig in der Luft liegende leichte Methangasgeruch. Er ist dann auch der Anlaß dafür, um die Gasgewinnung und die daraus resultierende Stromerzeugung mittels eines Schaubildes näher zu erläutern. Immerhin wird jährlich durch die Deponiegasverbrennung Strom für etwa 450 Haushalte ins Stromnetz der EVS eingespeist.

Spätestens nach der 2stündigen Deponiebesichtigung ist den 13 Schülerinnen einsichtig und bewußt, daß in Sachen „Müll gehandelt werden muß.

3. Projekttag

Freitag, den 30. März 1990 gingen die inzwischen durch die Erarbeitung der Müllthematik am ersten Projekttag und dem Deponiebesuch am zweiten Projekttag hochmotivierten Schülerinnen an die Umsetzung ihrer Ideen zur Präsentation für die Ausstellung am darauffolgenden „Tag der offenen Tür". Hier wurden die kreativen Ideen und deren Ausgestaltung durch eine begeisterte Projektgruppe in die Tat umgesetzt. Es wurde gebastelt, gemalt, ausgeschnitten, geklebt, gezeichnet, gehämmert, geknotet, angeheftet, Texte entworfen, Plakate beschriftet, benötigte Materialien besorgt usw. Es war erstaunlich, mit welcher Leidenschaft, Sorgfalt und wieviel Einfällen die Schülerinnen ihre Ideen verwirklichten;

Getränkedosen-Mobile: 1 Pfandflasche mit 1 Liter Inhalt ersetzt bei 45maligem Umlauf 136 Dosen!

mit einer solchen Aktivität hatte eigentlich keiner gerechnet.

Die nun folgenden Abbildungen vermitteln den oben beschriebenen Einsatz der Projektgruppe „Müll".

Tag der offenen Tür

Samstag, den 31. März 1990 ist es endlich soweit. Die geladenen Eltern, Schülerinnen, Freunde und ehemalige Schülerinnen nehmen regen Anteil an den vorgestellten Projekten der Schule. Der Einsatz der Mädchen hat sich voll gelohnt. Erfreulicherweise setzte sich das Publikum mit den dargestellten Informationen auseinander. Hin und wieder werden auch hitzige Diskussionen zur Müllproblematik zwischen Schüle-

rinnen und Besuchern registriert. Denn so manch einer findet den dekorierten „Kuno von Müllstein" zwar ganz witzig, aber die eigentliche Intention, die sich hinter dieser Figur verbirgt, scheint für einige Besucher leider kein Problem darzustellen. Doch im großen und ganzen findet das Projekt „M.Ü.L.L.: *M*ehr *ü*ber *l*eidige *L*asten" breite Zustimmung bzw. großen Anklang beim Publikum.

Resümee

Die Investition an Zeit und Arbeit in das Müll-Projekt an der St.-Elisabeth-Realschule hat sich voll gelohnt. Gerade die anfängliche Abneigung der Schülerinnen war dann der Motor, der die Überzeugungsarbeit in Gang setzte. Im nachhinein betrachtet ist die Arbeit mit solch einer Projektgruppe zwar nur ein Mosaiksteinchen innerhalb der gesamten Umwelterziehung, aber hier wird beispielsweise eine Basis zur Schulung des Umweltbewußtseins geschaffen, indem die Schülerinnen für Umweltthemen sensibilisiert werden und ihre Verantwortung für den behutsamen Umgang mit Natur, Umwelt und Leben allgemein erkennen.

Wünschenswert wäre, daß sich immer mehr Menschen für die Belange in ihrer eigenen Umwelt interessieren und sich dafür auch engagieren würden. Konkrete Handlungsmöglichkeiten bieten sich zuhauf. Denn davon wird die Zukunft abhängen. Kinder sind unsere Zukunft. Auch sie möchten morgen noch saubere Luft atmen, reines Wasser trinken und unbelastete Nahrungsmittel essen. Und wir Erwachsenen gehen so verschwenderisch mit solchen kostbaren Gütern um.

Kann es so weitergehen?
Besonders anschauliches Beispiel aus der Schüler-Ausstellung.

...klein, hochmodern, aber hiesig !

Überlinger Gewerbe im Wandel

Titel des vorgestellten Buches mit Foto des Transports eines Generators zum E-Werk, 1925.

„. . . klein, hochmodern, aber hiesig!"

Eine Geschichts-AG schreibt die Gewerbegeschichte ihrer Stadt

Paul Baur

Im vergangenen Schuljahr 1988/89 haben 35 Schülerinnen und Schüler der Jörg-Zürn-Gewerbeschule Überlingen im Rahmen einer Geschichts-AG die gewerbliche und industrielle Entwicklung der Stadt Überlingen im 19. und 20. Jahrhundert untersucht. Die Einrichtung einer Geschichts-Arbeitsgemeinschaft, ergänzend zum Regelunterricht, in der sich Schüler aus Teil- und Vollzeitklassen schulartenübergreifend – also Lehrlinge, Schüler des 2. Bildungsweges, technische Gymnasiasten, Berufskollegiaten sowie Abiturienten – auf freiwilliger Basis zusammengefunden haben, wurde durch ein vom baden-württembergischen Kultusministerium initiiertes Förderprogramm für besonders befähigte bzw. interessierte Schüler ermöglicht.

Das Förderprogramm

Die Anfänge jenes kultusministeriell lancierten Förderprogrammes reichen in das Schuljahr 1984/85 zurück, in welchem 40 baden-württembergische Schulen aller weiterführenden Schularten erstmals mit Veranstaltungen zur Förderung besonders befähigter Schüler begonnen haben. Ausgehend von einem differenzierten Begabungsbegriff – der nicht nur Begabung in bezug auf besondere Abstraktionsfähigkeit, sondern auch Begabung im praktischen Tun und im handwerklichen Bereich umfaßt – sollte nach dem Willen des Kultusministeriums die Förderung gleichermaßen an Haupt-

schulen, Realschulen, Gymnasien und beruflichen Schulen durchgeführt werden. Kriterien für die Auswahl der Schüler, die in zweistündigen Arbeitsgemeinschaften im mathematischen, naturwissenschaftlich-technischen und gesellschaftswissenschaftlich-sprachlichen Bereich intensive schulische Förderung erfahren sollten, waren laut Vorstellung der Schulverwaltung: Begabung für das Fach, überdurchschnittliche Leistungen, Begeisterungsfähigkeit, Neugier, Einfallsreichtum, Interesse, Aufgeschlossenheit für ein Spezialthema, Belastbarkeit, Durchhaltevermögen sowie Fähigkeit zur Teamarbeit. Im Schuljahr 1988/89 besuchten rund 4200 Schülerinnen und Schüler 527 Arbeitsgemeinschaften für besonders befähigte Schüler. Von den insgesamt 376 Schulen zählen immerhin 54 zum beruflichen Schulwesen.

Im Schuljahr 1989/90 wurden weitere 60 Schulen in das Programm einbezogen. Die Anzahl der Arbeitsgemeinschaften hat sich damit auf etwa 600 erhöht, die Zahl der beteiligten Schüler auf ca. 5000. Die Entwicklung der Bereiche Sprache, Mathematik, Naturwissenschaften und Technik, verlief dabei in den vergangenen Jahren durchaus unterschiedlich: Während das Angebot des ersten Jahrgangs eine Dominanz von mathematischen Themen aufwies, hat sich der Schwerpunkt mittlerweile deutlich auf den Bereich der naturwissenschaftlich-technischen Themenstellung verschoben.

Die Jörg-Zürn-Schule beteiligt sich

Ein naturwissenschaftlich-technisches Thema („das Problem der Quantifizierung komplexer biologischer Systeme") bildete auch an der Jörg-Zürn-Gewerbeschule den Anfang, als diese Schule in der Saison 1986/87 erstmals in das Förderprogramm aufgenommen worden war. Die Messung der Kraftänderung bzw. Längenänderung von Muskeln sowie Nerven und die histochemische Charakterisierung von Muskulaturen erforderte besondere praxisorientierte und experimentelle pharmakologische Verfahren, die extrem zeitintensiv waren und vor allem den Einsatz von modernstem technischem Gerät bedingten.

Eine intensive Vorbereitungszeit und die Komplexität des Themas machten einen Fortsetzungsantrag für das Projekt erforderlich, das mit dem Ende des Schuljahres 1987/88 erfolgreich auslief. Charakteristisch für solche mehrjährige schulische Projektarbeit sind das allmähliche Wegbleiben von Teilnehmern, das Aufkeimen von esoterischen Neigungen von wenigen Spezialisten, bei denen ein signifikanter Leistungsabfall in den eigentlichen Schulfächern zu beachten war.

Um diesen aus der fakultativen Projektarbeit resultierenden Negativwirkungen für den weiteren schulischen Lernerfolg wirksam vorzubeugen, sollte künftighin die Dauer einer Arbeitsgemeinschaft auf ein Jahr begrenzt sein. Zudem legte die Schulleitung allergrößten Wert darauf, daß in arbeitsgemeinschaftlichen Kontext dem bislang dominierenden mathematischen und naturwissenschaftlich-technischen Bereich – die traditionelle und charakteristische Regelkost übrigens, das tägliche Brot an einer Gewerbeschule – jetzt ein Alternativangebot mit geistes- bzw. gesellschaftswissenschaftlicher Ausrichtung entgegengestellt werden sollte.

Erste Überlegungen und Planungen erfolgten im Frühjahr 1988. Um das Projekt –

es sollte ein historisches Thema zur neueren Geschichte der Stadt Überlingen, möglichst mit Bezug zum sozialen Umfeld der Gewerbeschüler sein – in den Augen des Oberschulamtes unverdächtig und d. h. vor allem förderungswert erscheinen zu lassen, verstieg man sich auf eine etwas bombastisch klingende, zugegebenermaßen teils verschleiernde, aber eben auch den Charakter eines für AGs typischen provisorischen Arbeitstitels anzeigende Themenformulierung: „Industrialisierung einer Bodenseestadt: Überlingens sozio-ökonomischer Strukturwandel vom alten Mineral- und Seebad zum modernen Industriestandort im Spiegel firmengeschichtlicher Porträts".

Die Themenstellung ergab sich aus der Überlegung, einerseits den Beitrag zur bislang eher stiefmütterlich behandelten Gewerbegeschichte der Stadt Überlingen zu liefern, andererseits einer regionalgeschichtlich orientierten Didaktik mit ihren besonderen Anschauungs-, Erläuterungs- und Beispielmöglichkeiten Rechnung zu tragen. Gewerbe- bzw. Unternehmensgeschichte bietet innerhalb der modernen Sozialgeschichte den paradigmatischen Zugang zu dem Spannungsfeld zwischen industriellem Fortschritt, technischer Innovation und sozialer und ökologischer Problematik. Diese Verdichtung ist in Überlingen in besonderer Weise zu exemplifizieren im Hinblick auf den Wettstreit zwischen alten agrarischen Strukturen und modernem Produktionsstandort, zwischen reichsstädtisch eher homogenem Sozialgefüge und modernem pluralistischem Gesellschaftsbild, zwischen infrastrukturellen Zwängen und ökologischen Bedürfnissen. Konkrete Problembereiche bildeten in Überlingen insbesondere der Anschluß an ein überregionales Schienennetz – nach langen politischen Querelen verspätet erst ab 1890/91 realisiert –, das Bemühen um die Kontinuität einer mehrhundertjährigen Vergangenheit als beliebter Badeort, Ausbau einer mittelständi-

Bau der Bahnlinie am Tunneleingang West um 1895.

schen Industrie im Bereich Feinmechanik, Motoren- sowie Fahrzeugbau und Elektronik. Ein erster wichtiger methodischer Ansatz bildete die Berücksichtigung des historischen Kontextes, nämlich die Geschichte der Industrialisierung in der Bodenseeregion, die relativ gut erforscht ist und u. a. von W. Trapp eine eingehendere Würdigung erfuhr. Nach seiner Darstellung hat sich die Industrialisierung im Bodenseeraum in drei voneinander zu trennenden Perioden vollzogen:

1. Phase (1780-1850/60):
   Textilindustrie (St. Gallen, Konstanz, Radolfzell, Singen)
2. Phase (1850/60-1880):
   Erschließung der Region durch die Eisenbahn
3. Phase (1880/90-1914):
   Hochkonjunktur (Maggi, Fischer, Alu, Saurer, Luftschiffbau)

   Diese industriegeschichtlich exakt beschreibbare Situation verlockte in besonderer Weise dazu, in einer Lokalstudie (Fallbeispiel: Überlingen) zu prüfen, inwieweit Parallelen oder Unterschiede im Hinblick auf soziale, wirtschaftliche oder politische Voraussetzungen und Entwicklungslinien bestanden. Weiterhin wurde die Forscherneugier und die Entdeckerfreude der Schüler von der Möglichkeit angespornt, in Überlingen gar Sonderwege oder Alternativen zum allgemeinen Verlauf der Industriegeschichte des Bodenseeraumes festzustellen.

149

Der Überlinger Osten um 1935. Mitte rechts: ehemalige Turbo Maschinenfabrik, ab 1940 Kramerwerke. Mitte links: ehemalige Bürstenfabrik Sorg, später mechanische Werkstätte Ullrich.

Angst vor der Industrie

Tatsächlich konnte sich Überlingen, das in der ersten Hälfte des 19. Jahrhunderts durchaus auch erfolgversprechende industrielle Anfänge vorzuweisen hat, über viele Jahrzehnte hinweg der allgemeinen Industrialisierungswelle vehement widersetzen. Und dies, obwohl es immer wieder erneute Versuche gab, industrielle Unternehmen mit teils verlockenden Angeboten in die Stadt zu ziehen, um die chronisch lädierte Wirtschaft zu sanieren, neue Verdienst- und Einkommensquellen der Bürgerschaft zu erschließen oder überhaupt den Anschluß

an die neue, moderne Zeit nicht zu verpassen. Als Hauptproblem erwies sich aber offensichtlich die agrarisch-handwerklich strukturierte Stadtgesellschaft und eine nur halbherzige Unterstützung der Projekte seitens der Verwaltungsbehörden. In der Reihe der mißglückten Versuche, in Überlingen der Industrie eine dauerhafte Heimstatt zu geben, ist hauptsächlich zu nennen: Schmuckwarenfabrikation (1907), Obstverwertung (Anlage einer Konservenfabrik) und die Aufnahme der Produktion von Kunstseide durch ein schweizerisch-amerikanisches Konsortium Ende der 1920er Jahre. Zwar motiviert durch Gewinnstreben, städtische Prosperität oder Minderung der katastrophalen Arbeitslosenproblematik in der Spätphase der Weimarer Republik, sah sich der Überlinger Magistrat außerstande, eine entsprechende politische Weichenstellung einzuleiten. Ruhestörung, Geräuschkulissen oder Geruchsbelästigung, Wasserverschmutzung, defizitäre Infrastruktur oder mangelhafte Energieversorgung, Fehlen einer qualifizierten Facharbeiterschaft: All dies waren über Jahrzehnte hindurch stereotype vordergründige Dokumente jener Ratsmitglieder, die sich gegen Modernisierung, Neuerung und Öffnung stemmten und um das Imagebild ihrer Kurstadt fürchteten.

Doch die eigentlichen Hemmfaktoren waren ganz anderer Natur. Ein Denken, das in den Traditionen reichsstädtischer Vergangenheit wurzelt und für einen Stagnation auslösenden Dornröschenschlaf sorgte, ein Konservatismus mit einer eingehenden Angst vor den politischen Folgen der Existenz einer Industriearbeiterschaft, eine ähnliche Vergangenheit des Kurbetriebes als stetige und verläßliche Einkommensquelle, und schließlich der Charakter eines verschlafen-idyllischen Kleinstädtchens, das sich seiner Etikettierung als „Pensionopolis" eher noch erfreute.

Ein jene Mentalität bestens illustrierendes Beispiel sei aus der jüngsten industriegeschichtlichen Vergangenheit Überlingens angefügt, als nämlich die Villinger Elektrofirma Saba die Errichtung von Produktionsanlagen auf dem Gelände des Oberriedhofes gegen Ende der 50er Jahre ins Auge faßte – und übrigens dabei auf den erbitterten Widerstand seitens der beiden ansässigen Großbetriebe Kramer und Bodensee-Werke stieß. Als Meinungsführer jener Fraktion, die im Hinblick auf eine gravierende Veränderung des Arbeitskräftemarktes argumentierte, gab sich insbesondere Dr. Georg von Siemens zu erkennen. Siemens, ein weit entfernter Verwandter des

Gießerei Auer um 1965, Bereich St.-Ulrich-Straße.

Konzerngründers Werner von Siemens, votierte gegen den Ansiedlungsversuch der Firma Saba mit dem Hinweis darauf, daß mit dem Abzug vieler weiblicher Arbeitskräfte das Vorhandensein weiblichen Dienstpersonals für das Überlinger Bürgertum ernsthaft in Frage gestellt sein würde. Die Aussicht, daß die Frauen in der Industrie bessere Arbeitsbedingungen oder Verdienstmöglichkeiten hätten vorfinden können, interessierte den großbürgerlichen Denkkategorien verhafteten Exponenten der politisch dominierenden Schicht in Überlingen kaum.

Ein Buch entsteht

Die Forschungsarbeit der Schüler ist in Form eines knapp vierhundertseitigen Sammelbandes mit insgesamt 34 Einzelbeiträgen publiziert. Artikel behandeln die Grundlagen und Rahmenbedingungen (z. B. Weinbau und Getreidehandel, Wasserkraft und Elektrizität, Verkehrspolitik und Tourismus), den mühsamen Weg ins

Maschinenzeitalter (industrielle Anfänge, Kriegswirtschaft und gescheiterte Ansiedlungsprojekte) und die gegenwärtige Überlinger Wirtschaftssituation, schlaglichtartig beleuchtet durch Firmenporträts. Einen besonderen Stellenwert hat das reichhaltige und über weite Strecken erstmals publizierte Bildmaterial aus öffentlichen sowie privaten Archiven. Von der Archivrecherche bis zur Befragung von Zeitzeugen beschritten die Schüler alle gängigen fachwissenschaftlichen Arbeitsmethoden. Die Gesamtkonzeption wurde selbständig nach Sichtung der Arbeitsschwerpunkte erstellt, die Einzelbeiträge sind eigenverantwortlich formuliert, wobei der individuellen Handschrift jedes Autors Raum gelassen wurde.

Zwar bildeten Neugier, Interesse und Engagement der Schüler, die im Schulalltag ohnehin reichlich mit Unterrichtsstoff eingedeckt waren, wesentliche äußere Faktoren der erfolgreichen schulischen Projektarbeit. Doch das zentrale Ereignis, nämlich die „originale Begegnung mit der Geschichte" (H. Roth) und somit die Freilegung eines Geschichtsbewußtseins, das eine Deutung der Vergangenheit erstrebt, die um des Verständnisses der Gegenwart und der Erwartung der Zukunft willen unternommen wird, ist ein spezielles Resultat regionalgeschichtlichen Unterrichtens mit seinen besonderen Anschauungs-, Erläuterungs- und Beispielmöglichkeiten. Der traditionelle Geschichtsunterricht vermag nur schwer Lernerfolg und Lerneffektivität in der Weise zu garantieren, wie dies eine ausschließlich auf den Prinzipien Überschaubarkeit, Stoffnähe, Verständlichkeit, Konkretheit oder Vertrautheit fußende Regionalgeschichte zu gewährleisten in der Lage ist. Insofern sei ein weiteres Mal ein Plädoyer für eine stärkere regionalgeschichtliche Ausrichtung des „normalen Geschichtsunterrichtes" formuliert. Denn soll Geschichtsarbeit – vor allem arbeitsgemeinschaftlich – nutzen und Vorteil bringen und

auch die Grundlage dafür sein, sich engagierter und kritischer mit der Gegenwart auseinanderzusetzen, um aktiv Zukunft zu gestalten, dann hat mikrohistorisches, d. h. auf eine Region bezogenes Unterrichten, gerade bei jungen, ideologisch und politisch sich formenden Menschen, seine volle Berechtigung. Daß die Teilnehmer der Geschichts-AG mit einem beachtlichen, auch fachwissenschaftlichen Anforderungen genügenden Gesamtergebnis aufwarten können – parallel zur Erstellung der historiographischen Essays für die Buchpublikation fanden auch Vorarbeiten für eine Ausstellung gleichen Themas statt wie das Zeichnen von Karten, Schaubildern etc. –, liegt neben der Zielstrebigkeit und Ausdauer der Schüler freilich auch daran, daß sie vielerlei Wohlwollen und Unterstützung erfahren durften.

Daher gilt der Dank allen Überlinger Institutionen und Firmen, die den Schülern stets bereitwillig Materialien und Informationsträger zur Verfügung gestellt haben. Als große Bereicherung erwiesen sich insbesondere die Erlebnis- und Erfahrungsberichte der zahlreichen Zeitzeugen, die allen Fragen geduldig und verständnisvoll ausführliche Antworten nachschoben.

Die unentbehrliche Unterstützung erfuhr das Projekt von Kollegium und Schulleitung – vor allem im Hinblick auf konkrete Hilfestellungen bei der Beschaffung von Material, Herstellung von Kontakten sowie bei der Buchgestaltung.

Großen Dank schuldet die Geschichts-AG aber auch dem Leiter der Jörg-Zürn-Gewerbeschule, Herrn Eberhard Proß, der nicht nur das Projekt anregte und ihm entscheidende Weichenstellungen gab, sondern darüber hinaus für Rahmenbedingungen sorgte, die ein unbeaufsichtigtes freies und daher gedeihliches Arbeiten ermöglichten. Zudem war er es, der wichtige Kontakte zu Institutionen, Firmen und Privatleuten herstellte, ferner Finanzierungsquel-

Blick in die Fabrikhalle der Kramerwerke um 1960.

len erschloß und schließlich auch die Publikation über den Verein der Freunde der Jörg-Zürn-Gewerbeschule anregte.

Finanziert wurde die Publikation in einer Auflage von 1000 Exemplaren durch Spenden von Firmen, Institutionen und Privatpersonen. Hervorzuheben ist die Unterstützung durch die Freunde der Jörg-Zürn-Gewerbeschule e.V. Mit Sachmitteln großzügig bedacht wurde die Projektarbeit nicht zuletzt auch vom baden-württembergischen Ministerium für Kultus und Sport.

Eine Lücke geschlossen

Eine Beurteilung der Schülerarbeit, die kritisch sowohl zur Leistung als auch zur Wirkung dieses „AG-Produktes" Stellung

nimmt, wurde anläßlich der öffentlichen Präsentation des Buches am 2. Oktober im Foyer der Jörg-Zürn-Gewerbeschule in Überlingen von Oswald Burger in seiner Laudatio vorgenommen. Darin heißt es u. a.: „Die Schüler haben eine echte Lücke mit dieser Veröffentlichung geschlossen, denn eine Geschichte von Gewerbe und Industrie in Überlingen war bis jetzt tatsächlich ein Desiderat, ein Mangel. Es gab bisher allenfalls ganz generelle Bemühungen um dieses Thema über die ganze Region.

Für die neuere Zeit sind da in erster Linie die zahlreichen, das Thema oft erst erschließenden Arbeiten Elmar Kuhns zu nennen, aber auch Arbeiten von Erika Dillmann, Werner Trapp und Gert Zang. Spezielle Arbeiten zur Überlinger Gewerbe- und Industriegeschichte betrafen bisher meist begrenzte Gegenstände oder hatten Überblickscharakter; als Autoren von Bedeutung sind dafür unter anderem Guntram Brummer, Gerda Koberg und Eugen Schnering zu nennen. Die Lokalhistoriker haben sich insgesamt bislang reichlich wenig dieses profanen Themas angenommen und sich stattdessen immer noch und immer wieder der Brauchtums-, Kunst- und Kirchengeschichte vornehmlich im Ancien régime der reichsstädtischen Zeit zugewandt. Ausgerechnet Gewerbeschüler haben nun diese Lücke vorläufig geschlossen.

Das Buch ist nicht vollkommen, das möchte ich gleich betonen. Es fehlen wichtige Unternehmen, die behandelten Firmen sind nicht gleichgewichtig behandelt, den fachhistorischen Beckmessern werden ein wissenschaftlicher Apparat mit Fußnoten, Anmerkungen und pingelige Nachweise fehlen; es steht nicht sehr viel in dem Buch über die Lage der Arbeiter; es fehlen generelle Entwicklungslinien; die einzelnen Beiträge sind in Perspektive und Sprache unterschiedlich. Aber ich frage Sie: „Ist das bei einer Arbeit von Schülern, mit der zudem historisches Neuland betreten wird, nicht verzeihlich?"

Ohne die Mitarbeit der leistungsfreudigen Schüler-Autoren und das entgegenkommende Vertrauen aller Verantwortlichen hätte sich für mich nie die Chance für ein Betätigungsfeld in einem schulisch-unterrichtlich unkonventionellen Arbeitskontext ergeben, in welchem ich gemeinsam mit den beteiligten Schülern die Freuden des Lehrerberufes in besonderer Weise erleben durfte. Ich hoffe, es gereicht vor allem auch den Schülern zu Vorteil.

„. . . klein, hochmodern, aber hiesig!" Überlinger Gewerbe im Wandel, hg. von Paul Baur. Uhldingen 1989. 369 S., kartoniert mit zahlreichen Abbildungen, DM 28.80 DM (ISBN 3-921213-93-2)

154

Ein Beispiel:

Geschichte der Firma Dreher Maschinen GmbH
Frank Göbel

Im Jahre 1878 gründete Thomas Dreher als gelernter Mühlenbauer in der Luziengasse im Haus "Krachfels" die Firma Dreher, welche 1918 von seinem Sohn Emil Dreher übernommen wurde. Zu dieser Zeit spezialisierte sich die Firma hauptsächlich auf die Fertigung von landwirtschaftlichen Maschinen und auf den Mühlenbau. So ist z. B. das Meersburger Mühlenrad von der Firma Dreher vollständig gebaut worden. Zum Antrieb von Transmissionen diente damals hauptsächlich die Wasserkraft als Energiequelle, welche durch die Stauung von zwei in der Nähe gelegenen Weihern gewonnen wurde.

Diese Wasserkraft ist aber nach und nach durch Dieselantrieb und Strom ersetzt worden.

In den 20er Jahren vertrieb die Firma Mühleneinrichtungen für Böhler in Uzwil und stellte komplette Holzbandsägen her, wobei sie aber auch weiterhin Metallverarbeitung jeglicher Art betrieb. Der Verkauf von fertigen Produkten erstreckte sich jedoch nur auf den lokalen Raum. Im Jahre 1930 begannen Zulieferungen an Dornier, Maybach, ZF und Magirus, wobei Ende der 30er Jahre im Zuge des Ausbaus der Rüstungsindustrie die Beschäftigungszahl um das 4- bis 5fache auf 70 anstieg. Zusätzlich ist eine sehr große Zahl von Lehrlingen ausgebildet worden, die als erste in diesem regionalen Gebiet eine Schulausbildung kombiniert mit einem Werkstattunterricht vermittelt bekamen.

Die Arbeitsgeräte der damaligen Werkstatt bestanden hauptsächlich aus einer Kopfdrehmaschine, einem Schnellhobler, („Shapping-Hobler") und Bohrmaschinen. Nach dem Zweiten Weltkrieg ging die Zahl der Aufträge und Arbeiter infolge der De-

Arbeiter der Firma Dreher-Maschinen um 1925.

montage der Maschinen rapide zurück. Aus Verärgerung darüber schlug Emil Dreher während der Nacht, bevor die beschlagnahmten und demontierten Maschinen zur Zentralsammelstelle nach Friedrichshafen abtransportiert werden sollten, den Satz „Gestohlen bei der Firma Dreher in Überlingen" in die Maschinen.

Infolge der fast völligen Demontage durch die französische Besatzungsmacht war nach dem 2. Weltkrieg nur noch das Gebäude der Firma Dreher vorhanden. Nun mußte Emil Dreher mühsam von vorne anfangen. Es wurden wieder Aufträge als Zulieferer an andere Firmen angenommen, wodurch die Lohnarbeit wieder in Gang gesetzt wurde. Dadurch war aber der Familienbetrieb sehr stark von anderen Großfirmen als Auftraggebern abhängig. So konnte es auch Zeiten geben, in denen kaum Aufträge eingingen.

Im Laufe der Zeit übernahm die Firma Dreher eine Dieselmotorenvertretung und versuchte auf diese Weise, unabhängiger zu werden. Außerdem wurden ab und zu Bandsägemaschinen, die in Eigenregie regional vertrieben wurden, vollständig hergestellt und stets – übrigens bis auf den heutigen Tag – Reparaturen durchgeführt.

Ende der sechziger Jahre trennten sich Emil Dreher und sein Bruder aufgrund familiärer Uneinigkeiten, was zur Folge hatte, daß die Firma geteilt und damit kleiner wurde; Emil Dreher führte den alten Betrieb in Überlingen weiter.

1971 stieg schließlich sein erster Sohn Willi Dreher in das Geschäft als Maschinenbauingenieur ein und gründete im selben Jahr eine GmbH. Nun wurde immer mehr der Vertretung und Überwachung von Kompressorenanlagen Aufmerksamkeit geschenkt. Ein Jahr nach dem Tod von Emil Dreher stieg im Jahre 1985 sein zweiter Sohn Robert Dreher als gelernter Betriebswirt zusätzlich ein. Die Firma besteht nun aus drei Gesellschaftern, aus den 2 Söhnen und deren Mutter. Durch die betriebswirtschaftlichen Kenntnisse des Betriebswirtes konnte die Firma ihr Netz als Vertriebsorganisation in fast ganz Deutschland ausbauen. Sie stellen heute komplette Kompressoranlagen zusammen. Die einzelnen Komponenten, wie z. B. Drucklufterzeuger und Filter, beziehen sie von verschiedenen Firmen. Die Hersteller haben sich nur auf die Produktion der Komponenten spezialisiert, jedoch nicht auf die Zusammenstellung einer kompletten Anlage. Diese Marktlücke wurde nun von der Firma Dreher ausgenutzt. Sie stellen heute komplette Kühl- und Druckluftaufbereitungsanlagen beispielsweise für Krankenhäuser, Kernkraftwerke usw. zusammen. Die Beschäftigtenzahl beläuft sich heute auf vier Angestellte, von denen zwei in der Werkstatt arbeiten, und die anderen zwei den Kundendienst betreuen.

Bei dieser Entwicklung der Firma Dreher kann man sehen, wie sich Firmen verändern und laufend auf neue Märkte einstellen müssen. Insbesondere kleinere und von den Schwankungen des Arbeitsmarktes äußerst stark betroffene Firmen müssen, um heutigentags überleben zu können, eine flexible, marktangepaßte und zukunftsorientierte Firmenpolitik betreiben. Dies ist der Firma Dreher gelungen.

High-Tech am See

Eine Betrachtung über Technik und Kulturlandschaft Bodensee am Beispiel
von High-Tech-Projekten der Firma Bodenseewerk Gerätetechnik GmbH, Überlingen

Claus-Peter Keferstein

In weiten Kreisen der Bevölkerung ist der Bodensee im wesentlichen als attraktives Urlaubsziel bekannt. Das Klima ist angenehm. Die Region bietet viele Freizeitmöglichkeiten, und der Reisende findet eine geschichtsträchtige Kulturlandschaft vor. Ob es nun die Insel Mainau mit ihrem mediterranen Pflanzenreichtum als Ausdruck des angenehmen Klimas ist, der See an sich mit seinen Segel-, Wasserski- und Bademöglichkeiten als Ausdruck des großen Freizeitangebotes oder die gut erhaltenen Wahrzeichen quer durch die Geschichte (von vorchristlichen Pfahlbaudörfern über frühchristliche Burgen, Schlösser und Kirchen bis zu den Spuren Napoleons – um nur einige wenige Attraktivitäten zu nennen –) sind: Die Bodenseeregion bietet eine Fülle von interessanten Freizeitmöglichkeiten.

Aber nicht nur die Reisenden im Sommer, nein auch die Anwohner bei uns am See wissen die Vorzüge ihrer Heimat auch außerhalb der Hauptreisezeit zu schätzen. Hier ist es z. B. die Nähe zu den Alpen, die sich zum Wandern und Ski fahren gleichermaßen nutzen lassen, oder die vielfältigen, farbenprächtigen Stimmungen des größten Binnensees Deutschlands, die schon Hermann Hesse in diese Region zogen, und die er z. B. in „Septembermorgen am Bodensee" so treffend beschreibt. Nicht zu vergessen die alemannische Fasnacht mit ihren Narren, die auch den abgelegenen Ort aus seiner winterlichen Ruhe reißt.

Aber was hat das alles mit High-Tech zu tun?

Das Leben am See hat nicht nur Anziehungskraft für Urlauber. Es führt zu großer Seßhaftigkeit und zum Zuzug hochmotivierter Wissenschaftler und Techniker einer modernen Industriegesellschaft.

Ist das denn ein Gegensatz? Meines Erachtens nein, ganz im Gegenteil. Schon die Griechen erkannten den Zusammenhang zwischen Hochleistung im Arbeitsleben einerseits und Phasen der Entspannung durch geistige und körperliche Betätigung andererseits. Und diese Zusammenhänge sind gerade in jüngster Zeit brandaktuell und neu entdeckt worden. In unserer modernen Informationsgesellschaft, wie sie Ministerpräsident Lothar Späth nennt, müssen bei noch weiter verkürzter Arbeitszeit immer schneller und mehr wissenschaftliche und technische Spitzenleistungen erbracht werden, um unsere Wettbewerbsfähigkeit auf den internationalen Märkten zu erhalten. Die Menschen werden Routinetätigkeiten an die Kompetenz „technischer Sklaven" abtreten. Ihre Bedürfnisse nach kulturellem und sozialem Engagement werden ständig wachsen. Moderne Infrastrukturen bedeuten dann ein hochkomplexes soziokulturelles Geflecht, das sowohl den technischen Produktionsvoraussetzungen wie auch den menschlichen Wertpräferenzen Rechnung tragen muß. Nicht ohne Grund, so sagen viele Soziologen, liegt Sili-

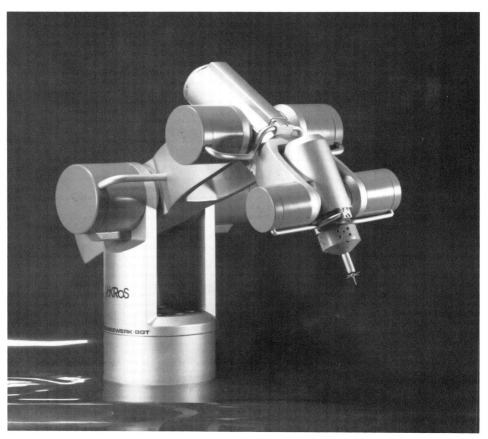

Präzisionsroboter µKRoS 316.

con Valley (Inbegriff des Fortschritts in den USA) im warmen Californien in der Nähe so faszinierender Städte wie San Franzisco und Los Angeles. Nicht ohne Grund bietet München mit seiner reizvollen Umgebung beste Voraussetzungen für High-Tech-Unternehmen. Nicht ohne Grund fördert auch Baden-Württemberg z. B. in Stuttgart ein reichhaltiges und attraktives Kultur- und Freizeitangebot zum Nulltarif.

Ist es dann so verwunderlich, daß die Bodenseelandschaft mit ihrem enormen Frei-zeitangebot ebenfalls ein guter Nährboden für High-Tech-Unternehmen und -Produkte ist?

Ein Beispiel für ein solches High-Tech-Unternehmen direkt am See ist das Bodenseewerk Gerätetechnik GmbH (BGT) in Überlingen.

Vom Präzisionsroboter µKRoS 316 ...

BGT ist eines der größten mittelständischen Unternehmen der Region mit ca. 1500 Mitarbeitern. Dem Insider ist wohl bewußt, daß es sich um ein international sehr erfolgreiches Unternehmen der Luftfahrttechnik handelt, welches, den Zeichen der Zeit folgend, sich vermehrt auch High-Tech-Produkte der Automatisierungstechnik zuwendet. Die Automation befaßt sich u.a. mit Handhabungsgeräten (Roboter) und elektronischen sowie optischen Einrichtungen zum Nachempfinden unserer fünf Sinne, insbesondere dem automatischen Sehen. Noch vor wenigen Jahren verglich Professor Warnecke vom Fraunhofer Institut für Produktionstechnik und Automatisierung (IPA) in Stuttgart (einem der führenden Forschungsinstitute für Automation) einen Industrieroboter mit einem „blinden Boxer mit großen Boxhandschuhen", der einzelne kleine Teile Kisten entnehmen und mit hoher Präzision zusammenbauen soll. Ein unmögliches Unterfangen. Durch konsequente Nutzung der Möglichkeiten der Miniaturisierung und Weiterentwicklung der Elektronik, Feinmechanik und Optik gelang es den Wissenschaftlern und Technikern vom BGT, einen Präzisionsroboter – den µKRoS 316 – zu entwickeln (Bild), der etwa zehnfach genauer arbeiten kann als seine weltweiten Konkurrenten.

Der sechsachsige Roboter in Knickarmbauweise hat eine Wiederholgenauigkeit von besser als 0,005 mm und ist mit vielerlei Sensoren ausgestattet. Er ist somit in der Lage, auch Montage-, Meß- und Prüfaufgaben mit höchsten Präzisionsanforderungen gerecht zu werden. Der Name µKRoS ist übrigens Ausdruck der Leistungsfähigkeit und Bauweise des Geräts. Die hohe Genauigkeit wird durch das „µ"-Zeichen repräsentiert (1 µm = 0,000001 m). Das „K" steht für die Knickarmbauweise, eine dem Aufbau des menschlichen Körpers nachempfundene Bauform. „RoS" steht für Robotersystem und verdeutlicht, daß der Roboter besonders für die Integration in hochautomatische Systeme geeignet ist.

Neben der extrem guten Positioniergenauigkeit und Sensorik (z. B. Bildverarbeitung) ist das Design, welches im Zusammenhang mit führenden Designern aus der Bundesrepublik Deutschland entwickelt wurde, eine weitere Besonderheit. Das Erstaunliche ist nicht so sehr, wie dieses Gerät gestaltet ist, sondern daß es eine besondere Gestaltung seiner äußeren Form überhaupt erfahren hat. Man muß sich vor Augen halten, daß es das Wesen eines Roboters ist, ohne Interaktion mit dem Menschen zu arbeiten. In diesem Umfeld nimmt der Mensch nicht wahr, er bedient nicht, er handhabt nicht. Er akzeptiert nicht, er lehnt nicht ab. Ist hier Ergonomie gegenstandslos? Hat Design bei Geräten, die den Menschen ersetzen, noch Sinn? Oder ist es purer Selbstzweck?

Beim µKRoS 316 ergänzen sich die ansprechende Gestalt und funktionellen Gesichtspunkte des Roboters in hervorragender Weise. Funktionell wurde für dieses Gerät unter anderem auch die Einsatzfähigkeit in Reinräumen (das sind Räume mit sehr sauberer Luft, in denen z. B. Computerbauteile gefertigt werden) gefordert. Die äußere Form des Roboters war deshalb so auszulegen, daß sich möglichst wenig Staub auf den einzelnen Achsen ablagern kann. Ferner mußte sichergestellt werden, daß auch vom µKRoS 316 selbst erzeugte Schmutzpartikel nicht in die Umgebung gelangen. Diese Forderungen führten zu einer gekapselten Bauweise und dem eleganten Erscheinungsbild mit vielen abgerundeten Flächen. Für sein ansprechendes Design wurde der Roboter schon mehrfach ausgezeichnet (z. B. Design Center, Stuttgart; die gute Industrieform, Hannover; Design Forum, Singapur).

... und seinen Künsten

Neben der mechanischen und regelungstechnischen Präzision spielen auch leistungsfähige Sensoren eine immer größere

Rolle in der Automatisierungstechnik. (Insbesondere aus den Forschungszentren in Japan und den USA ist von spektakulären Experimenten zu hören, bei denen z. B. Roboter mit Hilfe von Kameras und elektronischen Bildauswertesystemen Tischtennis oder Klavier spielen.) Auch bei der Sensorentwicklung – übrigens nicht nur in Verbindung mit Robotern, sondern auch zur automatischen Qualitätsprüfung – brauchen sich die Produkte vom Bodensee nicht zu verstecken. Es wurden eine Kamera und Bildverarbeitungssysteme entwickelt, mit deren Hilfe z. B. der Roboter vollautomatisch verschiedene Teile erkennt, ihre Position ermittelt und sie μ-genau greifen bzw. zusammenbauen kann. Hierbei handelt es sich also um eine höchst anspruchsvolle Form des Closed-Loop-Betriebs. Anwendungsmöglichkeiten für den Präzisionsroboter μKRoS 316 liegen immer dann vor, wenn es um die Automatisierung von Prozessen mit höchster Genauigkeitsanforderungen geht z. B.

– bei der Montage in der feinwerktechnischen, optischen und Elektronik-Industrie,
– beim Bearbeiten (Schweißen, Härten, usw.) mit Lasersystemen,
– in der fertigungsnahen Meß- und Prüftechnik.

Beispielhaft soll nachfolgend eine industrielle Anwendung näher beschrieben werden. Es handelt sich um die vollautomatische Montage von Halbleiterbauelementen (Microchips). Dabei werden die Chips als erstes einer Qualitätsprüfung mittels eines Kamerasystems unterzogen, in dem die Chipoberfläche von einer Kamera betrachtet und die entstehenden Bilder vollautomatisch von einem Computer verarbeitet werden. Findet dieser Computer Fehler, wie z. B. Kratzer oder Staubpartikel auf der Chipoberfläche, so werden solche Chips aussortiert. Anschließend werden die Chips separiert (vom Wafer getrennt) und mit dem Präzisionsroboter μKRoS 316 auf ± 2 μm genau montiert. Dieser Montageprozeß wird ebenfalls von einem Kamerasystem überwacht. Hierbei erkennt der Rechner die aktuelle Position des Chips am Robotergreifer und teilt diese dem Roboter mit. Das Kamerasystem dient hier praktisch als Lotse und weist den Roboter ein, an welchem Platz er den Chip ablegen soll. Erst dieser Closed-Loop-Betrieb gewährleistet die hohe Genauigkeit und Zuverlässigkeit des Gesamtsystems über die Produktionsdauer hinweg. Ein Bild zeigt die Gesamtanlage, wie sie im Reinraum arbeitet. Die Größenverhältnisse – Roboter zu Gesamtanlage – verdeutlichen die Komplexität heutiger vollautomatischer Produktionsprozesse.

Solche Systemlösungen sind nur innerhalb großer multidisziplinär arbeitender Entwicklungsteams realisierbar. Die Attraktivität der Region gewährleistet die Verfügbarkeit der notwendigen qualifizierten Wissenschaftler und leistet damit einen Beitrag zur Sicherstellung des Erfolgs.

High-Tech und das Leben am See, eine zukunftsweisende Symbiose? Auf jeden Fall!

Neben dem Tourismus und der Landwirtschaft mit seinen großen Obst- und Weinbaugebieten hat die Region mit High-Tech-Unternehmen ein drittes Standbein mit großem Erfolgspotential – und dies, denkt man in die Zukunft, im Herzen eines vereinigten Europas.

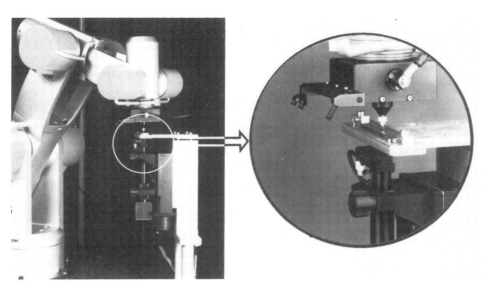

Präzisionsroboter µKRoS 316 bei der bildverarbeitungsgestützten Präzisionsmontage von Halbleiterbauelementen, Roboter (links) mit Sauggreifer (Mitte oben) und Optik sowie Kamera (Mitte unten).
Ausschnittsvergrößerung: Absetzen von Chips auf einer Montageplatte.

Von der „Zackenbude" zum Weltkonzern

75 Jahre Zahnradfabrik Friedrichshafen / Heute 34.000 Arbeitsplätze

Volker W. Geiling

75 Jahre Zahnradfabrik – das sind 75 Jahre einer beeindruckenden dynamischen Entwicklung, die in der vom Volksmund liebevoll so genannten Löwentaler „Zackenbude" in Friedrichshafen beginnt, aus der schließlich ein Weltkonzern mit heute 6 Milliarden DM Umsatz jährlich und 34.000 Beschäftigten entstand.

Begonnen hat die Geschichte der ZF mit Ferdinand von Zeppelin, dem „verrückten Grafen vom Bodensee". Er benötigte für den Antrieb seiner Luftschiffe Zahnräder von höchster Qualität, die aber damals niemand liefern konnte.

Zacken für den Zeppelin

Bei den „Zeppelinen" erfolgte die Kraftübertragung von den Motoren auf die Propeller zunächst durch einen primitiven Riemenantrieb, der sich nicht bewährte. Man ging deshalb zu einem Wellenantrieb über, der jedoch eine besondere Getriebekonstruktion verlangte. Der junge Diplomingenieur Alfred von Soden-Fraunhofen, seit 1910 Leiter der Versuchsabteilung der Luftschiffbau Zeppelin GmbH, erfuhr 1914, daß ein Züricher Ingenieur namens Max Maag ein neues Verfahren entwickelt hatte, mit dessen Hilfe erstmals Zahnräder von höchster Präzision, hervorragendem Wirkungsgrad, großer Lebensdauer und weitgehender Laufruhe hergestellt werden konnten. Graf Zeppelin ließ daraufhin den Generaldirektor der Luftschiffbau Zeppelin GmbH, Alfred Colsman, mit der Firma Maag über den Ankauf von Werkzeugmaschinen zur Einrichtung einer eigenen Zahnradfabrik in Friedrichshafen verhandeln. Die Schweizer waren interessiert; im August 1915 kam es zu einem Gesellschafts-, Lizenz- und Finanzierungsvertrag. Das Stammkapital des neuen Unternehmens be-

trug 50.000 Mark; davon entfielen 26.000 Mark auf Max Maag in Zürich. Das Unternehmen sollte mit dem Maag-Verfahren und unter Verwendung von Maag-Spezialmaschinen Zahnräder und Getriebe für den Luftschiffbau, für den Flugzeug-, Automobil- und Motorbootbau in Deutschland herstellen. Das Programm war vom ersten Tag an weitgespannt. Die Leitung der GmbH übernahm Graf Soden-Fraunhofen.

Anfang in der Holzbaracke

Das junge Tochterunternehmen des Luftschiffbau-Konzerns erwarb auf der Gemarkung Löwental in Friedrichshafen ein vier Hektar großes Grundstück und begann bald in einer Holzbaracke mit der Produktion. Als Graf Zeppelin am 8. März 1917 starb, beschäftigte die ZF bereits 80 Mitarbeiter, und die Bauarbeiten für ein neues Fabrikgebäude waren in vollem Gange.

Bereits 1915 und 1916 meldete Graf Soden-Fraunhofen ein Getriebe zum Patent an – den Vorläufer des Sodengetriebes, das technisch seiner Zeit weit voraus war. Das „Sodengetriebe" selbst war ein Vorwahlgetriebe: Der gewünschte Gang konnte mit einem Vorwahlhebel eingestellt werden; der eigentliche Gangwechsel erfolgte dann automatisch durch Treten des Kupplungspedals. Graf Soden-Fraunhofen entwickelte es bis zur Baureife, von der Fachwelt wurde es als technische Sensation gefeiert. Der Erste Weltkrieg forderte jedoch andere Pro-

In die Anfangszeit der ZF in Friedrichshafen gehört das alte Werksgebäude, die sogenannte „Zackenbude".

dukte von der ZF: Gebraucht wurden vor allem Untersetzungsgetriebe für Flugzeugmotoren und Sammelgetriebe für den Luftschiffbau.

Durststrecke

Nach dem Krieg geriet die ZF in finanzielle Schwierigkeiten. Graf Soden-Fraunhofen wehrte sich energisch gegen die Stillegung der Zahnradfabrik; auf Vorschlag des Generaldirektors Colsman wurde die GmbH 1921 in eine Aktiengesellschaft umgewandelt. Das Gründungskapital betrug fünf Millionen Mark. Aktionäre des Unternehmens waren die bisherigen Gesellschafter: der Luftschiffbau Zeppelin und die Maag-Zahnräder- und Maschinenfabrik Zürich. Zu Vorständen wurden Graf Soden-Fraunhofen und der Kaufmann Gustav Habermaas ernannt.

1925 stellte die ZF auf der Automobilmesse ihr neues Einheitsgetriebe vor, das endlich den langersehnten wirtschaftlichen Erfolg brachte. Über 300.000 Stück wurden insgesamt verkauft – ein in größeren Serien hergestelltes, leistungsfähiges Getriebe ließ sich eben besser und billiger bauen und vermarkten.

1937 wurde der Fachwelt das Allsynchrongetriebe vorgeführt; im Lastwagenbau setzte sich das Teilklauengetriebe der FAK- und FAKS-Reihe durch. Beide Baureihen fanden zwar Anklang, wurden jedoch erst nach dem Zweiten Weltkrieg in Großserie gefertigt. 1944 zerstörten Luftangriffe die Stadt Friedrichshafen und das Hauptwerk der ZF. Im selben Jahr starb auch Graf Soden-Fraunhofen, der die ZF nahezu drei Jahrzehnte lang geprägt hatte.

Alfred Graf von Soden-Fraunhofen, der erste technische Leiter der ZF.

Automatgetriebe der ZF einst – um 1919/20 – und jetzt – Baureihe ZF-ECOMAT mit 5 oder 6 Vorwärtsgängen für Omnibusse und Lastkraftwagen.

Neubeginn

Der Fortbestand des durch die Franzosen ab 1945 besetzten Werkes konnte durch die Direktoren Robert Pirker, Albert Maier und Konstantin Schmäh gemeinsam mit dem Betriebsrat gesichert werden: Sie verhinderten die geplante Demontage und erreichten den allmählichen Wiederaufbau

des Unternehmens. 650 Mitarbeiter begannen wieder im Sommer 1946 mit der Produktion von Schleppergetrieben und Fünfgang-FAK-Getrieben. Anfang der fünfziger Jahre konnten endlich wieder größere Stückzahlen von Pkw-Getrieben verkauft werden.

Aber auch im sozialen Bereich war einiges geschehen: Eingeführt wurden damals die ZF-Altersversicherung, die Mitbestimmung durch zwei Arbeitnehmervertreter im Aufsichtsrat – noch vor der gesetzlichen Regelung 1952 – und die Ertragsbeteiligung für die Mitarbeiter. Das Sozialaufkommen be-

Werk I der Zahnradfabrik Friedrichshafen AG in Friedrichshafen.

trug 1955 bei einem Umsatz von 190 Millionen Mark und einer Lohnsumme von 41 Millionen bereits 16 Millionen Mark.

Von Friedrichshafen in die Welt

Die Fertigung des Hydromedia-Getriebes, Sonderentwicklungen für Boots- und Bauindustrie und der Bau von Lenkungen ließen in der Folgezeit das Unternehmen weiter expandieren, und der Export von ZF-Erzeugnissen „made in Germany" gewann zunehmend an Bedeutung. Schon in den fünfziger Jahren richtete ZF ein besonderes Augenmerk auf das Geschäft in Übersee. 1959 wurde die heutige „ZF do Brasil" gegründet, um auch in Südamerika bei bedeutenden Kunden präsent zu sein.

In der Zeit von 1955 bis 1960 konnte die ZF ihren Absatz nahezu verdoppeln und von der Konjunktur der Automobilindustrie profitieren. 1965, beim 50jährigen Firmenjubiläum, war die ZF zum größten unabhängigen europäischen Getriebe- und Lenkungshersteller geworden. 1970 überstieg der Umsatz des Gesamtunternehmens erstmals die Milliardengrenze. Die ZF beschäftigte nunmehr weltweit über 19.000 Mitarbeiter. Das Kundendienst- und Vertriebsnetz wurde kontinuierlich ausgebaut; das Unternehmen gewann internationales Format.

Die Konzernverwaltung der ZF-Gruppe hat ihren Sitz in Friedrichshafen, wo sich auch das Stammwerk befindet, Entwicklung- und Produktionsort der Getriebe für Nutzfahrzeuge, Schiffe, Flugzeuge und Hubschrauber sowie für den Maschinenbau. Auf traditionsreichem Boden, auf dem sich einst die riesigen Hallen des Luftschiffbaus befanden, werden hier Gehäuse, Räder und Wellen bearbeitet und montiert. Und das mit modernsten Technologien wie Laserstrahlschweißen, CBN-Schleifen und automatischer Molybdänbeschichtung.

Die Produktlinie ist geprägt von einer Differenzierung des Getriebeangebots, deren Ziel die verbesserte Anpassung der Motor-Getriebe-Einheit an den fahrzeugtypischen Einsatz und den jeweiligen Fahrzustand ist. Diese Entwicklung hatte ZF bereits mit den feinstufigen „Eco"-Getrieben eingeleitet und konsequent auf alle Klassen übertragen. Den nächsten Schritt begünstigte der rasante Fortschritt der Mikroelektronik: der Feinstufigkeit folgte die Automatisierung.

Die Töchter

Das 1970 in Saarbrücken errichtete ZF-Werk ist gewissermaßen die „Heimat" der ZF-Automatgetriebe für Pkw. Der Trend zu mehr Komfort und Sicherheit hat die Nachfrage der Autofahrer nach automatischen Getrieben stark anwachsen lassen. Um diesen steigenden Bedarf in Europa und Übersee abdecken zu können, wurden die Produktionskapazitäten in Saarbrücken beträchtlich erweitert und aufgestockt.

Zum Lenkungs- und Fahrwerksbereich zählen die Werke in Schwäbisch Gmünd, Berlin und Bietigheim sowie die „Lemförder Metallwaren", an der die ZF seit 1984 mehrheitlich beteiligt ist. Das Werk Schwäbisch Gmünd begann 1945 mit dem Lizenzbau von Lenkungen; heute ist es das größte Spezialunternehmen auf diesem Gebiet in Europa. Als ein Spitzenerzeugnis unter den Pkw-Servolenkungen gilt die ZF-Servotronic. Darüber hinaus produziert die ZF

Schwäbisch Gmünd manuelle Schaltgetriebe, Verteilergetriebe und Selbstsperr-Differentiale sowie Lenkungszubehör wie Pumpen, Ölbehälter, Ventile und Arbeitszylinder. Ergänzt wird dieses Programm durch die Fahrwerkskomponenten der Lemförder Metallwaren wie Spurstangen, Radaufhängungen und Lenksäulen.

Als Tochtergesellschaft der Zahnradfabrik Friedrichshafen AG wurde 1946 die Zahnradfabrik Passau GmbH gegründet. Das Unternehmen stellte zunächst Triebwerke für Traktoren her; nach und nach kamen Getriebe und Achsen für landwirtschaftliche Maschinen und Baumaschinen hinzu.

Die neue „Denkfabrik"

Ein High-Tech-Unternehmen wie die ZF braucht eine starke Forschung und Entwicklung. Daher wurde in Friedrichshafen für rund 80 Millionen Mark ein Forschungs- und Entwicklungszentrum errichtet, das zum 75jährigen Firmenjubiläum im September offiziell seiner Bestimmung übergeben wurde. In diesen Gebäuden hat auch der ZF-Konzern-Vorstand sein neues Domizil gefunden. Insgesamt sind im Konzern nahezu 2000 Mitarbeiter in der Forschung und Entwicklung beschäftigt. Davon arbeiten rund 1100 in Friedrichshafen. Für die Zukunftssicherung des Unternehmens, d.h. die Entwicklung neuer Produkte und Verfahren, gibt die ZF jährlich mehr als 200 Millionen DM aus. Damit soll gewährleistet werden, daß die erfolgreiche Entwicklung der ZF auch in den kommenden Jahren fortgesetzt werden kann.

Erwähnt sei noch der Erweiterungsbau des ZF-Entwicklungszentrums für Pkw-Automat-Getriebe in Kressbronn, der im Frühjahr 1988 fertiggestellt wurde. Mehr als 3000 Quadratmeter umfaßt der Werkstattbereich der „Denkfabrik".

Turbulenzen am Bodensee

Seit 1989 der DASA angeschlossen: Dornier und MTU

Rolf Dieterich

„Das Jahr 1989 werden die Dornier-Mitarbeiter nicht vergessen. Zuviele einschneidende Änderungen mußten sie hinnehmen." Dieses Resümee zog der Betriebsrat der Firma Dornier in seinem Informationsblatt „Seespiegel", und es charakterisiert sehr treffend die Lage in dem traditionsreichen Unternehmen. Tatsächlich war 1989 selbst für die an Turbulenzen gewohnte Dornier-Belegschaft ein aufregendes Jahr. Die Neuorganisation der Dornier-Gruppe und deren Einfügung in die Deutsche Aerospace AG (DASA) haben das Bild von Dornier wieder einmal verändert und erneut erhebliche Anforderungen an die Anpassungsfähigkeit und den guten Willen der Mitarbeiter gestellt. Nicht ganz so aufregend, aber auch bewegend genug verliefen 1989 und die ersten Monate 1990 für Dorniers Nachbarn MTU. Zwar blieb der MTU eine so gründliche interne Neugruppierung erspart, wie sie Dornier zu verkraften hatte, aber auch die Motorenbauer mußten sich in das Konzept der neuen Aerospace einfügen und sich den Unwägbarkeiten eines solchen Schrittes stellen.

Vorläufiger Endpunkt: DASA

Die Einbindung von Dornier und MTU in die DASA ist vorläufiger Endpunkt einer teilweise dramatischen Entwicklung, vor allem im Hause Dornier. Man erinnert sich: Nach schlimmen Auseinandersetzungen in der Familie Dornier – in der Presse unter der Überschrift „Dallas am Bodensee" behandelt – und schwierigsten Verhandlungen konnte die Daimler-Benz AG die Mehrheit am Dornier-Kapital erwerben und damit zunächst wieder für Ruhe in der Belegschaft und auch bei der Kundschaft sorgen. Beide hatten über Monate hinweg nicht mehr gewußt, woran sie bei und mit Dornier waren.

Daimler-Benz war Mitte der achtziger Jahre freilich auch anderweitig auf Zukauf aus. Der Automobilhersteller sollte nach dem Willen seines Vorstandes zum umfassenden Technologiekonzern ausgebaut werden. Deshalb griff Daimler-Benz zu, als die MAN ihren 50-Prozent-Anteil am Kapital der MTU München angeboten hatte. Nach und nach kauften die Stuttgarter auch eine satte Mehrheit beim Elektrokonzern AEG, und schließlich bereitete man den Einstieg beim Münchner Luft-und Raumfahrtunternehmen Messerschmitt-Bölkow-Blohm GmbH (MBB) vor. Diese Ausweitung der Aktivitäten auf zusätzliche Geschäftsfelder ließ schon bald den Plan reifen, den gesamten Daimler-Konzern neu zu ordnen. Dabei sollten vor allem die Luft- und Raumfahrt sowie die verteidigungstechnischen Fertigungen zu einem am Weltmarkt wettbewerbsfähigen Unternehmensverbund zusammengefaßt werden. Man könne es sich nicht mehr leisten, so hieß es, daß beispielsweise bei Dornier und MBB teilweise die gleichen Tätigkeiten in gegen-

168

seitiger Konkurrenz ausgeführt werden. Neben der Stärkung der internationalen Wettbewerbsfähigkeit waren deshalb auch die Beseitigung von Überschneidungen zwischen den Aktivitäten der vormals selbständigen Partner und die Nutzung sogenannter Synergien eine Maxime der neuen Organisation.

Neues Unternehmen mit feiner Adresse

Nach mehreren Monaten der Vorbereitung war es am 19. Mai 1989 soweit: Im noblen Münchner Hotel „Vier Jahreszeiten" wurden die Gründungsurkunden für die Holding unterzeichnet, welche die Anteile der Luft-, Raumfahrt- und verteidigungstechnischen Töchter des Daimler-Konzerns übernehmen sollte. Ihr klangvoller Name: Deutsche Aerospace Aktiengesellschaft, für die gleich das nicht weniger klangvolle Kürzel mitgeliefert wurde – DASA. In das neue Unternehmen mit feiner Adresse an der Münchner Leopoldstraße brachte Daimler-Benz die MTU-Gruppe, die Mehrheitsbeteiligung an Dornier und die in der Telefunken-Systemtechnik (TST) zusammengefaßten AEG-Aktivitäten ein. Auf MBB mußte man zunächst noch warten. Hier lief ein nervenaufreibendes Kartellverfahren, das erst in höchster Instanz, von Bundeswirtschaftsminister Haussmann persönlich, im Sinne von Daimler-Benz beendet wurde.

Banges Warten – Spekulationen

Die Wochen und Monate vor der Gründung der DASA waren für die MTU Friedrichshafen und ihre Mitarbeiter eine Zeit des bangen Wartens auf die Entscheidung. Die Gerüchteküche produzierte immer neue Versionen über das künftige Schicksal des Unternehmens. Die Friedrichshafener Belegschaft spürte selbst, daß sie – anders als die Kollegen vom Triebwerksbauer MTU München – mit ihren Dieselmotoren nicht so recht ins DASA-Konzept paßten.

Dieselmotoren haben schließlich weder etwas mit „Aero" noch mit „Space" zu tun, sondern verkörpern im Mercedes-Stern die beiden nach unten gerichteten Zacken, die für die Fortbewegung zu Lande und auf dem Wasser stehen.

Die Befürchtungen der Friedrichshafener Motorenbauer, daß die MTU-Gruppe im Zuge der DASA-Gründung zerschlagen werden könnte, erhielten bald noch zusätzliche Nahrung. Spekulationen machten die Runde, denenzufolge Bundeswirtschaftsminister Haussmann dem Daimler-Einstieg bei MBB nur unter der Auflage zustimmen werde, daß die MTU Friedrichshafen nicht zur DASA kommt, sondern an einen Dritten veräußert wird. Auch die Kaufinteressenten wurden schon genannt: Die MAN, die den Verkauf ihrer Münchner MTU-Anteile längst bereut haben dürfte, und die BMW AG, welche die Hochtechnologie-Zukäufe ihres Stuttgarter Konkurrenten angeblich mit Eifersucht erfüllten. Die Spekulation blieb aber Spekulation. Der Daimler-Vorstand hielt sein Wort, mit dem er sich für die Einheit der MTU verbürgt hatte.

Befürchtungen dieser Art gab es bei Dornier nicht. Hier war klar, daß die Gruppe komplett in der DASA aufgehen würde. Bei Dornier hatte man aber andere Sorgen. In Vorbereitung der Neuorganisation von Daimlers Luft- und Raumfahrt wurde Anfang 1989 zunächst die Dornier-Gruppe selbst gründlich umgeformt. Seither fungiert die Friedrichshafener Dornier GmbH als Muttergesellschaft der Töchter Dornier Luftfahrt GmbH und Dornier Medizintechnik GmbH, die beide ihren Sitz in München haben. Zu einigen Irritationen führte vor allem die organisatorische Zuordnung von rund 900 Friedrichshafener Mitarbeitern zur neuen Münchner Luftfahrttochter. Die Strukturveränderung griff übrigens auch in die Arbeit der Betriebsräte ein. Die Arbeitnehmervertretung der früheren Dornier Sy-

Dornier

Deutsche Aerospace

Deutsche Aerospace

Unter dem einheitlichen Firmenstern der DASA – Deutsche Aerospace – stehen seit dem Zusammenschluß die beiden Firmen MTU und Dornier.

stem GmbH, die in dem neuen Firmenverband aufgegangen war, wurde aufgelöst, so daß es zu vorgezogenen Neuwahlen kommen mußte.

Überschaubare Einheiten

Es war wieder im Münchner Hotel „Vier Jahreszeiten", fast auf den Tag neun Monate nach der DASA-Gründung, als der Aerospace-Vorstand unter seinem Vorsitzenden Jürgen E. Schrempp das Ergebnis der Bemühungen um eine neue Organisationsstruktur der DASA bekanntgab. Man habe vor allem überschaubare Einheiten schaffen wollen, sagte Schrempp, die schnell auf Veränderungen der Markt- und Wettbewerbslage reagieren könnten. Für Dornier bedeutet dies, daß sich das Unternehmen gleich in drei der vier großen DASA-Geschäftsbereiche wiederfindet: in der Luftfahrt, in der Raumfahrt und in der Verteidigungstechnik. Diese Geschäftsbereiche werden von Geschäftsbereichsleitungen geführt, denen Manager aus den Chefetagen von Dornier selbst, aber auch von TST und MBB angehören – darunter auch Dr. Johann Schäffler, der nach dem Daimler-Einstieg bei MBB von Dornier zu dieser neuen Schwester übergewechselt war. Daß man Schäffler bei Dornier schon kennt und auch schätzt, ändert allerdings nichts an der Tatsache, daß die Dornier-Belegschaft nach der Neustrukturierung der DASA mehr „Herren" dienen muß als zuvor. Die MTU

hat es hier ein bißchen leichter. Sie bildet allein den Geschäftsbereich „Antriebe", dessen Leitung personenidentisch mit der MTU-Geschäftsführung ist.

Aber auch bei der MTU ist die neue DASA-Organisation nicht unumstritten. Dem Betriebsratsvorsitzenden Helmut Hunger sind die Entscheidungswege innerhalb des Firmenverbandes ebenso zu lang wie seinem Kollegen Oscar Pauli von Dornier. Für Hunger ist es deshalb von größter Wichtigkeit, daß die Selbständigkeit der MTU auch bei „unternehmensfernen" Zentralen gewährleistet bleibt. Die MTU Friedrichshafen, die als einzige DASA-Gesellschaft ihr Produkt, den Dieselmotor, vollständig selbst entwickle und produziere und auch allein verkaufe, brauche diesen Freiraum, um bei ihren Kunden in aller Welt marktnah operieren zu können.

Nicht problemlos

Sowohl Hunger als auch Pauli lassen indes keinen Zweifel aufkommen, daß sie im Grundsatz hinter dem DASA-Konzept des Daimler-Benz-Konzerns stehen. Es sei vernünftig und notwendig gewesen, meint Helmut Hunger, die deutsche Luft- und Raumfahrt zu einem wettbewerbsfähigen und rentablen Firmenverbund zusammenzuführen. Auch Oscar Pauli sieht keine Alternative zur DASA, so wie es für Dornier vor fünf Jahren keine Alternative zu Daimler-Benz gegeben hatte. Die grundsätzliche Zustimmung zur Einbindung ihrer Unternehmen in die DASA bedeutet jedoch nicht, daß Hunger und Pauli diesen Prozeß für problemlos halten. Hunger erinnert an die möglichen negativen Folgen für die Belegschaft, die sich aus der Beseitigung von Mehrfacharbeiten bei den DASA-Töchtern ergeben könnten. Auch Oscar Pauli spricht von einer „schmerzhaften Flurbereinigung", die den Dornier-Mitarbeitern bevorstehe. Er räumt aber gleichzeitig ein, daß die Arbeitsplätze insgesamt in Friedrichshafen sicherer geworden seien. Um den gemeinsamen Interessen der Arbeitnehmer der DASA-Firmen entsprechend Geltung zu verschaffen, haben die Arbeitnehmervertretungen inzwischen einen Konzernbetriebsrat gebildet. Helmut Hunger geht auch davon aus, daß sich die Sozialleistungen der DASA-Töchter mittelfristig auf ein gemeinsames Niveau einpendeln werden.

„Unpopuläre Maßnahmen"

Daß es für die Betriebsräte bei Dornier, MTU und den übrigen DASA-Gesellschaften künftig noch allerhand zu tun gibt, war auch der Bemerkung von DASA-Chef Schrempp zu entnehmen, demzufolge „unpopuläre Maßnahmen" nicht auszuschließen seien. Damit spielte Schrempp nicht nur auf die notwendige Beseitigung von Tätigkeitsüberschneidungen an, sondern auch auf die Konsequenzen, die sich aus einer Einstellung des Jäger-90-Projekts ergeben würden. Auch die MTU München und Dor-

nier wären von einer politischen Entscheidung gegen dieses Kampfflugzeug erheblich betroffen.

Die MTU Friedrichshafen hat mit dem Jäger 90 zwar unmittelbar nichts zu tun. Aber auch bei ihr gibt es Sorgen, daß sich die weltweiten Abrüstungsbestrebungen – so sehr man sie als politischen und menschlichen Fortschritt begrüßt – nachteilig auf die Beschäftigung auswirken könnten. Immerhin ist auch die MTU Friedrichshafen mit ihrem Dieselmotorenprogramm zu etwa einem Viertel des Umsatzes vom Verteidigungsgeschäft abhängig. Der Vorsitzende der MTU-Gechäftsführung, Hubert Dunkler, hält deshalb etwa ab 1992 spürbare Auslastungsprobleme für möglich, sofern nicht rechtzeitig gegengesteuert wird.

Schwierigkeiten machen der MTU auch die gewaltigen Überkapazitäten am internationalen Dieselmotorenmarkt bei gleichzeitig stagnierender Nachfrage. Um die Auswirkungen all dieser Tendenzen auf die Beschäftigung in Friedrichshafen möglichst gering zu halten, hat man bei der MTU bereits Gegenmaßnahmen in Angriff genommen. Vor allem sollen künftig auch in Friedrichshafen verstärkt Komponenten für zivile Flugtriebwerke gefertigt werden, die sich bei der MTU München mit kräftigem Schub nach vorn entwickelt haben. Mit diesem Beschäftigungsausgleich zeigt sich jetzt erstmals nach der DASA-Gründung, wie richtig es gewesen ist, die MTU nicht zu zerschlagen, sondern als komplette Gruppe in den neuen Verband einzugliedern.

Ein „Hort der Hilfe"
oder „Betriebspolitik mit sozialen Mitteln"

75 Jahre Betriebskrankenkassen Luftschiffbau Zeppelin und mtu Friedrichshafen

Elmar L. Kuhn

Kranksein und Gesundsein sind nicht nur „fundamentale Lebenswirklichkeiten", Kranksein ist nicht nur immer mögliche reale Lebensgefahr, sondern immer auch elementare Gefahr für Lebensperspektiven des Kranken selbst und seiner Angehörigen. Die Wahrscheinlichkeit, daß Krankheit Tod, bei längerer Dauer Armut zur Folge hat, ist seit dem 19. Jh. geringer geworden. Die Einschränkung des Krankheitsrisikos ist u. a. der modernen Medizin, aber auch besseren Lebensverhältnissen zu danken. Daß wir uns diese Medizin leisten können, wir uns Krankheit zumindest auf Zeit „leisten" können, setzt unser heutiges Sozialversicherungssystem voraus. Krankheit ist nicht mehr nur „individuelles Schicksal", das man hinzunehmen hat, sondern in Grenzen bekämpfbares und immerhin auf Zeit sozial abgesichertes Übel.

Existenz, Leistung und Folgen der Sozial-, insbesondere der Krankenversicherung sind so selbstverständlich geworden, daß sie kaum mehr bewußt sind. In die Diskussion gerät meist nur immer wieder, wieviel uns diese soziale Sicherheit kosten darf.

Unser heutiges Krankenversicherungsgesetz wurde 1883 als erste „Säule" der Bismarckschen Sozialpolitik geschaffen. Vorher, formulierte ein damals bekannter Volkswirtschaftler, sei „für kranke Pferde und krankes Rindvieh meist besser gesorgt (gewesen) als für kranke Arbeiter". Das Gesetz von 1883 verpflichtete alle gewerbli-chen Arbeiter zur Mitgliedschaft in einer Krankenkasse, spätere Revisionen erweiterten den Kreis der Pflichtversicherten auf alle unselbständig Beschäftigten bis zu einem gewissen Einkommen. Neben den Allgemeinen Ortskrankenkassen (AOK) wurden als alternative Organisationsformen auch Betriebs-, Innungs- und Selbsthilfe-(Ersatz-)Krankenkassen zugelassen, Kassenformen, die als örtliche freiwillige Einrichtungen oft schon lange vor der obligatorischen Krankenversicherung bestanden hatten. Aufgrund dieser dezentralen Organisationsform bestanden in Deutschland vor dem 1. Weltkrieg rund 20 000 Kassen (heute noch etwas über 1 000), davon rund ein Drittel Betriebskrankenkassen.

Auch im Oberamt Tettnang war 1884 die Bezirks-Krankenkasse (seit 1914 AOK) gegründet worden, neben der zwei Betriebskrankenkassen für die Arbeiter der Lederfabrik Hüni (bis 1918) und der Kistenfabrik Locher in Tettnang (bis 1946) bestanden.

Nach der Millionen-Volksspende 1908 hatte das Zeppelinsche Unternehmen mit der Errichtung der Zeppelin-Stiftung und der Gründung der Luftschiffbau Zeppelin GmbH (LBZ) eine solidere finanzielle Grundlage und festere rechtliche Formen erhalten. Aus dem Betrieb entstand u. a. mit den Tochterfirmen Maybach Motorenbau seit 1911 in Friedrichshafen, der Zahnradfabrik 1915, der Abteilung Do 1914 (1922 Dornier Metallbauten) ein Konzern.

Die Arbeiterzahlen hatten sich von 1908 bis zum Kriegsbeginn von 80 auf ca. 800 der Friedrichshafener Zeppelinfirmen verzehnfacht, waren im Krieg nochmals auf das zehnfache mit ca. 8000 gestiegen, um nach dem Krieg auf etwa ein Viertel davon zurückzugehen.

Für seine Beschäftigten nutzte der Konzern zum Jahresbeginn 1915 ebenfalls die Möglichkeit, Betriebskrankenkassen zu bilden, und ließ sich vor 75 Jahren je eine Kasse für die Mutterfirma Luftschiffbau und den Maybach Motorenbau vom Königl. Württembergischen Oberversicherungsamt genehmigen, zu denen zum Jahresbeginn 1918 eine dritte Kasse für die Zahnradfabrik trat. Die Trennung in zwei bzw. drei rechtlich selbständige Kassen blieb freilich bis zu ihrer Auflösung 1946 ohne große Bedeutung. Zwar erfolgte die Rechnungsführung für jede Kasse getrennt, auch besaß jede eigene Selbstverwaltungsorgane, doch waren Verwaltung und Unterbringung der drei Kassen gemeinsam und sie wurden von einem gemeinsamen Geschäftsführer geleitet. In der Regel firmierten alle drei Kassen nach außen zusammen als „Vereinigte Zeppelin-Krankenkassen".

Wie die Firmen nach der Zerstörung, entstanden auch die Betriebskrankenkassen nach der Liquidierung durch die französische Besatzungsmacht wieder. Schon 1949 waren die Kassen des Maybach Motorenbaus und der Zahnradfabrik wieder gegründet worden. Die Kasse des Motorenbaus wurde sogleich von den anderen Tochterfirmen des Luftschiffbaus getrennt geführt im Vorgriff auf die Lösung Maybachs aus dem

Eingang zum Betriebsgelände des Luftschiffbaus Zeppelin und Maybach Motorenbaus. Im Gebäude links befand sich die Verwaltung der Vereinigten Zeppelin-Krankenkassen, 1918-41.

alten Konzern- und Stiftungszusammenhang. Durch die Fusion mit dem Mercedes Benz Motorenbau in Manzell erweiterte sich 1966 der versicherte Personenkreis und 1969 erhielt die Firma ihre heutige Bezeichnung mtu. Schwieriger gestaltete sich aufgrund der noch länger ungeklärten Rechtssituation des Luftschiffbaus die Wiedererrichtung seiner Betriebskrankenkasse, die gegen den Einspruch der AOK erst 1953/54 zustande kam. In ihrem Organisationsbereich spiegeln sich bis heute die alten Unternehmens- bzw. Konzernzusammenhänge. So sind bei der BKK LBZ heute die Beschäftigten der Nachfolgefirmen der Mutterfirma LBZ versichert, der Zeppelin Metallwerke, der mb guss und des Sauerstoffwerks, aber auch Beschäftigte der Friedrichshafener und Lindauer Dornierfirmen, obwohl Dornier bereits 1932 aus dem Konzern ausgeschieden war.

Die Kassen des LBZ und der ZF wurden bis 1961 nochmals gemeinsam verwaltet und vom Geschäftsführer Frey geleitet, der die Vereinigten Kassen schon 1920-46 vorgestanden hatte. Erst seit 1961 sind alle drei Kassen organisatorisch und räumlich voll voneinander getrennt.

Gerade weil die Institution Krankenkasse so selbstverständlich geworden ist, scheint ihre Geschichte wenig interessant und spröde. Die z. T. heftigen Auseinandersetzungen um ihre Ausgestaltung entschwanden sehr rasch dem Bewußtsein. Die beiden Betriebskrankenkassen, die in diesem Jahr ihr Jubiläum feierten, planen die Herausgabe einer ausführlichen Festschrift. Hier können nur ganz knapp die Rollen der verschiedenen Interessengruppen skizziert werden, die einerseits Einfluß auf die Entwicklung der Kassen nahmen und nehmen und deren Lebensbedingungen andererseits, wie insbesondere bei den Kassenmitgliedern, durch die Kassenleistungen beeinflußt werden.

1. Der Staat

Die Krankenkassen sind Anstalten öffentlichen Rechts, ihre Organisationsform und ihre Tätigkeit wurden immer durch staatliche Vorschriften maßgeblich bestimmt. Die bei der Einführung der gesetzlichen Krankenversicherung festgelegten Strukturprinzipien Zwangsmitgliedschaft, Dezentralität und Selbstverwaltung hat der Gesetzgeber mehrfach modifiziert. Der Kreis der Versicherungspflichtigen wurde immer mehr erweitert. Die Nazis beseitigten die Selbstverwaltung, nach deren Wiedereinführung 1951 wurde das Stimmenverhältnis der Arbeitnehmer- gegenüber den Arbeitgeberstimmen von 2:1 auf eine Parität reduziert. Für die Beitragssätze hat der Staat schon im 1. Weltkrieg, dann um 1930 und während des Nationalsozialismus Höchstsätze festgelegt. Vor allem aber wurde, abgesehen von diesen Perioden, im Gesamttrend der Bereich der Pflichtleistungen der Kassen an ihre Mitglieder immer weiter ausgedehnt. Ebenso wie die einzelne Kasse fast jeden Spielraum bei den freiwilligen Leistungen verloren hat, so wurden schon früh ihre Verhandlungspositionen bei den Preisverhandlungen mit den Anbietern im Gesundheitssektor durch organisatorische Regelungen und die staatliche Festlegung von Gebührensätzen auf ein Minimum beschränkt. Angesichts dieser staatlichen Reglementierung und der übermächtigen Position der Leistungsanbieter habe sich, klagt ein Verbandsvertreter der Kassen, ihre Funktion „auf bloße Beitragssammelstellen und Finanzierungsquellen" reduziert.

Das Grundmotiv für die Schaffung der Krankenkassen hat der Kaiser selbst 1881 offengelegt: „Die Heilung der sozialen Schwächen ist nicht ausschließlich im Wege der Repression sozialer Ausschreitungen, sondern gleichmäßig auf der positiven Förderung des Wohls der Arbeiter zu suchen".

Die Sozialpolitik sollte in Ergänzung der polizeistaatlichen Maßnahmen der Befriedung und Integration der Arbeiterklasse dienen. Selbst Adenauer rechtfertigte noch die Lohnfortzahlung im Krankheitsfall damit, daß es „bei der drohenden Gefahr des Kommunismus besser war, zu viel als zu wenig zu tun". Leitlinie der staatlichen Maßnahmen war also, auf der einen Seite Grundbedürfnisse nach Sicherung im Krankheitsfall zu befriedigen, auf der anderen Seite die Kostenbelastung für Versicherte und Arbeitgeber in Grenzen zu halten und dabei die Interessen der gut organisierten Leistungsanbieter als wichtige Klientel konservativer Regierungen nicht gravierend zu verletzen.

2. Die Unternehmen

Die Gründung der Betriebskrankenkassen durch den Zeppelin-Konzern war keine isolierte Maßnahme, sondern Bestandteil einer fast totalen Sozialplanung und -betreuung des Unternehmens, deren Hauptträger die 1913 gebildete Zeppelin Wohlfahrt GmbH war. Eigene Bauernhöfe und eine Gärtnerei lieferten Lebensmittel, die in Mühle, Bäckerei, Molkerei, Metzgerei, Mosterei verarbeitet wurden und deren Angebot durch eine Konsumanstalt ergänzt wurde. Im Saalbau und in Kantinen wurden die Beschäftigten verköstigt. Mit der Arbeitersiedlung Zeppelin-Dorf und weiteren Hausbauten und Heimen wurde dringend notwendiger Wohnraum geschaffen. Ziegelei und Holzindustrie lieferten Baumaterialien für den eigenen Bautrupp. Vertragsarchitekten entwarfen Pläne für die gesamte Stadtgestaltung. Heizmaterial verkaufte die Kohlenhandlung, der Körper- und Kleidungspflege dienten Mietbäder und Wäscherei. Der Saalbau war eine beliebte Stätte der Geselligkeit und Unterhaltung. Bücherei und Volksbildungsausschuß ermöglichten Fortbildung. Geld konnte in der Sparbank deponiert oder entliehen werden.

Carl Frey, Geschäftsführer der Zeppelin-Krankenkassen 1921-46, nach der Wiedergründung der Betriebskrankenkasse der Zahnradfabrik 1949-61 und der Betriebskrankenkasse des Luftschiffbaus Zeppelin 1953-61.

Für Frauen und Kinder sorgten Beratungsstellen und Heime. Eine zusätzliche betriebliche Altersversorgung versprach einen auskömmlicheren Ruhestand. Viele größere Unternehmen hatten ähnliche soziale Einrichtungen und Leistungen geschaffen, ungewöhnlich war aber sicher das aufeinander abgestimmte System einer solchen Vielzahl von Einrichtungen, wie sie wohl Generaldirektor Colsman von Großkonzernen in seiner Heimat Rheinland-Westfalen kannte. Dieses umfassende Betreuungssystem bestand freilich nur wenige Jahre im 1. Weltkrieg, in den 20er Jahren wurde es beträchtlich reduziert, erhalten blieben u. a. die Betriebskrankenkassen.

Zwei wesentliche Ziele ließen sich sowohl mit der betrieblichen Sozialpolitik überhaupt wie speziell mit den Betriebskrankenkassen erreichen:

1. Kostensenkung. Die Gründung der Zeppelin Wohlfahrt sollte die Lebenshaltungskosten in der damals teuren Stadt Friedrichshafen senken und damit den Druck auf höhere Löhne mindern. Betriebskrankenkassen mit ihrer spezifischen Mitgliederstruktur kommen trotz besserer Leistungen mit geringeren Beiträgen als die Ortskrankenkassen aus und verringern so die Lohnnebenkosten des Betriebs. Als 1926 kurzfristig die Beiträge der Betriebskrankenkassen die der AOK überstiegen, waren die Trägerfirmen sofort bereit, ihre Kassen zugunsten einer städtischen AOK aufzulösen, die dann aber nicht zustande kam.

2. Personalpolitik durch „Heranbildung eines zuverlässigen, loyalen und motivierten Arbeiter- und Angestelltenstammes" aufgrund der zusätzlichen Sozialleistungen der Firmen und insbesondere der Leistungsvorteile der Betriebskrankenkassen. Noch in den 50er Jahren waren die Leistungen der Friedrichshafener Betriebskrankenkassen wichtige Anreize, eine Beschäftigung bei den Trägerfirmen zu suchen.

Die betriebliche Sozialpolitik war und ist deshalb immer auch „Betriebspolitik mit sozialen Mitteln". Neben den Hilfen der BKKen bei der Bewältigung von Krankheitsfolgen sollten allerdings die Möglichkeiten der Unternehmen bei der Vermeidung von Krankheitsursachen nicht übersehen werden. So sind immerhin 15 % aller Krankheitszeiten der Versicherten auf Arbeitsunfälle zurückzuführen, und im letzten Krieg fürchtete sich die Dornier-Belegschaft vor der Berufskrankheit der „Dural-Krätze".

3. Die Versicherten
Die Vorteile einer Betriebskrankenkasse für die Unternehmen sind auch die Vorteile der versicherten Arbeitnehmer. Diese Vorteile sind auch für sie zweifach: geringere Beiträge als bei der AOK bei gleichzeitig besseren Leistungen. Schon von Beginn an übernahmen die Betriebskrankenkassen auch Krankheitskosten für die Angehörigen der Versicherten, was bei der AOK erst viel später geschah, auch zahlten die Betriebskrankenkassen doppelt so lang Krankengeld.

Die Einführung der Krankenkassen hatte überhaupt erst die „Medikalisierung" der Bevölkerung ermöglicht, d. h. den Auf- und Ausbau eines Gesundheitssystems, das für alle zugänglich war, und dessen Leistungen sich nicht nur Begüterte und die übrigen nur im äußersten Notfall leisten konnten. Dieser Ausbau hatte allerdings seinen Preis. Hatte früher nur Krankheit ihren allerdings ruinösen Preis, so heute auch Gesundheit. In drei Schüben sind die Beiträge der Versicherten an ihre Kassen von 4,5 % bei der Gründung in den 20er Jahren auf 8 %, in den Sechzigern auf über 10 % und in den Achtzigern wieder um um die 10 % gestiegen (siehe Schaubild). Die gravierenden Beitragsreduktionen waren jeweils durch politisches Eingreifen veranlaßt, Ende der 20er Jahre in der Weltwirtschaftskrise durch staatliche Höchstsatzverordnungen bei gleichzeitigen Leistungseinschränkungen, 1970 durch die Abwälzung der Lohnfortzahlung auf die Arbeitgeber und im letzten Jahrzehnt durch die sog. „Kostendämpfungsmaßnahmen", die zum großen Teil die Kosten nicht reduziert, sondern durch die sog. Selbstbeteiligung reprivatisiert haben.

Daß „Medikalisierung" und „medizinische Revolution" und damit mittelbar unsere Krankenkassen die Bedrohlichkeit von Krankheiten zurückgedrängt und die Lebenserwartung verlängert haben, ist unstrittig. Strittig ist, ob sich dieser Fortschrittsprozeß nicht schon wieder umgekehrt hat und inwieweit sich Krankheit und Gesundheit überhaupt objektivieren lassen. So las-

Ehemalige Villa des Generaldirektors Colsman, seit 1953 Sitz der Betriebskrankenkasse des Luftschiffbaus Zeppelin.

sen sich zwar wohl die Krankheitszeiten der Kassenmitglieder messen (siehe Schaubild). Ob ihre verschiedenen Niveaus nun Ausdruck realer unterschiedlicher Belastungen, Folgen verbesserter medizinischer Versorgung oder Reaktion auf unterschiedlichen wirtschaftlichen Druck je nach Konjunkturlage sind, wird sehr kontrovers diskutiert. Seit den 70er Jahren ist der Krankenstand bei unseren Betriebskrankenkassen jedenfalls tendenziell rückläufig und hat nun wieder etwa das Niveau der 20er Jahre erreicht.

Die Interessen der Versicherten zielen verständlicherweise auf optimale Krankheitsversorgung bei möglichst geringen Kosten. Allerdings konfligieren hier die Interessen unserer BKK-Mitglieder mit denen der AOK, denn die günstigeren Bedingungen der einen haben schlechtere Konditionen beim „Rest" zur Folge. Deshalb haben die Organisationen der Arbeiterbewegung immer für eine Einheitsversicherung plädiert, wie sie schon einmal in der französischen Besatzungszeit realisiert war. Das hindert die Gewerkschaften nicht, die Interessen der Versicherten in den Selbstverwaltungsorganen der Kassen wahrzunehmen, wobei es mit Ausnahme der Zeit der Weltwirtschaftskrise nie zu großen Differenzen mit den Arbeitgebervertretern in den Organen kam. Wahlen zu diesen Organen (heute Vertreterversammlung und Vorstand) haben aber offenbar in der ganzen Geschichte der Friedrichshafener Betriebskrankenkassen ganz selten stattgefunden. 1927 stimmten 80 % für den sozialistischen ADGB und 20 % für den christlich-nationalen DGB. Bei den übrigen Wahlterminen haben sich immer die verschiedenen Gewerkschaften über die Verteilung der Sitze geeinigt.

4. Die Anbieter

Die Krankenkassen ermöglichten erst die rapide Steigerung der Nachfrage nach ärztlichen Leistungen, damit aber der Stellenzahlen für medizinisches Personal, des Arzneimittelumsatzes, des Ausbaus des gesamten Gesundheitssystems. Erstes Bestreben der Ärzte war, die Kontrolle über die Kassenarztzulassung selbst in die Hand zu be-

BEITRAGSSÄTZE DER BETRIEBSKRANKENKASSEN (JAHRESDURCHSCHNITTE)

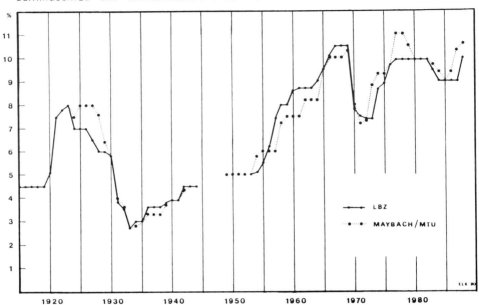

KRANKHEITSTAGE PRO MITGLIED

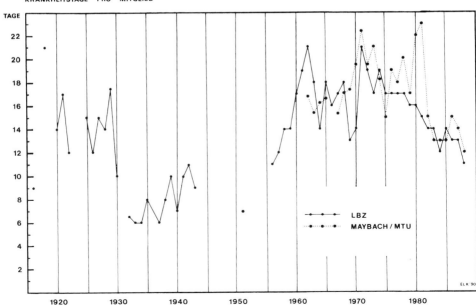

kommen. Hatte zur Zeit der Gründung unserer Betriebskrankenkassen noch ein Machtgleichgewicht zwischen Kassen und Ärzten bestanden, so erreichten die Ärzte mit der Bildung der Kassenärztlichen Vereinigungen 1931 ein Übergewicht und ein Angebotsmonopol in der ambulanten Versorgung. Seither sind nicht mehr die einzelnen Ärzte, sondern ihre Vereinigungen Verhandlungspartner der Kassen. Die Ärzte scheuten zur Durchsetzung ihrer Forderungen auch vor massiven Kampfmaßnahmen nicht zurück, wie einem Ärztestreik 1923, bei dem die Ärzte ihre Patienten nur gegen Bezahlung behandelten. Durch die ganzen 20er Jahre ziehen sich Auseinandersetzungen zwischen den hiesigen Kassen und den Ärzten um Honorarfragen.

Da den Kassen jeder Einfluß auf die Angebotssituation genommen ist, zwingt sie zu einer bloß passiven Bewältigung der Folgen der Kostenexplosion. Diese Steigerungen sind natürlich eine Folge der wesentlich verbesserten medizinischen Versorgung, aber auch größerer „Morbidität" bei gestiegener Lebenserwartung, sie werden aber auch einem „Systemfehler" unseres Gesundheitssystems angelastet. Denn der Arzt „bietet Leistungen für die Gesundheit nicht nur an, er bestimmt auch über Art und Umfang ihrer Nachfrage".

Im Durchschnitt sind die Ausgaben unserer Betriebskrankenkassen auf das 28fache gestiegen, seit dem Krieg haben sie sich in jedem Jahrzehnt mehr als verdoppelt. Gegenüber den Löhnen der Versicherten liegen diese Steigerungen um das Eineinhalbfache höher. Dabei fallen für die verschiedenen Kostenarten beträchtliche Unterschiede auf. Während die Ausgaben für ärztliche Behandlung und Arzneimittel etwa entsprechend dem Durchschnitt angestiegen sind, ragen die Zahnarzt- und Krankenhauskosten mit fast doppelt so hohen Steigerungsraten heraus (siehe Schaubild).

Nach beständigen Positionsverbesserungen über Jahrzehnte hinweg scheint nun jedoch bei nicht mehr wachsender Kuchengröße der Kuchenanteil nicht mehr erweiterbar.

5. Die Historiker

Zu lernen wäre aus solchen Rückblicken allemal, und wenn es nur Einsichten in die Eigenlogik einmal geschaffener Strukturen, in ungleiche Einflußchancen von Verbänden und Gruppen auf politische Entscheidungen und ihre immer nur isolierten Blickfelder sind, oder noch bescheidener: die Kenntnis von Datenreihen zu Vergleichszwecken und sich abzeichnenden Trends.

Über die Geschichte der Kassen als Institutionen hinaus fällt auch Licht auf die Unternehmensgeschichte und vor allem die Sozialgeschichte der Beschäftigten, der Arbeiter. Dabei möchte man gerne noch über Motivation und Vorbilder der umfassenden betrieblichen Sozialpolitik vor und im 1. Weltkrieg mehr wissen. Für die Arbeiter sind über die vorgestellten Fakten hinaus noch drei weitere Datenkomplexe interessant. Die Beschäftigtenzahlen der Friedrichshafener Firmen sind nur lückenhaft bekannt. Die Mitgliederzahlen der Betriebskrankenkassen können deshalb mit Einschränkungen als Indikatoren für die Beschäftigungsentwicklung verwendet werden. Dabei ist natürlich zu bedenken, daß bei der BKK LBZ bis Kriegsende auch die Münchener Dornier-Beschäftigten versichert waren, und seit dem Krieg die Mitgliedschaft dieser BKK sehr heterogen zusammengesetzt ist (heute Dornier FN mit Dornier Medizintechnik in München ca. ein Drittel, Dornier Lindau 20 %, Zeppelin-Metallwerke 30 %, davon die Hälfte in auswärtigen Filialen). Die Wachstumsphasen der Mitgliedschaft decken sich mit den jeweiligen deutschen Rüstungskonjunkturen. Anhand der vom 1. bis zum 2. Weltkrieg vorhandenen Mitgliedsbücher ließen sich Herkunft, Verweildauer und Berufskar-

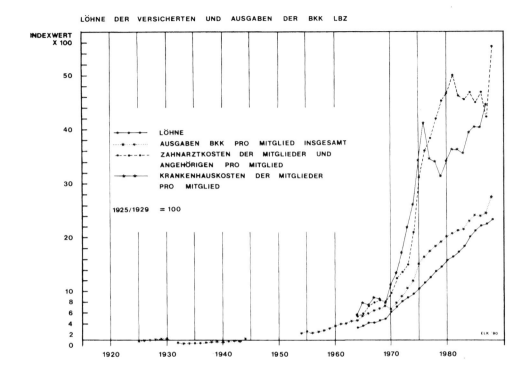

LÖHNE DER VERSICHERTEN UND AUSGABEN DER BKK LBZ

LÖHNE
AUSGABEN BKK PRO MITGLIED INSGESAMT
ZAHNARZTKOSTEN DER MITGLIEDER UND
ANGEHÖRIGEN PRO MITGLIED
KRANKENHAUSKOSTEN DER MITGLIEDER
PRO MITGLIED

1925/1929 = 100

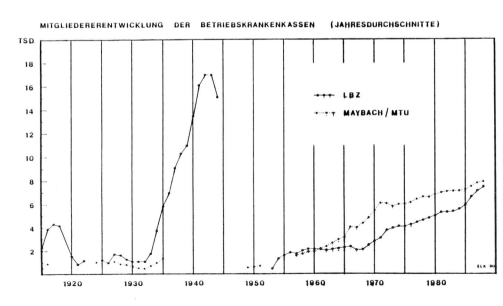

MITGLIEDERERENTWICKLUNG DER BETRIEBSKRANKENKASSEN (JAHRESDURCHSCHNITTE)

LBZ
MAYBACH / MTU

riere der Arbeiter und Angestellten ermitteln. Bei einer exemplarischen Auszählung für 1916 ergab sich, daß nur 13 % der Beschäftigten aus dem Kreis Tettnang und nochmals so viele aus den benachbarten Kreisen stammten. Die Fluktuation war sehr hoch. Auch die Lohnentwicklung, die sich z. T. aus den Beiträgen errechnen läßt, ist sehr schön zu verfolgen. Seit den 20er Jahren sind die Durchschnittslöhne auf das etwa 20fache gestiegen, unter Berücksichtigung der Verteuerung der Lebenshaltung auf das 5fache.

Wenn schon die Historiker die Kassengeschichte für eine umfassendere lokale oder allgemeine Sozialgeschichte nutzen und damit den Blick weiten, so sollte nicht übersehen werden, daß sich die Tätigkeit der Kassen wie des Gesundheitssystems insbes. weitgehend auf Folgenbewältigung beschränkt. Was mehr denn je nottut, wäre Ursachen für Krankheiten zu bekämpfen. Dann aber sind wir nicht mehr nur bei der Gesundheitspolitik. Nach der Definition der Weltgesundheitsorganisation ist Gesundheit der „Zustand des vollständigen und sozialen Wohlbefindens und nicht nur ... Freisein von Krankheit und Gebrechen. Die Erlangung des bestmöglichen Gesundheitszustandes ist eines der Grundrechte eines jeden Menschen ohne Unterschied der Rasse, der Religion, des politischen Bekenntnisses, der wirtschaftlichen oder sozialen Stellung."

Der Dienstbua

Erinnerungen an Billafingen in den 20er Jahren

Alfred Kleiber

Ich möchte als ehemals kleiner Junge von zwölf Jahren, den das Schicksal nach Billafingen verschlug, das Leben, die Sitten und Gebräuche, wie ich sie noch erlebte, noch einmal lebendig werden lassen.

Man wird fragen, wer ist das, der hier unsere Geschichte und so manche kleine Bosheiten noch einmal lebendig werden lassen möchte? Wie kommt der Junge „vom Unterland" – so pflegte man die „Nordbadener" zu nennen - hierher in das Hinterland vom Bodensee? Als anfängliches Ferienkind, das sich der alte Schmiedemeister Konstantin von einem Pfarrer erbeten hatte, der gerade im Dorf als Festprediger zugegen war. Und weil der Fremde auf alles ganz anders reagiert, weil es ihm auch ungewohnt erscheint, so bleibt ihm dies alles vielleicht mehr in Erinnerung als dem Einheimischen. Deshalb möchte ich mit Verlaub diese kleinen Geschichten und Begebenheiten, wie ich sie erlebte, erzählen. Angefangen hat es in der Dorfschmiede, in die ich einzog als Ferienkind und aus dem der Dienstbua geworden ist.

Wenn man das erste Mal in seinem Leben über den Schwarzwald fährt, durch Täler und Gebirge und durch unzählige Tunnels braust mit der schnaufenden Dampfbahn und am Ende an dem schönen Bodensee ankommt, in Überlingen landet, einer völlig fremden Stadt, die Menschen ganz anders sprechen, eine fremde Umgebung einen umgibt und am Ende im Hinterland in ein kleines stilles Dorf kommt, so ist das sehr viel auf einmal, was das Herz in sich aufzunehmen hat an einem einzigen Tag. Das alles hat sich in meinem damaligen Kinderherzen so eingeprägt, daß es einfach so ist, als wäre es gestern gewesen. Und wenn man all das „Fremde" die Jahre durch lieben lernt und sich an all das gewöhnt hat, so bleibt es einem in Erinnerung das ganze Leben.

Die Schmiedsfamilie und der erste Freund

Und so lernte ich das Leben kennen im Hof der Schmiede. Es waren da wie gesagt der alte Konstantin, die Mutter, seine Frau, die junge Bäuerin, der junge Schmiedemeister, der Oskar, ein kleiner Junge, der Sepple, der Schmiedgeselle und natürlich eine Magd namens Marie. Das waren also die Leute, mit denen ich es zunächst zu tun hatte. Dann ein großes Bauernhaus, in Anlehnung der „Spicher", ein Anbau, wo der alte Konstantin mit der alten Bäuerin lebte. Und natürlich der Stall, mein künftiges Arbeitsgebiet. Da standen zwei „Roß", des weiteren etliches Jungvieh und sechs bis acht Kühe. Das war nun meine nähere Umgebung, die ich nur zu gut kennenlernte. Den ersten Menschen im Dorfe, mit dem ich mich angefreundet hatte, war „Müllers Wilhelm", ungefähr in meinem Alter. Es war der erste Sonntag, wo ich meinen ersten Spaziergang zum Dorf hin machte, und er vor dem alten Gasthaus, wo er hingehörte,

Die Schmiedefamilie vor ihrem Anwesen, um 1935.

stand und mich ansprach mit den Worten: „Magst en Bolle"? Das heißt ein Bonbon. Wir verstanden uns gleich trotz Sprachschwierigkeiten. Und auch sein etwas älterer Bruder, der Franz, beschnupperte mich, und sie zeigten mir ihre Hasen, die sie im Stall hatten und natürlich auch das viele Vieh in den Ställen. Sie hatten einen ganzen Stall mit ca. sechs oder acht Pferden, wo der Wilhelm der Roßbua war, worauf er sehr stolz war.

In der Schule

Mit dem ersten Schultag fing auch bei mir der Ernst des Lebens in Billafingen an. Man hat immer etwas Angst, wenn man erstmals in eine fremde Schule kommt. Es war damals ein einfaches Gebäude, das nur zwei Schulzimmer hatte und in zwei Abteilungen die ganzen acht Klassen untergebracht waren. Als ich die Schule betrat, kniete da ein

Mann vor dem Ofen im Hausgang und machte Feuer. Ich frug ihn nach dem Zimmer und wo ich den Lehrer antreffen könnte, denn ich sei zum ersten Mal hier, worauf der Mann in seinen Bart rein brummte, was ich nicht verstand nur mit dem Finger so von unten musternd nur mit dem Finger so von unten musternd zum Schulzimmer wies. Kurze Zeit später sollte ich den Lehrer kennenlernen, es war derselbe, der vor dem Ofen kniete: Der Oberlehrer Götzmann. Meine Angst und Verblüffung war unbegründet, denn er trug mir nichts nach. Im allgemeinen war er bei den Schülern nicht gerade beliebt, er war namentlich von uns Jungen gefürchtet wegen seiner Strenge. Nun ja, damals gab es noch Prügel, aber es geschah selten. Denn was sollte der Lehrer schon machen, wenn einer der Jungen seine Hausaufgaben nicht richtig beisammen hatte, ob Dienstbub oder nicht, es mußten alle zu Hause mitarbeiten. Und so wurde hin und wieder ein Auge zugedrückt.

Auf Feld und Acker

Bald lernte ich die Arbeit auf dem Felde kennen, denn es war die Zeit, wo im Frühjahr die Felder bestellt wurden. Es wurden gerade Kartoffeln gesetzt und alles mußte mit hinaus, und es wurden noch zusätzlich Leute angeheuert. Da war im besonderen des Bürgermeisters „Mariele" dabei, die aus Gefälligkeit einmal mithalf, und dann die beiden alten Xavers (Mann und Frau), die so im Dorf bei den Bauern aushalfen, weil sie selbst nicht viel hatten. All diese Leute waren sehr gefällig und halfen wo auch immer.

Bald lernte ich auch das Fahren mit dem Roß. „Das Männen", d.h. beim Pflügen mußte ich die Pferde führen am Zügel, damit sie in der Furche blieben und daß sie beim Umdrehen wieder richtig in die Furche kamen. Namentlich an den steilen Hängen, und solche gab es etliche, z. B. da hinten im „Gegetz", wie der „Biel" (der Berg) genannt wurde. Da lernte ich gleich so richtig, was es heißt, an dieser oberen Halde entlang zu fahren mit den Pferden auf steinigem Grund und am Ende des Ackers ein Abhang, der den Blick freigab hinunter auf die Wiesen, den Wald und das Bächlein, das vom Unterbach hinten vor kam, umsäumt von Erlengebüsch. Ein Glück, daß unsere zwei Pferde sehr ruhig und nicht scheu waren. Denn ein Fehltritt oder ein Erschrecken der Pferde und wir wären den Abhang hinunter. Für mich war das schöne verträumte Land sehr reizvoll, und wenn ich meinen Blick gar zu versonnen hinunter schweifen ließ, vergaß ich oft, wo ich war, bis der alte Konstantin aufheulte: „Bua jo wa, wo hoscht wieder deine Auge". Manchmal bin ich von selbst zu mir gekommen, wenn der Max, mein Handgaul, mir auf den Fuß trat. Das tat für den Moment sehr weh, noch dazu, wenn der Gaul sich nicht mal entschuldigte. Das war eine meiner unliebsamsten Arbeiten, das Pflügen noch dazu am Berghang.

Am Ostersamstag erinnere ich mich noch, waren wir in der Nähe der Kirche beim Pflügen. In der Kirche war die sogenannte „Feuerweihe", es läutete, Konstantin sagte auf einmal: „oha" und wir standen, und als ich verwundert zurück schaute, bekreuzigte er sich, das wußte ich noch nicht. Für mich war das eine angenehme Pause, mir war das noch fremd, aber ein andermal, als der Schmied selbst mal Lust bekam zu pflügen, läutete es wieder, und das wußte selbst „mein Max" der Handgaul schon, denn er blieb plötzlich stehen, was nicht nur mich wunderte, sondern auch Oskar, den Bauern. Obwohl die Pferde bei ihm schneller liefen als beim alten Konstantin.

Die Rösser

Ja, die Pferde haben einen besonderen Instinkt, sie kannten ihren Herrn. Denn wenn ich z. B. zum nahen Dorfbrunnen trabte, wo die Pferde noch zur Tränke geführt wurden und der Schmied, der Oskar unter der Schmiede stand, so schlugen die Pferde bewußt eine schnellere Gangart ein.

Zur damaligen Zeit war in der Schmiede noch ein sehr reger Betrieb. Es kamen viele Pferde, die beschlagen werden mußten und das dumpfe Poltern der Pferdehufe verriet oft, daß ein munterer Geselle von Pferd zu Gast war. Manche erschreckten vor dem offenen Feuer, oder dem „Aufbrennen" der Eisen. Und manch ein Pferd bekam die Trense angelegt. Das war wie eine Daumenschraube im Mittelalter. Es gab auch Arbeitskühe, die ein halbes Eisen aufgenagelt bekamen, das war äußerst schwierig, schon weil die Kühe steifer waren als die Pferde und den Fuß freiwillig nicht anhoben. Denen wurde ein Strick um den jeweiligen Fuß gewunden, dann waren sie so etwas wie gefühllos und so konnte der Fuß angehoben werden. Es kam dann auch nicht selten vor, daß ich, schwach wie ich noch war, zum Beschlagen geholt wurde, wenn mehrere Pferde da waren und Alt- und

Jungschmied und der Geselle arbeiteten. Da fehlte dann eben ein Mann, der den Pferden die Füße aufheben mußte, und da mußte ich einspringen, wenn ich nicht gerade in der Schule war. So lernte ich bald die Pferde in der näheren Umgebung, und soweit sie die Bauern zu uns zum Beschlagen brachten, kennen. Und mancher Bauer besuchte uns mit einem Pferd, mit dem manch einer nichts zu tun haben mochte. So brachte der Voglerhofbauer einen Fuchs, eine schöne starke Stute, aber sehr gefährlich. Er biß und schlug, als sei der Teufel in der Schmiede. Im Winter war er so unleidlich, daß sie einen Baumstamm hinter ihm her ziehen ließen, wenn er zur Schmiede kam, damit er sich nicht so übermütig gebärden konnte. Überdies bekam die Stute, eine Zuchtstute, von Zeit zu Zeit ein Fohlen, und dann war sie besonders ungemütlich.

Mein Gott! Wo ist heute noch ein Hof, der mit Pferden arbeitet? Höchstens ein Reitpferd, und das besitzt eher der Lehrer im Dorf als der Bauer auf dem Hof.

Feldarbeit mit Pferdegespann, um 1930.

Ein Fest

Mein erstes Fest, das ich in Billafingen erlebte, war das Fest der Fahnenweihe. Da wurden überall Girlanden geflochten von den späteren Festdamen und dann von dem Verein das Gasthaus und die Straßen geschmückt. Am Tag der Fahnenweihe kamen viele Vereine, um dem „Gesangverein Frohsinn" zu Billafingen die Ehre zu erweisen. Wir Jungen wurden zum „Täfelesbua" ernannt und dienten dem jeweiligen zugeteilten Verein. Dem Adlerwirt sein Obstgarten war eine einzige Festwiese, wo sich nach dem Umzug alles versammelte. Bunte Bänder und Tannen schmückten das ganze Dorf, und der Vorstand war richtig stolz in seinem Festgewand. Die Festdamen, alle in weiß und blauen Schärpen, sahen sehr schön aus. Sie erfreuten später beim Tanz so manches Jungenherz. Und wieder waren

Pferde da, viele kamen mit schönen Gespannen im Festtagsschmuck, denn auch Pferde hatten, wenn sie sonntags ausfuhren, ein Sonntagskleid. Der Adlerwirt hatte hierzu extra einen Gaststall.

Sonntag

Das Fest war so um die Heuernte herum, und zur Fruchternte war es noch eine Weile. Wenn am Sonntag draußen Heu lag, das man heimholen wollte, wurde in der Kirche beraten, und der Pfarrer mußte seine Zustimmung geben. War Heuwetter, schickte er den Polizeimeister, der immer in Uniform am Kirchenausgang seinen Posten hatte, hinaus um festzustellen, ob es sich lohnt. Wenn wie so oft ein „Wetter" unten von Seelfingen oder gar schon von Nesselwangen herüberzog, mußte sich der Pfarrer sputen und etwas kürzer predigen als sonst. Das bekam besonders unser späterer Pfarrer Futterer zu spüren. Denn der alte Konstantin gab ihm oft durch unüberhörbares „Räuspern" zu verstehen, daß er Schluß machen solle, wenn man das Heu noch rechtzeitig vor dem Unwetter retten wollte. Es folgte dann gewöhnlich ein hörbares „pst" vom Stecklemäuster, einem Mann, seines Zeichens „Straßenwart", der oben auf der Empore seinen Platz hatte, um alles zu übersehen. Neben ihm stand auch der Xavere, der mußte für den Organisten, den Lehrer, die Orgel treten, d.h. den Blasebalg.

Am Sonntagnachmittag, wenn die Kirche aus war, gingen die Jungen und die Alten in den Adler oder in das Bräuhaus, denn zwei Wirtschaften besaß das kleine Dorf schon. Und dann erklangen vom Adler sämtliche gerade gängigen Lieder und die Mädchen vom Adlerwirt begleiteten die Burschen mit ihren rauhen Kehlen, wobei sogar eines der Mädchen auf dem Klavier begleitete.

So hatte alles in der alten Dorfgemeinde seine Ordnung. Wenn im übrigen sonntags nichts anstand, so vertrieben wir Jungen unsere Zeit bis zum Füttern am Abend mit Spielen, Hasenhandel oder handelten wegen einer begehrten alten Uhr herum, wobei wir uns oft des Praktikanten, sprich besseren Pferdeknechts, dem „Restle Otto" bedienten. Er hatte alles, angefangen von Uhren, Fahrradmäntel, Karbidlampen und sogar ein Leichtmotorrad, dessen Namen man nicht mehr so richtig feststellen konnte,weil er es immer wieder umbaute.

Wenn im Winter reichlich Schnee lag, war Rodeln unser Vergnügen. Da hatte der Sohn vom Wagner sogar einen lenkbaren Schlitten gebaut, und es war ein lustiges Treiben die Höllsteiger Steige herunter. Einmal hatten wir sogar einen Pfarrer, der mit uns Fußball spielte in einem Obstgarten. Einen Fußballverein gab es damals noch nicht.

Inzwischen lebte ich mich in Billafingen so richtig ein, als wäre ich schon immer hier gewesen. Man machte keinen Unterschied zwischen arm und reich, vor allem nicht unter der Jugend. Und wer im Dorf ordentlich und fleißig war, der war geachtet und auch angesehen. Die Ansprüche waren bescheiden, Essen, Kleidung genügte, und Geld bekam ich nicht. Man verkaufte mal einen Stallhas und manchmal ein paar junge und so. Oft hieß es dann: „Bua, wo bringst Du deine Viecher hin, man bekommt sie nie zu sehen oder einen zum Essen". Ja, etwas Geld, und wenn es grad mal ein paar Süßigkeiten waren, so freute man sich schon. Ja, man bekam mal ein wenig Heu- oder Kirwigeld im Spätjahr, das war alles.

„Glonker" und Störhandwerker

Da hatten fast die Handwerksburschen, die ihre Umgebung abgrasten, mehr im Sack als ich. Man nannte sie „Glonker" und sie bekamen immer etwas, schon damit keiner etwas anstellte. Manche baten auch um ein Nachtquartier, und da mußten sie sich beim Bürgermeister melden. Da war im Gemeindehaus so eine Arrestzelle gegenüber der Schmiede. Dort lebte auch eine alte Frau, die Forsterin, wir Kinder machten einen Bogen um die Leute herum. Den Sohn, den sie hatte, der zuweilen kam, nannte man den „Mislepfifer", weil er den Mäusen pfeifen konnte. Manchmal kam auch ein besonderer „Kauz" ins Dorf, man nannte ihn „Friedolin von D'scholl", aber es war gar kein „von" mehr. Er soll einmal seinen Titel verkauft haben. Er war und blieb ein „Glonker", Schnaps und Bier war sein Leben. So kam dann noch „d'Matthes", der kam vom Hohenzollerischen, er war Gelegenheitsarbeiter, im Sommer weißelte er Ställe aus, und im Winter machte er bei uns „Bänder", Strohbänder aus langem Roggenstroh, die man zum Binden der Garben brauchte. Die machte der Matthes meist im Winter, wenn er Quartier brauchte bei uns im Stall, wo er dann auch schlief. Sein größter Stolz war sein Bart, so eine Art Franz-Josephs-Bart. Wenn er auch sonst, sonntags wie werktags in alten Klamotten herumlief.

Viele Handwerker kamen damals noch ins Haus, d.h. auf „Stör". Der Schuhmacher war bald eine Woche bei uns, dann Bändermacher, Seiler und Korbmacher. Alle kamen sie ins Haus, sie wurden meist verköstigt und schliefen auch des nachts da, und war ein Sonntag dazwischen, so wurden sie zum Essen eingeladen.

Das Essen

Das Essen war auch noch Brauch und Sitte. Da gab es das Morgenessen (Morgaässa), es bestand meist aus Hafermus, das gemeinsam aus einer Pfanne gegessen wurde. Zum Mittagessen wurde Suppe aufgetragen und im Teller gegessen, dann kam eine Schüssel auf den Tisch, in der eine Mehlspeise war und dazu extra noch Apfelbrei. Sonntags gab es Fleisch, Kraut, und Kartoffeln. Da wurde noch an Festtagen der ganze Schinken in den Hafen gesteckt und gekocht, die Nudelsuppe davon war mein Leibgericht.

Beim Hüten

Zum Spätjahr hin, wenn die Felder abgeerntet waren, ging dann das „Hüten" los. Da gingen wir morgens zur Schule und am Mittag wartete schon das „Vieh", die Kühe auf einen und hinaus ging's auf die Weide, allerdings bei Sturm und Regen und – sonntags natürlich auch. Meist richteten wir Jungen es so ein, daß wir meist beieinander waren. War es kalt und regnerisch, machten wir ein Feuer, wozu man meist von zu Hause ein „Büschele" mitnahm. Einmal passierte mir etwas ganz Böses. Wenn es mit dem Vieh heimwärts ging, so wollten die Kühe immer die an der Straße entlang stehenden Obstbäume aufsuchen, um einen begehrten Apfel zu schnappen und da galt es, das Vieh davon abzuhalten, indem man

die Kühe wieder auf die Straße trieb, mit Geschrei natürlich. Dabei habe ich eine Kuh beim Naschen eines Apfels erschreckt und der Kuh muß der Apfel in den Hals gerutscht sein. Als ich dann mit meiner Herde zur Schmiede einbog, fing schon eine an, sich zu würgen. Zufällig stand der junge Schmiedemeister, der Oskar, im Hof. Ihm fiel es sofort auf, und gleich wurde die Kuh an der Schmiede festgemacht, d.h. angebunden zur Beobachtung. Mein Gott, war das eine Aufregung, und über mich ging eine Fragerei los. Aber ließ man das Vieh gewähren, schimpften die Anlieger, wenn die Kühe durch ihre Obstgärten marschierten. Ich fühlte mich jedenfalls unschuldig. Es wurde auf alle Fälle d'Gebhard, der Metzger verständigt, der schon mit Messer, all dem Schlachtwerkzeug und mit seinem unentbehrlichen kleinen Hund ankam.

Alles schien sich auf das Äußerste vorzubereiten, da kam auch noch der Adlerwirt rüber, der von der Wirtschaft aus merkte, daß in der Schmiede was los war und überdies als so eine Art Sachverständiger galt. Auch er untersuchte das arme Vieh, griff ihr in den Hals ein paar mal entlang, als er plötzlich sagte: „Oskar, ich glaub der Apfel ist weg". Und tatsächlich, der Schrecken war vorbei, und die Kuh kaute wieder. Man schaute den Müller an und mit einem dankbaren Blick geleitete man jetzt den Müller rüber zum Adler und es wurde eine lange Nacht. Für mich war der Mann künftig immer etwas geheimnisvoll und im stillen dankte ich ihm das, wenn ich ihm begegnete.

Der Wunderdoktor

Es war da noch so ein Wunderdoktor, und zwar der alte Späth. Der hauste da oben, wenn man Höllsteig zuging. Der Name Späth paßte zu ihm, denn wenn überall die Heuernte beendet oder Fruchternte eingebracht war, wo noch etwas stand, es

Dorfschmiede Billafingen.

gehörte dem Späth. Also dieser Mann wurde gerufen, wenn ein Rind oder auch ein Roß oder Schwein krank war und meist nicht mehr fressen wollte. Einmal bestellte ihn die junge Schmiedin (einfach Sophie genannt, wie auch viele im Dorf mit dem Vornamen gerufen wurden), der Späth kam in den Stall, und ich zeigte ihm bewußt oder unbewußt ein gesundes Rind. Aber Späth fing einfach an, dem Rind den Bauch einzureiben mit einer selbstgebrauten Flüssigkeit, bis die Bäuerin hinzukam und den Irrtum richtig stellte. Aber das machte dem alten Späth nichts aus. Auch wenn sonst jemand einen geschwollenen Finger oder den Fuß verstauchte, d'Späth brachte immer die richtige Salbe. So war für alles der richtige Mann da, immer war jemand da, der half.

Freud und Leid

Auch für kleine Bosheiten, und so „biem" Schlachten wußte der Metzger so allerhand Schabernack. War gar ein Fremder auf dem Hof oder ein Dienstbub, wo frisch auf dem Hof war, so mußte er die „Leberpritsche" beim Sattler, dem Lorenz, holen und in der Schmiede lud man ihm irgend etwas Artfremdes auf einen Schubkarren. Am Ende mußte er noch beim Schlachten, wenn er gar so weltfremd war, der „Suu" (dem Schwein) „ins Füdle blose", damit das letzte Blut noch kommt. All diese Scherze wurden dann und wann eben auch mal gemacht.

Freud und Leid wurde im Dorf im allgemeinen gemeinsam getragen. Starb jemand, so ging alles zur Beerdigung, war eine Hochzeit, wurde gemeinsam gefeiert. Der Verstorbene wurde durch eine „Liichsagere" bekannt gemacht. Angetan mit einem schwarzen Häs ging sie von Haus zu Haus und bekam dafür eine kleine Schippe Mehl oder ein paar Eier. War eine Hochzeit, spannten die Jungen ein Seil über die Straße, und sie mußten ein paar Münzen aus der Kutsche werfen, dann erst wurde das Brautpaar durchgelassen.

Roßindividuen

Manchmal zogen schwere Langholzfahrzeuge durch das Dorf, da waren z. B. die Bauern vom Veitshof, die hatten in solch einem Fall ein drittes Pferd vorgespannt, (weil nach Überlingen über den Andelshofer Weiher die alte Straße über die letzte Steigung führte, wo man den Bodensee weithin überblicken konnte). Dieses Pferd war ein alter „Kriegsveteran" vom 14er Krieg und auf dem einen Auge blind. Der alte Gaul wurde, wenn die Höhe überwunden war, ausgespannt, bekam ein Klaps auf die Hinterhälfte und trottete dann allein gegen Billafingen durchs Dorf gegen Seelfingen zu nach Hause, wobei er meist am Straßenrand ab und zu mal halt machte, wenn er Hunger hatte. Jeder kannte den alten Rotschimmel, und wir Schulkinder freuten uns ob seiner gelassenen Art, wie er heimwärts lief. Ich selbst mußte auch im Herbst, wenn man auf dem Leiterwagen große Reihen mit Obstkörben zur Stadt fuhr, mit einem unserer Pferde vorspannen, und ich ritt dann zum Spaß, so gut es ging, nach Hause.

Wenn der Karle mit seinem Bernewägelchen, gezogen von seiner Liesel (seinem Rappen), kam, so mußte ich ihn betreuen, d. h. etwas Futter geben. Das war ein unbändiges lebhaftes Roß, der hätte unseren Heustock alleine gefressen, so ein Appetit hatte der.

Im Faß

Wenn die Zeit des Herbsten losging, mußte ich die großen Fäßer im Keller putzen. Klein wie ich war, war ich der einzige, der noch reinschlupfen konnte, das war eine Prozedur. Nur mit Badehose ging's hinein, mit Kopf und Arm voraus und der andere Körperteil wurde nachgezogen. Zuerst wurde eine brennende Kerze reingehalten, bis sie nicht mehr ausging. Dann waren die Gase entwichen und rein ging's in das warme Gewölbe. Mit einer Riesenbürste in der Hand mußte ich unter Zusatz von kaltem Wasser das Faß reinigen, bis dann der Chef, der Oskar, meine Arbeit inspizierte, mit der Hand zur Faßtüre reingriff, an dem inneren Faßboden entlang fuhr, die Hand und den Arm wieder zurückzog und kritisch feststellte, das Faß könnte sauberer sein. War es nach seiner Ansicht sauber, wurde der Schlauch reingehalten und, obwohl ich noch drinnen war, ausgespritzt. Dafür bekam ich dann ein schönes Stück Butterbrot, dessen Butter noch mit dem Rührfaß gewonnen wurde. Die Mostfäßer hatten immerhin so sechs- bis achthundert Liter Inhalt und konnten so auf diese Art im Keller gereinigt werden. Ja, ich hatte diesbezüglich sogar schon Kundschaft, nämlich der Karle von Höllsteig, Oskars Bruder, lud mich zum Faßputzen nach Höllsteig ein. Auf diese Weise bekam ich wenigstens die Arbeit bezahlt, wenn es auch ein Sonntag war.

Beim Dreschen

Als allmählich der Winter ins Land zog, kam mit ihm zur damaligen Zeit noch die Dreschmaschine von Hof zu Hof, das war für uns Jungen eine aufregende Sache. Wenn die Dampfmaschine, gezogen mit vier Rössern in den Hof transportiert wurde und dann gar des Morgens um sechs Uhr das ganze in Betrieb gesetzt wurde. Wenn die Dampfpeife den Beginn des Dreschens anpfiff, dann sprangen die Roß vor Schreck beinahe auf die Raufe hinauf, denn das war etwas Ungewohntes. Ich selbst war eingeteilt zum Häcksel wegschaffen, und etwa weitere zwanzig Leute zu den übrigen Arbeiten. Das begann vom Garben-auf-den-Boden-runter-werfen zum Wieder-hinaufbefördern der gedroschenen Strohbünde einschließlich dem Wegtragen des Korns auf den Kornspeicher. Und dann vor allem das gute Essen, das es an diesem Tag gab.

Von Weihnachten bis zur Fasnet

Zog nun gar der Winter ins Land und es wurde Weihnachten, so war der Heiligabend in der Kirche etwas sehr Schönes. So klein die Kirche auch war, es war immer ein besonderes Erlebnis, so mitten in der Nacht zur Kirche zu gehen, und wenn dann die einzelnen Leute mit den Pferdeschlitten von den Höfen herunter kamen so in der Nacht mit dem Schellengeläute der Pferde am Geschirr, so war es einfach schön und feierlich. Einmal kam es vor, daß unsere Marie das Vieh schon nach der Christmette fütterte, weil sie meinte, es sei schon Morgen. Nun ja, die Kühe freuten sich auch an Weihnachten.

Wenn es dem Neuen Jahr zuging, wurden an einem Tag sämtliche Türen ausgehängt, denn man brauchte die Türen, um die unzähligen Gebäckringe aufzulegen, die zum Neuen Jahr gebraucht wurden. Jeder bekam seinen Ring, die Verwandten kamen gefahren, überall wurden Neujahrsringe verschenkt. Man nannte das auch das „Hommsuacha".

Bald darauf kam dann die Fasnet. Ein Narrenbaum wurde aufgestellt, er wurde am Schmutzigen Dunschdig im Wald geschlagen und meist jedes Jahr aus einer anderen Richtung, denn man konnte ja nicht immer den gleichen Bauern schädigen. Das ging dann am Ende mit viel Geschrei dem Dorfe zu, wobei man immer sang: „Hoorich, hoorich isch die Katz, und wenn die Katz net hoorich isch, dann fängt sie keine Mäuse net". Wir Kinder mußten mit Seilen das Langholzfahrzeug ziehen, deswegen hatten wir ja auch keine Schule. Der Baum wurde vor dem Adler aufgestellt, die ältere

Billafingen, Postkarte, um 1910.

Dorfjugend und der Totengräber mußten das Loch graben. Überdies wurde ein Karussell aufgestellt und sogar einmal ein Riesenrad. Gleichzeitig war große Hasenausstellung, wo die schönsten prämiert wurden. Und die Jugend knallte auf dem Platz mit der „Karpatsch" herum, das ist eine Peitsche mit kurzem Stiel und langer Schnur. Vom „Schmutziger Donnerstag" bis „Fasnet Dienstag" wurde gefeiert, das waren eigentlich die längsten Feiertage, bis dann der Narrenbaum wieder abgebaut wurde und der Totengräber das Loch wieder zu machte. Als einen schönen Tages der Totengräber starb, senkte sich das Loch um einige Zentimeter, ja das ist wahr, und man fürchtete ein Unglück, aber es geschah nichts, alles ging wieder seinen gewohnten Gang.

Vom Dienstbua zum Fabrikarbeiter

Inzwischen zogen die Jahre ins Land, ich war bald ein richtiger Bauernbub. Morgens um einhalbfünf im Sommer aufstehen, den Stall misten, hernach Pferde einspannen, welche unsere Magd putzen mußte, und ab ging es das Dorf hinunter auf den Kleeakker, wo bereits der Schmiedegeselle oder der Meister gemäht hatten. Dabei ließ ich die Pferde meist im Trab laufen und das war mein größtes Vergnügen in der Morgenfrühe, wenn die alten Leute zur Kirche gingen.

In der Schule hatten wir inzwischen auch einen neuen Lehrer, Späh, glaube ich, hieß er. Es war ein guter Lehrer, er war einmal etwas streng, aber auch gut und gerecht. Er war sehr musikalisch, und wenn der Unterricht seinem Ende zuging, sangen wir meistens noch das Lied: „Danket dem Herrn, wir danken dem Herrn, denn er ist freundlich und seine Güte währet ewiglich".

Dabei kam er immer zu mir in die Bankreihe, und wir sangen im Duett die letzte Strophe. Ich selbst war ihm sehr angetan, einmal mußte ich etwas nachschreiben, und als die Pause begann, behielt er mich zurück und dabei meinte er, weil es nun schon dem letzten Schuljahr zuging, was denn aus mir eigentlich werden soll. Ich selbst stellte mir immer einmal vor, eine Lehre anzustreben und sagte ihm das, worauf er meinte: „Hier kannst Du nicht bleiben, Du bist ja nicht eines Bauern Kind."

Aber niemand wußte, wie schwer es einmal für mich werden sollte, praktisch die Mistgabel mit einer Kornzange, einer Pinzette, wie es in der Fachsprache der Uhrmacher heißt, zu wechseln. Als meine Mutter starb und eine schwere Krise in der Wirtschaft begann, war es fast eine Erlösung für mich, als ich vom Uhrmacher in die Fabrik überwechseln mußte, weil niemand meine Lehre weiter finanziert hätte, wobei ich ohnehin dann Vollwaise geworden bin.

Aber gewohnt, in frühester Jugend meinen Mann zu stehen, schaffte ich es hier besser durchs Leben zu kommen und mein Brot nun selbst zu verdienen. Auch hier mußte ich früh morgens aufstehen und mein Weg führte in die Fabrik in einen Saal, wo lauter Maschinen standen, die ich mit der Zeit alle durchmachte und manchmal, so schien es mir, hatte ich sie, die Maschinen genauso lieb gewonnen wie die Pferde und das sonstige Vieh meiner alten Heimat in Billafingen.

Faustrecht gegen Unrecht

Von der Rache einer Oberschwäbin
an einem Nazi-Richter

Peter Ohlendorf und Holger Reile

Alle träumen im Nachkriegs-Deutschland vom Wirtschaftswachstum, das Trauma der jüngsten Vergangenheit versucht man zu verdrängen. Doch genau an diese Zeit wird Emma Wingler aus Eriskirch bei Friedrichshafen wieder ganz plötzlich erinnert, als sie Anfang der 50er Jahre in den Räumen der Staatsanwaltschaft Ravensburg zufällig das Namensschild von Oberstaatsanwalt Wendling entdeckt. Kein Zweifel: Das mußte derselbe Wendling sein, der im sogenannten Dritten Reich als Staatsanwalt am Sondergericht Stuttgart dafür gesorgt hatte, daß sie und ihr Mann hinter Gitter gekommen sind.

Schlagartig tauchen all die Erinnerungen an die Ereignisse von damals wieder auf, als Emma Wingler so unvermutet vor dem Zimmer von Staatsanwalt Wendling steht. Spontan reißt sie die Tür auf, läuft hinein und schlägt ihm die Handtasche um den Kopf: So jedenfalls schildert Emma Wingler ihre späte Rache an einem ihrer Peiniger, der über sie, ihre Familie und viele andere Leid und Unrecht gebracht hatte, ohne jemals ernsthaft dafür zur Verantwortung gezogen zu werden; der sogar jetzt nach dem Krieg wieder in Amt und Würden war.

Drei Urteile: Todesstrafe, Strafbataillon, Arbeitslager

Praktisch ungeschoren kam auch Hermann Cuhorst davon, der ehemalige Vorsitzende des Stuttgarter Sondergerichts, von

dem Emma Wingler und ihr Mann verurteilt wurden – in getrennten Verfahren und wegen verschiedener „Delikte". Ihr Mann hatte den Schweizer Beromünster-Sender heimlich gehört, kam deswegen hinter Gitter und dann zur „Frontbewährung" ins Strafbataillon 999; nur die wenigsten überlebten ihre Einsätze, der Mann von Emma Wingler war einer dieser Glücklichen.

Glück hatte er im Prinzip auch schon bei seiner Verurteilung durch Hermann Cuhorst gehabt – angesichts der harten Strafe zwar unvorstellbar, aber trotzdem wahr: Denn einem Bauern, der drei Söhne im Feld hatte und der deswegen wissen wollte, wie's draußen an der Front wirklich ausschaut, kostete das den Kopf: Hermann Cuhorst verurteilte ihn zum Tode, weil er den englischen Sender abgehört hatte; Emma Wingler erzählt das heute noch mit erregter Stimme, die geballte Faust nach oben erhoben. Damals freilich hatte sie nur Angst: Denn nach dem Todesurteil kam die Verhandlung gegen ihren Mann, sie mußte das Schlimmste befürchten. Doch wahrscheinlich rettete ihm die Tatsache das Leben, daß er keinen „klassischen" Feindsender gehört hatte, sondern nur einen Rundfunksender der neutralen Schweiz.

Hermann Cuhorst jedenfalls war für Emma Wingler kein Unbekannter mehr, als sie selbst dann als Angeklagte vor ihm stand: Ein französischer Kriegsgefangener hatte ihren beiden Kindern bei Feldarbeiten

193

geholfen und dafür gab sie ihm ein Glas
Most und ein Stückchen Kuchen. Das sei
schon alles gewesen, so sagt Emma Wingler; für Hermann Cuhorst war's aber mehr
als genug. Er schickte sie dafür 19 Monate
ins Arbeitslager – eine Strafe, die sehr wohl
den Tod bedeuten konnte. Viele überlebten
die Strapazen solcher Arbeitslager nicht.

Der Blitzrichter

Drei Fälle von etwa 1200 Verhandlungen,
die Hermann Cuhorst als Vorsitzender des
Sondergerichts Stuttgart in der Zeit von
1937 bis 1944 geführt hat – gegen politisch
Andersdenkende, „Fremdrassige", oder
auch deutsche „Volksgenossen", die mit
den damaligen harten und zum Teil unmenschlichen Gesetzen in Konflikt geraten
waren. Rund hundertmal sprach Hermann
Cuhorst ein Todesurteil aus. In Württemberg erlangte er so traurige Berühmtheit,
war er bald unter dem Beinamen „Blitzrichter" bekannt. Seine „Rekordzeit" für ein
Todesurteil betrug fünfzig Minuten.

Allein schon deswegen eignete er sich bestens zum Vorsitzenden eines Sondergerichts. Diese nach der sogenannten Macht-
ergreifung der Nationalsozialisten neu ein-
gerichteten Kammern hatten die Aufgabe,
Verfahren möglichst schnell durchzuzie-
hen. Grundlage dafür war die drastische Be-
schneidung der Rechte des Angeklagten
und eine Stärkung der staatsanwaltschaftli-
chen Position. Gegen das Urteil konnte
keine Berufung eingelegt werden.

Mit Kriegsbeginn bekamen die Sonderge-
richte dann zunehmend die Funktion von
sogenannten Standgerichten an der inneren
Front, deren Bedeutung mit den Niederla-
gen draußen an der Front wuchs: Der „No-
vemberverrat von 1918", wie die Nationalsozialisten unter anderem den innerdeut-
schen Aufstand gegen Kaiser und Krieg
nannten, sollte sich nicht wiederholen. Das
war auch Hermann Cuhorsts Ziel: Für den

*Hermann Cuhorst als Angeklagter wegen
Kriegsverbrechen und Verbrechen gegen die
Menschlichkeit vor dem Nürnberger Militär-
gerichtshof, 1947.*

nationalsozialistischen Endsieg wollte er
von seinem Richterstuhl aus kämpfen.

Möglich machten das entsprechende
(Kriegs-) Sondergesetze, die der Willkür
der Richter vollends Tür und Tor öffneten:
Sie waren jetzt Herr über Leben und Tod.
Der für das Sondergericht von Hermann
Cuhorst zuständige Oberlandesgerichtsprä-
sident in einem Schreiben Anfang 1940:
„. . . Schon mehrfach haben mir aber politische Leiter oder SA-Führer erklärt, daß sie
in dem und dem Fall die ausgesprochene
hohe Strafe . . . nicht verstanden hätten . . . Es mag übertrieben sein, wenn gelegentlich schon gesagt worden ist, der Tä-

194

Hermann Cuhorst verliest seine Schlußstellungnahme vor dem Nürnberger Militärgerichtshof am 18. Oktober 1947.

ter könne heute in manchen Fällen nicht mehr ermessen, ob er mit einer Geldstrafe wegkomme oder ob er seinen Kopf riskiere . . . aber es ist nicht ohne Bedeutung, wenn Zuhörer, denen das gesunde Volksempfinden nicht abgesprochen werden kann, ähnlich denken."

Der Pensionär in der Villa

Diese grausame Willkür-Justiz, die Unrecht zu Recht machte, verlangte nach Sühne. Hermann Cuhorst wurde so nach Kriegsende zusammen mit 15 anderen Juristen vor dem Militärgerichtshof der Vereinigten Staaten unter Anklage gestellt. Durch verschiedene Zeugenaussagen wurde er schwer belastet. Im nachhinein entstand noch einmal das Bild eines Rich-

ters, der den Typus des nationalsozialistischen Rechtswahrers verkörperte; dem gefühlloses und zynisches, manchmal sogar sadistisches Auftreten gegenüber den Angeklagten und deren Verteidigern nachgesagt wurde; der ganz nach eigenem Gutdünken mal milder, ansonsten mit gnadenloser Härte verurteilte; der vor dem Gang zur Urteilsverkündung schon mal ausrief: „Auf, meine Herren, zur Schlachtbank!" Letztendlich wurde Hermann Cuhorst aber dann doch freigesprochen – mangels Beweises: Die meisten Unterlagen des Sondergerichts Stuttgart waren nicht auffindbar, sie sollen bei einem Bombenangriff verbrannt sein.

Auch bei zwei anschließenden Spruchkammerverfahren im Zuge der Entnazifizierung kam Hermann Cuhorst mehr als glimpflich davon: Er wurde zwar als Hauptschuldiger eingestuft, bekam aber im wesentlichen nur sechs Jahre Internierungslager und Berufsverbot; rund neun Monate nach diesem Urteil wurde Hermann Cuhorst am Bodensee gesehen. Amtliche Begründung: Krankheitsurlaub. Wie so vielen anderen Nationalsozialisten gelang es schließlich auch Hermann Cuhorst, von seiner herausragenden Stellung als NS-Richter in die Anonymität einer bürgerlichen Existenz abzutauchen.

Doch Emma Wingler bekam Wind davon. Nach ihrem „Ravensburger Befreiungsschlag" erfuhr sie, daß Hermann Cuhorst inzwischen wieder in seiner malerischen Villa in Kressbronn, direkt am Bodensee gelegen, lebte – nur ein paar Kilometer entfernt von ihrem Örtchen Eriskirch. Kurzentschlossen schritt sie ein zweites Mal zur Tat, setzte sich aufs Fahrrad und stattete Hermann Cuhorst einen Überraschungsbesuch ab; und mit ein paar Faustschlägen, so erzählt sie, versuchte sie sich wenigstens ein bißchen Genugtuung für das erlittene Unrecht zu verschaffen – denn an die Hilfe der bundesdeutschen Nachkriegs-Justiz hatte sie nicht mehr geglaubt.

Und Emma Winglers damalige Einschätzung fand über all die Jahre hinweg seine Bestätigung: Auch das letzte Ermittlungsverfahren gegen Hermann Cuhorst wurde eingestellt – Ende 1988, und ergebnislos wie alle anderen zuvor. Er selbst meint: „Wen interessiert das noch nach so vielen Jahren?"

Ehrenamt: Kreisrätin

Über Dr. Gertrud Heidenreich und Otti Meyer

Rotraut Binder

Die Kommunalwahlen 1989 brachten einen beträchtlichen personellen Wechsel in der Zusammensetzung des Kreistages im Bodenseekreis mit sich: Fünf Kreisrätinnen und 20 Kreisräte wurden am 11. Dezember 1989 von Landrat Tann verabschiedet.

Darunter befanden sich auch die beiden dienstältesten Kreisrätinnen. Sie hatten ihr Amt 18 Jahre lang ununterbrochen inne und schieden aus, weil sie auf eine erneute Kandidatur verzichtet hatten: Dr. Gertrud Heidenreich aus Heiligenberg und Otti Meyer aus Kressbronn.

Ihre Porträts hat die Kollegin skizziert, die in den letzten zehn Jahren mit ihnen zusammen dem Kreistag angehörte.

Dr. med. Gertrud Heidenreich, geb. 1915, Ärztin, Heiligenberg, Kreisrätin vom 24. Oktober 1971 bis 31. Oktober 1989

„Schaufensterreden zu halten, das hatten wir Frauen im Kreistag nie nötig", so konstatierte sie bei ihrer Abschiedsrede im Kreistag und verwahrte sich dagegen, daß Gefühl und Verstand bei den Kreisverordneten nach dem Geschlecht getrennt verteilt gewesen sein sollten. Die rechte Mischung von beidem wünschte sie denn auch dem neu gewählten Gremium.

Wohl überlegt, sachlich untermauert, engagiert und mit deutlich erkennbarer innerer Beteiligung hat sie selber immer ihre Anliegen vorgetragen. Dabei hat sie Kritik nie ausgespart, was ihr den Ruf einer Kreispolitikerin der unbequemeren Art eingetragen hat. Dennoch – oder gerade deswegen – wurde sie von allen Fraktionen respektiert und geschätzt. Das gute persönliche Einvernehmen mit den Kollegen und Kolleginnen hebt sie rückblickend besonders hervor.

Zur Politik und zur F.D.P. kam Dr. Gertrud Heidenreich über Rolf Dahrendorf, in der Überzeugung, daß man handeln müsse, statt nur zu kritisieren, und daß es wichtig sei, daß gerade auch Frauen und Selbständige sich an der Politik beteiligen. Da sie selbst eine aktive Natur ist, stets am Gemeinwesen und dessen Mitgestaltung interessiert, war ihre Kandidatur für den Überlinger Kreistag 1971 ein konsequenter Schritt. Allerdings, so betont sie, war es ihr nur möglich, weil ihre vier Kinder zu diesem Zeitpunkt schon älter waren und zwei davon bereits studierten.

Diese Einschränkung wird verständlich, wenn man sich ihr berufliches Engagement vor Augen führt: Seit 1951, als das Ärztehepaar Heidenreich in Heiligenberg ansässig wurde, hatte es – in ständiger Einsatzbereitschaft – die ärztliche Versorgung im weiteren Umkreis allein zu gewährleisten. Das bedeutete bei der ländlichen Struktur dieses Praxisbereichs weite Überlandfahrten, zu der die Ärztin häufig die Kinder mitnahm, unterwegs Vokabeln und anderen Lehrstoff abfragte. Das bedeutete auch, daß die Kinder auf allen Höfen zu Hause waren, Anteil nahmen an den Nöten anderer Menschen

Dr. Gertrud Heidenreich im Mai 1990.

und die Berufstätigkeit der Mutter nie als Benachteiligung empfanden. Zudem hatte man stets eine zuverlässige Haushaltshilfe, und die Mutter war bei den Mahlzeiten und beim Zubettgehen immer zugegen.

Was ständige alleinige Arztbereitschaft heißt, wird auch deutlich bei der Erinnerung an einen Heiligabend, an dem die Bescherung sechsmal durch Krankennotrufe verzögert wurde. Jederzeit war zu hinterlassen, wo man hinging. Dies änderte sich erst 1978, als der älteste Sohn und die Schwiegertochter die Praxis der Eltern übernahmen.

In den Überlinger Kreistag zog Frau Dr. Heidenreich zusammen mit ihrer F.D.P.-Kollegin Dorothee Kuczkay ein. Im Kreistag des Bodenseekreises blieb sie sechs Jahre lang die einzige Vertreterin ihrer Partei. Aus diesem Grunde ging sie auch eine Fraktionsgemeinschaft mit der Freien Wählervereinigung ein, die erst 1985 im Vorfeld der Wahl des jetzigen Landrates zerbrach. Während ihrer Amtszeit erlebte sie insgesamt vier Landräte.

Über 16 Jahre war Frau Dr. Heidenreich im Elternbeirat der Schule ihrer Kinder gewesen. Kindern und Jugendlichen galt auch bei ihrer Kreistagstätigkeit das Hauptaugenmerk. Durchgängig gehörte sie dem Kreisjugendwohlfahrtsausschuß an und brachte dort ihre vielseitigen Erfahrungen und Kenntnisse als Mutter und Ärztin und im Umgang mit Einrichtungen und Trägern der Jugendhilfe ein. Im Sozialausschuß war sie lange Jahre die einzige Sachkundige gerade für Fragen des Krankenhauswesens und der ärztlichen Versorgung im Landkreis. Frauen in Not fanden bei ihr engagierte Unterstützung; die Frauenhausdebatte in den Jahren 1982 und 1983 erhielt auch durch sie ein deutliches Gepräge.

Daß es in vielen Fällen unmöglich war, gegen die „Übermacht einer Fraktion" etwas zu bewegen, das hat ihr die meisten Probleme bereitet, zumal sich weder Fraktionszwang noch imperatives Mandat mit ihrem Demokratieverständnis vereinbaren lassen. Inakzeptabel findet sie auch heute noch, daß gravierende Themen unter dem Tagesordnungspunkt „Verschiedenes" abgehandelt wurden: so das Verbot auch der indizierten Schwangerschaftsunterbrechung im Kreiskrankenhaus, die Stellungnahme zur A 98 und zuletzt im Dezember 1988 die Restmüllverwertung.

Bedauert hat sie ihren Rückzug aus der aktiven Politik nicht. Das Leben biete ihr auch ohne Praxis und Kreistagstätigkeit so viele Anregungen, daß nie Langeweile aufkomme, meint sie und führt als Beispiel die bevorzugte Beschäftigung mit moderner Literatur und Kunst an.

Vier der insgesamt zehn Enkelkinder wohnen am Ort und sorgen außerdem für lebendige Abwechslung. Und daß ihr Blick auch mit fast 75 Jahren nicht in erster Linie zurück, sondern in die Zukunft geht, dafür zeugen die Mitgliedschaften in Vereinigungen wie dem BUND, Greenpeace, der Deutsch-sowjetischen Gesellschaft und IPPNW (Ärzte gegen den Atomkrieg). Keine Frage außerdem, daß das Interesse der ehemaligen Kreisrätin an der „großen" wie auch „kleinen" Politik ungebrochen bleibt!

Verabschiedung von Otti Meyer im Kreistag, Dezember 1989.

Otti Meyer, geb. 1924, Hausfrau, Kressbronn, Kreisrätin vom 24. Oktober 1971 bis 31. Oktober 1989

„36 Kreisverordnete und eine Frau" – Otti Meyers Einzug in den Tettnanger Kreistag im Oktober 1971 fand nicht nur in der Presse (Schwäb. Zeitung Tettnang vom 23. November 1971) besondere Beachtung: War es zum einen das erste Mal, daß eine Frau diesem Gremium angehörte, bedauerte der damalige CDU-Fraktionsvorsitzende doch noch den Singular in der Anrede „Meine Dame, meine Herren." Er erhielt dazu den Rat seines SPD-Pendants: „Es liegt an Ihnen, das zu ändern und eines Tages für den Plural zu sorgen!" Das allerdings war erst zwei Jahre später möglich, als Hertha Butz für die CDU hinzukam und

Dr. Gertrud Heidenreich aus dem Altkreis Überlingen das weibliche Kleeblatt vervollständigte.

In die aktive Kommunalpolitik war Otti Meyer 1965 eingetreten: Nur wenige Monate nach dem Tode ihres Mannes Dr. Harro Meyer kandidierte sie erstmals, als einzige weibliche Bewerberin überhaupt, mit Erfolg für die SPD bei den Gemeinderatswahlen in Kressbronn. Viele Gespräche mit dem Ehemann, der selber jahrelang Gemeinderat, Kreisrat und Landtagsabgeordneter der SPD gewesen war, hatten ihr Interesse an der Kommunalpolitik geweckt und sie davon überzeugt, daß die Vertretung von Fraueninteressen nötig und wichtig sei. Nicht zuletzt als Ehefrau des praktizierenden Landarztes, hatte sie die vielfältigen Sorgen ihrer Mitmenschen hautnah erfahren und galt vielen Bürgerinnen und Bürgern als vertraute Ansprechpartnerin.

Es war ein mutiger Schritt für die Mutter von vier noch unversorgten Töchtern (die jüngste war gerade zehn Jahre alt)! Zur Sicherung des Lebensunterhaltes – sie hatte ihre Berufsausbildung wegen der Heirat abgebrochen – war sie darauf angewiesen, Fremdenzimmer zu vermieten. Der Besitz eines Autos war eindeutig ein Luxus im Blick auf die Unterhaltskosten, aber nach Einzug in den Kreistag auch unabdingbare Notwendigkeit, zumal vor dem Bau des Landratsamtes bis 1978 die Kreistagssitzungen dezentral in den Kreisgemeinden abgehalten wurden.

„Zuständig für alles und für Bürger aller Herkunft", so umreißt Otti Meyer selbst ihr Engagement in der Gemeinde. Im Kreistag war sie während ihrer gesamten Amtszeit ordentliches Mitglied im Sozialausschuß und führt als Beispiel für nicht Erreichtes den Einbau von Naßzellen im Kreiskrankenhaus an, für den sie sich stets und bis zuletzt erfolglos eingesetzt hatte. Bis zum heutigen Tage gehört sie dem Ausschuß sozial-

erfahrener Personen an, der nach dem Bundessozialhilfegesetz (BSHG) der Sozialverwaltung zur Seite steht, wenn es um strittige Sozialhilfeangelegenheiten geht. 15 Jahre lang war sie darüber hinaus ehrenamtliche Richterin am Verwaltungsgericht in Sigmaringen.

Besonders viel Freude hat ihr als Mitglied der Ankaufskommission die Suche nach geeigneten Objekten für die Galerie des Bodenseekreises gemacht, wie sie offenbar schon immer eine heimliche Liebe für die Kunst gehegt hat. Seit zwei Jahren erst gesteht sie sich ein Hobby dieser Art zu: Sie widmet sich mit Freude und Talent der Aquarell-Malerei – die „echten Meyer" in ihrer „Sauna-Galerie" lassen sich sehen! So ganz im Reinen ist sie allerdings mit sich und dieser Art der Beschäftigung noch nicht: Da sie ein Leben lang gewohnt war, Effektives und Praktisches für andere zu tun, sei dies nun die Familie oder die Allgemeinheit, kann sie in der künstlerischen Betätigung noch nicht die rechte Befriedigung sehen.

Will man die Persönlichkeit Otti Meyer umreißen, dann gibt der von Landrat Tann geprägte Ausdruck „Grande Dame der SPD" nur die eine Seite wieder, die ihr den Respekt und die Achtung aller eingebracht hat. Unvergeßlich für die Kreistagskolleginnen und -kollegen ist es wohl geblieben, wie sie – ohne ihn zu verletzen – einem Kollegen, der mehrfach die Geduld des Gremiums überstrapaziert hatte, ihr Mißfallen kundtat: Während zahlreiche Kollegen laut protestierend demonstrativ den Saal verließen, zog sie den stets vorhandenen Strickstrumpf aus der Tasche – und strickte wortlos!

Die andere einnehmende Seite ihrer Persönlichkeit ist die faszinierende, herzliche Ausstrahlung und das positive Interesse, das sie allen Menschen entgegenbringt. Dies hat auch den beiden Anfängerinnen, die 1979 zur SPD-Kreistagsfraktion stießen, wohlgetan und ihnen den Einstieg erleichtert und entscheidend weitergeholfen!

Als Grund für ihren Abschied aus der aktiven Kreis- und Gemeindepolitik nennt Otti Meyer die selbst gesetzte Altersgrenze. Sie wollte freiwillig selber gehen, bevor andere ihr dies nahelegten. Und zurückschauend stellt sie fest, daß sich die Kreistagsarbeit entscheidend verändert habe: Die Probleme seien andere geworden und zunehmend in einem übergeordneten Rahmen zu sehen. Gerade bei der vielschichtigen Umweltproblematik sie vieles nur unbefriedigend zu lösen; auf der unteren politischen Ebene „flicke" man, wo gesetzgeberische Vorgaben nicht ausreichten.

Aufgrund ihrer persönlichen Situation weiß sie sehr wohl, wovon sie spricht, wenn sie die Art der Entschädigung für ehrenamtliche Tätigkeiten als nicht mehr zeitgemäß bezeichnet. Könnte nicht die Anrechnung des jahrelangen Engagements bei der Rente gerade auch bei Frauen die Schwelle zu einem solchen Ehrenamt überschreiten helfen?

Das große kommunalpolitische Engagement Otti Meyers, die während des letzten Jahres ihrer Aktivitäten bereits Urgroßmutter wurde, ist 1985 durch den Gemeindetag Baden-Württemberg und 1989 durch den SPD-Landesverband gewürdigt worden. Ihre Heimatgemeinde Kressbronn hat sie 1990 mit der Bürgerplakette geehrt, der zweithöchsten Auszeichnung, die sie nach dem Ehrenbürgerrecht zu vergeben hat.

Das fast normale Leben der Ingrid S.

Leben und Arbeiten in der Stiftung Liebenau – Persönliche Betrachtungen nach einem Besuch

Angrit Döhmann

Zuerst habe ich sie nur gehört... Mundharmonikaklänge drangen durch die verschlossene Wohnungstür von draußen herein. Jemand öffnete – und dann sah ich sie: Ingrid, knapp 50 Jahre alt, einen Kopf kleiner als ich, dunkelhaarig, im hellgrünen, wattierten Anorak. Prüfend streifte mich der Blick ihrer braunen Augen. Ihre Mundharmonika hielt sie noch in der Hand. Sie begrüßte mich fast beiläufig: „Da bist du ja.", als kenne sie mich schon lange. Aber wir begegneten uns zum ersten Mal an diesem Montagmittag im März.

Ich hatte schon eine Weile in ihrem Zimmer auf sie gewartet. Ordentlich aufgeräumt sah es da aus und sauber. Auf dem Bett bemerkte ich die blauweißkarierte Decke, sorgfältig zusammengelegt. Auf einem Wandboard saßen neben einer blassen Puppe mit ruppigem Haar weiche Plüschtiere... Weiße Häkelgardinen zierten das gelbgerahmte Fenster dieses 15 Quadratmeter großen Raumes.

Ingrid hängte ihre Jacke an einen der zahlreichen Garderobenhaken in der Diele und erklärte stolz: „Ich war bei der Arbeit." Etwas holprig klang das, und ich mußte erst jetzt an ihre Behinderung denken. Ich hatte viel Zeit mitgebracht, um Ingrid kennenzulernen und den Tagesablauf in ihrer Wohngruppe – eine von neun, die im „Heim St. Irmgard" untergebracht sind, insgesamt sind es 74 Personen. So alltäglich den Bewohnern dieser Wohngemeinschaft – es

sind acht Frauen im Alter von 24 bis 49 Jahren – auch ihr Leben erscheinen mag, so unterscheidet es sich doch von dem Leben anderer Menschen, verursacht durch ihre mehr oder weniger starke geistige und körperliche Behinderung.

Leben und Wohnen in Hegenberg

Insgesamt 6 Heime mit 35 Wohngruppen befinden sich in der großzügig angeordneten Wohnanlage Hegenberg – auch „Heim St. Irmgard" gehört dazu -, die der zwei Kilometer entfernt liegenden „Stiftung Liebenau" angeschlossen ist. Weitläufige Grünflächen umgeben die gegeneinander versetzten, weißgetünchten Häuser mit farbenfrohen Fensterrahmen. 350 behinderten Menschen ist dieser Ort (zwischen 1972 und 1980 schrittweise erbaut) zur Heimat geworden.

Ingrid wohnt seit zehn Jahren hier in der mit einer Familiengemeinschaft zu vergleichenden Wohngruppe. Die 160 Quadratmeter große Wohnung mit einem geräumigen, hellen Aufenthalts- und Eßraum mit Fernsehapparat und Sitzgarnitur, außerdem mit zwei Dreibett- und zwei Einzelzimmern, zwei Bädern und einer kleinen Küche – die nach Süden gelegene Terrasse ist im Sommer beliebter Aufenthaltsort – bietet zumindest äußerlich die besten Voraussetzungen, damit sich ihre Bewohner darin wohlfühlen. Die sechs Mitarbeiter und Mitarbeiterinnen, von 6.30 Uhr bis 21 Uhr im

202

In malerischer Umgebung liegt die Stiftung Liebenau in der Bodenseekreis-Gemeinde Mek-
kenbeuren. Hier, wie in den Zweigeinrichtungen Meckenbeuren-Hegenberg und Bodnegg-
Rosenharz wohnen, leben und arbeiten geistig behinderte Menschen.

Schichtdienst tätig, sind speziell ausgebildete Heilerziehungspfleger und -helfer oder
Schülerinnen des „Institutes für sozialpäd-
agogische Berufe" in Ravensburg. Mit viel
Geduld und Verständnis, mit hohem pflege-
rischem Einsatz und pädagogischem Geschick nehmen sie sich dieser acht behinderten Frauen an, als Lebensberater und -be-
gleiter. Sie sorgen für das „gute Klima" in
der Wohngemeinschaft.

Der Gruppenleiter Markus S. erzählte
mir über seinen Beruf: „Die erste Zeit habe
ich gedacht, das pack' ich nie. Jetzt belastet
mich meine Arbeit nicht mehr. Ich habe
auch nicht das Gefühl, daß ich mich aufop-
fere. Ich arbeite gerne hier." Das glaube ich
ihm aufs Wort, denn ich habe gesehen, wie
behutsam er die 27jährige Claudia – seit

dem Tag ihrer Geburt fast bewegungsunfä-
hig – aus dem Bett gehoben hat, damit sie,
im Rollstuhl sitzend, gut festgeschnallt, am
Leben und Treiben der anderen teilnehmen
kann.

Malen und Fernsehen

Innerhalb dieser Wohngruppe ist Ingrid
die am geringsten Beeinträchtigte. Sie
kann, wenn auch eingeschränkt, lesen und
schreiben. Sie zeichnet und malt gerne farbenfrohe Bilder in ihrer Freizeit, die auch
von einem Kind stammen könnten, ist zuverlässig, ordentlich, hilfsbereit und spielt –
manchmal sogar erkennbare – Melodien auf
ihrer Mundharmonika, und seien es auch
Weihnachtslieder im Sommer, sie nimmt
das nicht so genau. Sie schaut sich gerne

Lernen und arbeiten in der Stiftung Liebenau: Eigenprodukte aus dem kunst- und handwerklichen Bereich werden über den Direktverkauf im Laden der Stiftung angeboten. Industrielle Fertigung in den Bereichen Metall, Elektro, Kunststoff und Papier wird für Auftragsfirmen in der Region ausgeführt. Auch in der Landwirtschaft und der Gärtnerei sind die Bewohner der Liebenau aktiv.

Fernsehserien an, deren Akteure ihr wie gute Bekannte erscheinen, begreift aber die filmischen Zusammenhänge kaum. Ingrid tätigt auch öfter Einkäufe für sich oder ihre Gruppe in der näheren Umgebung. Alle 14 Tage besucht sie eine Kinovorstellung in Liebenau.

Zwei ihrer Mitbewohnerinnen sind so schwer behindert, daß sie einer „Rundumpflege" bedürfen und kaum am normalen Gruppenleben teilnehmen können. Wie Edeltraud S. – seit zehn Jahren als Heilerziehungspflegerin im Dienste der Stiftung tätig – berichtet, ist das Ziel seitens der Betreuer, „die Frauen zu größtmöglicher, persönlicher Selbständigkeit zu erziehen und zu ständiger Mitarbeit innerhalb der Wohngemeinschaft anzuhalten". So deckt denn Anita – Anfang 40, klein, pummelig, mit runzeligem Gesicht – zu jeder Mahlzeit den Tisch. Sie macht das sehr salopp, denn die Bestecke liegen etwas durcheinander zwischen den Tellern. Die dreißigjährige Claudia – ihr ständiger Begleiter ist „Bulli", ein etwas abgegriffener Stoffpinguin – ist für den täglichen Abwasch zuständig. Eine Tätigkeit, die sie gründlich, aber langsam, ausführt.

Um das Kochen und Waschen brauchen sich Ingrid und ihre Mitbewohner nicht zu kümmern. Die Großküche in Liebenau versorgt die Angestellten und alle Wohngruppen mit entsprechend vielen Einzelportionen. In der zentralen Wäscherei wird für die gesamte Stiftung gewaschen – etwa vier bis fünf Tonnen Wäsche pro Tag.

„Ich schaffe gern"

Jeden Morgen fährt Ingrid mit dem betriebsinternen Bus zwei Kilometer weit nach Liebenau. Dort arbeitet sie fünf Tage (35 Stunden) in der Woche in der „Werkstatt für Behinderte" (WfB) zusammen mit insgesamt 96 mehr oder weniger behinderten Menschen. Sie „schafft" gerne und würde es als Strafe empfinden, würde man sie an der Ausübung ihrer Tätigkeit hindern. Für sie ist Arbeit eine Auszeichnung. Sie hat das Gefühl, wie ihre Arbeitskollegen und -kolleginnen auch, etwas leisten zu können, gebraucht zu werden, selber etwas – wenn auch in bescheidenem Maße – zu ihrem Lebensunterhalt beitragen zu können. Das steigert nicht nur ihr Selbstwertgefühl. In der Gemeinschaft der Arbeitswelt der

WfB kann sie, neben ihrem Leben in der Wohngruppe, noch eine weitere Dimension des Miteinanderlebens erfahren, kann Kontakte knüpfen und neue Beziehungen erleben.

Ingrids Chef, Abteilungsleiter Johannes Dressler, wie seine Kollegen im Arbeitsbereich mit abgeschlossener Berufs- und sozialpädagogischer Zusatzausbildung, ideenreich bei der Kreation neuer Hilfsvorrichtungen, die auch die Mitarbeit Schwerstbehinderter ermöglichen sollen, umschreibt einen der wichtigsten Gesichtspunkte des Werkstattbetriebes: „Hauptsache, die Arbeit macht Spaß!" Und Freude empfindet Ingrid offensichtlich bei ihrer Tätigkeit, denn eifrig faltet sie einen Karton nach dem anderen, der von der neben ihr sitzenden Kollegin mit Farbkarten und bunten Klebeblättchen gefüllt und später von einer behinderten jungen Frau mit Hilfe des „Folienschweißers" zu einem Spiel versandfertig verpackt wird. Ingrid befindet sich in einer Arbeitsgruppe zusammen mit vier Mitarbeiterinnen, in der jede die ihren Fähigkeiten angemessene Handreichung ausführt. Zusätzlich befinden sich noch zwei andere Gruppen mit vier bis fünf Arbeiterinnen in

dem großen Werkraum, unter Anleitung und Führung zweier ausgebildeter Gruppenleiter.

„Teamwork" ist gefragt in der WfB! Für jeden überschaubar, kann die schrittweise Herstellung eines Produktes von jedem Behinderten eingesehen und verstanden werden. Jeder empfindet sich als wichtigstes Rädchen im Produktionsgetriebe.

Qualitätsarbeit

In einem anderen Fabrikationsraum der WfB herrscht emsige Geschäftigkeit, begleitet vom Kreischen, Stampfen und Dröhnen der Maschinen. Fast glaubte ich, mich in die Produktionshalle einer der Großbetriebe der Region verirrt zu haben. Auch Behindertenarbeit ist Qualitätsarbeit, nur langsamer und mühsamer entstanden! Auch mit Behindertenarbeit läßt sich Geld verdienen! 1,5 Millionen Mark waren es 1989! Aber „die Einnahmen werden dem Kostenträger der Stiftung Liebenau pflegekostensenkend zugeführt" erklärte mir Heinz Mrosek, Leiter des „Arbeits- und Beschäftigungsbereiches" der Stiftung.

478 behinderte Frauen und Männer sind in der WfB Liebenau und den dazugehörigen Zweigwerkstätten in Rosenharz und Hegenberg beschäftigt. Zwölf Industriebetriebe beliefern die Werkstätten mit Einzelteilen, die entsprechend bearbeitet, diese meistens als fertiges Produkt verlassen.

Die Behindertenwerkstatt ist erst in zweiter Linie eine willkommene Einnahmequelle, in erster Linie reiht sie sich ein in die therapeutischen Einrichtungen und Fördermaßnahmen der Stiftung.

Im „Arbeitstrainingsbereich" durchlaufen augenblicklich 42 behinderte Menschen eine Art Lehre oder arbeitsvorbereitende Ausbildung, die auch der Erkundung der persönlichen Neigungen und Fähigkeiten dient, zur späteren bestmöglichen Einsatzfähigkeit in der WfB.

Der „Förderbereich" bietet schwerer beeinträchtigten Menschen, auch mit starken Verhaltensauffälligkeiten, eine Arbeitsmöglichkeit im kreativ-handwerklichen Bereich, aber auch in einfacher industrieller Fertigung. Die individuelle Betreuung und Hilfestellung seitens der Arbeitserzieher ist hier wesentlich höher als in der Werkstatt.

In Gruppen von zwei Personen werden im Bereich „Erwachsenenschulung" die nicht erwerbsfähigen Schwerbehinderten durch einfache, handwerkliche Arbeiten (weben, sticken, malen, basteln) beschäftigt, mit dem Ziel, in kleinen Schritten die Konzentrationsfähigkeit, Ausdauer und Feinmotorik zu verbessern.

Die internen Handwerks-, Wirtschafts- und Versorgungsbetriebe (Kfz-Werkstatt, Schreinerei, Küche, Wäscherei, Gärtnerei…) sind den mobileren, selbständigeren und leichter behinderten Bewohnern der Stiftung zugänglich (z. Zt. 200). Insgesamt 80 Prozent aller Behinderten der Stiftung gehen einer Beschäftigung nach.

Die jugendlichen Behinderten – seit 27. Februar 1957 gilt die allgemeine Schulpflicht auch für schwer geistig Behinderte –

Ein Geschenk zum Abschied, um eine Freude zu bereiten: Die 50jährige Ingrid malte ihrer Besucherin ein Bild. Typisch für Kinder wie auch für geistig Behinderte sind die bunten Farben und die „Kopfmännchen".

können bis zu ihrem 24. Lebensjahr die interne Sonderschule „Don Bosco" in Hegenberg besuchen.

Insel der Mitmenschlichkeit

„Sympathie aus der Distanz" habe ich, wie viele meiner Mitmenschen, immer für Behinderte empfunden. Ich wußte, daß Menschen mit geistiger Behinderung durch ihre erhebliche Intelligenzminderung auffallen. Nicht nur ihre Fähigkeit, sich sprachlich mitzuteilen, ist mehr oder weniger eingeschränkt, ihre gesamte Persönlichkeit weist einen Entwicklungsrückstand auf.

Mit den besten Absichten habe ich mich auf den Weg gemacht, Ingrid und ihre „kleine Welt" kennenzulernen. Mit Ingrid hatte ich keine Probleme, „warm" zu werden, aber die äußere Erscheinung einer ihrer Mitbewohnerinnen ihrer Gruppe wirkte auf mich anfangs abstoßend, ja rief sogar Gefühle persönlicher Bedrohung in mir hervor, als sie meinen Arm mit ihrer kalten, verkrampften Hand berührte. Die sachlichen Erklärungen der Pfleger halfen mir aus meiner Gefühlsverirrung. Sie ist ein Mensch, wenn auch sehr behindert! Sie kann lächeln, wenn auch verzerrt! Sie reagiert auf Zuspruch! Von nun an konnte ich gefühlsmäßig besser mit den Behinderten umgehen.

Insgesamt reagierten alle Bewohner der „Stiftung Liebenau", mit denen ich mich mehr oder weniger verständigen konnte, freundlich, kameradschaftlich und sehr hilfsbereit. Durchweg ausgeglichen und zufrieden wirkten die Betreuer im Wohn- und Arbeitsbereich, die alle – nach eigener Aussage – von dem Gedanken des „Helfenwollens" geleitet werden.

Ingrid frage mich, ob ich wiederkommen würde. Ich habe es ihr versprochen. Gerne werde ich meine Schritte nach Hegenberg lenken, zu dieser „Insel der Mitmenschlichkeit".

Die Stiftung Liebenau
Daten und Fakten

Gründung im Jahre 1870 als „Pfleg- und Bewahranstalt für Unheilbare" von Adolf Aich, Pfarrer in Tettnang (heutiger Bodenseekreis) – eine kirchliche, katholische Einrichtung (stationär oder teilstationär) zur Erziehung, Ausbildung und Beschäftigung, sowie fördernde Begleitung von Kindern, Jugendlichen und Erwachsenen mit geistiger und mehrfacher Behinderung jeden Grades – augenblicklich werden 965 behinderte Personen in 120 Wohngruppen, wohnhaft in Liebenau, Rosenharz und Hegenberg, betreut – 1350 Mitarbeiter sind in der Stiftung tätig – 677 behinderte Menschen arbeiten in den Werkstätten und in den sogenannten Regiebetrieben (Gärtnerei, Bäckerei, Wäscherei, Küche...) – das renovierte Fachkrankenhaus hat 80 Betten – die Sonderschule „Don Bosco" in Hegenberg mit über 100 Schülern und Schülerinnen steht auch Lernbehinderten offen – das Berufsbildungswerk „Adolf Aich" in Ravensburg ist eine Sonderberufsschule für lernbehinderte Jugendliche mit 400 Auszubildenden augenblicklich – es werden ganzjährig kunsthandwerkliche Produkte im Laden der Gärtnerei zum Verkauf angeboten – Leiter der Stiftung: Monsignore Norbert Huber (seit 1968) – Oberaufsicht: Bischöfliches Ordinariat Rottenburg-Stuttgart – das Haushaltsvolumen betrug 90 Millionen Mark im Jahre 1989, zwei Drittel davon waren Kosten für das Pflegepersonal – der Landeswohlfahrtsverband trägt den Löwenanteil der Kosten.

Unser Weg von Deutschland nach Deutschland

Geschichte einer Übersiedlung

Roswitha Taubert

Im November 1989 kamen mein Mann und ich aus dem thüringischen Erfurt über die ČSFR in die Bundesrepublik Deutschland. Über zwei Notaufnahmelager in Bayern und Baden-Württemberg gelangten wir durch einen Zufall nach Überlingen und fanden hier ein neues Zuhause. Dieser Weg war lang und schmerzlich, und ich möchte ihn für interessierte Leser und gewissermaßen als Zeugnis aktuellen Zeitgeschehens aufzeichnen.

Kurze Gesellschaftscharakteristik

Vor Öffnung der deutsch-deutschen Grenze am 9. November 1989 war es einem DDR-Bürger ohne Privilegien und Konzessionen an die Staatsmacht der DDR nicht möglich, diese Grenze zu überschreiten. Dies bedeutete Lebensgefahr oder jahrelange Inhaftierung. In 28 Jahren ihres Bestehens wurden an dieser Grenze Flüchtlinge getötet, der letzte, ein junger hoffnungsvoller Mensch, noch 1989. Diese unschuldigen Opfer von Mauer und Stacheldraht, Todesstreifen und Mordbefehl dürfen auch im Freudenjubel des Untergangs der sozialistischen Diktatur und der Vereinigung beider deutscher Staaten nie in Vergessenheit geraten. Staatlich wie privat organisierter Mauerverkauf schmerzt uns in diesem Zusammenhang zutiefst in der Seele, denn kein noch so guter Verwendungszweck heiligt dieses Mittel.

Mit dem Gefangensein in der DDR mußte man leben, und viele Menschen begannen in fatalistischer Weise, sich daran zu gewöhnen. Es gab jedoch immer einige, deren Innerstes dagegen aufbegehrte, und die eine solche seelische Belastung auf die Dauer nicht ertragen konnten. Diese Menschen begaben sich auf einen langen Weg, gepflastert mit Repressalien, Demütigungen, Entbehrungen und Lebensgefahr.

Nach vielen Jahren, in denen wir versuchten, in diesem Land trotz aller Belastung unseren Platz zu finden, waren wir im Sommer 1988 an einem Punkt angekommen, an dem wir, ohne innerlich zu zerbrechen, dort nicht mehr leben konnten. Wir stellten einen Ausreiseantrag.

Wer mit offenen Augen durch das Leben ging, konnte seinen Blick nicht davor verschließen, daß dieses Land von seinen unrechtmäßigen Herrschern mit wahnwitziger Ignoranz in den Abgrund geleitet wurde. An der Absurdität, daß die Menschen, wissend um die katastrophale Lage des Landes, dennoch mit intensiver Beharrlichkeit und Gleichgültigkeit der ihnen verhaßten Regierung immer wieder mittels Wahlen ihre Existenzberechtigung verliehen, sind wir fast verzweifelt. Während die Regierung Luxus genoß, mußte besonders die ältere Generation, die schon durch Krieg und Nachkrieg viel Leid und Entbehrungen ertragen hatte, oft am Rande des Existenzminimums leben. Die Menschen wurden vom

Staat mit Intensität zu seelischen Krüppeln verformt, zu Heuchelei und Doppelgesichtigkeit erzogen und zur Unmündigkeit verdammt. Lebenslust wich Resignation und Lethargie. Die rücksichtslose Ausbeutung der Natur, massive Umweltverschmutzung und -zerstörung verbreiteten Zukunftsängste. Gesundheit und Arbeitskraft der Menschen wurden in Betrieben mit völlig veralteten Anlagen oder beim Umgang mit gesundheitsgefährdenden Materialien, ähnlich der Zeit des Frühkapitalismus, auf menschenschinderische Weise ausgebeutet. Arbeits- und Gesundheitsschutzgesetze waren eine Farce. Die gesundheitliche Versorgung bestand auf vielen Gebieten fast nur noch aus Notbehandlung. Durch permanente Luftverschmutzung verfiel, zunächst noch schleichend, später in großem Umfang, die historische Bausubstanz. Der Zerstörung der Verbundenheit zu ihr durch radikalen Großflächenabriß und Betonsilobauweise konnte man sich kaum erwehren. Gegen das Machtmonopol der SED-Oligarchie war den Unterdrückten kaum ein Ankämpfen möglich, da Meinungsfreiheit und offene Kritik am Sozialismus sofort unterbunden wurden. Während das Land dem geistigen, wirtschaftlichen und politischen Ruin zusteuerte, verbreiteten sämtliche Medien nur Erfolgsmeldungen, und der Widerspruch zwischen Realität und Propaganda erreichte orwellsche Dimensionen.

Persönliche Bilanz und Alternative

Unseren aufrüttelnden Ermahnungen und Warnungen schenkten die Mitmenschen jedoch kaum Gehör. Sie begaben sich nur in passive Abwartestellung, von der aus sie, teils leicht amüsiert, beobachteten, wie unser Kampf gegen das Regime wohl verlaufen würde.

Neben dieser scheinbaren Hilflosigkeit belastete uns sehr unser bisheriger erfolgloser privater Lebensweg. Aufgrund meiner

nicht regimekonformen Anschauung, beginnend mit christlicher Erziehung durch das Elternhaus und diesbezüglichen Repressalien in der Schule und weitergehend mit einer immer kritischeren Betrachtungsweise des Sozialismus, erhielt ich nach meinem Abitur im Lauf von über zehn Jahren auf vier Studienbewerbungen keine Zulassung. Daneben litt ich in der gleichen Zeit mit schweren Depressionen an ungewollter Kinderlosigkeit. Eine individuelle ärztliche Beratung, Betreuung und Behandlung wurde mir trotz intensiver Bemühungen meinerseits nicht zuteil, und man speiste mich mit lapidaren und teils zynischen Bemerkungen ab. Mein Mann arbeitete nach seinem Studium als Physiker in verschiedenen Betrieben planmäßig völlig erfolglos an letztlich verworfenen Projekten.

Die sozialistische Gesellschaftsordnung besaß eine Struktur, die unseren grundlegenden Interessen und Zielstellungen entgegenstand. Die im Lauf des Lebens deshalb ständig erlittenen Frustrationen führten zu innerlich angestauter Aggression gegen das Regime, die sich nicht ausgleichen ließ. Die dadurch entstehende Resignation und Introversion verschlimmerte unseren Zustand, so daß uns nur der Ausweg blieb, dieses Land zu verlassen.

Resignation und Einsamkeit

Innerhalb einiger Wochen erarbeiteten wir die Formulierung der Begründung unseres Ausreiseantrages. Wir schrieben uns alle Last von der Seele und brachten unsere persönliche Abrechnung mit diesem Staat zum Ausdruck. Nach einigem Zögern aus Angst und Ungewißheit vor den Folgen unserer Tat reichten wir den Antrag persönlich im Rathaus ein und brachen damit alle Brücken hinter uns ab. Der Weg der Ausreise war ein Weg ohne Rückkehr, da man als Antragsteller für alle Zeit gebrandmarkt war. Gleichzeitig mit diesem Schritt erlebten wir jedoch eine unglaubliche Befreiung, eine der schönsten Erfahrungen unseres bisherigen Lebens. Wir konnten endlich in Wahrheit leben und uns von sämtlichen verhaßten Zwängen eines sozialistischen Alltags befreien. Dies gab uns die Kraft, die entgegenstehenden Schwierigkeiten und Probleme zu bewältigen, der nun beginnenden Stasi-Bespitzelung zu trotzen und in Fortführung unseres bisherigen Aufbegehrens gegen die sozialistische Diktatur aktiv zu werden.

Organisierter Widerstand

Einige Wochen nach Antragstellung suchten wir Kontakt zu Gleichgesinnten und erhielten Zugang zu einem Erfurter Kirchenkreis, der sich mit unseren Problemen und Anliegen befaßte. In diesem Rahmen fanden sich etwa 200 Menschen zu einem Wochengottesdienst mit anschließendem Gespräch unter Leitung verschiedener Pfarrer zusammen. Jeder Teilnehmer konnte ohne Einschränkung ihn bewegende Fragen stellen und einige Erlebnisse berichten. Wir wurden zu einer starken verschworenen Gemeinschaft. Vorwiegend besprachen wir die Ausreiseproblematik, aber ebenso wurden andere Themen wie Umweltschutz, Regionalpolitik, Gesundheitswesen und vieles mehr behandelt.

Der Gesprächskreis war ständig von Stasi-Spitzeln durchsetzt und überwacht, von denen wir manche an ihrer Körpersprache oder Physiognomie entlarven zu können glaubten. Vor den Behörden mußten unsere Pfarrer Rechenschaft ablegen und um die Aufrechterhaltung des Kreises unter kirchlicher Obhut kämpfen. Ihnen gebührt unsere tiefste Dankbarkeit, da wir ohne diesen Schutz niemals Vorkämpfer der Revolution hätten sein können. Gesprächsteilnehmer mit besonders scharfen und häufigen Kritikäußerungen am sozialistischen System wurden fast umgehend von der Stasi heimgesucht und mit massiven Strafandro-

hungen zum Schweigen oder Fernbleiben aufgefordert sowie schließlich ziemlich schnell in die Bundesrepublik abgeschoben, indem man ihren Ausreiseantrag genehmigte. Trotz aller Zwiespältigkeiten und unseres übergroßen Mißtrauens gegen jeden als potentiellen Spitzel fanden wir nach einiger Zeit in diesem Kreis gute Freunde und verschmolzen zu einer engen Solidargemeinschaft. Dieser Kontakt erleichterte es uns in der folgenden Zeit erheblich durchzuhalten.

In den Wochengottesdiensten fanden spezielle aktuell-politische Themen Eingang wie Proteste gegen Wahlfälschung, gegen die gewaltsame und blutige Niederschlagung der Demokratiebewegung in China und deren Billigung durch DDR-Politiker, gegen den Mauerbau an der deutsch-deutschen Grenze und die an ihr ausgeführten Morde, Gedenken an alle Opfer von Terror und Gewalt, Gebete für Inhaftierte und Unterdrückte. Daneben erfolgte in kleinerem Kreis die Planung bestimmter Aktionen wie Teilnahme an Demonstrationen und Kirchentagen, demonstrativer Besuch von kulturellen und politischen Veranstaltungen unter Leitung staatlicher Machthaber, Vervielfältigung von fast unzugänglichen Dokumenten und Gesetzblättern betreffs der Menschenrechtserklärungen und der Schlußakte von Helsinki, Beschwerdeschreiben an die Vereinten Nationen sowie staatliche Organe, persönliche Unterstützung der schlecht besuchten Wochenendgottesdienste unserer Pfarrer, Gestaltung von persönlichen, scharfkritischen Wahldekorationen unserer Wohnungsfenster.

Dramatischer Verlauf

Aufgrund unserer Antragstellung und unserer politischen Aktivitäten waren wir alle den verschiedensten Repressalien ausgesetzt. Gegen mich leitete mein staatlicher Leiter im Betrieb ein Umsetzungsverfahren ein, und es gelang ihm aufgrund ver-

Resignation und Einsamkeit.

brecherischer Zusammenarbeit mit dem Personaldirektor, dieses durchzusetzen. Auf meine konsequente Weigerung dagegen wurde mir im Anschluß die Kündigung ausgesprochen.

Zum gleichen Zeitpunkt teilte uns die zuständige Behörde die Genehmigung unseres Ausreiseantrages mit. Wir begannen nun zielstrebig, unsere gesamte Existenz aufzulösen und uns auf die Ausreise vorzubereiten. Zwölf Wochen warteten wir jedoch noch auf die Erteilung des sogenannten Laufzettels zur Erledigung der offiziell geforderten Ausreiseformalitäten, wobei uns zwischenzeitlich auch noch einmal die Aufhebung unserer bereits erteilten Genehmigung mitgeteilt wurde.

In diesem Zeitraum fielen die sich überschlagenden aktuellen politischen Ereignisse im sozialistischen Ausland, die uns, unbeteiligt mitanzusehen, viel Kraft kosteten und uns psychisch sehr belasteten. Nach Abgabe unseres Laufzettels bedeutete man uns wiederum, auf die Aushändigung unserer Ausbürgerungsurkunde zu warten. Im September verfolgten wir voller Aufregung die Ausreise der Flüchtlinge über Ungarn und über die Botschaften der Bundesrepublik. Im Oktober sahen wir voller Ohnmacht und Erschütterung die unglaublichen Bilder aus der Prager Botschaft, und noch immer wurde uns die eigene Ausreise verwehrt. Völlig verzweifelt über unser Gefangensein und das inzwischen vielleicht sinnlos gewordene Warten auf die rechtmäßige Ausreisegenehmigung entschlossen auch wir uns dazu, die Botschaft in Prag aufzusuchen. Bevor wir jedoch abfahren konnten, erreichte uns die Meldung über die Schließung der Grenze zur ČSFR. In diesen Tagen litt ich unter schweren Depressionen und Herz-Rhythmus-Störungen.

Nach den brutalen, unmenschlichen Übergriffen auf friedliche Demonstranten am 6./7. Oktober ergriff uns die Angst vor der Verhängung des Ausnahmezustandes und der Niederschlagung der Protestbewegung ähnlich wie in China. Doch ungeachtet dessen fanden wir den Mut, auf die Straße zu gehen und gegen das verhaßte Regime zu demonstrieren. Wir entdeckten plötzlich, daß wir mit unserem unerschrockenen Mut das Demonstrationsrecht erkämpft hatten, und uns erfüllte neue Hoffnung. Zugleich waren wir enttäuscht, wie viele Menschen noch abwartend beiseite standen und uns allein demonstrieren ließen. Im Lauf der Zeit wurde es aber eine immer stärkere Bewegung, die den Regierungswechsel erzwang. Nach anschließender erneuter Grenzöffnung zur ČSFR und der von dort aus möglichen freien Ausreise in die Bundesrepublik waren wir betroffen und verwirrt, wie viele Menschen, von denen wohl die wenigsten bisher einen Ausreiseantrag mit seinen Repressalien auf sich genommen hatten, nun, als es so leicht war, das Land verließen, obwohl sich eine hoffnungsvolle Wende abzeichnete. Selbst wir waren im Zweifel, ob wir jetzt nicht bleiben sollten.

Wir entschlossen uns, nicht mehr auf unsere Ausbürgerungsurkunde zu warten und nahmen am Morgen des 9. November auch den Weg über die ČSFR in die Bundesrepublik. Als wir uns auf bundesdeutschem Boden befanden, überkam uns ein unbeschreibliches Gefühl der Freiheit, der Erleichterung und der Freude, wenngleich

Am Grenzübergang Schirnding.

auch Trauer und Schmerz über die verlassene Heimat das Herz beschwerten.

Noch am gleichen Tag überrollten uns die aktuellen Ereignisse, und die Öffnung der deutsch-deutschen Grenze rief in uns neben einer übergroßen Siegesfreude eine tiefe innere Zerrissenheit hervor, der wir viele Tränen schenkten. Es war für uns ein so lang ersehntes und dabei so unmöglich zu realisieren geglaubtes Ereignis, daß es uns fast die Besinnung raubte.

Neuer Anfang

Hier in der Bundesrepublik wurden wir von allen Menschen so herzlich und freundlich in Empfang genommen, daß wir nicht das Gefühl hatten, fremd zu sein. In den Notaufnahmelagern fühlten wir uns geborgen und liebevoll umsorgt. Von der perfekten Organisation und der für Notverhält-

nisse ausgezeichneten Versorgung und Ausstattung der Lager waren wir sehr angenehm überrascht. Der herzlichen und aufopferungsvollen Einsatzbereitschaft der Mitarbeiter und Helfer des Deutschen Roten Kreuzes und des Bundesgrenzschutzes, aber auch zahlreichen weiteren Behörden und Privatpersonen, die um unser Wohl bemüht waren, gebührt unser innigster Dank.

Entkommen aus jahrzehntelanger Bevormundung und Gängelung durch staatliche Organe und Behörden lernten wir nun, mit unserer neuen Freiheit und Selbständigkeit umzugehen. Unser Wunschland war Baden-Württemberg, somit wurden wir vom Lager in Bayern in den Schwarzwald weitergeleitet. Auf der Fahrt dorthin begegnete uns zufällig an einer Tankstelle eine Frau, die aus Umzugsgründen einen Nachmieter für ihre Wohnung in Überlingen suchte und sie uns spontan anbot. Da wir recht ziellos waren und auch bestrebt, unseren Lageraufenthalt kurz zu halten, sagten wir gern zu. Als wir dann zum ersten Mal nach Überlingen kamen, waren wir von der Schönheit der Stadt selbst, den liebevoll gepflegten Häusern und Grünanlagen, dem reizenden und so gut erhaltenen historischen Stadtkern sowie ihrer Lage in einer grandiosen Landschaft mit herrlichem See- und Alpenblick so fasziniert, daß Überlingen auf jeden Fall unser neuer Heimatort werden sollte. Für die Überbrückungszeit bis zum Einzug in unsere Wohnung fanden wir liebevolle Pflegeeltern.

Nun haben wir Wohnung, Arbeit sowie ein Studium in Aussicht und sind darüber sehr glücklich. Die zauberhafte Bodenseelandschaft und ihre freundlichen, hilfsbereiten Menschen erleichtern uns sehr die Trennung von der früheren Heimat.

Von der aktuellen Entwicklung in der DDR sind wir erfreut und enttäuscht zugleich. Die erste freie Wahl nach 40 Jahren sozialistischer Diktatur gewann eine der alten Blockparteien der SED, die in allen Jahren nicht als Opposition fungierte, obwohl sie wahrhaftig dazu in der Lage gewesen wäre. Die Begründer der friedlichen Revolution, die wirkliche Gefahren in Kauf nahmen, um gegen das Regime zu kämpfen, sind die Verlierer und nun erneut in der Opposition. Die Revolution wurde nicht konsequent vollendet. Die so wichtige Selbstbefreiung der Menschen, die Aufarbeitung der Vergangenheit, der eigenen langjährigen Fehler und Anpassungen, die Abrechnung mit den Schuldigen am Untergang eines ganzen Landes sind in den so begeisterten Anfängen steckengeblieben und am Materialismus der Menschen gescheitert. Eine großzügige Amnestie für Stasi-Mitarbeiter im Hinblick auf eine schnellere wirtschaftliche Entwicklung der DDR darf es nach unserem Empfinden nicht geben. Die infame Überheblichkeit und Menschenverachtung, der Zynismus und die unglaubliche Ignoranz, mit denen sie selbst denken wollende und anders denkende Menschen unterdrückten und verfolgten, dürfen nicht ungestraft bleiben. Der Befreiungsprozeß von dieser Diktatur muß einhergehen mit Zeit für Trauer und Zorn, für Denken und Handeln, da die Selbstbefreiung der Menschen nach 1945 schon nicht erfolgen konnte.

Was in unserem selbstgewählten Exil letztlich immer bleibt, ist ein Leiden an der Zeit, ein Sehnen nach einer undefinierbaren verlorenen Heimat, nach vertrauten Landschaften, nach zurückgelassenen Menschen und einem Stück unseres Lebens. Beständig werden wir gleich Heinrich Heine auf der Suche sein, im Bestreben nach einer Heimatfindung und einem bewußten Menschsein, die ethisch und moralisch hohen Idealen menschlicher Existenz genügen.

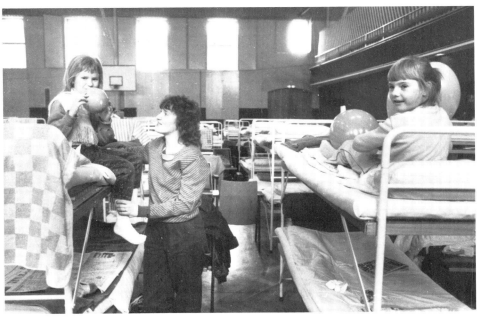

ÜBERSIEDLER IM BODENSEEKREIS

*Bilder vom Herbst 1989 aus
Friedrichshafen – Meersburg – Salem*

Josef Weimert im Café Mantelhafen in Überlingen, 1990.

„Ich hätte nie gedacht, daß ich einmal nach Europa kommen würde"

Eine deutsche Lebensgeschichte in der Sowjetunion

Oswald Burger

Ich lernte Josef Weimert als vielseitigen und virtuosen Musiker kennen. Dabei erzählte er in einer sympathisch schlichten Art und in einem mir ganz alt und vertraut vorkommendem Dialekt, woher er dieses oder jenes Musikstück kennt. Immer wieder kam die Rede auf das ferne Tadschikistan, von dem ich nicht einmal den Namen richtig aussprechen konnte, und das irgendwo in Asien liegen mußte. In den meisten Atlanten ist außer der Länderbezeichnung nur noch der höchste Berg der Sowjetunion überhaupt, der „Pik Kommunismus" (mit 7495 m Höhe im Pamirgebirge) und die Hauptstadt Duschanbe erkennbar (in meinem Schulatlas heißt der Berg noch „Pik Stalin" und die Stadt „Stalinabad"). Ich vermutete Gegenden, die ich aus Reiseberichten Marco Polos oder Sven Hedins, aus Romanen Karl Mays und Dschingis Aitmatows erinnere. So forschte ich ein bißchen über jenes sagenhafte Land und Josefs Leben dort nach.

Tadschikistan

Die Tadschikische Sozialistische Sowjetrepublik gehörte seit 1924 zur Sowjetunion und ist seit 1929 eine der 15 Sowjetrepubliken. In ihr leben etwa 4,8 Millionen Menschen, davon rund 59 % Tadschiken, ein iranisches Volk, von dem kleinere Teile auch in Usbekistan und Afghanistan leben. Daneben leben in Tadschikistan etwa 23 % Usbeken, 10 % Russen und noch insgesamt rund 30.000 Deutsche.

Josef Weimert wurde 1961 in Kurgan-Tjube geboren, der drittgrößten Stadt Tadschikistans mit etwa 70.000 Einwohnern, an der Südgrenze zu Afghanistan gelegen. Die 30.000 Deutschen in Tadschikistan sind eine relativ kleine Gruppe unter den etwa 2 Millionen Deutschen in der Sowjetunion, davon die Hälfte in der nördlich von Tadschikistan gelegenen Sozialistischen Sowjetrepublik Kasachstan.

Deutsche in Rußland

In verschiedenen Ansiedlungsaktionen im 18. und 19. Jahrhundert waren die Deutschen ins Russische Zarenreich gekommen. Besonders unter den Zarinnen Katharina I. und II. und Zaren Alexander I. und Nikolaus I. wurden regelrechte Werbeaktionen zur Gewinnung deutscher Einwanderer veranstaltet, die man als Kolonisten und fleißige Landwirte und Handwerker schätzte. Größere Ansiedlungen von Deutschen entstanden im Schwarzmeergebiet, in der Ukraine und dem Moldaugebiet. Die Vorfahren Josef Weimerts väterlicherseits kamen so in der Folge der Einladung Zar Alexanders I. von 1804 im Jahre 1812 aus dem Elsaß ins Schwarzmeergebiet, die Vorfahren mütterlicherseits wanderten in der Folge der 1838 ausgesprochenen Einladung Zar Nikolaus' I. in den fünfziger Jahren nach Rußland aus. Nachdem sich die deutschen Kolonien unter dem Schutz spezieller Privilegien, bei vollen bürgerlichen Rechten und garantierter kultureller und sprachlicher Autonomie zu blühenden Gemeinwesen entwickelt hatten, wurden sie im Zusammenhang mit den nationalen und weltanschaulichen Konflikten seit dem Ende des 19. Jahrhunderts zu wechselseitigen Opfern, Geiseln, Faustpfändern oder Racheobjekten der jeweiligen Machtinhaber. Seit den achtziger Jahren des 19. Jahrhunderts wurden früher den Deutschen in Rußland zustehende Rechte nach und nach beschnitten, einen ersten Höhepunkt hatten die Diskriminierungen im Ersten Weltkrieg, als die Deutschen in Rußland enteignet und nach Sibirien verbannt werden sollten und zum Teil auch wurden. Die bolschewistische Oktoberrevolution 1917 und die Gründung der Sowjetunion brachte den Deutschen zunächst eine Verbesserung ihrer Situation, die 1924 in der Gründung der Autonomen Sozialistischen Sowjetrepublik der Wolgadeutschen einen Ausdruck fand. Die sowjetische Kollektivierungspolitik ab Ende der zwanziger Jahre, von Stalin 1929 propagiert als „Liquidierung der Kulaken als Klasse", führte auch zu Repressionen und Deportationen von deutschen Bauern. Die „Kulaken" – das Wort Kulak bedeutet auf deutsch „Faust" – waren die reichen Bauern, die für die Probleme der Landwirtschaft, aber auch alle Fehler der Sowjetmacht auf dem Lande verantwortlich gemacht und mit rücksichtsloser Gewalt behandelt wurden. Der Vorwurf, „Kulake" zu sein, traf nach und nach immer weniger die eigentlichen Großbauern, als vielmehr alle Kollektivierungsunwilligen. Josefs Familie mütterlicherseits wurde 1933 von ihrem Hof vertrieben, Josefs Großvater und andere Verwandte verhungerten während der Deportation.

Endgültig heimatlos

Der deutsche Überfall auf die Sowjetunion im Zweiten Weltkrieg am 22. Juni 1941 beendete die Zeit der Duldung der Deutschen in der Sowjetunion dann endgültig. Aus den Gebieten, wo die deutsche Wehrmacht (noch) nicht eingedrungen war, wurden die Deutschen nach Sibirien deportiert (zum Beispiel die „Wolgadeutschen", womit ihre Republik zu existieren aufhörte). Wo die deutsche Wehrmacht herrschte, wurden die Deutschen nach Westen umgesiedelt, übrigens nicht immer mit deren Einverständnis, das galt insbesondere für die Schwarzmeerdeutschen. Sie wurden zum größten Teil im sogenannten „Warthegau" angesiedelt, östlich der Oder im heutigen Polen. Josefs Eltern waren beide – damals noch als Jugendliche – aus ihrer „Heimat" am Schwarzen Meer bei Odessa in ostdeutsche Gebiete umgesiedelt worden, die Mutter außerhalb des „Großdeutschen Reiches", der Vater im Gebiet der heutigen DDR. Sie waren vorerst zwangsweise bei dort Lebenden einquartiert. Diese erste Aussiedlerzeit dauerte freilich nur etwas mehr als ein Jahr. Als nämlich die sowjetische Rote Armee vorrückte und mit Kriegsende den ganzen Osten Deutschlands bis zur Elbe besetzt hielt, wurden alle Sowjetdeutschen bei ihrer Registrierung herausgerufen und massenweise wieder in die Sowjetunion zurückverschleppt. Einer Tante von Josef gelang es damals, dem sowjetischen Zugriff zu entwischen, sie lebt seither am Bodensee, Vater und Mutter aber waren unter denen, denen prophezeit wurde, sie kämen dort hin, „wo kein Vogel singt und wo es kein Wasser gibt". Die Illusion von manchen, sie könnten jetzt wieder „nach Hause" zurückkehren, also in die Ukraine, erwies sich als trügerisch. In einem dreimonatigen Transport, den viele nicht überlebten, wurden sie ins Innerste Asiens getrieben, ein Land zwischen unwirtlichem heißer Wüste und unzugänglichem eisigem Pamir-Gebirge, nach Tadschikistan. Im Unterschied zu den Wolgadeutschen, die wirkliche „Sowjetdeutsche" wurden, haben diese Menschen sich stets als Deutsche empfunden und hatten immer Sehnsucht nach

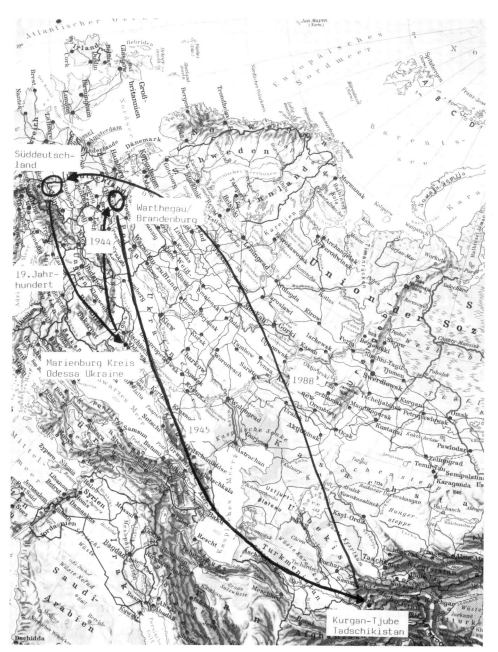

Karte: Familie Weimerts Lebenswege.

Deutschland, zumal einige von ihnen in Deutschland geblieben waren.

In Mittelasien

In den Gebieten Mittelasiens lebten die „verschickten" Deutschen unter der „Kommandatura", das heißt in geschlossenen Siedlungen, die sie unter der Strafandrohung von zwanzig Jahren Zwangsarbeit nicht verlassen durften. Zehn Jahre lang hatten Josefs Eltern nicht einmal einen Paß. Sie lebten in einem Kuhstall und mußten extrem hart arbeiten, zuerst bei der Urbarmachung von „Simpfen", dann beim Anbau von Baumwolle; Arbeitszeiten von 14 Stunden täglich waren normal.

Damals lernten sich Josefs Eltern erst kennen und heirateten, sie hatten ein ähnliches Schicksal hinter sich, stammten beide aus dem Schwarzmeergebiet, waren in den Westen mitgenommen und dann wieder in den Osten verschleppt worden. Aufgrund dieses Schicksals haben beide natürlich keinerlei Berufsausbildung erfahren. Nach den ersten zehn Jahren in strenger Quarantäne durften sie mit einer speziell erteilten Erlaubnis vom Land in die nächste Stadt ziehen, eine Möglichkeit der Rückkehr ins Schwarzmeergebiet gab es nicht. Sie wurden sowjetische Staatsangehörige, aber bereits 1956 wurde ihr Ausreisewunsch in der deutschen Botschaft in Moskau registriert. Die Stadt Kurgan-Tjube hat rund 70.000 Einwohner und liegt im Südwesten von Tadschikistan, im Grenzgebiet zu Afghanistan. Da wurde dann auch 1961 Josef geboren, als Jüngster von vier Kindern.

Bleiben oder gehen?

Die mehr als 40 Jahre über im innersten Asien hatten die Weimerts Sehnsucht nach Deutschland. Ihr Sehnen richtete sich weder auf die alte Heimat am Schwarzen Meer noch jemals auf die vage Aussicht auf die Wiederherstellung der zwischen 1924 und 1941 existierenden „Autonomen Sozialistischen Sowjetrepublik der Wolgadeutschen" – inzwischen rückt zwar in den Absichtserklärungen der sowjetischen Führung die Realisierung einer solchen autonomen Republik immer mehr in den Bereich des Möglichen (z.B. im Beschluß des Obersten Sowjets vom 28. November 1989 oder in der Einsetzung einer Kommission des Ministerrats vom 25. Dezember 1989) – aber die Hindernisse gegen eine Realisierung sind so groß, daß die meisten Deutschen es vorziehen, die Koffer zu packen und nach Deutschland auszusiedeln. Der „Allunionsgesellschaft der Sowjetdeutschen Wiedergeburt" laufen die Leute unter der Hand buchstäblich davon, nachdem die Gorbatschowsche Politik sie zwar zurückhalten will, aber ihrer Ausreise nichts mehr in den Weg legt. Josefs Vater, Johannes Weimert, hatte sich über die Jahre hinweg dennoch mit seiner Umwelt eingerichtet. Er lernte usbekisch und tadschikisch und arbeitete mit moslemischen Arbeitskollegen zusammen, zuerst in einer Ziegelei, die letzten 25 Jahre bis zur Ausreise in einer Schreinerei. Nachdem die Familie in der Stadt leben durfte, ergriff der Vater die Gelegenheit, ein gerade halb fertiggestelltes Haus zu kaufen, dessen Vorbesitzer, ein moslemischer Tadschike, gestorben war. Nach und nach bauten die Weimerts dieses Haus zu einem der schönsten Häuser in Kurgan-Tjube aus, wie sie stolz erzählen. Als sie es vor der Ausreise verlassen mußten, verkauften sie es wieder an einen Tadschiken, dessen erste Veränderung als Moslem das Herausreißen der Traubenstöcke um das Haus herum war.

Das Verhältnis seiner Familie zu der moslemischen Mehrheit der Bevölkerung in Tadschikistan beschreibt Josef als gut. Daß der Vater die Sprachen der Tadschiken (59 % der Einwohner) und Usbeken (23 %) sprechen konnte, machte ihm diese freundlich gesinnt; wenn er auf dem Bazar die

Hochzeitsfeier in Tadschikistan 1961. In der Mitte tanzen Josefs Eltern, links hinten sitzt seine Großmutter.

Händler in deren Sprache anredete, wurde er geliebt, höre ich erzählen – denke aber dabei, daß dies offenbar etwas Besonderes war, eine Ausnahme, denn in den journalistischen Berichten aus den asiatischen Sowjetrepubliken liest man auch anderes: die Deutschen wollten auch deshalb nach Deutschland aussiedeln, weil sie fürchten, sonst „mit Knippeln hinausgetrieben" zu werden. Die rund 10 % Russen in Tadschikistan werden von den Einheimischen und Deutschen gleichermaßen wenig geliebt: „Alle Menschen hassen die Russen". Die Tadschiken sind bereits im Zarenreich unterworfen und ihr Land in klassischer imperialistischer Manier dem Russischen Reich 1895 durch Eroberung eingegliedert worden, 1924 wurde ein tadschikisches „Auto-

nomes Gebiet" innerhalb der Usbekischen Sozialistischen Sowjetrepublik, 1929 wurde die Tadschikische Sozialistische Sowjetrepublik mit der Hauptstadt Stalinabad errichtet, die heute wieder Duschanbe heißt. Den Berichten sowohl der ausgesiedelten Deutschen als auch der Journalisten zufolge hat der russische und sowjetische Einfluß sich nie in den Herzen der Bevölkerung einnisten können. Die politischen, ethnischen und sozialen Spannungen wurden jahrzehntelang rigoros unterdrückt. Im Zuge einer gewissen Liberalisierung unter Gorbatschow, aber auch in der Folge der Unruhen im Transkaukasus haben sich auch die Tadschiken erhoben und sind gewaltsam gegen die Sowjetmacht vorgegangen. Im Februar und März 1990 kam es zu Unruhen, die die

Josef spielt zu einer moslemischen Hochzeit in Kurgan-Tjube auf.

Sowjetunion nur durch den Einsatz von Streitkräften des KGB und des Innenministeriums einstweilen unterdrücken konnte. Michail Gorbatschow scheint in Mittelasien kein Vertrauen entgegengebracht zu werden, denn er hat sich als unerbittlich gegenüber dem Islam erwiesen und damit die zentralasiatischen islamischen Völker verärgert.

Sie sind Deutsche

Rosalinde und Johannes Weimert hielten in der fremden, unwirtlichen, feindlichen Umgebung zusammen mit ihren Landsleuten und bewahrten ihre Eigenarten, ihre katholische Frömmigkeit, ihren traditionellen Familienzusammenhalt, ihre sittlichen Werte und ihre deutsche Sprache. Diese Sprache ist zunächst sehr ungewohnt und mag dem flüchtigen Zuhörer sogar als gebrochenes Deutsch erscheinen, beim genaueren Zuhören merkt man aber, daß es

sich um einen alten, archaischen Dialekt handelt, in dem sprachliche Eigenheiten aus dem Deutschen des 18. und 19. Jahrhunderts konserviert sind, die in Deutschland längst untergegangen sind. Die Sprache, und zwar die mündliche Dialektsprache, war ja das einzige Stück Heimat, das man mitnehmen konnte über all die Umsiedlungen und Deportationen. Daß dieser Dialekt nirgends anerkannt war, machte ihn noch wertvoller und kostbarer. In der Schule lernte man selbstverständlich Russisch, und das schriftliche Verständigungsmittel unter den Deutschen in der Sowjetunion war und ist natürlich die deutsche Hochsprache, das sogenannte „Literaturische", das im Alltag niemand sprach.

Die Weimerts bekamen vier Kinder mit den schönen und in der Familie tradierten Namen Anton, Johannes, Ottilie und Josef. Sie haben alle ordentliche Berufe erlernt, mußten sich allerdings nach der Aussiedlung umorientieren. Josef selbst ist 1961 ge-

Rosalinde und Josef Weimert, 1983.

boren und hat es nach den Äußerungen seiner Eltern nur gut gehabt, er sei zu jung, um
die schlimmen Zeiten erlebt haben zu können, er habe großes Glück gehabt.

Während es früher für Deutsche offenbar
kaum möglich gewesen war, eine höhere
Schulausbildung zu erhalten, konnte Josef
nach dem Schulbesuch in Kurgan-Tjube an
der Musikhochschule in Duschanbe, der
Hauptstadt der Republik, studieren. Er
spielte bereits als kleiner Junge Akkordeon
und war so begabt, daß er das Akkordeon-
spielen und Dirigieren zum Beruf machen
sollte. Überraschend wurde er dann als be-
ster Musiker aus Tadschikistan ans Mos-
kauer Institut für Pädagogik und Kunst zu
einer Prüfung zugelassen. Josef Weimert arbeitete bis zur Aussiedlung der Familie als
Lehrer für Knopfakkordeon an der Musikschule in Kurgan-Tjube, trat häufig öffent-
lich auf, dirigierte ein Akkordeonorchester
und spielte vor allem auch unter den Deutschen. Sein Repertoire umfaßt neben der

klassischen Musik die russische Folklore,
die Musik der moslemischen asiatischen
Völker und die traditionelle deutsche Musik.

Diese erlernte er zum Teil aus dem Gedächtnis nach dem Gehör, indem er über
Kurzwelle deutsche Sender abhörte. Daneben fing er über den Rundfunk auch moderne westliche Musik auf.

An die Aussiedlung dachten die Weimerts eigentlich seit vierzig Jahren immer,
zumal sie eine Tante hier am Bodensee
wußten, der es erspart worden war, nach
dem Krieg mit nach Mittelasien verschleppt
zu werden. Die erste Hoffnung hatte man
1955 anläßlich des ersten Staatsbesuchs
Konrad Adenauers in der Sowjetunion.
Während die meisten noch in Rußland verbliebenen Kriegsgefangenen damals endgültig nach Hause durften, blieb es unter
den übrigen Deutschen in der Sowjetunion
lediglich bei einer Registrierung der Aus-
wanderungswilligen. Einer anderen Tante

223

gelang später die Ausreise über eine der westlichen Sowjetrepubliken. Größere Möglichkeiten ergaben sich erst unter Gorbatschows Regierung; bei den kleineren Ausreisekontingenten zuvor kamen die Deutschen aus Tadschikistan deshalb kaum zum Zuge, weil sie dort offenbar gebraucht wurden. Auch Besuchsgenehmigungen wurden in den Jahrzehnten zuvor nie erteilt.

Endlich am Bodensee

Schließlich kamen die Weimerts im September 1988 auch an die Reihe. Zu siebzehnt reisten sie aus mit dem Ziel Bodensee, so daß jetzt niemand mehr von der Familie in Tadschikistan lebt. Und jetzt ist es offenbar auch für alle anderen übriggebliebenen Deutschen so trist, daß sie wohl auch nachkommen werden, nicht zuletzt deshalb, weil Josef nicht mehr zu ihren Festen aufspielt.

Die Weimerts haben weder sprachliche, noch Staatsangehörigkeits-, noch Zuordnungsprobleme: sie sprechen ohnehin untereinander Deutsch, sind bereits seit 1944 deutsche Staatsbürger und hatten ein konkretes Ziel. Im Flugzeug der Lufthansa beim Flug nach Deutschland konnten sie noch kaum glauben, wie ihnen geschah. Tränen traten ihnen in die Augen, als eine Stewardeß sie auf deutsch fragte, ob sie etwas wünschen: das hatte man sie offenbar noch nie vorher gefragt.

Endlich traten die Eltern dann hier in den wohlverdienten Ruhestand, die Kinder konnten ihre erlernten Berufe nicht sofort ausüben und mußten sich umorientieren und zum Teil mit anderen Tätigkeiten abfinden. Josef Weimert fand anfangs gar keine adäquate Beschäftigung und war dann auch ziemlich lange sehr deprimiert. Schließlich wurde sein Musikstudium als Ausbildung an einer Musikhochschule anerkannt und er unterrichtet – im Grunde unter seinem Niveau – privat und in kommunalen Musikschulen. Nebenbei spielt er in Vereinen, in einem Jazztrio und als Kaffeehauspianist. Er hatte sich nicht nur um Beschäftigungen überhaupt kümmern müssen, sondern mußte stets auch gegen überhebliche Vorurteile über das Knopfakkordeon angehen, das von vielen Menschen hier für ein unseriöses Instrument gehalten wird.

Schlimmer sind die allgemeinen Vorbehalte gegen ihn als Auslandsdeutschen, der latente Verdacht gegen ihn, Faschist und/oder Wirtschaftsflüchtling und/oder Arbeitsplatzkonkurrent und/oder Ausländer und/oder Sowjet und/oder Rentenkonkurrent oder alles zusammen zu sein. Die Aussiedler treffen zunehmend mehr auf eine negative Stimmung ihnen gegenüber, das hängt mit fehlenden oder falschen Informationen zusammen, aber auch mit der Wohnungsnot und mit dem Anwachsen ihrer Anzahl – parallel zum Anwachsen der Zahlen der DDR-Übersiedler und der Asylbewerber. Am kränkendsten sind für Menschen wie die Weimerts die Vorhaltungen satter und fetter Stammtischredner und Politiker darüber, daß kein Vertreibungsdruck mehr bestehe und die Sowjetdeutschen doch dort bleiben mögen, wo sie sind – das unterschlägt das Grundproblem ihrer Existenz seit einem halben Jahrhundert überhaupt: daß sie seither stets gegen ihren Willen lebten, wo sie leben mußten.

Andererseits gesteht Josef, daß ihm auch vieles hier nicht gefällt. Die Menschen seien zu distanziert und hätten wenig menschlichen Kontakt miteinander. Er überlegt sich, ob er nicht doch lieber sich eine Frau unter den deutschen Aussiedlern suchen soll, weil die eher seinen Vorstellungen entsprechen als hiesige Frauen.

Meine Bitte, mit seinen Eltern zusammenzutreffen, lehnen diese zuerst ab. In Gesprächen würde allzu viel Böses wieder hervorgerufen, zudem sei ja jetzt alles gut gegangen. Sie halten Josefs Lebensgeschichte für so glücklich und gut, daß es daran nichts Berichtenswertes gibt.

Französische Realschule am Bodensee

Das „Collège Jean Monnet"

André Mouhot

Bis 1978 war eine französische Garnison in Konstanz stationiert. Für die Kinder des Militärs und der sonstigen Angestellten befand sich dort ein komplettes Schulsystem vom Kindergarten bis zum Gymnasium, dem „Lycée Brossolette". Für die Kinder der Friedrichshafener Garnison gab es nur eine Grundschule und einen Kindergarten. Ab elf Jahren mußten die Jungen und Mädchen mit dem Bus und der Fähre nach Konstanz fahren, um dort das Lycée Brossolette besuchen zu können.

Von Konstanz nach Friedrichshafen

Im Jahre 1978 wurde die französische Garnison in Konstanz aufgelöst und das Gymnasium geteilt. Man verlegte die Realschule nach Friedrichshafen und das französische Gymnasium nach Freiburg ins dortige Lycée Turenne, dem ein Internat angeschlossen ist. Damit war die heutige französische Realschule in Friedrichshafen gegründet. Sie wurde in der ehemaligen Flakkaserne am Ende der Glärnischstraße untergebracht. Kindergarten und Grundschule hingegen befinden sich in der Albert-Schweitzer-Straße. Von 1978 bis 1989 hieß die Realschule „Annexe du Lycée et Collège Turenne" und war dem französischen Gymnasium von Freiburg zugeordnet. Seit September 1989 ist die Schule selbständig und heißt jetzt „Collège Jean Monnet" zu Ehren des europäischen Politikers, der vor 102 Jahren in Cognac geboren wurde.

Pausenspiel auf dem Schulhof in der Flakkaserne.

Kleine Klassen

Der Unterricht unterscheidet sich nur in einem Punkt vom normalen Collège im Mutterland: In Frankreich hat eine Klasse im Schnitt 24 Schüler, in Friedrichshafen etwa nur die Hälfte. Das Lehrpersonal besteht aus acht Lehrern und einer Klassenaufseherin. Im Gegensatz zur allgemeinen Meinung wird die Disziplin groß geschrieben.

Eine Schulwoche beträgt für die französischen Jungen und Mädchen viereinhalb Tage, morgens von 8.20 Uhr bis 12.15 Uhr, nachmittags von 14 bis 17 Uhr. Mittwochs ist immer schulfrei, dafür steht aber jeden Samstagvormittag Unterricht auf dem Programm.

225

Zielsetzungen

Das „Collège" ist die einzige weiterführende Schule für alle Schüler, die die Grundschulklassen absolviert haben. Der Unterricht an dieser Schule ist in zwei Stufen von je zwei Jahren unterteilt: die Beobachtungsstufe für das 6. und 7. Schuljahr und die Orientierungsstufe für das 8. und 9. Schuljahr. Französisch steht auf dem Stundenplan oben an. Unterrichtet wird weiterhin in Mathematik, einer ersten Fremdsprache, Geschichte, Erdkunde, Ökonomie und Bürgerkunde, Kunst, Handwerk und Technik sowie Sport.

Deutsch-Französische Freundschaft

Für eine Schule ist es schon ein großer Vorteil, kleinere Klassen zu haben, damit die Lehrer einen individuellen Unterricht abhalten können. Ein weiterer Vorteil besteht darin, daß die Schule sich in der Stadt Friedrichshafen befindet. Die Kontakte mit deutschen Schülern sind vorbildlich. Die jungen Franzosen und Französinnen sind gern gesehene Gäste in den verschiedenen Schulen der Stadt. Gemeinsame Ski-Wochen, Sportwettkämpfe, Theaterveranstaltungen und Lehreraustausch sind an der Tagesordnung. Da die deutschen und französischen Schulsysteme jedoch sehr verschieden sind, wäre es unmöglich, von einem System in das andere zu schlüpfen. Beide haben ihre Vorteile, die einander ergänzen können.

Nicht zuletzt bietet Friedrichshafen den besten Rahmen für die Entwicklung der deutsch-französischen Freundschaft. Am „Collège Jean Monnet" ist man davon überzeugt.

Idyllisches Leben am See – Auch für Asylbewerber?

Beispiele für Lebensumstände und Akzeptanz von Asylbewerbern am Bodensee

Gudrun Günther

Boris T. kann zuversichtlich dreinschauen. Er freut sich auf den Kindergarten. Er ist schon angemeldet. Ab September wird er dort mit anderen Kindern spielen und lernen dürfen. Dabei wird er spielend Deutsch lernen und seinen Eltern bald etwas voraus haben. Wird man dann überhaupt noch merken, daß er kein deutscher Staatsbürger ist? Er heißt Boris wie viele kleine Jungen seines Jahrgangs (1986) – Boris Becker hat sozusagen Pate gestanden. Er ist im Überlinger Krankenhaus geboren, im Überlinger Münster getauft und am Rande dieser schönen Bodenseestadt aufgewachsen. Nur seine etwas dunklere Haut – wie andere Überlinger sie sich gern im Skiurlaub holen – und sein wundervoll dichtes Haar verraten dann noch, daß er der Sohn von Tamilen aus Sri Lanka ist.

Lebensumstände einer tamilischen Familie in Überlingen

Für den oberflächlichen Betrachter mag das Leben der Familie T. vielleicht idyllisch erscheinen: Sie hat ein Dach über dem Kopf, Geld vom Sozialamt, wenn auch per Gesetz sehr knapp bemessen, um die notwendigen Nahrungsmittel und Kleidung zu beschaffen, und Freunde, die ihr in schwierigen Situationen weiterhelfen und in den fünf Jahren seit ihrer Ankunft oft mit Rat und Tat zur Seite gestanden haben. Verglichen mit der Lage anderer Asylbewerber, in Sammellagern z. B. und in großen Städten,

ist Boris' Familie zumindest ganz gut versorgt.

Wenn man aber genauer hinschaut, muß man von der „Idylle" Abstriche machen. In den 2 1/2 geräumigen Zimmern, die Boris' Eltern mit zwei Kindern in einem alten, bedenklich heruntergekommenen mehrstöckigen Haus bewohnen, haben sie sich im Laufe der Jahre mit geschenkten Möbeln und Teppichen ein Heim geschaffen. Zu Jahres- und Familienfesten wird es so bunt und strahlend dekoriert, daß man nur staunen kann. Daß der Putz immer wieder von den Wänden bröckelt, daß zweitweise die Dusche ausfiel und das Klo verstopft war durch Überinanspruchnahme von anderen Asylbewerbern aus den oberen Stockwerken des Hauses, daß zunächst, als die Kinder noch nicht geboren waren, ein zweites Ehepaar und zwei junge Leute in denselben Räumen mit einquartiert waren, was zu Streit und tätlichen Auseinandersetzungen führte... Das alles sind Unbilden, die Flüchtlingen wohl oft nicht erspart bleiben. Für sie hat sich, wenn auch manchmal erst nach langer Wartezeit, lauten Protesten und aktiver Unterstützung von Privatpersonen, immer wieder Abhilfe gefunden.

Die Fluchtgründe

Belastender für Boris' Eltern ist zweifellos, was hinter ihnen liegt: die Erlebnisse in ihrer Heimat.

Aus Sri Lanka sind sie im Sommer 1985 geflohen, als die Übergriffe der singhalesischen Armee auf die tamilische Bevölkerung in Jaffna, der Hauptstadt des Tamilengebietes im Norden der Insel, sie in Angst und Schrecken versetzten. Tamilische junge Männer wurden von den Singhalesen als Terroristen verdächtigt, gefangengenommen, gefoltert, verschleppt, umgebracht. Auf der anderen Seite zwangen sie die Separatistengruppen des eigenen Volkes gewaltsam zur Unterstützung ihrer Bewegung. Sie waren ihres Lebens nicht mehr sicher. Von Soldaten zusammengeschlagen, wachte Herr T. nach drei Tagen in einem Krankenhaus aus der Bewußtlosigkeit wieder auf – und beschloß, so schnell wie möglich zu fliehen.

Die Lage in Sri Lanka hat sich inzwischen verändert, nicht verbessert. Die indischen Friedenstruppen haben sich ähnlich gewalttätig gegenüber der tamilischen Bevölkerung verhalten wie die Singhalesen zuvor. Die Separatistengruppen der Tamilen bekämpfen sich gegenseitig. Es ist nicht abzusehen, wie es einmal zu einem friedlichen Neuanfang kommen kann, selbst wenn die Inder abgezogen sind. Die Regierung Sri Lankas ist an allen Fronten hilf- und machtlos. Die singhalesische Oppositionspartei und paramilitärische Truppen der Polizei bekämpfen sich vor ihren Augen mit unvorstellbarer Grausamkeit. Nachrichten vom Dezember 1989 gipfelten in der Meldung, daß die Leute in einem Gebiet der Insel keinen Fisch mehr essen, weil die Fische in den Flüssen sich von den Leichen der vielen Opfer von Gewalttaten ernährten.

Ungewisse Zukunft als
De-Facto-Flüchtlinge

Diese Erfahrung also von Gewalt und Lebensgefahr liegt hinter Boris' Eltern. Am schwierigsten aber für sie zu ertragen ist gegenwärtig, was vor ihnen liegt: die Ungewißheit und Rechtlosigkeit.

Tamilen werden in der Bundesrepublik seit 1986 kaum noch als Asylbewerber anerkannt. Die meisten von ihnen sind nicht persönlich politisch oder rassisch verfolgt. Und darauf kommt es in unserem Asylverfahren an. Andererseits kann man sie nicht abschieben, d.h. in ihre Heimat zurückschikken, da „die Gefahr…, bei ihrer Rückkehr einer menschenrechtswidrigen Behandlung ausgesetzt zu sein", selbst von bundesdeutschen Verwaltungsgerichten bescheinigt wird. Und da bindet uns die Genfer Flüchtlings-Konvention, die die Bundesrepublik unterzeichnet hat. Herr T. hatte in Sri Lanka ein gut gehendes Geschäft, er fuhr einen Wagen; im Hause seiner Eltern, in dem er bis zu seiner Ausreise wohnte, waren moderne Haushaltsgeräte jeder Art eine Selbstverständlichkeit. Seine wirtschaftliche Lage als Asylbewerber ist dagegen deprimierend. Wenn wirklich in seinem Land eine friedliche Lösung gefunden wird, würde er lieber heute als morgen zurückgehen. Aber eine solche Lösung ist zur Zeit nicht abzusehen.

So ist Familie T., nachdem ihr Asylbegehren abgelehnt und damit ihr Asylverfahren abgeschlossen wurde, von Asylbewerbern zu De-Facto-Flüchtlingen geworden. Nach wochenlangem Bemühen ihres Rechtsanwaltes bekamen sie schließlich ein Papier, mit dem sie sich ausweisen können: eine Duldung. Sie besagt, daß ihr illegaler Aufenthalt in der BRD aus besagten menschenrechtlichen Gründen geduldet wird. Nach sechs Monaten oder früher läuft die Duldung ab, eine neue muß beantragt werden. Ein solcher geduldeter Aufenthalt ist nicht nur deswegen zermürbend, weil man immer um seine Verlängerung zittern muß. Auch wenn die politische Lage im Heimatland sich nicht verbessert hat, ist es nämlich nicht sicher, daß die Zentrale Abschiebestelle nicht doch versucht, Flüchtlinge loszuwerden. Dieser Zustand ist auch schwer zu ertragen, weil dem De-Facto-Flüchtling

Boris und seine Schwester – prägende Jahre am Bodensee.

Beschränkungen auferlegt sind, die ihn entmutigen und demoralisieren. Vor allem das Arbeitsverbot, das bewirkt, daß sie auf die Sozialhilfe angewiesen sind, macht den Flüchtlingen zu schaffen. Wie kann ein Familienvater Selbstachtung, Achtung in der Familie und in der Gesellschaft gewinnen, wenn er untätig und hilfsbedürftig bleiben muß?

Für Boris also, wohl behütet in seiner Familie, mag das Leben am Bodensee idyllisch sein; seine Eltern empfinden ihre Lage zur Zeit sicher nicht so.

Politik der Abschreckung – Probleme für die Gemeinden

Noch weniger paßt diese Vorstellung z.B. zu den über 30 Asylbewerbern, die gegenwärtig in einem großen alten Haus in Friedrichshafen untergebracht sind, das verwohnt und verkommen aussieht und für die vielen Bewohner unzureichende sanitäre Einrichten hat. Menschen aus Angola, Ghana, Nigeria, Polen, ČSFR und Somalia „hausen" darin im wahrsten Sinne des Wortes. Ihre Herkunft, ihre Sprache, ihr sozialer Stand, ihr Bildungsstand, ihre Sitten und Gebräuche unterscheiden sie und führen zu Spannungen und Schwierigkeiten. Und das, was sie gemeinsam haben, die Heimatlosigkeit, die Rat- und Hilflosigkeit, die vom Gesetz vorgeschriebene Untätigkeit machen ihr Leben ziel- und hoffnungslos. Man darf über Alkohol-, Drogen- und Prostitutionsprobleme eigentlich nicht erstaunt sein.

Die Schwierigkeit, angemessene Quartiere für Asylbewerber zu finden, ist eine Not für die betroffenen Flüchtlinge auf der einen Seite, für die zuständigen Beamten

Zurückgelassenes Haus eines Asylbewerbers.

und Angestellten auf der anderen Seite. Bedrückend ist dabei, daß es dem Gesetzgeber so gerade recht ist. Flüchtlinge sollen durch Schwierigkeiten abgeschreckt werden; die eigene Bevölkerung soll sich bedrängt und bedroht fühlen. Worte wie „Asylmißbrauch" und „Wirtschaftsflüchtlinge" schüren ihre Unruhe und entheben sie der Verpflichtung, sich richtig zu informieren.

Besonders sichtbar wird diese Politik der Abschreckung an den Grenzen im Bodenseegebiet.

„Jede Woche nehmen die Beamten der örtlichen Grenzpolizeiinspektion zwanzig bis dreißig Grenzgänger beim gesetzwidrigen Versuch, bei Nacht und Nebel über die „grüne Grenze" von Bregenz nach Lindau zu kommen, fest". (Südkurier, 26. Oktober 1989) Türkische Kurden und Libanesen versuchen es in Lindau, Flüchtlinge aus anderen Krisengebieten beschäftigen die Grenzpolizei in Konstanz. Zur offiziellen Einreise fehlt ihnen das Visum. Ohne Visum aber müssen sie die Grenzbeamten davon überzeugen, daß sie mit Recht um politisches Asyl bitten. Mit welcher Sachkompetenz Grenzbeamte entscheiden können, ob ein Asylantrag „vernünftig" ist oder nicht, bleibt eine offene Frage. Bei negativer Entscheidung wird der Flüchtling sofort zurückgeschoben. Ein Dolmetscher seiner Wahl wird gewöhnlich nicht zugelassen, obwohl das Asylverfahrensgesetz das vorsieht. Auch der Kontakt zu hilfsbereiten Bundesbürgern und Anwälten wird meistens verhindert.

Hilfsbereitschaft in der Bevölkerung

Hilfsbereite Menschen aber, die Herz, Mut und Phantasie genug haben, die Schwierigkeiten anzupacken, Not-Lösungen zu finden und den Flüchtlingen beizustehen, gibt es nicht nur in den Grenzstädten, sondern fast in allen Gemeinden des Bodenseegebietes. Und vielfach können sie aktiv werden.

Da sind einmal die Sozialarbeiterinnen, die von der Diakonie, der Caritas, dem Roten Kreuz und auch von einzelnen Gemeinden zur Betreuung der Asylbewerber eingestellt worden sind. Sie helfen, oft mit bewundernswertem Einsatz, den Flüchtlingen bei ihrer Unterbringung und Versorgung.

Daneben gibt es die vielen ehrenamtlichen Helferinnen, Menschen, auf die jede Gemeinde stolz sein kann. Damit anschaulich wird, was sie bewirken, soll hier zum Abschluß eine Frau zu Worte kommen, die einen solchen ehrenamtlichen Helferkreis mitbegründet hat. In ihrer Gemeinde wurden vor einiger Zeit entsprechend der neuen Quotenregelung (4,9 Asylbewerber auf 1000 Einwohner) zwölf Asylbewerber einquartiert:

„Seit Monaten war bekannt, daß in unserer Gemeinde Asylbewerber untergebracht werden müßten. Ich machte mir Gedanken, ob sie auch gut aufgenommen würden. Besorgnis und Ablehnung schien bei vielen von uns zu überwiegen. Man hoffte, es kämen jedenfalls Osteuropäer, die aussehen wie wir und einem nicht gar so fremd erscheinen. Ein altes, zur Zeit leerstehendes Haus wurde hergerichtet und mit dem notwendigen Inventar ausgestattet. Alles war so schwer vorstellbar: Würden die Unbekannten das angeschaffte Sofa haben wollen? Wie würden sie damit umgehen?

Eines Tages erreichte mich ein entsetzter Telefonanruf: „Da tobt ein Haufen schwarzer Kinder im Dorfzentrum herum! Könnten Sie da nicht mal eingreifen und für Ordnung sorgen?" Ich fuhr ins Dorf hinunter und fand Kinder, die sich nach einer langen Reise im Auto auf dem freien Platz im Dorf austobten und ihre neue Bleibe in Besitz nahmen. Durch ihr plötzliches Auftauchen, ihre dunkle Hautfarbe und ihr Lärmen und Rufen in einer fremden Sprache hatten sie die Leute im Dorf in Aufregung versetzt.

Aber nun waren sie da! Fremd zwar und zunächst unverständlich – mit den älteren Kindern konnten wir uns auf Englisch verständigen. Aber es waren Menschen mit alltäglichen Bedürfnissen. Jetzt war es möglich, etwas Sinnvolles zu tun. Acht Familien fanden sich zusammen und teilten sich die Hilfe für die neuen Nachbarn: Deutschunterricht, Begleitung auf Gängen zu Ämtern, zum Arzt, zur Apotheke, zum Einkaufen, Anmeldung der Kinder in verschiedenen Schulen und im Kindergarten... Bald waren es nicht mehr ein „Haufen schwarzer Kinder", sondern die zehn Kinder der Frau X, die es mit ihrer jüngeren Schwester aus Somalia zu uns verschlagen hatte. Kleidung und Fahrräder wurden gespendet. Die Familie kann beim Bauern nebenan Milch holen. Sie bekommt Äpfel geschenkt. Man besucht sie in ihrem Haus mitten im Ort. Und ihre Kinder bringen einen Strauß oder ein Gebäck, wie sie es in ihrer Heimat essen, zu ihren Betreuern als Dank.

Sicher ist für uns noch einiges verwunderlich an ihnen: Oft ziehen sie den ganzen Tag die Jalousien nicht hoch. Und die Kinder laufen auch im Winter im Haus und davor barfuß herum. Aber haben wir sie schon einmal gefragt, was sie an uns verwunderlich finden?

Je mehr Leute aus der Gemeinde mit „unseren" Flüchtlingen in Berührung gekommen sind, desto mehr Vorbehalte haben sich verflüchtigt. Viele von uns haben die Familie gern. Die Begegnung mit ihr ist für manchen eine bereichernde menschliche Erfahrung geworden."

Taekwan-Do, die koreanische Art des Wettkampfes und der waffenlosen Selbstverteidigung, wird in Tettnang regelmäßig trainiert.

Taekwan-Do in Tettnang ganz groß

Vom Städtevergleichskampf-Sieger über württembergische und deutsche Meister
bis zur Weltmeisterschafts-Bronze – beim TSV ist alles vertreten

Claudia Ficano

Seit 1982 besteht innerhalb des TSV Tettnang eine Sportabteilung, die sich einer fast 2000 Jahre alten Wettkampfart verschrieben hat. Wenn auch erst gut acht Jahre alt, so reicht der Ruf der Taekwan-Doka weit über die Montfortstadt hinaus. Die Taekwan-Do Abteilung des TSV hat in ihren Reihen vieles zu bieten: Vom Städtevergleichskampf-Sieger über mehrere württembergische und deutsche Meister bis zur Weltmeister-Bronze sind alle Auszeichnungen vertreten. Die erfolgreichste Sportlerin aus den Reihen der Abteilung ist ohne Zweifel die Tettnangerin Angelika Biegger, die sowohl national als auch international schon viele Preise erkämpfen konnte.

Faszination des Taekwan-Do

Taekwan-Do ist die koreanische Art des Wettkampfes und der waffenlosen Selbstverteidigung, wie sie seit fast zwei Jahrtausenden in Korea ausgeübt wird. Es verkörpert eine Verteidigungskunst, die den Wünschen und Instinkten des Menschen entspricht. Tae... bedeutet dabei soviel wie Springen, Stoßen und Schlagen mit den Füßen. Kwan... steht für verschiedene Handtechniken, wie Fauststoß, Handkantenschlag und Fingerspitzenstoß. Do... beinhaltet die geistige Entwicklung des Menschen und die Entfaltung seiner Persönlichkeit.

Taekwan-Do hat zwar erst Mitte der sechziger Jahre Eingang in das deutsche Sportgeschehen gefunden, gilt aber heute als eine der beliebtesten Kampfsportarten im Land. Diese Entwicklung wird niemanden überraschen, der die Faszination des in Korea entstandenen Sportes kennt.

Siegreich auf vielen Ebenen

Die Taekwando-Abteilung des TSV Tettnang hat viele siegreiche Akteure in ihren Reihen. Die erfolgreichste ist Angelika Biegger. Seit sie am 30. Juni 1983 dem Verein beitrat, ging es mit ihren sportlichen Leistungen raketenartig aufwärts. Bei dem Montfortpokal-Turnier im Oktober 1984 sollte sie für wertvolle Punkte zum Mannschaftspokal sorgen. Dies nahm sie dann wörtlich und gewann ihren allerersten Kampf gleich durch K.o.-Sieg. In den folgenden Jahren bewies sie, daß dies kein Zufallstreffer war. Schon 1985 folgten erste Plätze bei den Württembergischen, den Deutschen, den internationalen Österreichischen und Münchner Meisterschaften.

Nicht minder erfolgreich war das Jahr 1986, unter anderem mit dem zweiten Platz bei der Europameisterschaft. Daran schloß sich 1987 erneut neben anderen erfolgreichen Plazierungen der dritte Platz bei der Weltmeisterschaft in Barcelona an. Bei den World-Games in Karlsruhe belegte die junge Tettnangerin den dritten Platz. Bei der Weltmeisterschaft in Seoul schied sie wegen Verletzung leider aus. In der Stadt

233

Bei dieser Kampfszene ist die Sprungkraft ebenso gefragt wie Konzentration und Kraft beim Stoßen mit dem Fuß.

ebenso wie im Verein ist die erfolgreiche Sportlerin gleichermaßen angesehen und gerngesehen. Von der Stadt Tettnang erhielt sie 1989 die Silberne Stadtmedaille für ihre Leistungen im Taekwan-Do-Sport im allgemeinen und in der Jugendarbeit im besonderen. Beim Training im Verein, das Angelika Biegger regelmäßig besucht, kann sie ihren Vereinskameraden sinnvolle Hinweise geben, die sie aufgrund der Teilnahme am Nationalmannschafts-Training hat. Sie werden dankbar angenommen. Zu Rivalitäten kommt es nicht.

Nicht nur Spitzensport

Das schöne an der seit 1982 bestehenden Abteilung ist, daß nicht nur auf die Erfolge der Spitzensportlerin Angelika verwiesen werden muß. Es gelingt den Trainern jedes Jahr neu, die Trainingsarbeit nicht nur auf Höchstleistungen im Leistungssportbereich hin zu gestalten, sondern auch die restlichen Aktiven, die Taekwan-Do als Ausgleich zum täglichen Streß „nur" breitensportmäßig betreiben, zu integrieren.

Für die gelungene Kombination zwischen Leistungssport einerseits und Breitensport andererseits stehen die beiden Trainer, Giovanni Pastorelli (2. Dan) und Nino Ficano (3. Dan), Chef der Riege, ihren Mann. Sie verstehen es geschickt, im Training alle Elemente zu kombinieren – Gymnastik, Formen, Selbstverteidigung, Kampf und Partnerübung. Somit ist für jeden etwas dabei.

Auf dem Weg zur deutschen Spitzenklasse

35 Jahre Badminton in Friedrichshafen

Herbert Alber

Wohl kaum eine andere Sportart hat im Laufe der Geschichte eine derart komplizierte Entwicklung durchgemacht wie Badminton. Die Vorläufer reichen zurück bis in das 7. Jahrhundert n. Chr. In China wurde damals ein Spiel mit einem Geldstück oder einem kleinen Gewicht, in das zwei bis vier Hühnerfedern gesteckt wurden, betrieben. Di-Dschian-Dsi nannten die Einheimischen ihr Spiel, das als Grundstein des heutigen Federballs gilt. Richtig bekannt wurde dieser Sport jedoch erst Ende des 19. Jahrhunderts, als ein englischer Adeliger auf seinem Landsitz in der Grafschaft Gloucestershire eine Party gab und dabei ein Federballspiel aus Indien vorstellte. Das Spiel erfreute sich einer so großen Beliebtheit, daß es fortan den Namen des Landsitzes tragen sollte: Badminton.

Schon bald darauf wurden in ganz England Vereine gegründet, und im Jahre 1887 wurden auch die ersten Spielregeln herausgebracht. Und doch dauerte es bis zum Jahre 1934, ehe sich insgesamt 9 Länder zum Internationalen Badminton Verband (IBF) zusammenschlossen. Weitere 19 Jahre danach wurde in Wiesbaden der Deutsche Badminton Verband (DBV) gegründet, und im gleichen Jahr sollten auch in Friedrichshafen die ersten Gehversuche unternommen werden. Anni und Fritz Mader, Heinz Geesing, Adi Lehner, Karl Neuner-Jehle und Georg Rembeck hatten sich im November 1953 zusammengeschlossen

und gründeten den Badmintonclub Friedrichshafen (BCF).

In der städtischen Festhalle wurde ein geregelter Spielbetrieb abgehalten, und war die Halle einmal belegt, so traf man sich auch schon mal im Freien, um seinem Vergnügen nachzugehen.

Bis Ende 1954 war der BCF auf etwa 20 Mitglieder angewachsen, und da die Trainingsmöglichkeiten nicht sonderlich gut waren, entschloß man sich, dem VfB Friedrichshafen beizutreten. Rückwirkend betrachtet war dies sicherlich ein mutiger, wenngleich auch notwendiger Schritt, um das Fortbestehen des Badmintonsports in Friedrichshafen zu sichern.

Heute, rund 35 Jahre später, ist die einstmals kleine Abteilung zu einem großen Unternehmen herangewachsen. Mit insgesamt 7 Mannschaften ist man alljährlich am Wettkampfsport beteiligt, und nur durch das wirklich großzügige Hallenangebot in Friedrichshafen wird es den mittlerweile etwa 150 Mitgliedern erlaubt, einen regelmäßigen Trainingsbetrieb abzuhalten. In Baden-Württemberg zählen die Badmintonspieler des VfB Friedrichshafen seit langem zur absoluten Spitze, und auch bundesweit scheint man den Anschluß herstellen zu können.

Prunkstück der Abteilung ist die
1. Mannschaft

Nachdem man in den 70er Jahren noch

235

Meisterschaft II. Bundesliga Süd 1988/89, von links nach rechts: Thomas Mayer, Alexander Kühn, Ulli Rost, Peter Mayer, Reinhold Bulling, Michael Walz, Bettina Mayer, Regina Ebe, Bärbel Engel.

regelmäßig zwischen der Verbands- und der Regionalliga hin- und herpendelte, schaffte die Mannschaft im Jahre 1987 den Sprung in die 2. Bundesliga. Gleich im ersten Jahr seiner Zugehörigkeit gelang dem Team ein von allen Seiten bewunderter 2. Platz. Mit dem ehemaligen deutschen Meister Ulrich Rost hatte man einen Trainer gefunden, der internationale Erfahrung mitbrachte und selber noch hier und da zum Schläger griff, wenn es erforderlich wurde. Die durchweg jungen Spieler sahen in ihm nicht nur ein Vorbild, sondern auch gleichzeitig einen Spielpartner. Unter seiner Führung gelang 1989 der bisher größte Erfolg in der Geschichte der Abteilung. Die Meisterschaft in der 2. Bundesliga bedeutete neben der sportlichen Leistung auch die Bestätigung jahrelanger Kleinarbeit, die unter der Regie von Abteilungsleiter Rudolf Mayer und seinen Helfern geleistet wurde. Zwar wurde der Aufstieg in die 1. Bundesliga nicht geschafft, doch sah man in den Relegationsspielen deutlich, daß der Abstand zur deutschen Spitzenklasse immer kleiner wird.

Das Jahr 1989 war aber nicht nur das Jahr der 1. Mannschaft, sondern auch das Jahr von weiteren absoluten Spitzenleistungen. Der 2. Mannschaft gelang der Meistertitel in der Verbandsliga, und durch den damit verbundenen Aufstieg in die Regionalliga erfreut man sich jetzt eines soliden Grundstocks, um junge, hoffnungsvolle Nachwuchstalente schon frühzeitig an das Bundesliganiveau heranzuführen. Dies um so mehr, als mit der 3. Mannschaft, die in der Landesliga eine führende Rolle spielt, ein weiteres starkes Team zur Verfügung steht.

Daß ein derart reger Spielbetrieb auch öfters zu erheblichen Personalproblemen führt, kann sich jeder, der schon einmal in einem Verein tätig war, bestens vorstellen. Ein Umstand, der vor allem auch der 4. Mannschaft, die in der Kreisliga A spielt, zu schaffen macht. Immer wieder müssen Spieler nach oben aufrücken, und darunter leidet natürlich die mannschaftliche Geschlossenheit. Einziger Trost ist, daß so auch mal ehrgeizige Hobbyspieler ihr Können unter Wettkampfbedingungen zeigen dürfen. Und wenn man schon von Hobbyspielern spricht, so muß an dieser Stelle auch erwähnt werden, daß es beim VfB Friedrichshafen seit Jahren eine derartige Sparte gibt.

Spitzensport braucht gute Jugendarbeit

Wenn man auf Dauer Spitzensport betreiben will, dann ist eine guten Jugendarbeit allererste Voraussetzung. Ein Prinzip, dem sich alle Abteilungsfunktionäre verschrieben haben. Rund 20 Prozent aller Ausgaben fließen alljährlich für die Jugendarbeit ab. Nach anfänglichen Erfolgen auf baden-württembergischer Ebene konnten sich einige Spieler mittlerweile auch in der deutschen Spitze behaupten. Mit Wolf-Dieter Baier und Claudia Vogelsang gelang 1990 der absolute Durchbruch zur deutschen Spitzenklasse, als die beiden bei den nationalen Meisterschaften nicht weniger als 5 Medaillen – darunter zwei Goldene –

erringen konnten. Bereits davor konnten Baier und Vogelsang ihr Können in der deutschen Nationalmannschaft unter Beweis stellen.

Fernziel der Abteilung ist es, die 1. Mannschaft in die höchste deutsche Spielklasse zu bringen. Wenn die jungen, erfolgreichen Spieler dem Verein die Treue halten und nicht von den finanzkräftigeren Mannschaften des Nordens der Republik abgeworben werden, dann sollte dieses Ziel über kurz oder lang auch realisierbar sein.

Bis es soweit ist, werden sicherlich noch einige Hindernisse auf dem steinigen Weg warten. Geldnöte und eine immer stärker werdende Leistungsdichte spielen dabei eine wesentliche Rolle. Der Stadt Friedrichshafen, die mit ihren Fördermitteln immer wieder die größten Löcher zu stopfen weiß, muß an dieser Stelle der Dank der ganzen Abteilung gelten. Ohne diese Gelder wäre Leistungssport in unserer Stadt nicht möglich, und die gegenseitige Wechselwirkung zwischen Leistungs- und Breitensport rechtfertigt hier die Mittel.

1992 wird Badminton erstmals olympisch. In Barcelona werden sich die besten Spieler der Welt messen, die nach wie vor aus asiatischen Ländern kommen. Vielleicht gelingt es dann dort, eine Sportart populär zu machen, die zu den schnellsten überhaupt zählt. 1972, nach den Olympischen Spielen in München, trat Volleyball einen unvergleichlichen Siegeszug durch die Bundesrepublik an. Dem Badmintonsport wäre eine ähnliche Entwicklung zu wünschen.

Im Laufschritt zu den Freunden

22 Langstreckenläufer und eine Läuferin aus Friedrichshafen
laufen eine Staffel über 1250 km zur Partnerstadt Sarajevo

Kurt Heinzelmann

„Laufen – laufen – immer laufen! Wozu das eigentlich?" wird mancher am Straßenrand gefragt haben – vielleicht sogar auch Teilnehmer dieses einmaligen Staffellaufes, wenn die Strecke einmal immer länger wurde, nicht aufhören wollte!

Bei den Staffelläufen in den vergangenen Jahren nach St. Dié (einer Partnerstadt von Friedrichshafen), nach Wien, um den Bodensee und nach Monaco waren die Antworten vielleicht einfach: „Aus Freude!" – „Sportlich!" – „Abenteuer!" – „Rekord!" – Alle diese Läufe waren aber auch kürzer, 500, 600 Kilometer vielleicht. Aber nach Sarajevo – 1250 Kilometer, und das Tag und Nacht, bei Hitze und Regen, durch unbekanntes Gebiet, mit Sprachschwierigkeiten...

Für Kinder laufen

Eigentlich wollte man nach dem Lauf nach Monaco 1988 keinen solchen Staffellauf mehr machen. Aber dann kamen doch einige auf die Idee, auch 1989 zu laufen. Rudi Könitzer, Abteilungsleiter bei der Leichtathletik-Abteilung des VfB Friedrichshafen und Organisator und Motor der anderen Läufe, sprach plötzlich von Sarajevo. Man könne da echte Partnerschaft zeigen. Und dann war dort ja auch noch ein Heim für behinderte Kinder, dem es an Geld mangelte. „Wie wär's, wenn wir für diese Kinder laufen würden?"

„Pfadfinder" unterwegs

Und schon war über Pfingsten 1989 eine „Expedition" unterwegs, um die Strecke anzuschauen und abzumessen. Abmessen? – Ja, die Läufer, die immer paarweise laufen sollten, mußten jeweils zwischen 10 und 15 Kilometer, je nach Steigungen, zurücklegen. Dafür mußten genaue und markante Wechselpunkte, etwa Tankstellen, Gaststätten, Brunnen, Kirchen oder ähnliches gesucht werden. Fotos wurden gemacht und mit Texten in einem „Fahrplan" festgehalten. Schon für diese kleine Gruppe, die gewissermaßen als „Pfadfinder" tätig war, gab es in Sarajevo einen herzlichen Empfang – wie würde es erst sein, wenn da 22 Läufer und eine Läuferin, zusammen mit 7 Kleinbussen und einem großen „Fan-Bus" anrükken werden?

Startschuß

Nachdem die Langstreckler das ganze Jahr trainiert hatten, nachdem man in Sitzungen die Route und die einzelnen Strekken besprochen hatte, nachdem die Kleinbusse, die man von verschiedenen Firmen geliehen bekam, gesichert waren und nachdem aus Sarajevo über Telex das Programm festgelegt war, kam der „große Tag": Am Dienstagmorgen, 19. September, war am Rathaus in Friedrichshafen der Start. Sogar Oberbürgermeister Dr. Wiedmann war dabei, um die erste Strecke bis zu „Quelle" in

Eriskirch mitzulaufen. Diese erste Etappe lief die ganze Mannschaft zusammen. Und dann war das erste Läuferpaar allein unterwegs. Die anderen Mannschaften fuhren mit ihren Begleitbussen, in denen immer vier Läufer waren, zu ihren Wechselpunkten. Lindau – Bregenz – Dornbirn – Bludenz waren erste Stationen; dann kam schon bald der Arlberg, das Inntal und Innsbruck. Strömender Regen begleitete die Läufer hier in tiefer Nacht. Gut so, denn da war der Anstieg hinauf zum Brenner (auf der alten Brennerstraße, denn auf der Autobahn durften die Läufer ja nicht laufen!) fast ohne Autos! Dazu kam, daß die LKWs wegen eines Streiks auch nicht fuhren!

Bei Franzensfeste, an der Abzweigung zum Pustertal, trafen sich dann erstmals alle Kleinbusse mit den Betreuern und Läufern. Wer gerade nicht zum Laufen eingeteilt war, hatte hier die Nacht im Bus oder im Schlafsack im Freien verbracht. Begeistert wurden die Erlebnisse ausgetauscht, bevor es durch das Pustertal nach Kötschach-Mauthen am Plöckenpaß weiterging. Dort gab es am Abend einen „großen Bahnhof" für die Läufer: einer der Aktiven stammt aus dem Ferienort. Trotz strömenden Regens gab es Reden, Geschenke, Erfrischungen – und für die Läufer, die gerade „Freischicht" hatte, Duschen, Schlaf und Essen. –

Nach einer harten Etappe über den Plökkenpaß ging es problemlos durch italienisches Gebiet: Tolmezzo – Udine und Triest. Am frühen Mittwochmorgen war die jugoslawische Grenze erreicht.

Begrüßungskomitee

Hier gab es die erste große Überraschung: Was wir nie für möglich gehalten hätten, traf ein: Der Polizeipräsident von Sarajevo, Dolan Ekrem, war selbst bis zur Grenze gefahren, um uns zu empfangen und die Polizeibegleitung durch ganz Jugoslawien zu organisieren! Ab der Grenze fuhr dann Tag und Nacht ein Polizeiauto mit Blaulicht hinter den Läufern, die sich so voll auf den Lauf konzentrieren konnten, ohne vom Verkehr behindert zu werden! Auf stark befahrenen Kreuzungen in den Städten sperrten Polizisten den Verkehr!

Noch mußten aber noch fast 600 Kilometer bis Sarajevo durch rauhes Bergland mit starken Steigungen bei Nebel und Regen zurückgelegt werden.

In den Städten Senj und Jajce hatte der Direktor des Tourist-Büros von Sarajevo,

Läuferwechsel.

Das Ziel ist erreicht. In Sarajewo warten viele Schaulustige auf die sportliche Besuchergruppe aus der Partnerstadt Friedrichshafen.

239

Munir Rašidović, Übernachtungsmöglichkeiten in Schulen organisiert, wo die Läufer mit großer Begeisterung, vor allem auch der Jugend, aufgenommen wurden.

Dann kam der Höhepunkt der Staffel: Sarajevo!

Endlich am Ziel

Schon am Stadtrand erwartete uns am frühen Samstagmorgen, 26. September 1989, eine Delegation des Sports. Gemeinsam mit allen Läufern aus Friedrichshafen liefen Langstreckler der Olympiastadt die letzten drei Kilometer bis zum Rathaus, wo es zum großen Empfang kam: Die Spitzen der Behörden, des Sports, Radio, Fernsehen – alles war da! Stadtpräsident Juraj Martinović begrüßte die Sportler. Er war begeistert über die große sportliche Leistung. Der älteste Läufer, Erwin Bäder, übergab ihm einen Staffelstab, der eine Grußbotschaft des Oberbürgermeisters von Friedrichshafen, Dr. Wiedmann, enthielt. Sportkreisvorsitzender und VfB-Präsident Kurt Heinzelmann, der als Mitorganisator und Betreuer einen Kleinbus gefahren hatte, überbrachte die Grüße der Stadt Friedrichshafen und übergab, gleichsam als „Anzahlung" einen ansehnlichen Geldbetrag, den die Mitarbeiter einer Großfirma aus dem Bodenseekreis gestiftet hatten, für das Heim für behinderte Kinder. Noch in Sarajevo stifteten die Freunde und Angehörigen der Läufer 1000,– DM. Mit der Spendenaktion, die in Friedrichshafen durchgeführt worden war, ergab sich schließlich die schöne Summe von rund 8000,– DM für das Kinderheim!

Keine Ruhe nach dem Lauf

Begeistert, aber dennoch müde, durften sich Läufer und Betreuer im Hotel „Europa" ausruhen, bevor die jugoslawische Gastfreundschaft den Häflern ein großes Angebot partnerschaftlicher Begegnungen machte: Empfänge, Essen, Besichtigungen standen für die nächsten drei Tage auf dem Programm.

Die Hauptstadt der Sozialistischen Republik Bosnien-Herzegowina hat mit ihren 500.000 Einwohnern viel zu bieten! Hier verbindet sich eine moderne Großstadt mit der alten muslimischen Stadt mit Kuppeln, Minaretten, Moscheen, Basaren und alten Gassen. „Fast so anstrengend wie das Laufen!" meinte ein Teilnehmer nach einer ausführlichen Besichtigung in der Stadt! Man hätte mehr Zeit haben sollen!

Erfolg für den Sport

Neben den Läufern waren aber auch Begleiter von diesem Staffellauf, der über 1250 Kilometer ging und der in genau 1000 Stunden bewältigt wurde, begeistert. Prof. Dr. Schostok und Sanitäter Helmut Berner, die sich um das gesundheitliche Wohl der Läufer kümmerten (aber praktisch keine Arbeit hatten!), waren erstaunt über die Kondition der Läufer. Wolfgang Beck, der Leiter der Kreisbildstelle, drehte einen Video-Film, der bei der Uraufführung in Friedrichshafen bei den Teilnehmern schöne Erinnerungen wachrief.

Sportkreisvorsitzender Kurt Heinzelmann äußerte sich in Sarajevo vor Presse und Rundfunk: „Man darf feststellen, und das wurde von den Freunden hier in Sarajevo immer wieder betont, daß neben der sportlichen Leistung mit dem Lauf und der Spende für behinderte Kinder eine große partnerschaftliche Begegnung stattfand. Überraschend für alle, daß es nie Probleme gab, weder gesundheitliche, noch psychische. Ein Erfolg für den Sport!"

240

Faszination des Segelns

Zum 40. Mal „Rund Um" des Lindauer Segel-Clubs

Michael Urbanzyk

Der Nacht entgegen. Ein wunderschönes Bild bot die „Argo" mit Spinnaker vor dem Wind. Am Horizont sind die Yachten des Kleinen Blauen Bandes zu erkennen.

Die „Rund Um" – im Juni dieses Jahres wurde sie zum 40. Mal gestartet – ist nicht eine Regatta wie irgendeine. Sie ist alljährlicher Treff der großen Bodensee-Seglerfamilie, sportliche Herausforderung, überhaupt „das" Segelereignis auf dem See und verlangt viel seglerisches Können, nächtliches Orientierungsvermögen, Kondition und Durchhaltewillen.

Wer die Idee zum „Blauen Band" der Segler gehabt hatte, weiß so recht niemand mehr, erzählt Konrad Weyrich, der Vorsit-

Viel Kondition benötigten die „Trapezkünstler" auf der „Cazal". Während der ganzen Fahrt gab es kaum eine Ruhepause.

zende des Lindauer Segler Clubs und Mitsegler bei der ersten „Internationalen Regatta Rund um den Bodensee" 1951.

Inspiriert hatten Lindaus Segler vermutlich die Dampfschiffer, die 1950 erstmals auf Anregung des Lindauer Verkehrsverein auf dem See um die Wette dampften. Der Werbeeffekt konnte die auftretenden Motorschäden jedoch nicht wettmachen, so wurde das „Blaue Band" der Weißen Flotte bereits 1954 wieder eingestellt.

Demgegenüber erfreute sich die Regatta der Segler von Jahr zu Jahr zunehmender Beliebtheit. Für die Jubiläumsregatta gab es fast 500 Anmeldungen, 448 Yachten starteten dann zum Großen und Kleinen Blauen Band vor Lindau und Langenargen.

Fast zeitgleich mit dem Start am Freitag, den 8. Juni, setzte der Regen ein. Dazu war der leichte Wind eingeschlafen, die Boote schaukelten gemächlich über die Startlinie. Ein „Fauler Süd" verlockte dann einige, mit dem Spinnaker zu hantieren. Dann drehte die Brise auf Südwest und bevorzugte die in der Seemitte laufenden Yachten, weit voraus die „Argo". Es war ein beeindruckendes Schauspiel, wie die frisch überholte Yacht, sie bekam praktisch ein neues Unterschiff, unter Spinnaker in Richtung Romanshorn weit vor dem Feld herzog. Erst kurz vor Romanshorn mußte der Oldtimer dann doch der neuen Technik Tribut zollen. Die beiden modernen Liberas „Casal" (Chiemsee) und „Simsalabim" (Wiesba-

Der Oldtimer „Argo" konnte den neuen, modernen Booten kein Paroli bieten, so sehr sich die Besatzung auch mühte.

den) zogen vorbei. An dieser Reihenfolge änderte sich bis ins Ziel nichts mehr.

Auf dem Kurs von Überlingen bis Lindau zurück herrschte ein konstanter Südwest mit drei bis vier Beaufort, der gegen Morgen bis vier Beaufort auffrischte. Dazu war es naßkalt, sieben Grad wurden gemessen. Trotz der nicht gerade idealen Wetter- und Windbedingungen fehlten der „Casal" am Ende mit einer Zeit von 6:56:24 Stunden nur 12 Minuten zu einer neuen Rund-Um-Rekordzeit.

Beeindruckend verdeutlicht im Vergleich die Rekordzeit von 1951 mit 14:33:58 Stunden auch 40 Jahre technische Entwicklungen im Bootsbau. Denn, so Konrad Weyrich im Gespräch, rein seglerisch hat sich nichts geändert. Die Rund-Um ist nach wie vor eine seemännische Bewährungsprobe mit allem was dazugehört. Zwar dominieren heute die modernen Boote, deren Skipper nur an den Bodensee kommen, um zu siegen. Aber im Kern bewegt die Teilnehmer nach wie vor das, was bereits vor 40 Jahren galt: Sportgeist, das Zusammengehörigkeitsgefühl der Seglerfamilie, das Dabeisein und sich den Herausforderungen der Rund-Um stellen.

Islandpferde am Bodensee

Von Tölt und Pass und den Freunden des Islandpferdesports

Fritz Bachschmid

Der Islandpferdeverein ist im Vergleich zu anderen Vereinen eine verhältnismäßig kleine Gruppe von Liebhabern zum Pferd. Bereits vor der Vereinsgründung gab es einen Zusammenschluß der Islandpferdereiter in Friedrichshafen. Die Gründung des Vereins wurde 1979 beschlossen, er gab sich eine Satzung und wurde am 3. August 1979 als Islandpferdevereinigung, Gruppe Friedrichshafen-Bodensee e.V. in das Vereinsregister eingetragen.

Von den anfänglich 32 Vereinsmitgliedern steigerte sich die Mitgliederzahl bis zum heutigen Stand von 80. Heute sind erfreulich viele Jugendliche im Verein: Etwa die Hälfte der Mitglieder sind unter 21 Jahre alt.

Gemäß unserer Vereinssatzung fördert der Verein den Reitsport im Sinn eines Ausgleichssports und als Freizeitreiten für die ganze Familie. Besondere Beachtung wird der Ausbildung der Spezialgangarten des Islandpferdes, dem Tölt und Pass, geschenkt. Ganz besonders erfreulich ist, daß der Verein immer die Jugendarbeit als eine seiner vordringlichen Aufgaben sah, und daß sich gerade hier eine erfreuliche Entwicklung eingestellt hat. So hat in den zurückliegenden Jahren die Zahl derer stetig zugenommen, die ihre sportliche Erfüllung in der Turnierarbeit mit Islandpferden finden oder die den Wunsch haben, ihre Freizeit mit Pferden zu gestalten und sich nicht scheuen, dafür auch Opfer zu bringen. Was gibt es aber auch Schöneres, als Harmonie zwischen Mensch und Tier im sportlichen Wettkampf oder kameradschaftliche Partnerschaft zwischen Reiter und Pferd bei Ausritten in die Natur!

Das Islandpferd

Weshalb wenden wir uns gerade dem Islandpferd zu?

Isländer und Großpferde sind von ihren Eigenschaften – zum einen vom Charakter her und zum anderen hinsichtlich des Reitens – nur schwerlich miteinander vergleichbar. Jede Rasse hat ihre besonderen, ihre eigenen Eigenschaften, die individuell genutzt werden sollen. So sind die Isländer keine Springpferde und die Großpferde keine Fünfgangpferde. Im allgemeinen werden die vier Gangarten Schritt, Trab, Tölt und Galopp von den Islandpferden angeboten. Viele Pferde beherrschen darüber hinaus die Gangart Pass, die bereits im Mittelalter bei langen Reisen als sehr bequem geschätzt wurde.

Kurz erwähnt sei noch, daß Islandpferde Spätentwickler sind. Sie sollten nicht vor dem fünften Lebensjahr eingeritten werden, um Haltungsschäden zu vermeiden. Das Pferd selbst kann 40 Jahre und älter werden; es bleibt ein langjähriger treuer Begleiter des Menschen.

Doch nun zurück zu Tölt und Pass. Der Tölt ist die typische Gangart des Islandpferdes, bei der der Reiter erschütterungsfrei im

In dieser typischen Gestalt des Isländers spiegelt der Tölt die Kraft, die Geschmeidigkeit und den Gehwillen des Islandpferdes wider.

Sattel sitzt. Fußfolge beim Tölt ist die des Schrittes.

Die Geschwindigkeit des Töltens kann von Schrittempo bis hin zu einem dem Galopp entsprechenden Tempo gesteigert werden. Die Beine setzen einzeln nacheinander auf, infolge der hohen Geschwindigkeit ruht das Gewicht des Pferdes und des Reiters jeweils für Sekundenbruchteile auf der sogenannten Zweibeinstütze (diagonale Beine berühren den Boden) oder nur auf einem Bein alleine (wechselseitig hinten links, vorne links, hinten rechts, vorne rechts). Die Fußfolge läßt unschwer erkennen, daß der Tölt eine Gangart ist, die mit dem Gehör erfaßt werden kann. Gleichmäßiges Auffußen führt zu einem unverkennbaren gleichmäßigen Takt, einem klaren Stakkato des Islandpferdes.

Eine weitere Sonderstellung gibt dem Is-

landpferd die Gangart Pass. Beim Pass fußen die Beine einer Seite nahezu gleichzeitig ab, schwingen nach vorne und fußen wieder gleichzeitig auf. Der Pass kann vom langsamen Reisepass bis hin zum schnellen Rennpass mit Geschwindigkeiten bis zu 50 km/h geritten werden. Das schnelle Tempo führt zu einem nur kurzen Auffußen der beiden Beinpaare, während einer großen Zeitspanne berührt das Pferd den Boden überhaupt nicht.

Welch ein Erlebnis ist es, im Rennpass buchstäblich dahinzufliegen!

Natürlich werden Pass und Tölt nicht immer optimal geritten. Denn nicht alleine das Pferd, sondern auch in ganz besonderer Weise der Reiter muß sich ausbilden lassen. Die Harmonie zwischen Reiter und Pferd kann nur durch Gemeinsamkeit erreicht werden.

Pass ist dem Pferd angeboren, jedoch hat nicht jedes Passpferd die Veranlagung zur optimalen Form, dem Rennpass.

Islandpferdesport

Der Charakter und die Reiteigenschaften des Islandpferdes bieten uns verschiedene Möglichkeiten der Nutzung unserer Pferde an. Grundsätzlich sollten die beiden Hauptgruppen Turnier- und Wanderreiten angesprochen sein. Das Turniergeschehen gliedert sich in die drei großen Teile Gangartenprüfungen, Dressur und sonstige Prüfungen. Die Gangarten werden auf der Ovalbahn, einer geschlossenen Bahn mit Naturboden von ca. 600 m Länge, beurteilt. Sie beinhalten die Töltprüfungen, die in verschiedenen Schwierigkeitsgraden ausgeschrieben werden, um dem Ausbildungsstand der Pferde gerecht zu werden. Vier- oder Fünfgangprüfungen sind der weiter zur Gangartenprüfung zugehörige Teil. Tölt- und Mehrgangprüfung zusammen ergeben den Sieger in der Isländischen Kombination. Bei der Dressurprüfung wird der Ausbildungsstand von Reiter und Pferd beurteilt: Reinheit der Gänge, Schwung, Durchlässigkeit, Sitz und Einwirkung des Reiters sind einige wichtige Kriterien. Viele weitere Prüfungen können auf einem Turnier ausgeschrieben sein. Beim Passrennen (150 m und 250 m), Trab- und Töltrennen (200 m bis 600 m) zählt die erreichte Zeit. Die Passprüfung beurteilt darüber hinaus die Passqualität selbst und die Übergangsphasen zum Pass und in andere Gangarten. Geländeprüfungen sind ein harter Test für Reiter und Pferd, sie machen jedoch beiden sehr viel Spaß. Dazu kommt das Handpferdereiten, das aus der alten isländischen Tradition kommt, Handpferde als Packpferde und zum Pferdewechsel auf lange Ritte mitzunehmen. Weitere Prüfungsmöglichkeiten sind Fahnenrennen, Halfterprüfung usw.

Wanderreiten

Beim Gedanken daran schlägt der Puls jedes Islandpferdefreundes schneller. Gibt es etwas Schöneres? Ein zuverlässiges Pferd, ein paar Freunde und schon spricht man nicht mehr vom Wetter. Der Wanderritt kann sich ausdehnen vom kleinen Ausflug bis zum mehrtägigen Ritt, er kann Schnitzeljagd heißen oder WWI (Wettkampfmäßiger Wanderritt für Islandpferde), er kann alleine, zu zweit oder in großen Gruppen stattfinden, er kann spontan entstehen oder langfristig geplant und organisiert sein, in jedem Falle ist er für viele Reiter das Erlebnis!

Natürlich bedeutet Wanderreiten nicht, unkontrolliert durch Wälder und Felder zu galoppieren, sondern auf zugelassenen Wegen in angemessenem Tempo zu reiten. Hierbei ist Rücksichtnahme auf Spaziergänger und Wanderer ebenso selbstverständliche Pflicht wie die Rücksichtnahme auf die Natur. Kein Pferdefreund wird bei tiefem Boden ausreiten! Doch auch hier sind wir – wie überall – nicht von Auswüchsen verschont geblieben, die der Reiterei nicht dienlich sein können. Eine der wesentlichen Aufgaben eines jeden Reitvereines muß es sein, hier aufklärend und auch mahnend auf seine Mig1ieder einzuwirken. Wir meinen, hier für unseren Islandpferdebereich bereits ganz Wesentliches erreicht zu haben. Das Islandpferd als naturverbundenes Tier ist es uns wert, dieses neben der Jugendarbeit wesentlichste Ziel immer vor Augen zu haben.

Jeder Islandpferdeverein bietet seinen Mitgliedern und Freunden organisierte Wanderritte an. Nordschwarzwaldritt, Feldbergritt und Herbstalbwanderritt sind im Süddeutschen Raum feste Begriffe geworden. Auch der IPV Friedrichshafen organisiert solche Ritte. Zwei Tage über den Gehrenberg zum Höchsten oder entlang der Argen ins Allgäu waren und sind beliebte Ausflüge.

Turniere

Schon vor der Gründung unseres Vereines waren Friedrichshafener Reiter aktiv auf Turnieren. Die ersten bekannten Aufzeichnungen datieren jedoch aus dem Gründungsjahr 1979, und das gleich mit einem hervorragenden Ergebnis, dem ersten Platz im Tölt für eine unserer Reiterinnen.

Bereits ein Jahr nach der Vereinsgründung begannen die eigenen Turnieraktivitäten. Und man hatte Mut. Nicht ein kleines Hausturnier, sondern die Süddeutschen Meisterschaften wurden ausgerichtet. Im Teilnehmerfeld fanden sich viele auch heute noch geläufige Namen von Islandpferdereitern. Und auch hier waren unsere Reiter erfolgreich. Erste Plätze gab es im Mehrgang, im Gelände, in der Gehorsamsprüfung, im Handpferdereiten und auch in der Gesamtwertung der Freizeitklasse. Drei Reiter(innen) konnte sich für die Deutsche Meisterschaft qualifizieren und nahmen 1979 daran teil!

Dann wurde es ruhiger ums Turniergeschehen. Die Jugendarbeit stand im Vordergrund, und dies zahlte sich bald aus. In erster Linie für die Jugendlichen wurde 1984 das Turniergeschehen mit einem Hausturnier wieder aufgenommen und bis 1987 fortgesetzt. Bei den einheimischen Turnieren und bei den in den gleichen Jahren besuchten auswärtigen Turnieren waren aus Friedrichshafen fast ausschließlich jugendliche Reiter beteiligt. Einen großartigen Erfolg gab es beim größten Friedrichshafener Turnier, das 1987 veranstaltet wurde. Bei diesem Qualifikationsturnier zur Deutschen Meisterschaft und zur Europameisterschaft für den Schweizer Islandpferdeverband wurde eine Friedrichshafener Reiterin als Beste ermittelt. Sie gewann damit den Pokal des Turniersiegers und gleichzeitig den Titel des Süddeutschen Meisters 1987. Für diese Leistung erhielt sie bei der Friedrichshafener Sportlerehrung die Silbermedaille der Stadt.

Ein Jahr zuvor schon, 1986, konnten sich eine Reiterin und ein Reiter für die Deutschen Jugend/Juniorenmeisterschaften qualifizieren. Erfolge, die sich sehen lassen können!

Islandpferdehaltung

Bei der Haltung des Islandpferdes gelten Voraussetzungen, die sich aus der Herkunft der Pferde ableiten lassen.

Die natürliche und anzustrebende Haltungsform ist die Robusthaltung. Sie bedeutet die ganzjährige Haltung im Freien, d. h. vom Frühjahr bis Herbst auf der Weide und im Winter in einem großzügigen Auslauf. Zum Schutz vor Insekten im Sommer und vor langem Dauerregen sollte ein Offenstall zur Verfügung stehen. Die Kälte des Winters kann den Pferden nichts anhaben, im Herbst wächst ihnen ein langes, zotteliges Winterfell, das vor Kälte schützt.

Anzustreben ist die Haltung der Pferde in einer Herde, wobei Wallache und Stuten nicht getrennt sein müssen. Natürlich wird um die Rangordnung gekämpft, doch wenn sie feststeht, herrscht wieder Ruhe. Die Haltung in einer Herde im Freien verhindert Verhaltensstörungen, die andernfalls eintreten können.

Natürlich gilt es auch bei unseren Islandpferden, auf ihre Eigenschaften einzugehen. Robustpferdehaltung bedeutet nicht, daß die Pferde außerhalb des Reitens sich selbst überlassen sein dürfen. Die Pflege des Pferdes und der Weide müssen eine Selbstverständlichkeit sein.

Markus Werner, geboren 1944 in Eschlikon, Thurgau, lebt in Opfertshofen im Kanton Schaffhausen. Er veröffentlichte bisher im Residenz Verlag die drei Romane „Zündels Abgang" (1984, 1988 als Taschenbuch im dtv), „Froschnacht" (1985) und „Die kalte Schulter" (1989).

„Wir leben am Rande"

Reden über Alemannien

Markus Werner

Meine Damen und Herren, wir leben am Rand. Wir leben, solange der Wald noch mag, hinter ihm. Und ganz nebenbei, ganz leise nur: Je wiedervereinigter das Land der Mitte wird, desto marginaler wird unsere Position. Wir klagen nicht, wir werden es – pheripheriegestählt wie wir sind – verkraften, so wie wir auch den Hohn auf das Hinterland immer verkraftet haben, zum Ärger der Front, vor allem der kulturellen, die nur exzentrisch tut, während wir es naturgemäß sind. Ja, wir hausen fern der Zentren, und man vergilt es uns mit der Geringschätzung, die Randexistenzen immer erfahren und auf die wir entweder mit Minderwertigkeitsangst oder mit Selbstverzückung oder mit beidem zusammen – ich denke an die trotzige Inbrunst eines Trachtenchors – reagieren können.

Das alles ist falsch, weil das alles nun wirklich provinziell wäre. Statt dessen darf und muß man sich wieder einmal vergegenwärtigen, was zwar kein Alemanne, sondern ein dezidierter Chinese vor zweieinhalbtausend Jahren erkannt hat: „Klar sieht, wer von ferne sieht, und nebelhaft, wer Anteil nimmt." – Da haben wir's. Das Randständertum als Voraussetzung für klare Sicht. Der Adlerblick als Folge der Distanz. Frei, wach und unverwandt fixiert der Außenstehende die Mitte. Abstand macht scharf. Unzugehörigkeit sehend; und Scharfsicht fast verrückt – es sei denn, man habe dann und wann, so wie wir Aleman-

nen, die Möglichkeit, das Auge vom Getümmel abzuwenden und hinterm Wald ein wenig blinde Kuh zu spielen.

Und wenn wir dem Chinesen glauben wollen, gibt es noch eine zweite Technik, um unseren Blick vorübergehend zu entschärfen: Wir können uns dem, was wir von ferne schmerzlich klar gesehen haben, so weit nähern, bis es nebelhaft wird. Dann steht der Zuschauer plötzlich auf der Bühne, dann steht der Bauer in der Großstadt: zögernd, linkisch, staunend und ein wenig betäubt. „Tollhaus", murmelt er vielleicht und merkt, daß es noch eine andere Verrücktheit gibt als die durch Scharfsicht bewirkte: die der Teilnahme, die des Rummels. Ganz sicher weiß er freilich nicht – zumal man ihn so komisch anschaut –, ob nicht er selbst gestört ist. Er wird es erst zu Hause wieder wissen, im nebelfreien Stall.

Meine Damen und Herren, der Umweg über die Topographie scheint sich gelohnt zu haben. Das spezifisch Alemannische könnte gefunden sein: die räumliche Distanz zur großen Welt schärft unsere Fernsinne, macht uns zu wohlbeaugten Zeugen, zu unnachsichtigen Chronisten. – Zu Tätern aber taugen wir kaum, in der Manege sind wir keine Stars, im Zentrum wanken wir und fühlen uns noch mehr am Rand als dort, wo wir es wirklich sind.

Soweit, so unbefriedigend. Ein Kuriosum bleibt. Es gibt, Sie alle wissen es, eine Randständigkeit, die nicht räumlicher Natur ist,

251

eine Unzugehörigkeit, die in keinem Zusammenhang steht mit geographischen oder sprachlichen Gegebenheiten. Es gibt offenkundig so etwas wie konstitutionelle ExZentrik, bzw. endogenes Distanzgefühl. Und es ist kein ärgerliches Klischee, sondern ein vielfach bezeugter Befund, daß dieser Geistes- oder Seelenzustand vorzugsweise und wesensmäßig jener Gattung von Menschen eignet, die wir nun einmal „Künstler" nennen. Wenn dem aber so ist, dann läßt sich nur eines folgern: Das spezifisch Alemannische und das spezifisch Künstlerische sind erscheinungsmäßig identisch, also ununterscheidbar, so daß wir geradezu sagen könnten: Alle Kunst hat einen alemannischen Einschlag, so wie alles Alemannische einen künstlerischen hat. Was es unter diesen Umständen bedeutet, an beidem teilzuhaben und ein alemannischer Künstler zu sein – dies wage ich nicht zu ermessen.

Markus Werner ist Träger des Alemannischen Literaturpreises 1990. Gekürzte Rede anläßlich der Preisverleihung im Tiegener Schloßkeller.

Kultur – Sahnehäubchen auf dem Kuchen oder Hefe im Teig?

Brigitte Grande und Susanne Satzer-Spree

Ansprüche

Kulturpolitik hat in kleinen Kommunen jahrelang ein Schattendasein geführt. Die Aufmerksamkeit der Kommunalpolitiker galt in erster Linie dem Auf- und Ausbau der kommunalen Infrastruktur; die kulturellen Aufgaben konzentrierten sich allein auf Bestandspflege und Bestandssicherung traditioneller Kultureinrichtungen und -formen.

Seit einiger Zeit aber erlebt das Thema Kultur großen Aufschwung; Kultur ist in aller Munde, Kultur hat Konjunktur. Der kommunalen Kulturpolitik wird plötzlich eine große Bedeutung zugemessen. So fordert der Deutsche Städtetag: „Der Ausbau der geistigen Infrastruktur unserer Städte ist heute eine zentrale Herausforderung für die Kommunalpolitik. Qualität und Dichte des kulturellen Angebotes bestimmen die Urbanität unserer Städte."

Sehr plakativ formuliert wurde dieser Anspruch jüngst bei der Preisverleihung des vom ZDF veranstalteten Kultur-Städteturniers: „Kultur ist nicht das Sahnehäubchen auf dem Kuchen, sondern die Hefe im Teig!" Nürnberg erhielt den ersten Preis. Prämiert wurde damit das Kulturangebot einer Stadt, nach deren Verständnis (und Praxis!) Kultur „ins Zentrum der Kommunalpolitik" gehört, mehr sein muß als Stadtschmuck nach außen und gehobenes Freizeitangebot nach innen.

Ist dies ein Indiz dafür, daß nicht nur kommunale Kultur en vogue ist, sondern darüber hinaus ein neuer, erweiterter Kulturbegriff akzeptiert wird, der die Ausdehnung der Kultur auf das gesamte städtische Leben und die Stadtentwicklung meint, der Kultur nicht mehr nur eine repräsentative Rolle zuweist, sondern eine sozialdynamische, gesellschaftspolitische?

Oder wird mit der unerläßlichen Aufwertung der Kultur – und das ist ja mit der Hefe gemeint – nur eine Wunschvorstellung davon deklariert, was kommunale Kulturarbeit sein und leisten soll?

Sowohl nach den Vorstellungen der Kunstkonzeption für das Land Baden-Württemberg als auch nach denen anderer politischer Gruppierungen gebührt der Kultur ein Stellenwert, der als „Lebenshilfeprogramm" schon beinahe unzureichend beschrieben ist.

Nahezu alles soll die neue Kultur leisten: „kreative Menschen heranbilden", „Selbstverwirklichung ermöglichen", „Lebensqualität sichern", „gesellschaftliche Probleme lösen (Sozialkitt, Harmoniesauce)", und unter wirtschaftspolitischen Gesichtspunkten soll Kultur einen Standort für Unternehmen attraktiv machen.

Bezogen auf den klassisch-repräsentativen Kulturbegriff mußte man auch hier in der Bodensee-Region nicht bei Null anfangen. Die Angebote der Museen, Galerien, Theater, Orchester und Bibliotheken sind

Meersburger Trachten – aus keiner Veranstaltung in Meersburg wegzudenken!

umfangreich und werden angenommen. Auch die sogenannte Laienkultur auf der Basis von Vereinsleben, Arbeitsgemeinschaften und Kulturinitiativen ist lebendig und bereichert die Veranstaltungskalender. Wo also fehlt es, wie sollen die neuen Dimensionen der Kultur umgesetzt werden? Wie sollen solche theoretischen Ansprüche eingelöst werden? Ist Staatsrat Wolfgang Gönnewein zuzustimmen, der noch großes Potential wittert:

„Ich plädiere für die kleinen Kulturwelten, für die eigenständige Kraft der regionalen, der lokalen und kommunalen Kulturen, und hier gibt es in Baden-Württemberg noch Unschätzbares zu heben." (Rede im Landtag, 13. Dezember 1989)

Realisierung

Die Stadt Meersburg und die Gemeinde Kressbronn haben als kleine Kommunen den mutigen Schritt getan, Kulturämter einzurichten und diese mit Historikerinnen zu besetzen. In Meersburg und Kressbronn wurde damit der Erkenntnis Rechnung getragen, daß Kulturarbeit der Kontinuität bedarf, die durch eine qualifizierte personelle Infrastruktur abgesichert werden muß. Gleichzeitig signalisiert die Verankerung dieser eigenständigen Ämter in die Verwaltungen der Orte eine Anerkennung der Bedeutung von Kultur für den kommunalen Bereich. Neben der Sicherung und Verwaltung von Finanzen, Straßen, Bädern, Wasserwerken und sozialen Leistungen sind somit kulturelle Gestaltung und kulturelle Angebote zum Kernbestand kommunaler Aufgaben geworden: letztendlich bedeutet die Schaffung der Kulturämter, daß die beiden Gemeinden Kultur als Pflichtaufgabe gegenüber ihren Bürgern akzeptiert haben.

Kultureller Alltag
Meersburg

Eine Stadt, die fast 600 Jahre lang Residenz der Fürstbischöfe von Konstanz war und über eine eindrucksvolle Stadtarchitektur verfügt, die schon immer Ziel und Aufenthaltsort illustrer Zeitgenossen, deren pittoreskes Äußeres schon immer beliebtes Objekt für Maler oder Literaten war, hat eine Menge an historischem Erbe zu pflegen.

Eine Stadt, die über eine überdurchschnittlich gute kulturelle Infrastruktur – Stadtbücherei und Stadtarchiv, Jugendmusik- und Jugendkunstschule – verfügt, hat eine Menge an historischem Erbe zu pflegen.

Eine Stadt, die der kulturellen Nachfrage von jährlich 1 Million Tagesgästen und 200.000 Übernachtungsgästen nachzukommen hat, und in der gleichzeitig qualitätvolle kulturelle Angebote als wichtiges politisches Instrument der Fremdenverkehrswerbung und -steuerung betrachtet werden, hat eine Menge an Kultur zu offerieren und zu fördern: das Sommertheater in der Hämmerlehalle, die Internationalen Schloßkonzerte oder der Meersburger Winter sind ambitionierte und hochprofessionelle Angebote, die ohne Fremdenverkehr für eine Kleinstadt weder in dieser Qualität noch in dieser Quantität finanzierbar wären. Eine Vielzahl von Museen und wechselnden Ausstellungen garantieren immer neue kulturelle Möglichkeiten auch für mehrere Tage hintereinander und motivieren die Gäste auch zu längeren Aufenthalten.

All das also eine Fülle von Aufgaben und Ansprüchen. Doch dabei sollte das Kulturamt nicht stehenbleiben. Denn: begnügte sich ein Kulturamt mit diesem Aufgabenkatalog, so würde es nicht mehr tun, als traditionelle Kulturpflege zu betreiben: Infrastruktur und Angebote perfekt zu verwalten und Imagepflege (und Wirtschaftsförderung) betreiben. Der erweiterte Kulturbegriff – innovativ wirken, eben nicht nur Sahnehäubchen, sondern Hefe sein – fordert, daß sich das Kulturamt nicht auf rein formale, verwaltungstechnische Belange be-

Besuch einer Meersburger Schulklasse im Rathaus: „Wie funktioniert die Stadtverwaltung" war das Thema.

schränken läßt, sondern darüber hinaus eine explizit inhaltliche Aufgabe wahrnimmt: Wie in einem großen Garten, sollten einerseits alle bestehenden kulturellen Angebote unterstützt, gehegt und gepflegt werden, andererseits aber auch ganz neue Pflanzen gezüchtet werden.

Die formulierten Ansprüche der für einen neuen Kulturbegriff richtungsweisenden Kulturdezernenten der letzten Jahre – Hilmar Hofmann: „Kultur für alle", Hermann Glaser: „Kultur gehört ins Zentrum der Kommunalpolitik" – hießen auf Meersburg „übersetzt":

– Kultur für alle: Über die „klassisch" Kulturinteressierten hinaus, für neue Gruppen kulturelle Angebote liefern; die Kin-

der, Jugendlichen, Frauen und Senioren verstärkt ansprechen. Das Kulturamt muß ihre Interessen abfragen und sich zum Adressaten und Agenten für diese Gruppen machen; Adressat, weil sich das Kulturamt der zunehmend intensiver und differenzierter werdenden Nachfrage nach Dienstleistungen aussetzen soll; Agent, weil das Kulturamt die Anpassung der kulturellen Angebote an neue Bedürfnisse und Erwartungen besorgen soll.

– Kultur nicht als bloße Imagearbeit betreiben. Die Förderung schlagzeilenträchtiger Angebote sind für eine Fremdenverkehrsstadt notwendig. Aber das Kulturamt muß ein waches Auge darauf haben,

Premiere beim Sommertheater: Alljährlicher Auftakt ist die Pressekonferenz mit Martin Walser, Intendant Ulrich Khuon, dem Regisseur und Bürgermeister Rudolf Landwehr.

daß die Angebote immer auch den Bedürfnissen der eigenen Bürger zugutekommen. Für die Meersburger Museenlandschaft beispielsweise bedeutet das, darauf hinzuwirken, daß die Museen Themen aufgreifen, die Geschichte und Kultur Meersburgs und seiner Bürgerinnen und Bürger behandeln, und die nicht nur „Touristenattraktionen" sind.
– mit kulturellen Veranstaltungen nicht „Trends" inszenieren, sondern die Stadt Meersburg: das Kulturprogramm darf nicht austauschbar sein, es muß speziell für die Bedürfnisse und Gegebenheiten Meersburgs konzipiert werden.

Das heißt keine Festivals für die Touristen, wenn Festivals gerade en vogue sind, sondern Besonderheiten und spezifische Angebote weiterentwickeln: beispielsweise die Schloßkonzerte auf hohem Niveau und das Sommertheater, das in der Stadt von einem überaus aktiven Förderverein unterstützt wird, als originelles Theaterangebot beibehalten. Ein anderes Beispiel sind die Konzerte der Carlina-Leute auf der Alten Burg, die privat organisiert werden: auch von Initiativen dieser Art lebt das Meersburger Kulturleben!

– Kultur soll nicht nur „versorgen", die größer werdende freie Zeit ausfüllen helfen, sondern auch herausfordern, Fragen zu stellen; die Menschen aktivieren, nach Antworten zu suchen und zur Eigeninitia-

Konzert der Carlina-Leut auf der Alten Burg.

tive anregen. Ansätze einer solchen Kulturarbeit bietet immer wieder die Auseinandersetzung mit der eigenen Geschichte: die Aufarbeitung der Geschichte der Industrie beispielsweise – auch die gab es in Meersburg einmal! – stimmt nachdenklich über die wirtschaftliche Entwicklung, die die Stadt genommen hat; eine Ausstellung zur Fremdenverkehrsentwicklung macht deutlich, daß sich Umfang und Struktur des Fremdenverkehrs nicht zufällig entwickeln, sondern steuerbar sind – hier schärft der Rückblick auf die Geschichte durchaus den Blick für aktuelle Aufgaben und Probleme. Wichtig ist bei der Geschichtsar-

beit, daß sie sich ernsthaft mit den Themen auseinandersetzt; es darf nicht bei netten (und imagefördernden) Anekdoten bleiben! Es ist deshalb kein Zufall, daß das Kulturamt sich vor allem auf die Bearbeitung der bisher brachliegenden Geschichtsabschnitte konzentriert.

Ein ermutigendes Beispiel, daß solche Ansätze wahrgenommen werden, ist eine von ehrenamtlich tätigen Mitgliedern des Museumsvereins präsentierte Ausstellung zu Franz Sales Meyer, die sich in Aufbau und Aussage an den vorher gezeigten stadtgeschichtlichen Ausstellungen orientierte.

Ausstellungseröffnung in der Hämmerlehalle: „Vom Webstuhl zur Theaterbühne" – die Metamorphose der Hämmerlehalle." Die ehemaligen Fabrikarbeiterinnen erkannten sich auf den Fotos wieder.

Wenn es gelingt, diese Grundsätze in der Kulturpolitik Meersburgs langfristig weiterzuverfolgen und zu realisieren, wenn es gelingt, das reichhaltige vorhandene kulturelle Angebot durch Neues zu ergänzen, dann sollte auch erreicht werden können, daß die Aufwertung der Kultur nicht nur deklamatorischen Charakter hat und daß nach und nach eingelöst wird, daß Kultur ein wesentlicher und fester Bestandteil kommunaler Daseinsvorsorge ist!

Kressbronn

Hinsichtlich des kulturpolitischen Konzepts ist Kressbronn in der bevorzugten Lage, an die bereits seit Mitte der 1970er Jahre bestehende lebendige Arbeit der Kulturgemeinschaft anknüpfen zu können. (Ausführliche Beschreibung im JB 1989) Deren noch heute aktuellen Zielsetzungen beruhen auf folgenden Grundlagen:
– Kultur als Lebens- und Handlungsprinzip für alle bewußt machen,
– den Spielraum für Eigenaktivitäten fördern,
– eigene, unabhängige Wege für eine zeitgemäße Kulturarbeit suchen,
– Anregungen zur Identifikation mit der Gemeinde anbieten, d.h. dazu beitragen, daß eine eigenständige, auf Kressbronn bezogene, lokal wirksame öffentliche Kultur gedeiht.

Anders als Meersburg mit seiner Vergangenheit als Fürstbischofs-Residenz und Verwaltungssitz hat Kressbronn keine Museen, Schlösser oder Klöster zu bieten. Im früher ausschließlich landwirtschaftlich strukturierten Ort (erst 1934 aus zwei Dörfern zusammengeschlossen) hat sich vielleicht gerade wegen des Fehlens solcher traditionellen kulturhistorischen Bezüge eine ganz eigenständige Kulturbewegung entwickeln können. Diese von Bürgern für Bürger konzipierten kulturellen Angebote ruhten vor der Einrichtung des „Amtes für Geschichte und Kultur" nahezu ausschließlich auf ehrenamtlichen Schultern, die Verwaltung leistete organisatorische und finanzielle Hilfen. „Eigeninitiative ist gefordert" liest sich gut auf geduldigem Papier, in Kressbronn waren viele Kräfte nach zehnjährigem Engagement ziemlich erschöpft.

Nun ist daran gedacht, die Unterstützungen auszubauen, um der kreativen Phantasie für die Ergründung von Bedürfnissen mehr Entfaltungsspielräume zu bieten. Im Hinblick auf die Größe, Struktur und Finanzkraft der Gemeinde ist aber auch klar, daß das Kulturamt nun nicht als Veranstaltungsbüro für alle Sparten von Kultur fungiert. Benachbarte Gemeinden und Städte bieten großes Theater, renommierte Orchester und hervorragend betreute und ausgestattete Bibliotheken. Auf diesen Gebieten braucht ein Ort wie Kressbronn keine Konkurrenz aufzubauen.

Eigene Akzente setzt diese Bodenseegemeinde bezüglich der Förderung von musischem Nachwuchs durch seine Jugendmusikschule, die Musikkapelle und die Konzertreihe „Kressbronner Kapellen-Konzerte". Im Bereich bildende Kunst hat sich eine Galeriearbeit etabliert, die besonders Künstler aus der Region unterstützt. Die regelmäßige jährliche Herausgabe eines eigenen Jahrbuchs dokumentiert den wachen Bezug zur Geschichte und zur Gegenwart des Ortes. Veranstaltungen sind bewußt als Forum für den Auftritt örtlicher und regionaler Künstler gedacht; wiederholte Auftritte zeigen deren Entwicklungen auf und ermöglichen den Zuschauern/Beteiligten die direkte und persönliche Auseinandersetzung.

In Ergänzung zur Aufbereitung von Themen der Ortsgeschichte im Kressbronner Jahrbuch sind die historischen Ausstellungen zu sehen. Konfrontation mit der Vergangenheit, sichtbar und anfaßbar gemacht, kann den Bezug zur Heimatgemeinde, zum Wohnort stärken helfen.

Verwaltete Kultur bedeutet in Kressbronn in erster Linie Hilfestellung, Unterstützung der zur Eigeninitiative bereiten BürgerInnen. Aufgreifen und Umsetzen der Wünsche und Bedürfnisse ist auch erst richtig möglich geworden durch die Position eines Ansprechpartners.

In Kressbronn ist der Bedeutung von Ortsgeschichte (ihrer Erforschung und Darstellung sowie die Archivbetreuung) für die kulturelle/geistige Infrastruktur Rechnung getragen worden, indem ein Amt für Ge-

schichte und Kultur geschaffen wurde und dies mit einer Historikerin besetzt wurde.

Kultur und Geschichte

Meersburg und Kressbronn haben nicht nur Kulturämter geschaffen, sondern sie haben sie auch mit Historikerinnen besetzt. Damit haben sie sich für eine Kulturarbeit entschieden, die sich nicht mit „verwalten" begnügt, sondern die innovatorisch sein und „gestalten" will. Geschichte spielt deshalb in der Kulturarbeit beider Kommunen eine zentrale Rolle. Kein Wunder, schafft doch der Rückblick auf die Geschichte Verständnis für heute vorhandene Strukturen und Verhältnisse. Die Auseinandersetzung mit der Vergangenheit schärft unseren Blick für aktuelle Aufgaben und Probleme, weckt das Interesse und Engagement für die Gegenwart und motiviert dazu, Fragen zu unserem gesellschaftlichen Zusammenleben zu stellen – und vielleicht sogar, Antworten zu finden. Und gerade das sollte Kulturarbeit ja leisten!

Die Kulturämter müssen darüber hinaus auch kulturelle Trends aufspüren, wahrnehmen und in ihrer Relevanz für den Ort beurteilen können. Das erfordert nicht nur ein hohes Maß an Sensibilität, sondern auch die permanente Beobachtung der kulturellen Szenen und die Weiterbildung über deren Entwicklungen. In großen Städten gibt es ganz selbstverständlich für die einzelnen Sparten von Kultur Fachleute, in Kommunen der Größenordnung von Kressbronn oder Meersburg müssen möglichst alle Bereiche von einer Person abgedeckt werden. Gerade geisteswissenschaftlich ausgebildete AmtsinhaberInnen bieten hier besonders gute Voraussetzungen zur Erfüllung dieser Anforderungen, weil sie dazu ausgebildet sind, ein hohes Maß an Offenheit und Lernbereitschaft als berufliche Grundlage anzuwenden. Offenheit und Lernbereitschaft sind auch sehr notwendig, solange die Grenzziehung des Gegenstandsbereichs „Kultur" – dessen, was in einer Kommune Kultur ist und sein soll, nämlich ob Schmuckwerk oder unverzichtbare Daseinsvorsorge, „Kür" oder Pflichtaufgabe – umstritten ist.

Für die Kultur als Hefe zu kämpfen aber lohnt sich für die neuen Kulturämter allemal, denn: auf die Sahne auf dem Kuchen kann mitunter – gerade bei Diäten – gut verzichtet werden, ohne Hefe dagegen wird er erst gar kein Kuchen!

Dieter Waiz (Cembalo) und Christoph Theinert (Barock-Cello) bei der Probe für das erste Kressbronner Kapellen-Konzert in der Sebastianskapelle in Betznau.
Entsprechend der Kressbronner Kulturkonzeption wurde bei der Einrichtung dieser Reihe von Konzerten auf den Bezug zum Ort (Kapellen als historische Bausubstanz) und auf die Förderung von Nachwuchs-Künstlern geachtet.

Kulturrevolution auf dem Lande

Ein Porträt der Kulturgemeinschaft Neukirch

Manfred Hagel

Eingebettet in eine Drumlinlandschaft von grünen Hügeln, auf denen die Wälder manchmal schroff und abgekapselt wie dunkle Burgen stehen und Obstwiesen mit knorrigen Hochstämmen weiche Übergänge schaffen, liegt Neukirch. Als überschaubares Dorf bietet es sich dar. Rathaus, Kirche, Schule, Post und (drei) Banken liegen nur einen Steinwurf weit voneinander entfernt. Wandert man auf den Marienberg mit seiner Lourdesgrotte, so blickt man auf ein begonnenes Puzzle von Neubaugebieten, das dort den Hügel hinauf, da den Hügel hinab kriecht, manchmal nur mit einer dünnen Häuserspange dem Hauptort verbunden, dann wieder einen breiten Fleck erobert, sich rundend, bisweilen ausufernd. Kurzum die Gemeinde hat nicht versäumt, sich zur rechten Zeit einen gewissen Bevölkerungszuwachs zu sichern und somit auch den entsprechenden Anteil an der Lohn- und Einkommensteuer. Nein, an Neukirch ist der Zug der Zeit nicht vorbeigegangen. Das Ambiente des Ortes läßt neben alten gewachsenen Strukturen eine aufgeschlossene Modernität vorscheinen, davon zeugen die Dorfkirche und das Rathaus. Alte und neue Zeit sind hier eine Symbiose eingegangen.

Neue Kultur im Dorf

Doch mit der neuen Zeit muß sich auch das Beziehungsgefüge im Dorf neuen Herausforderungen stellen. Was architekto-nisch angedeutet ist, der Brückenschlag zwischen gewachsener Tradition und den Umbrüchen der Zeitgeschichte, stellt sich als Konflikt und Aufgabe für das menschliche Zusammenleben im Dorf und will bewältigt werden. Die Themenstellung ist nicht neu und nicht spezifisch „neukircherisch". Es geht wohl nirgends ganz reibungslos vonstatten, wenn große Neubaugebiete geschaffen wurden und viele Menschen zugezogen sind. Vorwürfe von mangelndem Interesse an der Dorfgemeinschaft und der angestammten Dorfkultur einerseits sowie von Abkapselung und Ausgeschlossenwerden andererseits sind schnell bei der Hand.

Etliche Neukircher Neubürger haben das Problem auf ihre Weise gelöst, indem sie im März 1985 eine Kulturgemeinschaft gründeten und schon bei der Gründungsversammlung 50 Mitglieder fanden. Es war und ist der Versuch, sich in die Dorfgemeinschaft einzubringen, jedoch indem man eigene Akzente setzt und eigene Vorstellungen von einem kulturellen Dorfleben verwirklicht und nicht, indem man nur in bestehenden Vereinen wie Musik, Kirchenchor, Kolpingsbund, Sportverein oder Feuerwehr aufgeht. Und das Dorfleben bekam Schwung. Es gab bisher nicht dagewesene Veranstaltungen: Ausstellungen, die über Neukirch hinaus ausstrahlten, klassische Konzerte und Lesungen von Schriftstellern in Wirtshäusern, Vorträge, Dixiehocks, Marionettentheater und Veranstaltungen für Kinder, zündende Beiträge zur Fasnacht im Dorf und nicht zuletzt eine eigene Gemeindebücherei. Wahrscheinlich muß man weit gehen, um eine gewachsene Gemeinde in der Größe Neukirchs mit 2100 Einwohnern zu finden, die solch ein reges und vielseitiges Kulturleben hat.

Auch ein Stück Politik

Aber dieses neue Veranstaltungs- und Bildungsangebot wurde auch zu einem Stück Politik im Dorf, eigentlich ganz indirekt, aus der Natur der Sache. Indem dieses andere Kulturbewußtsein der Neubürger sich organisiert hat, ist es zu einer Größe geworden, die der Gemeinderat nur bei Strafe unpopulär zu werden, übergehen könnte. Aus verstreuten Einzelinteressen, die ein-

zeln nicht sehr ins Gewicht fielen, ist eine Plattform für eine neue Erwartungshaltung geworden. Neue Ideen, unerwartete Anregungen, unbequeme Forderungen kommen nun mit der Kulturgemeinschaft auf den Tisch. Das bedeutet eine neue Herausforderung für die Dorfentwicklung.

Einen öffentlichen Kinderspielplatz, wie ihn die Kulturgemeinschaft gefordert hat, oder eine öffentliche Bücherei, hat mancher alteingesessene Neukircher als überflüssig betrachtet. Und dennoch wurden diese Einrichtungen geschaffen und erfreuen sich guten Zuspruchs. Daß dieser jüngste Verein des Neukircher Dorflebens immer wieder eigensinnig sich Ziele setzt und die Gemeinde durch seine Aktivitäten in Zugzwang bringt, muß Bürgermeister Herbert Egelhofer seit einigen Jahren erleben. Auf

Die Kulturgemeinschaft Neukirch wird von vielen freiwilligen Helfern unterstützt. Anders wären die zahlreichen kulturellen Ziele und Aufgaben nicht zu verwirklichen. Das Bild zeigt den „harten Kern" der Aktiven.

263

der letzten Mitgliederversammlung der Kulturgemeinschaft forderte zum Beispiel Christian von Faber, daß man den Bildhauer und Holzplastiker Rudolf Wachter, der aus dem Ortsteil Bernried stammt, heute jedoch in München lebt und seine Arbeiten auf internationale Ausstellungen schickt, beim geplanten Neubau der Schule für die „Kunst am Bau" miteinbeziehe. Wachter hat mit ungegenständlichen Arbeiten seinen eigenen Stil gefunden. Bei einem Atelierbesuch per Bus bei Wachter knüpfte die Kulturgemeinschaft Kontakt. Das Sprichwort, daß der Prophet im eigenen Land nichts gilt, läßt sich auch auf Wachter anwenden. Eine schmähliche Abfuhr wurde dem Künstler vor über 30 Jahren beim letzten Schulhausneubau erteilt. Damals hatte der Bildhauer einen Brunnenentwurf vorgelegt und sogar der Gemeinde den Weg aufgezeigt, wie sie entsprechende Zuschüsse erhalten kann, so daß für dieses Kunstwerk kein Pfennig aus dem Gemeindesäckel zu bezahlen gewesen wäre. Aber aus Interessenlosigkeit verlief die Sache im Sand. Später wurde zur Zierde ein Brunnen aus Waschbeton aufgestellt. Durch diese Vorgeschichte läßt sich die Brisanz der neuen Forderung der Kulturgemeinschaft ermessen.

„Kultur ist auch ein Stück Politik", unter dieser Devise des Neukircher Schriftstellers Joachim Hoßfeld, der an der Gründung der Kulturgemeinschaft maßgeblich beteiligt war, trat der neue Verein an. Nicht von ungefähr kam es, daß gerade die aktiven, engagierten und kommunalpolitisch interessierten Neubürger sich in diesem Gremium sammelten. Schon damals gingen die freundschaftlichen Bande und die Gemeinsamkeiten über alle Parteigrenzen hinweg. Christian von Faber, der im Ortsvorstand der CDU mitarbeitet, zählt ebenso zum „harten Kern" der Kulturgemeinschaft wie der „grüne" Kreisrat Markus Schweizer. Bei dieser bunten Mischung nimmt es

Der Holzschnitzer und Hinterglasmaler Melchior Setz (gestorben 1988) aus Hinteressach bei Neukirch zählte zu den eigenwilligsten Künstlerpersönlichkeiten in Oberschwaben. Die erste und einzige Ausstellung mit seinen Arbeiten in Neukirch organisierte 1985 die Kulturgemeinschaft. Das Foto zeigt Setz vor seinem weithin bekannten Wohnhaus und Atelier „Hexenhäusle" in Hinteressach.

Wunder, daß der neue Zusammenschluß als recht exotischer Verein gewertet wurde, wie Bürgermeister Egelhofer erzählt. Hinzu kam, daß die Kulturgemeinschaft durch etliche Lehrer und andere Leute mit Studium in ihren Reihen anfangs schnell den Ruf bekam, hier sitze die Intelligentia zusammen, die dem Dorf nun zeigen wolle, was „echte" Kultur sei.

Aber die Realität strafte die Unterstellung Lügen. Die Offenheit und die Bereitschaft zur Zusammenarbeit mit anderen

Vereinen sowie die gemeinnützige Absicht, ist wohl das Geheimnis des Erfolges. Die Veranstaltungen kommen an. Der Vorsitzende des Vereins, Thomas Richter, erklärt: „Der Verein hat sich etabliert. Er ist zu einer Größe im Neukircher Kulturleben geworden." Und Bürgermeister Egelhofer wertet die Gemeinschaft inzwischen als gesunde Mischung von Einheimischen und Zugezogenen. Aber auch heute ist nicht zu übersehen, daß das Vorhaben einen eigenwilligen Charakter bewahrt hat. Ein städtisch geprägtes Kulturverlangen wird ohne eine Spur von Größenwahn und mit viel Realitätssinn auf den dörflichen Rahmen übertragen. So spricht auch der Bürgermeister von einer Bereicherung im Ort durch die Angebotsvielfalt, gibt aber gleichzeitig zu bedenken: „... ob das jedermanns Sache ist?"

Blick ins „Logbuch"

Als „Prozeß einer Annäherung" könnte die mehr als fünfjährige Vereinsgeschichte überschrieben werden. Sie ist in einem großen alten Kontokorrentbuch mit schwarzem Einband und farbigem Pfauenschnitt am Buchblock festgehalten, in einem Buch, das aufgeschlagen die Platte eines Küchentisches fast bedeckt. Für den Kulturverein ist es Chronik, Gästebuch, Fotoband, Logbuch und verschnörkeltes Poesiealbum in einem. Mit viel Liebe, Sorgfalt und mit schönen Schreibschriften, die in ihrer handwerklichen Präzision an alte Handschriften alter Klöster erinnern, hat Joachim Hoßfeld es geführt. Bereits zu zwei Dritteln hat sich die dicke Kladde inzwischen gefüllt.

Am Anfang steht eine Ausstellung: „Unsere Gemeinde Neukirch in Bildern aus alter Zeit". Markus Schweizer erinnert sich: „Zuerst waren die Dorfbewohner sehr skeptisch. Da wollen die „Reingeschmeckten" den Einheimischen Bilder ihrer Ortschaft und ihrer Personen zeigen – schon das war eine Herausforderung! Nicht wenige

kamen nach der Kirche vorbei, hatten die Hände in die Hosentaschen gestopft, wollten nur einen kurzen Blick durch den Türspalt werfen, um zu sehen, ob überhaupt etwas los sei. Dann sahen sie ein bekanntes Gesicht unter den Ausstellungsbesuchern, traten ein, überflogen die Bilder, erst skeptisch. Dann wurden sie von einem Foto angezogen, traten näher hin, zogen die Hände aus den Taschen, kramten die Brille hervor, diskutierten vor den Bildern, erinnerten sich, waren begeistert." Die Wochenendausstellung wurde ein voller Erfolg. Bisweilen standen die Besucher dicht gedrängt im Mehrzweckraum.

Viele Ziele

Bemerkenswert ist aber auch dies: Erst nach der ersten gemeinsamen Aktion wurde die Kulturgemeinschaft formal und offiziell gegründet. Die Absichten und Ziele, auf der Gründungsversammlung von drei Initiatoren vorgetragen, klangen reichlich hoch gesteckt. Der Schriftsteller Hoßfeld wollte eine Gemeindebücherei in Neukirch. Außerdem sprach er sich für Lesungen im Ort und für das Ausstellen vorhandener privater Sammlungen aus. Dr. Michael List dachte an Kammerkonzerte und Kirchenkonzerte, an eine Bilderschau des Malers Melchior Setz, an Kinder- und Jugendarbeit, Pflege des Fasnachtsbrauchtums und an Theaterfahrten. Richter plädierte für die Erarbeitung einer Gemeindechronik als Fernziel, denn die geschichtliche Aufarbeitung der Ortsgeschichte in einem lückenlosen Zusammenhang stand und steht immer noch aus.

Der Elan war groß. Im Laufe der Zeit schälte sich ein Grüpplein von etwa zehn Aktiven – sehr oft Familien – heraus, die die Knochenarbeit im Verein bewältigten. Während die Männer von den Ideen beseelt waren, hatten die Frauen oft mehr Geschick im Organisieren und gaben den Veranstaltungen den letzten Pfiff. Auf diese Weise

Auf Anregung und durch viel Engagement der Kulturgemeinschaft bekam Neukirch eine Ortsbücherei in schönen Räumlichkeiten. Nach einer Erweiterung und Neueröffnung in diesem Jahr fanden vor allem auch die kleinen Leser ein Bücherparadies. Hier: Vorlesestunde mit Bildern für Kinder.

konnte schon ein halbes Jahr nach der Gründung die bemerkenswerteste Ausstellung der Kulturgemeinschaft stattfinden, mit einer Ausstrahlung weit über Neukirch hinaus. Von verschiedenen Sammlern in Oberschwaben, im Allgäu und in Stuttgart konnte das verstreute Lebenswerk an Hinterglasbildern vom Melchior Setz zusammengetragen und bei einer einwöchigen Schau im Neukircher Schulhaus gezeigt werden. Das Echo war groß. Der 81jährige Künstler war von dieser erstmaligen Retrospektive so überwältigt, daß er bei der Eröffnung einen Stuhl brauchte, um nicht den Boden unter den Füßen zu verlieren.

Die Vorbereitung der Ausstellung hatte sich als äußerst arbeitsaufwendiges Unterfangen erwiesen, das die ehrenamtlichen Helfer bis an die Grenzen der Belastbarkeit führte. Setz selbst hatte es der Kulturgemeinschaft auch nicht leicht gemacht, da er stets zwischen Zusage und Absage schwankte, aus Angst, die Werkschau könnte ein Mißgriff werden. Sie wurde es natürlich nicht. Es war wirklich höchste Zeit für diese späte Ehrung und künstlerische Anerkennung in seiner Heimatgemeinde, denn dreieinhalb Jahre später lebte Setz nicht mehr. Die Kulturgemeinschaft Neukirch mußte sich für diese Ausstellung in der Schule über manches Hindernis hinwegsetzen und viel improvisatorisches Geschick aufbieten.

Mit Kunst- und Kulturgenuß in musealem Korsett hat es der Verein aus Neukirch nicht. Stets wurden Musik, Malerei, Schriftstellerei hemdsärmelig und ohne falsches Pathos angeboten. Dabei konzentrierte man sich nicht ausschließlich auf den Hauptort, sondern ging auch in die Filialorte und Weiler. Da gab es einen Konzertabend mit dem Kammerensemble '83 im Gasthaus Lamm in Oberrussenried, wobei mit den beiden Neukirchern Herbert Pfau (Violine) und Markus Schweizer (Viola) auch Leute aus der Kulturgemeinschaft ihre Fähigkeiten einbrachten. Übrigens wurden unter anderem die Kompositionen eines jungen Lindauer Komponisten gespielt; sein Name: Rudi Spring. Ferner gibt es Dixie-Konzerte um Jam-Sessions mit Allgäuer und Oberschwäbischen Bands in einer Industriehalle zu nennen. Lesungen mit Schriftstellern aus der Region wie Hans Peter Wieland und Heinrich Wiedemann fanden im „Hirschen" in Goppertsweiler, im „Kreuz" in Neukirch, im Garten der Bücherei (als die schließlich eingerichtet war) und an anderen erdenklichen Orten statt.

Auch Probleme

Ehe nun vom Wachsen und Werden der Bücherei erzählt wird, noch ein weiterer tiefer Blick ins große Veranstaltungsbuch und Glossar der Kulturgemeinschaft. Während sich äußerlich allmählich Anerkennung einstellte und etliche Aktivitäten rege Resonanz gefunden hatten, wurde das Klima in der Gruppe zeitweise wechselwendisch und problematisch. Davon gibt eine Rückbesinnung am Aschermittwoch in grüner und roter Tinte Kunde: „Womöglich ist die innere Zusammengehörigkeit der Großgruppe nicht mit den äußeren Erfolgen mitgewachsen. Man muß sich erst finden, heftiger denn je. Man organisiert sich selbst mitunter in die Schwellenängste hinein. Je forscher die einen, desto frustrierter die anderen. So werden Harmonien abgeblockt, ehe

sie sich entwickeln können. Sich in der Gruppe zu finden, wird dann immer schwieriger. Ein Bäumchen ist wohl nicht umsonst gepflanzt worden. Es wäre nicht nur schade, sondern geradezu frevelhaft, die erst begonnene Arbeit privaten Zwistigkeiten zu opfern."

„Die Mitglieder sind im Grunde alle erfolgreiche Leute im Beruf. Es ist nicht einfach, umzuschalten und während im Beruf Konkurrenzdenken gefordert ist, im Verein andere Strukturen anzuwenden, andere Werte zu pflegen," charakterisiert Thomas Richter die grundlegende Diskrepanz. Aber die gemeinsame Sache schweißte die Kulturgemeinschaft immer wieder zusammen, ließ auch diese Hürden überwinden, wenn auch teilweise mit Blessuren und auseinandergebrochenen Freundschaften.

Eine Ortsbücherei entsteht

Einen langen Atem trotz der kurzen Zeit des Bestehens bewies die Kulturgemeinschaft beim bisher ehrgeizigsten, aufwendigsten und arbeitsintensivsten Projekt, der Ortsbücherei. Bei zwölf Mark jährlichem Mitgliedsbeitrag schien das Vorhaben vermessen, noch dazu, weil die Initiatoren hohe Ansprüche an eine Bücherei stellten. Eine Schrankwand im Mehrzweckraum, von der Gemeinde angeboten, wurde als ungeeignet abgelehnt. Bürgermeister Egelhofer zeigte sich hilfsbereit, aber es sollte eben nicht viel kosten. Nun gingen die Leute der Kulturgemeinschaft selbst auf die Suche nach einem geeigneten Raum. Er wurde schließlich gefunden gegenüber dem Rathaus in der Ortsmitte, in einem Haus, in dem sich ehemals die Post befunden hatte. Zwei Jahre nach der Gründung des Vereins liefen die Vorbereitungen für die Bücherei auf Hochtouren. Wieder fanden sich zahlreiche Helfer. Der Raum im Hochparterre mit eigenem Eingang mußte renoviert werden. Ein Schreiner aus dem Ort fertigte schlichte, aber formschöne und solide Regale aus massivem Holz. Auch zahlreiche Buchspenden gingen ein, so daß die Bücherei mit einem Anfangsbestand von 2500 Bänden starten konnte. Schriftsteller Hoßfeld zweigte manches interessante Buch aus seiner privaten Bibliothek ab. Weitere größere Kontingente kamen von den Familien Schweinberger-Ruzafa, Schweizer und vom örtlichen Handwerk. Eröffnung war im Mai 1987, und eine Büchereiwoche schloß sich an mit Lesungen für Erwachsene und Kinder, mit Marionettentheater und einer Buchausstellung. Vom ersten Tage an präsentierte sich diese kleine Bücherei als eine Mischung aus aktueller, interessanter, ansprechender Literatur zu verschiedensten Themen. Besonderer Wert wurde auf pädagogisch anspruchsvolle Kinderbücher gelegt. Ein solcher Bestand nötigte selbst dem Fachberater Reister von der Bibliothekenstelle in Reutlingen allen Respekt ab.

Trotz allem, es war ein Abenteuer. Die Miete mußte der Verein im ersten Jahr selbst aufbringen. Durch Patenschaften versuchte man das finanzielle Risiko abzumildern. Ferner galt es, einen kleinen Kreis von ehrenamtlichen Betreuern zu finden, die eingearbeitet waren und sich bei Öffnungszeit zweimal pro Woche die Arbeit teilten. Nach einem Jahr, als die Einrichtung Zulauf hatte, griff die Gemeinde der Kulturgemeinschaft mit einem Zuschuß unter die Arme. Die neue Bücherei erfreute sich von Jahr zu Jahr steigender Beliebtheit, vor allem bei Kindern. 1988 wurden 700 Benutzer gezählt, 1989 waren es schon 1194. Unter den Ausleihern befanden sich zu zwei Dritteln Kinder, zu einem Viertel die Erwachsenen und zu rund zehn Prozent Jugendliche. Doch bei dem Engagement der Gemeinde deutete Bürgermeister Egelhofer an, daß er keine zwei Büchereien in der Ortschaft bezahle (es gab eine Bücherei im Pfarrhaus, die jedoch wenig benutzt wurde).

So kristallisierte sich Anfang 1990 die optimale Lösung für Neukirch heraus. Die Kirchengemeinde erklärte sich bereit, die Pfarrbücherei mit dem Bücherbestand der Kulturgemeinschaft zusammenzulegen. Der Gemeinderat überzeugte sich bei einer Besichtigung im ehemaligen Postgebäude von der räumlichen Enge. So konnten zwei weitere Räume dazugemietet werden. Die Gemeinde übernahm die Miete, die Kulturgemeinschaft die Arbeit. Pfarrgemeinde und politische Gemeinde sagten Gelder für die Neuanschaffung von Büchern zu. Ein Ausschuß, gebildet aus Kulturgemeinschaft, politischer und religiöser Gemeinde, ist seither für die Geschicke der Bücherei verantwortlich. Wieder bedurfte es reger Tage und Nächte, getragen vom großen Elan der 25 bis 30 Helfer, ehe die Bücherei neu ausgestattet, mit Tischen, Stühlen und einem hübschen Sofa möbliert, mit neu eingebundenen, geordneten, beschrifteten 4500 Büchern versehen, der Öffentlichkeit zugänglich gemacht werden konnte. An einem strahlenden Sonntag im April war es soweit: Zahlreiche Festgäste fanden sich ein. Die Neukircher Jugendkapelle spielte; es wurde mit Sekt angestoßen, indes die Kinder gleich ihr neues Reich entdeckten und an einem Tisch, auf dem ein prächtiger Strauß Narzissen stand, in Bilderbüchern blätterten.

Daß der gemeinsame Weg zwischen Ortsregierung und Kulturgemeinschaft in der Vergangenheit nicht nur mit Rosen bestreut war, ließ sich auch in den Ansprachen zur Büchereieröffnung heraushören. Während Bürgermeister Egelhofer meinte, die Kulturgemeinschaft habe die Sache zu übereilt und vorschnell angegangen, erklärten die Initiatoren der Kulturgemeinschaft, man müsse ein Vorhaben vorantreiben, damit es nicht auf die lange Bank geschoben werde. Dies trifft zum Beispiel für den Spielplatz zu, der in der Vergangenheit zeitweise zum Politikum geraten war. Zwar läßt sich auch bei der Geschichte mit dem Spielplatz ein Happy-End vermelden, doch keine Einvernehmlichkeit wie bei der Bücherei.

Happy-End, aber ...

Schon vor den Gemeinderatswahlen von 1984 wurde in dem kommunalpolitischen Stammtisch, aus dem die Kulturgemeinschaft später hervorging, die Notwendigkeit eines Spielplatzes diskutiert. Auch Bürgermeister Egelhofer war von der Sache angetan, aber er hatte keinen geeigneten Platz. Daraufhin ergriff die Kulturgemeinschaft die Initiative und besorgte einen Platz im Dorfzentrum. Doch dem Gemeinderat war das Gelände nicht genehm. Nun wurde eine Ausweichmöglichkeit angeboten. Der Spielplatz sollte auf einem Gelände hinter der Schule errichtet werden. Dies war für die Kulturgemeinschaft zwar kein attraktiver Platz, aber als Übergangslösung wurde er akzeptiert. Schon hatte der Kulturverein begonnen, dort einen Spielplatz zu planen, gab es eine Überraschung. Der Bürgermeister hatte den angrenzenden Platz zum ersten Vorschlag in der Ortsmitte gemietet. Euphorisch gestimmt machten sich die Mitglieder der Gemeinschaft nun ans Werk, denn sie dachten, jetzt könne der Spielplatz, sogar ein wenig größer als ursprünglich vorgesehen, im Dorfzentrum angelegt werden. Bei einem fachmännischen Kurs des Landratsamtes hatten sie sich das notwendige planerische Know-how zum Spielplatzbau besorgt, und nun legten sie einen Entwurf mit Sandplatz, Schaukel, Rutsche und Kletterhaus vor. Aber die Ernüchterung folgte auf dem Fuß. Die Einbeziehung selbst des geringsten Teils des angrenzenden Grundstücks lehnte der Gemeinderat ab. Auch wurde in dem Gremium bezweifelt, ob die Kinder einer Landgemeinde mit soviel Auslaufmöglichkeiten überhaupt eine Spielplatz brauchen. Andeutungsweise wurde von Lärmbelästigung gesprochen, und man verlangte einen Bauantrag.

Erstes Elmenauer Konzert, 1989.

Bei nächster Gelegenheit legte die Gemeinde eigene Spielplatzentwürfe vor. Die Kulturgemeinschaft, die das Material für die Spielgeräte bereits beschafft hatte und den Platz mit der Kolpingsfamilie und örtlichen Handwerkern in Eigenleistung quasi zum Null-Tarif gestalten wollte, zog sich zurück. Die Gemeinde baute den Spielplatz selbst. Freilich kam er nicht ganz billig. Nach Aussagen von Gemeinderäten soll er rund 50.000 Mark gekostet haben.

Kultur schaffen

Freilich, so tierisch ernst wie bei diesem Spielplatz geht es in Neukirch nicht immer zu. Die Kulturgemeinschaft kann eine gute Portion Humor ihr eigen nennen. Weil sie sich aktiv an der Fasnacht beteiligt, ist die närrische Zeit in der Argengemeinde noch zünftiger und fetziger geworden. Mitreißendstes Erlebnis ist der Bürgerball, eine Koproduktion von Kolpingsfamilie, Sportverein und Kulturgemeinschaft. Manches ungeahnte komödiantische Talent ist seither in Neukirch entdeckt worden. Bei der Fasnacht ist der Erfolg so gut wie selbstverständlich. Aber auch bei vielen anderen Veranstaltungen bestätigt der rege Zuspruch letztlich den Bedarf, selbst wenn die Vorhaben aus dem dörflichen Rahmen des bisher Dagewesenen herausfallen. Die Denkungsart, die dahintersteckt, verdeutlicht ein Ausspruch von Thomas Richter: „Auf dem Land gibt es weder den Willen noch das Geld, Kulturpaläste zu bauen. Und das, was man an Kultur möchte, muß man selbst schaffen. Aber indem man Kultur gestaltet, hat man auch die Möglichkeit, sie selbst zu bestimmen." Damit bezeichnet er Kunst und Kultur im besten Sinne, nämlich nicht als Konsum, sondern als Lebensart.

„Theater und Musik für alle"

Fünf Jahre Kultur- und Tagungszentrum Graf-Zeppelin-Haus in Friedrichshafen

Volker W. Geiling

Winfried Neumann (36) Kulturamtsleiter und „Theaterdirektor" des Friedrichshafener Graf-Zeppelin-Hauses, hat ja schon manches mit seinen Künstlern erlebt, aber das war selbst für ihn neu: „Also, ich hole den Nurejew persönlich vom Züricher Flughafen ab und wissen Sie, wo ich immer halten mußte? An Hot Dog Stations oder besser gesagt an Frittenbuden. Rudolph Nurejew ißt nun mal eben ungeheuer gern Würstchen…"

Nicht nur Geld, sondern vor allem die persönlichen Kontakte zu den Agenturen und oft auch zu den Künstlern sind das Er-

Das Basler Ballett bei der letzten Probe von „Schwanensee".

271

Das Melos-Quartett spielt sich warm.

folgsrezept des Winfried Neumann, der von der Pike auf gelernt hat: zunächst Regieassistent am Züricher Schauspielhaus, dann Verwaltungsleiter beim Theater am Turm in Frankfurt, bevor ihn 1984 der damalige Oberbürgermeister Martin Herzog nach Friedrichshafen holte. Ende 1985 startete Neumann mit seinem ersten Spielplan im 100-Millionen-Objekt Graf-Zeppelin-Haus – auf Anhieb ein Erfolg.

„Damals begann eine neue Phase kommunaler Kulturarbeit in bezug auf Theater und Konzerte, vor allem weil die Stadt bereit war, die erheblichen finanziellen Folgekosten zu tragen, die sich unvermeidlich als Zuschuß bei kulturellen Veranstaltungen ergeben und der heute einschließlich des Bodensee-Festivals und des Kulturufers bei

rund zwei Millionen Mark liegt", stellt Neumann fest. Dafür bringt das Kulturamt jährlich über 200 Veranstaltungen aus dem gesamten Spektrum der darstellenden Kunst und Musik, wobei es allein 6500 Abonnenten zählt, nahezu 50 Prozent davon kommen aus dem Bodenseekreis.

Stars in der „Provinz"

Natürlich, so Neumann, werbe man mit dem Slogan „Theater und Musik für alle", das bedeute aber nicht, daß man keinen Mut zu Experimenten habe. Traditionelle, aber auch höchst aktuelle Inszenierungen seien ebenso auf den Spielplänen zu finden. „Tourneetheater – das ist nicht abwertend gemeint – sind fast schon Katalogware-

Jazz-Trompeter Dizzy Gillespie in der Garderobe.

Gastspiele von Top-Künstlern haben uns bekannt gemacht. Da muß niemand mehr nach München oder auch Stuttgart fahren. Anne Sophie Mutter kann er auch in Friedrichshafen hören", sagt Neumann.

Bis schließlich die Fans ihre Mutter in Friedrichshafen bewundern können, ist die Vorarbeit „heller Wahnsinn" (Neumann). Die Telefondrähte laufen heiß, viel Überzeugungskraft ist notwendig, den Star für ein Gastspiel in der Provinz zu gewinnen. Neumann: „Da hilft kein Geld, da helfen nur gute Worte".

Wie sieht er die Zukunft der Kulturarbeit? „Die finanzielle Situation einer Mittelstadt wie Friedrichshafen wird immer kritisch sein. Da es in der Kunst unterschiedliche Richtungen gibt, und es sich in der Re-

gel um konkurrierende Bereiche handelt, die um öffentliche Unterstützung streiten, müssen Prioritäten festgelegt und begründet werden. Die Entscheidung über die Vergabe der Mittel wird davon beeinflußt, welche Bedeutung die Stadt der Kultur beimißt und welchen Einfluß sie darauf nimmt, daß alle Bürger gleichermaßen Nutznießer der Ausgaben für Kultur sind. Zusätzliche Effekte wie Stadtwerbung, Steigerung des Lebensgefühls, Wirtschaftsförderung, Fremdenverkehr müssen in die Bewertung einfließen".

Wieviel Kultur braucht der Mensch?

Wenn manchmal davon gesprochen werde, daß zuviel Kultur im Angebot sei, dann dürfe man nicht nur immer von seinem Terminkalender und seinem Geldbeutel ausgehen. Man müsse sich das Ziel vor Augen führen, daß, so Neumann, möglichst viele Bürger am kulturellen Leben der Stadt teilnehmen sollten. Die finanzielle Belastung für die Stadt sei noch im erträglichen Rahmen. Eine Antwort auf die Frage, wieviel Kultur der Mensch brauche, sei schwer zu geben. Sicher sei, daß sich die Bedürfnisse des Menschen geändert und Arbeitszeitverkürzung, neue Medien, immer mehr Technik Veränderungen mit sich gebracht hätten und hier oft über die Kultur eine Antwort gesucht wurde. Das erfordere ein vielseitiges Angebot.

Friedrichshafen als dynamische Industriestadt müsse auch darauf achten, daß qualifizierte Arbeitskräfte kämen. Bei der Arbeitsplatzentscheidung spiele das kulturelle Angebot oft eine wichtige Rolle. Kultur sei ein Imagefaktor und eine hervorragende Stadtwerbung. Investitionen, die hier getätigt würden, könnten oft mehr bringen als in anderen Bereichen.

Auch Tagungszentrum

Diese Ansicht vertritt ganz entschieden auch der Verkehrsdirektor Friedrichshafens und Leiter des Graf-Zeppelin-Hauses, Udo Haupt (47). „Das Graf-Zeppelin-Haus ist inzwischen zur Visitenkarte der Stadt geworden. In der Anlaufphase mußten wir natürlich über Land ziehen und für unser Haus und für das Tagungsgeschäft werben. Jetzt ist es bundesweit bekannt, die Leute kommen direkt zu uns und buchen. Es gibt sogar schon Anfragen bis 1994. Bei uns trifft sich eigentlich alles, ob der Bundeskongreß der Philatelisten oder der Verband der Kassenärztlichen Vereinigung. 1990 kommen wir auf insgesamt 1500 Veranstaltungen. Im Dezember 1989 hatten wir den einmillion-

Anne Sophie Mutter gastierte im Februar 1989 im Graf-Zeppelin-Haus. Kleine Bewunderer.

sten Besucher", berichtet Udo Haupt stolz, der bis 1981 noch Kurdirektor auf der Mettnau war und heute zu den „Machern" in der Messe- und Zeppelinstadt gehört. Friedrichshafen, einst die Sommerresidenz der württembergischen Könige, habe sich mit dem Graf-Zeppelin-Haus zu einem Kultur- und Tagungszentrum außerordentlichen Ranges entwickelt. Dabei liege der jährliche Betriebskostenzuschuß von rund 1,5 Millionen Mark weit unter dem, was einmal im Gemeinderat prognostiziert worden sei. Im übrigen habe man streng darauf zu achten, daß im Haus 60 Prozent der Kultur vorbehalten blieben und 40 Prozent dem Tagungsgeschäft, weil es mit Mitteln der Zeppelin-Stiftung errichtet worden sei.

Konsequent decken Haupt und seine Mannschaft neben dem Tagungsgeschäft die Lücke ab, die das Kulturprogramm nicht bietet: Freie Agenturen offerieren beispielsweise die „Rocky Horror Picture Show", oder Ernst Mosch und seine Egerländer Musikanten. Dazu kommen die im Sommer so beliebten Hafenkonzerte des Südwestfunks oder auch die vielen Vereinsveranstaltungen von der Fasnet bis hin zu den Imkern oder die offiziellen Anlässen und Empfängen. Haupt: „Es ist keine Seltenheit, daß wir an einem Tag mehr als zehn Veranstaltungen im Haus haben – so auch

Seminare und Gesprächskreise von Unternehmen aus der Bodenseeregion, die das GZH immer mehr für sich entdecken".

Guter Ruf

Damit alles reibungslos läuft und die Termine stimmig sind, ist Eberhard Schneider (33) als „Computerfreak" mit seiner elektronischen Datenverarbeitung stets auf dem laufenden. Auch er unterstreicht, daß nach den ersten Jahren jetzt vieles von allein klappt. „Die tolle Lage am See und die Ausstattung des Hauses sowie der Service der Mitarbeiter haben sich nach dem Schneeballsystem herumgesprochen".

So hat sich denn der Wunsch von Oberbürgermeister Dr. Bernd Wiedmann erfüllt, als er bei der Einweihung im Oktober 1985 sagte: „Das Haus werde zum Treffpunkt für alle, mitten im Grünen offen zum See und zur Sonne, mit viel Platz und für viele Zwecke. Ein Haus, das für Friedrichshafen und darüber hinaus sicher auch für den gesamten Bodenseeraum von großer Bedeutung sein wird. Unter ausschließlich finanziellem Aspekt wird es keine Zinsen tragen. Wenn es aber in Zukunft Mittelpunkt eines regen kulturellen und gesellschaftlichen Lebens sein wird, dann zahlt es sich in anderer Form um so mehr wieder für unsere Stadt aus."

Assoziationen und Wortfetzen

Zur Jugendkunstschule Bodenseekreis

Christa Barth

Mit Unterstützung des Landes Baden-Württemberg hat der Bodenseekreis 1984 eine Jugendkunstschule als Modell eingerichtet. Anlaß hierzu war das Bestreben, durch musisch-kreative Angebote Kinder und Jugendliche zu kulturellen Aktivitäten anzuregen, sowohl auf praktischer als auch theoretischer Ebene. Einige Themen aus dem dreistufigen Unterrichtsprogramm sind zum Beispiel: Musisch-kreative Früherziehung, Bildnerisches Gestalten, Moderne Bildhauerei, Ölmalerei, Aquarell, Siebdruck, Fotografie, Zeichnen, Kalligraphie, Grafik-, Produkt-, Mode-Design, Akademievorbereitung, Kindertheater, Jugend-Improvisationstheater, New-Dance, Lambada, Salsa. Die Dozenten der Jugendkunstschule sind akademisch ausgebildete Fachkräfte mit pädagogischem und/oder künstlerischem Schwerpunkt.

Im folgenden sind unüberlegte spontane Reaktionen auf den Begriff „Jugendkunstschule Bodenseekreis" festgehalten:

Anna, 4 Jahre, Schülerin, Tonen

„Ich heiß' Anna, eins, zwei, drei, vier vier Jahre . . . ehm . . ., also ich kann eine Schüssel machen mit . . . ehm . . . mit ehm . . . mit ein Clönchen. Und das war's . . . toll . . . hehemh. Da kann man auch ein Mann machen, mit Bart, . . . da kann man ein, ein, ein Niklaus machen, hehe und . . . eine Uhr und Kette und . . .

ein Elefant, Geburtstag und . . . ehm, ach Mensch, . . . ehm ein Mensch.

Margret, 21 Jahre, Schülerin, Moderne Bildhauerei

„Also . . ., ich find's gut, daß eh, . . . zum Teil Künstler die Kurse gebet, und des anspruchsvoll gestaltet wird."

Caroline, 7 Jahre, Schülerin, Malen, Tonen

„Ehm, . . . hier is es halt echt schön, aber . . . tonen kann man hier, . . . malen . . . Tonsachen malen, kann malen, kann man anmalen, und . . . aus'm Ton kann man vieles machen, ehm . . . Wir haben schon mal Matsch gemacht, zweimal . . . Ton matsch . . . und . . . sonst . . ."

Silvana, 23 Jahre, Schülerin, Grafik-Design, Moderne Bildhauerei

„Ok, . . . also, ich find' das ganz super, weil . . . seit i eigentlich, eigentlich Maler nimmer bin, und in dem Beruf hab' ich sehr viel mit Farbe zu tun g'habt, und irgendwie hab' i mal in der Zeitung g'lese, daß es die Jugendkunstschule gibt, und und . . . da hab' i g'lese, was da für so alles für Kurse gibt und so. Und da hab' i mi mal ganz spontan mal entschlossen ah, Grafik-Kurs, da geh' i hin. Des muß i sehe. Und der Kurs hat mir ganz gut g'falle, bloß i hab' festgestellt, mir isch es doch e klei bißle zu trocke, i möcht'e bißle gern was Fetzges mache, wo i

Aktionskunst „Fliegen mit der Sonne"
Das dreistufige Schulkonzept der Jugendkunstschule Bodenseekreis (musisch-kreative Früh-erziehung, Grundstufe, Oberstufe) wird umrahmt von Sonderveranstaltungen wie zum Bei-spiel Projekten, Festen, Ausstellungen, Exkursionen, Tanz- und Theateraufführungen. Die hier zu sehenden „Riesenfoliengebilde" sind das Ergebnis eines Aktionskunstkurses des Sommerprogramms 1989.

e bißle am Material was arbeite, das hat mir immer schon gut g'fallen und eh, da i eben zu Hause au einiges mit Gips mach' und so, da hab' i mi spontan entschlosse, und i find's echt gut, also i wär dafür, daß die Elke das weitermacht, doch echt, find' i super und . . . eh vielleicht no mal e zweite Kurs in Malerei das tät mir no g'fallen. Ich find es echt gut, die Schul . . . Ich find' so was, sol-che Schulen sollt's echt öfters geben, weil i find, für die Jugendliche wird sowieso zu wenig g'macht. Ja . . ."

Regine, 30 Jahre, Dozentin,
Tonen, Zeichnen

„Tolle Kurse und viel Lärm und viel Dreck und zu kleine Räume . . . eh . . . und viel Spaß und viele nette Leute und . . . ehm nicht genug Parkplätze und ehm . . ."

Martina, 9 Jahre, Schülerin, Malen, Tonen

„. . . Daß es viele Sachen gibt, die man da machen kann . . . Oje, daß es so glei-chaltrige Kinder sind, daß man meistens freie Wahl hat, was man will . . ."

Kalligraphie für Kinder
Die Kalligraphie ist neben der Malerei und Bildhauerei eine der ältesten Kunstformen. Daß sich auch schon neunjährige Kinder mit Begeisterung der Kunst des Schönschreibens widmen, bestätigt immer wieder eine hohe Teilnehmerzahl.

Wiebke, 18 Jahre, Schülerin,
Malklasse Harald Häuser

„Na ja, eh, das is schwer . . ., gute Gruppenkurse, man lernt viele Leute kennen, die, dies gleiche Interesse haben, das gleiche Hobby haben . . . Und man kann dann toll, wenn man Glück hat, kann man später noch mit denen Kontakt haben. Dann eh, . . . und man lernt etwas dazu, also auf jeden Fall man kommt weiter in der Malerei jetzt, vor allem bei meinem Kurs eben . . . Bei meinem Kurs war's halt so, daß es 'ne freie Malerei war, und das hat man, das macht man eigentlich sonst in der Schule macht man sowas ja gar nicht. Das lockert unheimlich und man kriegt auch 'n Farbge-

fühl, würd ich sagen, also 'n Harmoniegefühl, was für Farben gut zusammen passen und . . .“

Svenja, 9 Jahre, Schülerin,
Kindertheater, Kalligraphie

„Also, ehm da haben wir mit Federn geschrieben, mit so dünnen und mit dicken, hehehe, und . . . ehm, das war schön. Leider hab' ich bloß viel zu viel Blätter verbraucht, . . . und sonst nix mehr . . . Ja und . . . die Kursleiterin, das war die Daniela, die war ganz nett. Und da durften wir uns noch ehm, eh verschiedene, eh Tinten aussuchen, . . . farbige . . . Jetzt weiß ich nix mehr.“

Malklasse Harald Häuser
Die Jugendkunstschule ist bemüht, für jedes Unterrichtsjahr einen renommierten, möglichst international arbeitenden Künstler als Gastdozenten zu verpflichten. 1990 war dies der Marburger Künstler Harald Häuser, der unter anderem am College of Art in Savannah/USA unterrichtet. Für einige Wochen konnten somit Schüler der Jugendkunstschule in Meersburg und Markdorf unter ähnlichen Bedingungen wie sie an einer Kunstakademie üblich sind arbeiten. Ab Oktober 1990 bietet die Jugendkunstschule zudem innerhalb ihrer Oberstufe die Möglichkeit zu einer qualifizierenden Akademie- bzw. Fachhochschulvorbereitung in den Fachklassen Grafik-Design, Produkt-Design, Mode-Design und Bildende Kunst. Allgemeine fachübergreifende Unterrichtsthemen sind hier zum Beispiel: Berufsbild des Künstlers (Designers), Möglichkeiten beruflicher Ausbildung, Studienverlauf, persönliche Eignung, Bewerbung, Mappenherstellung.

Udo, 25 Jahre, Schüler,
Moderne Bildhauerei

„Tja, et macht mir wohl Spaß, also spontan fällt mir ein, ich hab' dat seit meiner Schulzeit nich mehr gemacht, . . . so'n bißchen rumwerkeln, und . . . das macht mir schon Spaß . . ., ich mein' ehm . . . zudem kommt dann dazu, daß ich so handwerklich 'ne Menge mache, beruflich aber nicht dazu komme, und von daher find ich das also 'ne ganz nette Einrichtung. Ja . . . eh, aber, ja vielmehr kann ich dazu eigentlich nich sagen, ich bin grad ers mal zwei Stunden da . . . oder drei. Ja, OK . . .“

Marc-Philip, 6 Jahre, Schüler,
Malen, Tonen

„Die Jugendkunstschule find' ich schön!
Die Regine find' ich auch nett . . . n' Tunnel hab i g'macht . . ."

Elke, 30 Jahre, Dozentin, Bildhauerei,
Aquarell, Tonen, Früherziehung

„Also, als erschtes bedauer ich's, daß, als
ich klein war, daß des wirklich net gab. Und
ich hab' das Glück gehabt, hab' über meine
Eltern also praktisch . . . eh, kreativ wer-
keln zu können, da mein Bruder zwei linke
Hände hatte, hatt' ich als Mädchen halt au
die Möglichkeit. Hier bei uns in der Jugend-
kunschtschule . . . eh . . . stell' ich immer
wieder fescht, daß . . . Kinder oder Jugendliche, die immer meinen, sie könnten gar
nix, also die tollschten Sachen eigentlich
hervorbringen. Und die, die schon so von
der Schule her schon so geprägt sind, also
von ihrer Schule, vom Kunschtunterricht,
die meinen, sie könnten schon so tolle Sachen, daß die so unheimlich gehemmt sind,
weil in der Schule einfach anderscht gear-
beitet wird. Daß hier 'n freieres Arbeiten
möglich is . . . und die Kreativität einfach
viel mehr ausgeschöpft werden kann."

Kerstin, 11 Jahre, Schülerin,
Aktionstheater, Kindertheater „Pfiffiki"

„Also, ehm, ehm . . .eh . . . die Kursleiterin war die Ute. Ehm, wir haben den
„kleinen Muck" vorgespielt, und . . ., des
hat mir auch gefallen . . . Und ehm, da
möcht' ich gern nochmal rein. Die Ute hat
das gut gemacht ehm . . .und . . ."

Holger, 22 Jahre, Schüler,
Aquarellmalerei, Bildhauerei,
Malklasse H. Häuser

„Erscht muß i fahren von Überlingen,
desch e wenig umständlich, aber es geht,
aber mit em Fahrrad wär's schon 'n Stück zu

Moderne Bildhauerei
Die Moderne Bildhauerei ist ein Grundstu-
fenkurs der Jugendkunstschule. Die Grund-
stufe, als der umfassendste Schulbereich,
richtet sich an alle interessierten Kinder und
Jugendliche, unabhängig von deren Vorbil-
dung oder Begabung. Die Gruppengrößen
sind jeweils so gering gehalten, daß eine indi-
viduelle Betreuung und künstlerische Weiter-
bildung jedes Schülers gewährleistet ist.

fahren. Ah, was mich e weng nervt, is, des
is, daß ihr hier kein, keine Werkstatt habt
und so, man muß halt viel improvisie-
ren . . . und sonscht, das Angebot isch ganz
gut. Die Kurse sind ganz gut ausgewogen
und so. Auch mit dem Siebdruck und so.
Eh, ich find' sie halt insofern wichtig, daß
eben hier auch hier Kinder herkommen, ja

also, daß sie von klein auf da schon 'ne Möglichkeit haben, sich kreativ zu betätigen, daß das gefördert wird . . . Der Harald Häuser, des fand ich gut, daß der da den Kurs gemacht hat, also so spontane Sachen. Eh, es gibt ja eigentlich auch keine andere Möglichkeit mehr . . . irgendwo sowas zu machen, ja. Und es gibt kein anderes Angebot sonscht in der Region auch, desch ischt das einzige . . .eh . . ."

Tobias, 10 Jahre, Schüler,
Kalligraphie, Bildnerisches Gestalten,
Tonen

„Na, also . . . ich fand's ganz gut, daß ich da mal hingegangen bin, weil jetzt kann ich auch schön schreiben, so 'ne Überschrift oder so, und mit den Farben da hab' ich ganz gut gefunden, daß mir auch 'ne Farbe g' habt haben, und daß mir so den Schreiber da gekriegt haben, daß mir's auch selber machen können, . . . Und die wo des gemacht hat, die war eigentlich ganz nett."

Hermann, 50 Jahre, Schüler
Sommerprogramm-Siebdruck

„Warum heißt es Jugendkunstschule? Warum heißt es nicht Kunstschule? Macht nur die Jugend Kunst? Sonst niemand?"

Martin, 25 Jahre, Dozent
Siebdruck, Ölmalerei,
Oberstufe Bildende Kunst, Porträt

„Kunst . . . Jugend . . . Spaß . . . Kooperation . . . Gemeinschaft . . . Da fällt mir ein: Siebdruck . . .'s alles.

Gabi, 21 Jahre, Schülerin, Bildhauerei

„Jugendkunstschule, . . . bekannt war's mir eigentlich erst so . . . na ja, viertel Jahr etwa, na ja, teschten wir's erst mal an, und i find's echt super. Nur ich schätze, daß halt vielleicht viele, wo vielleicht älter sind und es vielleicht auch gern machen würden, daß des JUGENDkunstschule die abhält . . . Und sonst find' ich's einfach echt super, vor allem, man muß nich irgendwie begabt sein, ja also frei, also wirklich, i bin begeistert, also i fand's schon 's letschte Mal, zuerscht war, also nach dem Wochenende vom erschten Kurs, hinterher hab' i mi so richtig toll g'fühlt, so richtig, als hast was g'schaffen und . . . was Eigenes und so richtig mit 'n eigenen Händen. Also richtig toll, also . . ."

Neuer Start ab 35

Motivierungs- und Orientierungskurs für Frauen der Volkshochschule Bodenseekreis

Isolde Alles

„Erst war ich selbstlos,
jetzt gehe ich selbst los ...“

Spätestens als der Arzt sagte: „Sie müssen heraus aus der Enge der Familie, neue Wege suchen, Eigenständigkeit probieren“, wurde ihr klar, nur sie allein kann eine Veränderung in ihrem Leben schaffen, ihm eine andere Richtung geben.

Als Nur-Hausfrau, Mutter und Ehefrau geraten viele Frauen nach Jahren der Familienarbeit in eine eingleisige Lebensspur, deren Enge und Einförmigkeit mit zunehmendem Alter der Kinder immer bedrückkender wird. Das äußert sich oft in einer inneren Leere, Hoffnungslosigkeit und ausgehöhltem Selbstbewußtsein.

Mit dieser Problematik beschäftigt sich ein Kursprogramm der Volkshochschule Bodenseekreis in Zusammenarbeit mit dem Kreisjugendamt. Die Leitung der Kurse hat seit Herbst 1984 Diplom-Pädagogin Waltraud Zembrod. Mit dem im Frühjahr 1990 abgehaltenen Kurs hat sie ca. 200 Frauen betreut.

Gespräche mit Teilnehmerinnen
– Die alleinerziehenden Mütter –

In Gesprächen mit einigen Teilnehmerinnen aus den letzten Kursen eröffnen sich unterschiedliche Lebensräume. Die Ursachen der unmittelbaren Unzufriedenheit oder der über Jahre angestauten Frustration liegen im jeweils individuellen sozialen Umfeld.

Was sind es für Frauen, die den Kurs „Neuer Start ab 35“ für sich als Orientierungshilfe wählen?

Da ist zunächst die alleinerziehende Mutter, die das Mutter-Kind-Modell beansprucht. Um sich dem „Wunschkind“ widmen zu können, hat sie ihren angesehenen Beruf aufgegeben. Sie erwartet von der Teilnahme an dem Kursprogramm Hinweise für eine berufliche Wiedereingliederung, ohne einen Abstieg in Kauf nehmen zu müssen. Nach Abwägung aller realistischen Möglichkeiten kommt sie zu dem Schluß, daß sie die Zeit bis das Kind eingeschult wird, für die Erlangung der Fachhochschulreife mit anschließendem Studium nutzen möchte.

„Mir ist klar geworden, daß das soziale Engagement, das in meinem erlernten Beruf stark gefordert ist, nicht mehr mein Anliegen ist. Meine beruflichen Erfahrungen möchte ich zwar einbringen können, aber eher in beratender Funktion. Außerdem denke ich an die Zukunft des Kindes und brauche nicht nur ein gesichertes Einkommen, sondern auch eine flexible Arbeitszeit.“ Mehr zufällig wird ihr bewußt, daß sie bisher als Kopffüßler durch die Welt gelaufen ist. Der Kopf erstellt willensstark konkrete Lebensgebäude und nimmt den Körper mit eigenen Wünschen und Bedürfnissen nicht mehr wahr. Beides in Einklang bringen und Weiblichkeit als Einheit begreifen lernen – das ist ihr persönliches Fazit.

Aktionen und intensive Gespräche innerhalb der Gruppe ermutigen viele Frauen, neue Aufgaben anzugehen.

Damit ist eine wichtige Intention der Kursarbeit erreicht.

Die nächste Gesprächspartnerin befindet sich in einer vergleichbaren Situation. Als geschiedene Frau und alleinerziehende Mutter besucht sie den Kurs in der Hoffnung, irgendeine berufliche Tätigkeit zu finden, welcher Art auch immer. Sie glaubt, nach der Familienpause keine Aussicht mehr zu haben, in ihren erlernten Beruf zurückzukehren.

Um so überzeugender ist für sie dann die im Laufe des Kurses gewonnene Erkenntnis, sich niemals unter Wert vermarkten zu lassen. Es geht nicht darum, eine beliebige Tätigkeit auszuüben, sondern die eigenen Wünsche und Fähigkeiten zu erkennen und anzunehmen. Erst dann rückt die Umsetzung in die Praxis in greifbare Nähe. Plötz-

lich entdeckt sie Stellenangebote, die sie noch einige Wochen vorher kaum zur Kenntnis genommen hätte, denn der Gedanke, „dafür bin ich nach der langen Zeit nicht mehr geeignet, habe ja doch keine Chance", stand beherrschend im Vordergrund.

„Eigentlich war ich sicher, genau zu wissen, was ich will. Nach der gescheiterten Ehe mußte ich alle Kräfte mobilisieren, um das Alleinleben zu schaffen. Aber erst der Rückhalt durch die Gruppe hat mein Selbstbewußtsein so gestärkt, daß ich mich um eine Stelle bewarb, die genau meinen Vorstellungen entsprach und sich mit meinen häuslichen Pflichten gut vereinbaren ließ."

Es klappt.

Die finanzielle Erleichterung geht einher mit mehr persönlicher Gelassenheit, mehr

Im Rollenspiel lassen sich eingefahrene Verhaltensweisen überprüfen.

Ausgeglichenheit, was sich wiederum günstig auf die oft angespannte Familiensituation auswirkt.

– Die Familienfrauen –

Der Gruppe der alleinerziehenden Mütter steht die weitaus größere Anzahl der Familienfrauen, die am Kursprogramm teilnehmen, gegenüber.

Nach vielen Jahren der Kindererziehung und Hausarbeit zielen ihre Fragen auf einen veränderten Lebensschwerpunkt ab.

Wer bin ich? Was kann ich noch? Wie finde ich ein Gegengewicht zur Familie?

Als neu und wohltuend erleben viele die intensiven Gespräche in einem bewußt weiblichen Umfeld.

In unserer geschichtlichen Epoche wurden Frauen in einem noch nie dagewesenen Ausmaß voneinander getrennt. Nur mühsam und eher zufällig erfahren wir, was in anderen Kulturen noch vorhanden ist: daß nämlich Frauen mit Frauen eine andere und möglicherweise intensivere Verständigungsmöglichkeit haben als mit Männern.

So war besonders der Gedankenaustausch für viele Familienfrauen sehr wichtig. „Ich wollte wissen, wo finden sich Berührungspunkte mit anderen Frauen bei der Alltagsbewältigung, im seelischen Bereich und im Erkennen neuer Lebensperspektiven. Ich fühlte mich in meiner Arbeit als Familienfrau wieder bestätigt und aufgewertet. Mir erschien die Bewahrung der traditionellen Lebensform „Familie" sinnvoll und für die Zukunft bitter nötig zu sein."

Für die existenziellen Probleme einzelner Frauenschicksale, die innerhalb der Gruppe

Ein schlichter Rundtanz lockert inneres Erstarrtsein und bringt Entspannung.

konkret und hautnah miterlebt werden, erwächst mehr Verständnis und Sensibilität.

Will die Hausfrau und Mutter ihr wiedergewonnenes Selbstbewußtsein auch innerhalb der Familie zur Geltung bringen, muß sie sich der Auseinandersetzung mit Ehemann und Kindern stellen. „Ich" zu sagen und „Nein" sagen zu können, erfordert Kraft und Hartnäckigkeit.

Ihre Orientierung nach außen richtet sich häufig auf eine ehrenamtliche soziale Tätigkeit.

Wird eine berufliche Beschäftigung erwogen, so sind bei der Suche persönliche Interessen und der Umgang mit Menschen ausschlaggebend.

Das gemeinsame Fazit aller am Kurs beteiligten Frauen lautet: Weibliche Identität wird mit Kindern oder Familie allein keineswegs ausreichend erlebt. Eine außerfamiliäre Bestätigung brach liegender Fähigkeiten ist als Ergänzung unverzichtbar.

„Neuer Start ab 35": Hilfe zur Selbsthilfe

Der Kurs „Neuer Start ab 35" greift drängende Fragen von Frauen in der Lebensmitte auf:
– Welche persönlichen Bedürfnisse habe ich?
– Was kann ich?
– Wo liegt meine Zukunft?

Gleichzeitig bietet das Programm Entscheidungshilfen für die zukünftige Gestaltung des Lebens:
– Rückkehr in den Beruf
– Umschulung oder Ausbildung
– Spezielle oder allgemeine Weiterbildung

– Ehrenamtliche Übernahme sozialer Aufgaben
– Verwirklichung von Interessen und Begabungen
– Bewußtes Verbleiben in der Familie

Diese gleichberechtigten Ziele stellen ein Angebot dar, um jeder Frau eine Starthilfe zu geben entsprechend ihren individuellen Bedürfnissen, Fähigkeiten und Entwicklungsmöglichkeiten.

Aufbau des Kurses

1. Teil: Persönlichkeitsentfaltung

Das Kursprogramm hat den Charakter eines Lern- und Entwicklungsprozesses. Das zeigt sich an seinem Aufbau: In den ersten vier Wochen stehen Fragen zur Selbstbesinnung und Selbstfindung im Vordergrund.

Wie lebe ich – was geht in mir vor – wer bin ich – was kann ich.

In Gesprächen und Diskussionen werden die individuellen Ausgangspositionen herausgeschält und ein Sichbewußtwerden der eigenen Gefühle und Bedürfnisse in den Mittelpunkt gestellt.

Im Rollenspiel, bei Atem- und Meditationsübungen, beim Malen, Tanzen, Töpfern lösen sich Verkrampfungen, wird das innere Erstarrtsein gelockert. Rein mechanische Verhaltensweisen werden aufgedeckt.

Themen aus den Bereichen Rhetorik, Psychologie, Pädagogik, Soziologie der Familie, Frauen und Kulturgeschichte sollen helfen, neue Räume zu entdecken.

2. Teil: Gesellschaftskunde

In den anschließenden Wochen geht es um Themen des öffentlichen Lebens. Da oft berufliche oder ehrenamtliche Arbeit in sozialen Einrichtungen angestrebtes Ziel ist, werden auch die Bereiche Jugendpflege, Familienhilfe, Altenarbeit, Familien- und Scheidungsrecht, Arbeitsmarktlehre behandelt.

Politik und Zeitgeschehen stehen ebenfalls auf dem Programm. Zu den Schwerpunktthemen, die von Gruppe zu Gruppe unterschiedlich sein können, werden Vertreter der Sozialeinrichtungen, Umweltorganisationen, politischen Parteien eingeladen, aber auch engagierte Menschen aus der Gemeinde, die durch ihren sozialen Einsatz etwas in Bewegung gebracht haben.

In Form von Einzelreferaten oder einer Forumsdiskussion werden Informationen vermittelt, Fragen beantwortet und Lösungsmöglichkeiten zu speziellen Problemen erörtert.

Probe aufs Exempel

Die ländlichen Kurse dienen weniger der Vermittlung reiner Information als vielmehr der zwischenmenschlichen Begegnung und dem Anstoß zur Gruppendynamik. Das aktive „Wir-Gefühl" macht den

Das In-eine-andere-Rolle-schlüpfen bietet Gelegenheit zu bisher ungenutzten Ausdrucksmöglichkeiten.

286

meisten Frauen Mut, Erlerntes in die Familie zu tragen und neue Einsichten in der Praxis auszuprobieren.

Um sich der Realität ganz konkret zu stellen, schließt sich an die zwei Unterrichtsmonate ein zweiwöchiges Praktikum an. Die bisherige Erfahrung zeigt, daß sich nach dessen Abschluß für die meisten Frauen nicht automatisch eine Berufstätigkeit anschließt. Kontakte nach außen, sei es durch den Aufbau einer Kinderspielgruppe, Hausaufgabenhilfe für benachbarte Schüler, sei es durch Besuchsdienste im Krankenhaus oder Altenheim, werden zunächst von beinahe allen Teilnehmerinnen gesucht.

Weiter führt dieser Weg zum Aufbau von Selbsthilfegruppen oder Engagement in kirchlicher oder kommunalpolitischer Arbeit.

Das bei vielen Frauen um die Lebensmitte auftretende starke Verlangen, Wissenslücken aufzufüllen oder sogar etwas ganz Neues von Grund auf zu lernen, kann nun akzeptiert und befriedigt werden.

Der Weg ist das Ziel

Selbständiges Denken und Handeln, sich mit dem individuellen weiblichen Rollenverständnis identifizieren, ja sagen zu neuen Wünschen und Interessen, die ein Gegengewicht zur Familie schaffen und besonders der Beziehungsorientiertheit der Frau gerecht werden – das sind Entwürfe dieses Kursprogramms, von denen jede Frau Teile für sich verwirklichen kann.

„Kehlen grüßt Kehlen"

Musik kennt keine Grenzen

Brigitte Assfalg

Das eine Kehlen, hierzulande wohlbekannt, liegt im Schussental, war bis 1972 eine selbständige Gemeinde, hat 3800 Einwohner und ist heute Ortsteil von Meckenbeuren. Kehlen hat ein ausgeprägtes Gemeinleben entwickelt und sich seine Identität erhalten. Unter den vielen Vereinen und Vereinigungen in der Ortschaft nimmt die Musikkapelle Kehlen, die 1983 ihr 150jähri-

ges Jubiläum beging, eine herausragende Stellung ein. Und wer Kehlen näher kennt, weiß, daß es ein festesfreudiger Ort ist, in dem Vereine und Bürger zusammenarbeiten und zupacken, wenn es gilt, eine Veranstaltung auf die Beine zu stellen.

Das andere Kehlen findet man im Herzen Europas, im Großherzogtum Luxemburg, jenem kleinen, aber feinen, weltoffenen

In die Herzen der deutschen Kehlener spielte sich die „Fanfare Kehlen" beim Sommerfest 1990.

288

Land, Gastgeber der Völker, in dem wichtige europäische Institutionen und Behörden ihren Sitz haben. Dieses Kehlen, 14 Kilometer von der Hauptstadt Luxemburg entfernt, ist eine blühende Gemeinde, in der 4200 Einwohner zu Hause sind. Auch dort gibt es ein reges Vereinsleben und eine Musikgesellschaft, die „Fanfare Kehlen", die 1989 ihr 110jähriges Bestehen feierte.

Ein Kehlener entdeckt Kehlen

Fast wie ein Märchen hört es sich an, wie ein „Kehlener" Kehlen entdeckte. Nach der mündlichen „Überlieferung" verhielt es sich so:

Irgendwann, Ende der siebziger, Anfang der achtziger Jahre, verbrachte ein Luxemburger Kehlener den Urlaub am Bodensee. Bei Besichtigungsfahrten las der Gast auf einem Wegweiser „Kehlen". „Das muß ich mir anschauen", war sein erster Gedanke. Gedacht, getan – der Besucher aus Luxemburg fuhr nach Kehlen, kam mit schwäbischen Kehlenern ins Gespräch, informierte sich über das Gemeinde- und Vereinsleben und trug die Nachricht vom deutschen Kehlen nach Luxemburg.

Diese Kunde vernahm auch der pensionierte Schuldirektor Feyereisen, ein passionierter Hobby-Maler. Er machte Station in Kehlen (Bodensee) und brachte ein duftiges Aquarell, das das alte Schulhaus an der Hirschlatter Straße zeigt, aufs Papier.

Entdecker bleiben oft unerkannt und ungenannt. So auch hier. Der Name jenes Mannes aus Luxemburg, der Kehlen ausfindig machte, war trotz intensiven Nachfragens nicht zu erfahren.

Die Musikkapellen Kehlen (L) und Kehlen (D) im Juni 1989 in Luxemburg.

Begegnungen

Bis zur ersten Begegnung zog noch einige Zeit in die Lande. Doch eines Tages – inspiriert durch das Feyereisensche Bild – wandte sich Robby Kieffer, neugewählter Präsident der „Fanfare Kehlen", an Verantwortliche der Ortschaft Kehlen mit der Anregung, Kontakte auf kultureller und musikalischer Ebene aufzunehmen.

Was lag hier näher als eine Verbindung zwischen den beiden Musikkapellen? Musik kennt keine Grenzen und öffnet die Herzen.

Franz Assfalg sen., Vorstand des Musikvereins Kehlen, Dirigent Xaver Benz und der Musikantenkreis waren begeistert von der Idee einer freundschaftlichen Beziehung zur „Fanfare Kehlen", Luxemburg. Ein paar Vorgespräche wurden geführt, und schon war man sich einig und folgte der Einladung nach Luxemburg zu den Jubiläumsfeierlichkeiten im Juni 1989 anläßlich des 110jährigen Bestehens der „Fanfare Kehlen".

Und siehe da, der Funke sprang sofort über: die Luxemburger Kehlener gingen mit freundlicher Offenheit auf die schwäbischen Kehlener zu, gegenseitige Sympathie, Gastfreundschaft und Verständnis füreinander beherrschten das Geschehen. Miteinander wurde musiziert, gefestet und gefeiert. Wer Sprachbarrieren befürchtet hatte, wurde schnell eines Besseren belehrt. Die Luxemburger parlierten nicht französisch, redeten auch nicht in ihrer „letzeburgischen" Landessprache, sondern verständigten sich mit den Gästen in einem gepflegten Hochdeutsch, das sich hören lassen kann.

Die Kehlener vom Bodensee erkannten neben vielen anderen Gemeinsamkeiten, daß die „beiden Kehlen" auch die Lust und Freude am Feiern verbindet.

Eine Gegeneinladung an die „Fanfare Kehlen" war selbstverständlich. Zum Sommerfest der Musikkapelle Kehlen, im Mai 1990, fand sich die „Fanfare" und eine Abordnung des Sportvereins Kehlen an der Schussen ein.

Ist es doch gerade im Hinblick auf Europa wichtig, daß sich die Menschen kennenlernen, Vorurteile abbauen und Brücken zueinander schlagen. Das ist allemal nur durch persönliche Kontakte möglich. Ganz im Zeichen dieser Gedanken fand die viertägige Begegnung statt. Man ging offen aufeinander zu, diskutierte Probleme, stellte Gemeinsamkeiten und Verbindendes heraus und lernte die Eigenheiten des anderen zu respektieren und anzuerkennen. Unter Freunden und mit Freunden wurde das „Sichfinden" der beiden Kehlen gefeiert. Oft war zu hören „Es sind halt auch Kehlener ..." – ein Name verbindet.

Die „Fanfare Kehlen" bereicherte mit ihren Auftritten das Festprogramm. Ihr Spiel unter Leitung von Musikprofessor Louis Hoyaux und die kabarettartigen Darbietungen der Mitglieder des Sportvereins Kehlen (Luxemburg) wurden vom einheimischen Publikum mit herzlichem Beifall bedacht.

Trauer überschattete die Festesfreude, als Präsident Robby Kieffer, Luxemburg, des im November 1989 überraschend verstorbenen 1. Vorsitzenden des Musikvereins Kehlen, Franz Assfalg, gedachte. Ihm, einem der „Väter" der deutsch-luxemburgischen Freundschaft, war es nicht vergönnt, die Begegnung, die er maßgebend mitanbahnte, zu erleben. In der Gewißheit, daß die Beziehungen zwischen „Kehlen & Kehlen" weiter vertieft werden, wurden die Gäste verabschiedet: Eine Abordnung der Freiwilligen Feuerwehr fährt im September 1990 nach Luxemburg und die „Big Band" der Musikkapelle Kehlen wurde nach Luxemburg engagiert.

Alles in allem war der Besuch eine geglückte Begegnung, ein Beitrag zur europäischen Verständigung, sozusagen ein Baustein für das „Europäische Haus".

290

KEHLEN, im Grossherzogtum Luxemburg, etwa 12 km von der Hauptstadt

KEHLEN, am Bodensee, etwa 8 km von Friedrichshafen, an der Schussen

Aquarelle des Hobby-Malers Feyereisen aus Luxemburg.

Ausblicke

Freundschaftliche Bande sind geknüpft, die durch das Zustandekommen einer Partnerschaft zwischen den beiden gleichnamigen Orten – wie von Bürgermeister Jos Halsdorf, Kehlen/Luxemburg, und Bürgermeister Roland Weiß, Meckenbeuren, signalisiert – gleichsam eine „Krönung" erführen. Und es würde sich hier nicht um eine von oben verordnete Verbindung handeln, sondern um eine gewachsene, gefestigte Freundschaft. Man darf gespannt sein, wie sich die Dinge entwickeln.

Wenn im Gemeinderat plötzlich ein Mikrofon steht

Über zwei Jahre lang gibt es auch im Bodenseekreis regionalen Hörfunk
– ein Reporter plaudert aus dem Rundfunk-Nähkästchen

Thomas Wagner

An diesem Nachmittag ist eine gesunde Prise Lampenfieber angesagt: Keine Geringere als Nicole kommt zu einem Fototermin zur Messe „Rennsport, Modellbau, Motor, Freizeit" nach Friedrichshafen – Nicole, 19 Jahre jung, schwarzhaarig und Miß Austria anno 1989. Was, um alles in der Welt, soll man nur als Lokalradio-Reporter die Vorarlbergerin mit ihrer rot-weißen Miß-Austria-Schärpe genau fragen? Etwa das, was alle wissen wollen? Was sie für Hobbys hat, ob sie oft von Männern belästigt wird, auf welchen Typ sie steht? Oder wie wär's denn mit ganz anderen Fragen – so etwa nach dem Schema: Welchen Teufel hat Nicole geritten, überhaupt zur Miß-Austria-Wahl anzutreten, sich den voyeuristischen Blicken zahlreicher Möchtegern-Knipser auszusetzen? Und überhaupt: Ist bei der ganzen Aktion nicht ohnehin ein gutes Stück Privatleben kaputtgegangen?

Welche Frage stelle ich

Um ganz ehrlich zu sein: Ich habe mich an jenem Nachmittag weder für die erste noch für die zweite Variante entschieden. Ein bißchen von dem, ein bißchen von jenem – spontan sollte es sein, dieses Interview mit Miß Austria auf der Messe Friedrichshafen. Als das Gespräch dann zwei Stunden später über die Antenne des Radio-7-Regionalsenders Bodensee-Oberschwaben abgestrahlt wird, bin ich mir allerdings nicht

mehr sicher: Hätte man nicht doch ein wenig kritischer hinterfragen können, weshalb nun Miß Austria ausgerechnet auch noch in der Zeppelinstadt zur allgemeinen Fleischbeschau preisgegeben wird? Und hätte man nicht auch die Leute, sprich die Fotografen und die Zuschauer, ins Gebet nehmen sollen – so nach dem Motto: Jeder Knipser an diesem Nachmittag ist ein kleiner Voyeur?

Spontan arbeiten

Aber so ist das nun einmal: Als Reporter eines regionalen Rundfunks arbeiten – das heißt eben auch: Spontan arbeiten. Entscheidungen über Struktur und Aufbau eines Beitrages, über die Fragen eines Interviews müssen oftmals blitzschnell gefällt werden. Hinterher darüber nachdenken ist sicherlich sinnvoll; am Beitrag selbst ändert sich dadurch aber herzlich wenig. Gleichwohl bleibt festzuhalten: Das Los eines regionalen Hörfunkreporters im Bodenseekreis ist nicht unbedingt das Schlechteste.

Seit April 1988, dem Sendestart von Radio 7, sind Hörfunkmikrofone auch bei der Kurhausdebatte im Überlinger Gemeinderat oder bei der Eröffnung der neuen Riedlepark-Passage in Friedrichshafen mit dabei. Das, was sich in der Region, bei Land und Leuten tut, mit den spezifischen Mitteln des Radios weitervermitteln – das, und nur das, kann eigentlich das Ziel eines regionalen Rundfunkprogramms sein.

Rundfunk contra Zeitung

Und damit ist auch ein Einwand aus der Welt geräumt, den insbesondere zahlreiche Tageszeitungskollegen noch vor dem Beginn regionaler Hörfunkprogramme hegten: Was, um Himmels willen, sollen wir unseren Lesern am Dienstag noch vermitteln, wenn unsere Themen doch schon am Montag im Radio erschienen? Die Antwort auf diese Frage erledigte sich aber schnell von selbst: Erstens einmal kann und will der regionale Rundfunkreporter, dessen Zuständigkeitsbereich immerhin von Zürich bis Bregenz reicht, nicht bei allen Terminen, bei allen Themen dabei sein, die für die Tageszeitung interessant erscheinen. Und zweitens, da führt kein Weg vorbei, läßt sich die langjährige Erfahrung eines versierten Lokalredakteurs nicht so ohne weiteres aufholen: Der Kollege von der Tageszeitung „riecht" vielleicht doch die eine oder andere Geschichte, die dem Rundfunkkollegen zunächst verschlossen bleibt.

Allerdings: In manchen Fällen, und das sei mit einem gewissen berechtigten Stolz bemerkt, präsentierte sich die Situation auch schon einmal anders herum – beispielsweise bei jenem fragwürdigen Markdorfer Unternehmer, der seine Mitarbeiter um Lohn und Brot prellte. Auch dies eine wichtige Erfahrung für den Lokalradioreporter: Die Recherche war kaum abgeschlossen, der Bericht noch gar nicht recht ausgestrahlt, da rief besagter Unternehmer auch schon im Studio an, wollte die Dinge klarstellen. Zur Klarstellung in diesem Fall: Der gute Mann ist mittlerweile nach Südafrika geflüchtet. Aber sein Anruf mag immerhin als Beleg dafür gelten, daß die Wirkung des neuen Mediums „Regionalfunk" nicht unbedingt zu unterschätzen ist.

Nicht nur „Dudelfunk"

Überhaupt, die Hörer-Resonanz: Wenn es sie nicht gäbe, gebe es auch das Engagement des Funkreporters nicht. „Hör mal, ich hab die Geschichte gestern gehört über das Meersburger Stadtarchiv und die Diebstähle – ging's da wirklich so heftig zu im Gemeinderat…?" Wer sich als Hörfunkmitarbeiter mit dieser Frage auf offener Straße konfrontiert sieht, der hat zumindest in einem Punkt Anlaß zur Freude: Die journalistische Arbeit im neuen Medium stößt auf Resonanz, wird bei den Hörern sorgsam registriert. Lokaler und regionaler Rundfunk – wohl doch nicht nur „Dudelfunk" der wegen der zumeist recht jugendlichen Musikfärbung gehört wird…

Und auch das kommt vor: „Erst hab' ich diesen Meersburger Bericht über das Stadtarchiv im einen Sender, dann im anderen gehört – wie ist das möglich?" Die Antwort ist ganz einfach: Die regionalen Hörfunksender der Radio-7-Kette strahlen gleich auf zwei Frequenzen in den Bodenseekreis hinein: Radio-7-Sender Bodensee-Oberschwaben ist mit regionalen Informationen auf der Frequenz 105 Megahertz zwischen 16 und 19 Uhr präsent; Radio-7-Sender Witthoh/Studio Tuttlingen öffnet seine regionalen „Fensterprogramme" werktäglich zwischen 12 und 14 Uhr sowie zwischen 16 und 19 Uhr; darüber hinaus gibt es zusätzliche Regionalsendungen am Wochenende. Und da beide Sender im Bodenseekreis rege gehört werden, findet die Berichterstattung über Bodensee-Themen folglich in beiden Sendern statt.

Auch Radio Lindau (Frequenz 103,6 Megahertz) sowie das Konstanzer Lokalradio „Seefunk" (Frequenz 101,8 Megahertz) ist in manchen Teilen des Bodenseekreises zu hören.

Erlebnisse

Bleibt am Ende noch auf ein besonders tolles und auf ein wenig tolles Erlebnis des regionalen Hörfunkreporters zurückzublikken: Besonders toll fand ich eine Reportage im Vorfeld der Messe „Aero 89" direkt aus einer alten Ju 52 während eines Fluges über

Das Mikrofon ist immer dabei. Lebendiger wird das Interview mit einem Tribikefahrer, wenn es während der Fahrt vom Sozius aus geführt werden kann. Rundfunk-Reporter Thomas Wagner (im Hintergrund) scheut da keine Mühen.

dem Bodensee. Ohrenbetäubender Lärm, Turbulenzen, feixende und kreischende Passagiere, dazwischen ein Mikrofon, mit dem Reporter und Pilot in windiger Höhe ein Interview zustande bringen – das muß man einfach selbst erlebt haben, um zu wissen, daß gerade in außergewöhnlichen Situationen die Chance gegeben ist, Stimmungen über Mikrofon und Lautsprecher an den Hörer zu vermitteln.

Ein weniger tolles, wenngleich auch lustiges Erlebnis gab es auch in den vergangenen beiden Jahren: Eine Reportage über die Situation am Straßenstrich zwischen Bregenz und Höchst war angesagt. Interviews wurden geführt – mit Vertretern der Polizei, der Gendarmerie. Und dennoch: Eine Stimme einer jener Damen, die besagtes ältestes (und in diesem Fall gesetzlich verbotenes) Gewerbe am Bodensee ausüben, sollte in

einem solchen Beitrag eigentlich auch vorkommen. Wie gesagt: Sollte – denn beim Versuch, eine solche Dame nach einigem Herzklopfen zu befragen, zog verhältnismäßig rasch das Interesse der Polizei auf sich: Ob man nicht wisse, daß dieses Gewerbe hier verboten sei? Von einem Radio sind Sie – jaja, so etwas Ähnliches sagen sie alle... In einem solchen Fall tut Überzeugungsarbeit not. Doch als die nach einer Viertelstunde gefruchtet hat, haben besagte Damen längst das Weite gesucht. Also folglich doch kein Originalton... vielmehr ein Strafmandat der Gendamerie: Wegen unerlaubten Überfahrens des am Fahrbahnrand aufgezeichneten Fahrradweges.

Reporter sein im regionalen Hörfunk – das ist eben ein Job, der Freud' und Leid gleichermaßen mit sich bringt. Sei's drum – ich mache weiter...

Kann man eine „Zeitenwende" ausstellen?

Gedanken zur Ausstellung „Vorüber ist die Herrlichkeit – wir leben jetzt in andrer Zeit" –
Wendezeit am See um 1800

Eva Moser und Detlef Stender

In je einem historischen und einem kulturgeschichtlichen Teil skizzierte die Kreisausstellung 1990 Stationen des Wandels zwischen feudaler Kleinstaatenherrlichkeit und ersten Anfängen moderner Strukturen im deutschen Bodenseeraum, zwischen Aufklärung, Frühklassizismus und erstarkender Bürgerkultur.

Das Thema ist relativ anspruchsvoll: „Wendezeit am See um 1800". Wir wollten nicht „einfach" ein Zeit- oder Kulturbild präsentieren, sondern bewußt einen grundlegenden gesellschaftlichen, politischen und kulturellen Umbruch thematisieren, der die Welt am Bodensee bis heute prägt. Es gibt gewiß Themen, die sich eher für eine Ausstellung eignen: Zizenhauser Figuren, Biedermeier, Malerreisen . . .

Zu schöne Bilder?

Es wäre bereits nicht leicht, ein statisches Bild der Zeit um 1800 zu präsentieren. Die Überlieferung an geeigneten Objekten vor allem aus dem Leben der einfachen Menschen ist zu karg, um stimmige und überzeugende Arrangements oder Inszenierungen zusammenzustellen. Häufig sind nur die herausragenden Zeugnisse der Adels- und Bürgerkultur erhalten. Allenfalls noch ein besonders schöner und prachtvoller Bauernschrank, aber kaum ein durchschnittliches Stück. Äußerst selten sind auch Darstellungen des Alltagslebens. Daß Andreas Brugger in seinem Deckenfresko im Neuen Schloß Tettnang einige Landleute zwar etwas romantisch verklärt samt ihren typischen Gerätschaften darstellt, ist wohl dem Zufall oder der damals modischen Schwärmerei für das Landleben in Kreisen des Adels zuzuschreiben. Eine realitätsnahe „Abbildung" des Alltagsleben war nicht beabsichtigt und auch nicht üblich. Ebenso dürfte Johann Sebastian Dirr eher zufällig getreidemähende Bauern in Miniaturformat als Belebung des Vordergrundes eines seiner Bilder gewählt haben. Für den Historiker gewinnen diese „zwergenhaften" Bauern Bedeutung, die für Dirr lediglich austauschbare Randfiguren waren.

Noch schwieriger ist es, nicht nur ein statisches Bild, sondern Veränderungen, Entwicklungen und Prozesse zu zeigen. Unsere ersten Überlegungen, den Wandel durch eine strenge Gegenüberstellung von Bildern und Objekten aus der Zeit *vor* 1800 und *nach* 1800 zu versinnbildlichen, erwies sich schnell als Illusion. Es gab vor allem im historischen Bereich einfach nicht entsprechend gegenüberstellbare Exponate. Eine Ausnahme bilden allenfalls die Modelle eines Lastseglers und des ersten Dampfschiffes. Aber wo gibt es gegenüberstellbare Darstellungen eines abhängigen Lehenbauers und eines unabhängigen Bauers nach der „Bauernbefreiung"?

Noch schwieriger wird es, Exponate zu finden, auf denen selbst eine Entwicklung deutlich wird. Bilder und Objekte haben

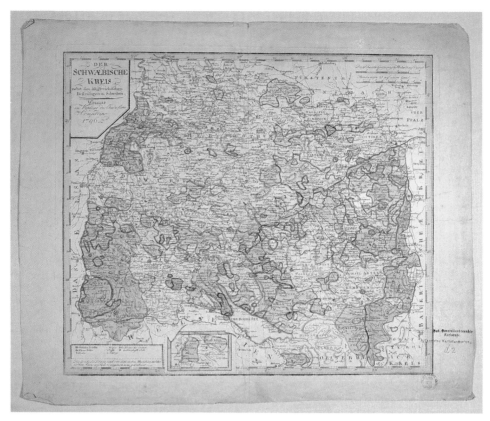

Feudale Kleinstaatenherrlichkeit im deutschen Südwesten vor 1800: Karte des schwäbischen Kreises, kolorierter Kupferstich 1796.

nun einmal meist einen statischen Charakter, sind Zeugnisse eines Augenblicks. Am ehesten lassen sich also politische Entscheidungen, „historische Augenblicke" darstellen. So z. B. im Historiengemälde Carl von Haeberlins über die Übergabe der ehemals vorderösterreichischen Landstadt Konstanz an Baden – ein Bild, das gut 90 Jahre nach dem eigentlichen Ereignis bewußt bemüht ist, „Geschichte zu malen". Oder mit der Meersburger Huldigungsmedaille für Kurfürst Karl Friedrich von Baden (1803) und

verschiedenen Besitznahmepatenten. Doch die Medaille ist kaum größer als ein 5-Mark-Stück, und wer liest schon in einer Ausstellung gerade Besitznahmepatente? Optisch wie inhaltlich wirklich beeindruckend hingegen ist die Schützenscheibe zur Feier der württembergischen Verfassung 1819 in Ravensburg. Schon einen Schritt über den „historischen Augenblick" hinaus macht die Schützenscheibe aus Friedrichshafen zur Feier des 50. Geburtstages des Königs von Württemberg. Auf ihr sind nämlich nicht nur die königliche Sommerresidenz (das säkularisierte Kloster Hofen) und das erste funktionstüchtige Dampfschiff auf dem Bodensee zu sehen. Am oberen Rand der Scheibe finden sich darüber hinaus die Aufschriften: „Freiheit – Licht – Recht", die man als Ausdruck des nach 1819 langsam wachsenden Verfassungspatriotismus werten darf.

Die wesentlichen Umbruchprozesse vollziehen sich langsam und allmählich. Namen, Titel und Grenzen sind schnell zu ändern, grundlegende Strukturen nur langsam. Es gibt wenige Bilder, die die aus solchen langsamen Wandlungsprozessen resultierende „Ungleichzeitigkeit", wiedergeben: z. B. Johann Baptist Pflugs Radierung „Die Neuwürttemberger", zu der er – bezogen auf die ehemalige Abtei Weingarten – dichtete:

„Und oben pranget die Abtei,
Wo man sich dick gefastet.
Vorüber ist die Herrlichkeit!
Wir leben jetzt in andrer Zeit"

Doch auf dem Dorfplatz unterhalb der Abtei erkennt man gleichzeitig noch einen Fallehenbauern, wie Pflug selbst kommentiert – also eine klassische Figur der „alten Zeit". Die Aufhebung der Lehensverhältnisse und damit der Feudalgesellschaft zieht sich sehr viel länger hin als die der geistlichen Besitztümer oder die Übernahme der Stadt Konstanz.

Ein Exponat bildet Wandel ganz direkt 1 zu 1 ab: die Zunfttafel der Altdorfer Handwerker. Diese entstand nämlich nicht in einem Augenblick, sondern während des gesamten Zeitraums, den unsere Ausstellung behandelt. Immer wenn ein neuer Meister der Zunft beitrat, wurde er auf der Tafel porträtiert: der erste 1777, der letzte 1840. An der Kleidung läßt sich ablesen, wie die Bürgerkultur sich langsam als dominante Kultur durchsetzt. Doch diese Wandlung ist oberflächlich. Denn die Tafel spiegelt zugleich auch die Konstanz einer grund-

Schützenscheibe zur Feier der württembergischen Verfassung 1819 in Ravensburg.

Schützenscheibe mit Abbildungen von Schloß Hofen, der Sommerresidenz des Königs von Württemberg, dem ersten funktionstüchtigen Dampfschiff auf dem Bodensee und der Justitia, vermutlich zur Feier des 50. Geburtstages von König Wilhelm entstanden, Friedrichshafen 1831.

297

„Das Treiben der Neuwürttemberger", kolorierte Radierung von Johann Baptist Pflug, 1. Hälfte des 19. Jahrhunderts.

legenden Struktur. Das Zunftwesen überlebt die Anfänge der neuen Zeit. Ja – die Altdorfer Handwerker führten ihre Tafel sogar über das Jahr 1828 hinaus fort. Ganz im Gegensatz zur Ravensburger Schneiderzunft, die mit der teilweisen Einführung der Gewerbefreiheit 1828 auch ihre Zunftscheibe beendete und die noch freien Felder nicht mehr ausmalen ließ.

Knochen und Kanonen

Ein anderes Problem für den Ausstellungsmacher ist, daß die zeitgenössischen Bilder und Objekte in der Regel eine heile Welt vor der Kulisse des schönen Bodensees zeigen. Not, Leiden und gesellschaftliche Widersprüche werden kaum sichtbar. Das beste Beispiel dafür ist vielleicht die

Art und Weise, wie die Kriegszeiten geschildert werden. Die schriftlichen Kriegschroniken bestehen aus lauter Klagen über Einquartierungen, Kontributionen, Belästigungen und Bedrohungen durch die durchziehenden Truppen. Sie bejammern die tiefe Not, die die Kriegsereignisse für die Region mit sich brachten. Die Kriegs-Bilder hingegen schildern eine heitere Welt. Soldaten reiten stolz in feschen Uniformen umher oder dienen als farbenfrohe Vordergundausschmückung sanfter Landschaftsbilder. Selbst die Darstellung der Schlacht bei Stockach vermittelt dem modernen Besucher den Eindruck eines imposanten Kampfgetümmels wie man es aus ungezählten Historienfilmen kennt, kaum dagegen die Assoziationen an Tod, Leiden, verlassene Familien . . . Diesem verzerrenden

Wirtshausszene. Gouache von Johann Sebastian Dirr (1766-1830).

Gesamteindruck der zeitgenössischen Bilderwelt widersprechen nur wenige Exponate: etwa die der Kriegsinvalidendarstellungen des Theodor Sohn, dessen Terrakotten gerade durch den Widerspruch von lieblicher Form und „grimmiger Groteske" die Besucher berühren, wie erste Ergebnisse einer kleinen Besucherumfrage zeigen. Ein andrer seltener Glücksfall: im Meßkircher Heimatmuseum konnten wir zwei menschliche Oberschenkelknochen ausleihen, die erst vor kurzem dort aufgefunden wurden, wo 1800 die Franzosen die Österreicher in der Nähe von Meßkirch schlugen. Doch ob die Knochen der Gefallenen mehr Eindruck hinterlassen als die Ästhetik des französischen Infanterie-Gewehrs, das glänzende Kanonen-Modell oder die bunten Zinnfigürchen des Kriegsdioramas?

Über den „Mißbrauch" von Kunstwerken als Exempel
Inszenierung als Konzentrat

Der kulturgeschichtliche Teil der Ausstellung fand Platz in der Kapelle, die außer der erwähnten Raumgröße weitere einengende Bedingungen stellte: der Raum ist fast zur Hälfte von einer Empore überdeckt, an der Stirnwand befindet sich der Altar auf einem weit in den Saal eingreifenden Podest. Die erste Bedingung wurde positiv ausgenutzt, indem die lichtempfindlichen Papierarbeiten auf diesen schwach beleuchteten Emporenraum verteilt wurden, die zweite legte die Konzentration des Themenschwerpunkts „religiöse Kunst" im Altarbereich nahe.

Beim Betreten des Kapellenraums links ein kostbar intarsiertes Möbelstück, dane-

Graf Franz Xaver von Montfort, unbekannter Künstler, um 1770.
Montfort-Museum Tettnang.
Der Graf läßt sich nicht mit Attributen der Macht darstellen, sondern weist im Sinne der Auf-
klärung durch das ihn umgebende wissenschaftliche Gerät auf Hochschätzung von Bildung
und individueller Persönlichkeitsentfaltung hin.

ben das großformatige Porträt eines Aristo-
kraten und das eines Künstlers: Doch nicht
irgendein Mobiliar, sondern ein „gelehrtes"
sozusagen, ein Schreibschrank wie er um
1780 zum vorgeschriebenen Meisterstück
eines Ebenisten wird; der Adelige, Franz
Xaver von Montfort, nicht, wie zur Barock-
zeit üblich, umgeben von Attributen der
Macht (Draperie, Säule, Wappen), sondern
von Gerätschaften eines chemischen Labo-
ratoriums; der Künstler, Deutschordensbaumeister Bagnato, eine Art Hofbeamter.
Dies alles zusammengenommen – ergibt das
wohl eine Ahnung von einer Kultur, die
noch höfisch geprägt, von Hofkünstlern gestaltet, jedoch in der positiven Bewertung
von Individualität und Bildung anstelle hö-
fischer Repräsentation das Signum der Epoche der Aufklärung im ausgehenden
18. Jahrhundert trägt?

Diesem Ensemble gegenüber eine Art Biedermeier-Interieur: Gestreiftes Sofa, Kirschbaum-Kommode, darüber kleinformatige Familienbilder, Miniaturen, ein Landschaftsbild. Dazu verschiedene Künstlerporträts: Wendelin Mosbrugger – ein Bürgerlicher mit Hauskappe inmitten seiner Familie; Marie Ellenrieder – die Künstlerin als berufstätige Frau; Friedrich Mosbrugger in italienischem Kostüm – der Künstler als Außenseiter und Bürgerschreck. Hier ist offensichtlich Bürger-Kultur in Opposition gesetzt zum aristokratischen Milieu der Gegenseite. Wird erkennbar, für welches Publikum ein Künstler des frühen 19. Jahrhunderts nun vor allem arbeitet? Wird anhand der Künstlerselbstbildnisse dessen Rollenunsicherheit zwischen bürgerlicher Anpassung und Selbststilisierung wenigstens ansatzweise spürbar?

Zur Darstellung des Prozesses der Ablösung der Adelskultur des 18. Jahrhunderts durch eine bürgerlich geprägte Kultur im 19. Jahrhundert – eine Folge des Aufgehens der vielen kleinen weltlichen und geistlichen Herrschaften am Bodensee in den Mittelstaaten Baden und Württemberg mit ihren fernen Residenzen Karlsruhe und Stuttgart – arbeitet die Ausstellung mit dieser Form der Inszenierung, die in solcher Eindeutigkeit nur zum Preis inhaltlicher Verkürzung möglich ist. Doch eine Ausstellung, die sich die Analyse einer Umbruchzeit zur Aufgabe gemacht hat, kommt ohne solche Verkürzungen nicht aus.

Die Qual der Auswahl

So ist denn auch die Kunst dieser Zeit nicht in allen Facetten präsent. Deutlich sollte werden, daß weltliche und geistliche Herrschaften noch im ausgehenden 18. Jahrhundert Träger kultureller Innovation sind. Durch ihre Aktivität ist der Bodenseeraum Teil des Kerngebiets des Frühklassizismus im deutschen Südwesten. Und noch immer drückt sich Herrschaft vorzugsweise in Ar-

chitektur aus: Dies illustrieren die Original-Entwürfe für die Neuausstattung der Münster in Salem und Konstanz, der Neubauentwurf für Petershausen, die Bilder der Stiftskirche Buchau oder der Schlösser Aulendorf und Kirchberg. Umbauten, Erweiterungsbauten freilich überwiegen, und zahlenmäßig stellen neue Pfarrkirchen eine der bedeutendsten Bauaufgaben dar.

Daß Frühklassizismus vor allem ein Architektur- und Dekorationsstil ist, verdeutlichen Bilder und Skulpturen des späten 18. Jahrhunderts, in denen Barock und Rokoko kaum gebrochen weiterleben. Hier sind es vor allem empfindsame Züge – in den Tonfiguren Fidel Sporers, in den Andachtsbildern K.K. Hubers, die den Zeitgeist zum Ausdruck bringen.

Gebaut wurde auch im „bürgerlichen" 19. Jahrhundert, doch die Pläne für St. Vitus in Fischbach, für die Erweiterung von Schloß Bodman verdeutlichen, wie wenig Schloß und Kirche noch zu den großen Bauaufgaben der Zeit gehören. Die Rangordnung der Künste hat sich verschoben. Die Malerei ist nun das Medium, in dem bürgerliche Kunstbedürfnisse am ehesten zur Geltung kommen. Auch hier kann die Ausstellung nur exemplarisch Gattungen und Themen und nicht die Breite künstlerischer Entwicklungen darstellen.

So verweist sie auf die Renaissance, die das christliche Andachtsbild vor allem durch die Malerei der Nazarener erlebte, der sich viele Künstler aus dem Bodenseeraum zugewandt haben: Ellenrieder, Endres, Xeller, Neher u. a. . . Vielleicht bestand hier eine besondere Neigung zu deren kontemplativer Frömmigkeit. Daneben floriert das Historienbild mit nationalen, häufig mittelalterlichen Themen, denn man war patriotisch nach den Befreiungskriegen. Und man entdeckte die heimatliche Landschaft, nachdem für die Malerei zuvor allenfalls Italien und die Schweiz darstellenswert gewesen waren.

Durch die Gegenüberstellung eines aristokratischen und eines bürgerlichen Interieurs wird versucht, die entscheidenden gesellschaftlichen Voraussetzungen für kulturellen Wandel anschaulich zu machen.

Exemplarisch wird vorgeführt, wie das Bürgertum neben den traditionellen Gattungen Bildnis, Andachtsbild und Historie nun die Verbreitung populärer Gattungen vorantreibt: der Vedute, des kleinen Ereignisbildes, des erzählenden Genres. Und wenigstens angedeutet wird die Bedeutung neuer druckgrafischer Techniken, der Lithographie und des Stahlstichs, für die Popularisierung bzw. Demokratisierung der Kunst.

Wo bleibt die Stilgeschichte?

Stilgeschichte kommt in der Ausstellung nur wenig zur Sprache, und diese Vernachlässigung hat sogar eine gewisse Berechtigung. Die Zeit „um 1800" stellt für die Kunst keine einschneidende stilistische

Wendemarke dar, sie ist jedoch von fundamentaler Bedeutung, was ihren sozialen Ort, ihre Funktionen und Inhalte betrifft.

So werden Stilbegriffe nur in erweiterten Zusammenhängen, wie der des Frühklassizismus als stilistisches Äquivalent zum geistesgeschichtlichen Phänomen „Aufklärung", aufgenommen. Kunstwerke werden unter diesen Bedingungen zu Indizien, zu Erläuterungen der allgemeinen Historie und Kulturgeschichte.

Zu zuverlässigen Quellen taugen sie allerdings nicht, sondern bleiben interpretationsbedürftig. So sprechen Kunstwerke kaum von Krisen, kaum von der Legitimationskrise der Feudalherrschaft vor 1800, und nur verschlüsselt von der noch krisenhaften Identitätssuche des Bürgertums nach

der Jahrhundertwende. Hierfür stehen Zeugnisse bürgerlicher Gemeinschaftsbildung, Freundschaftskult und die Hochwertung des sozialen Stabilitätsfaktors „Familie": Stammbücher, Familien- und Kinderbildnisse, mit denen das Bürgertum seines sozialen Standorts vergewissert.

Kaum deutlicher werden in den Werken selbst die kritischen Folgen der Wendezeit für Kunst und Künstler: da muß die nach 1800 ins Auge fallende Serienfertigung von Kreuzwegen für kleine Landkirchen bei Andreas Brugger die schwierige Auftragslage und die Anpassung an neue Käuferschichten nach der Säkularisation veranschaulichen; da stehen die kleinen Reliefs Joseph Sporers für den Verlust großer kirchlicher Dekorationsaufgaben auf dem Gebiet der Bildhauerkunst.

Letztlich geht kein Kunstwerk in seiner Interpretation völlig auf, es bleibt ein un-auflösbarer Rest an schöpferischem Geheimnis an Geist, Erfindung, Widerstand, individueller Deutung, Handschrift und gestalterischem Potential.

Einer Kunstgeschichte der Wendezeit um 1800 am Bodensee wurde mit der Mauracher Ausstellung nicht vorgegriffen; aber es konnten hier Gedanken und Leitlinien entwickelt werden, die als Anregung zu künftiger Aufarbeitung dienen mögen.

Literatur:

Zur Ausstellung ist ein Katalog erschienen: Eva Moser/Detlef Stender (Hg.): „Vorüber ist die Herrlichkeit – wir leben jetzt in andrer Zeit" – Wendezeit am See um 1800. Markdorf 1990 (9,– DM – erhältlich beim Amt für Geschichte und Kultur des Bodenseekreises, Pestalozzistraße 5, 7778 Markdorf)

Einen kompakten Überblick zum Inhalt der Ausstellung bietet folgender Artikel: Eva Moser/ Detlef Stender: Wendezeit am Bodensee. In: Bodensee-Hefte, August 1990, S. 44-49.

„Höri-Künstler": Gruppenbild mit einer Dame?

Über die in Vergessenheit geratenen Malerinnen am Untersee

Andrea Hofmann

Noch heute scheinen künstlerischer Erfolg und weibliches Geschlecht ein Widerspruch zu sein, vergegenwärtigt man sich die Präsenz von Frauen bei Kunstausstellungen und Kunstmessen oder ihren prozentualen Anteil an einschlägigen Publikationen. Immer noch beherrschen Männer die Kunstszene, sind Männer die „Trendsetter" und „Modemacher" im Kunstgeschäft. Die Erklärung, Frauen fehle es eben an originärer, schöpferischer Kreativität und Begabung, ist heute noch gang und gäbe und läßt sich mit dem Hinweis auf die Kunstgeschichte, in der Frauen allemal unterrepräsentiert sind, untermauern. Verzeichnet diese doch nur wenige Namen von Künstlerinnen, und wenn, dann gelten sie als Epigoninnen, d. h. bloße Nachahmerinnen ohne eigene Schöpferkraft. Die fehlenden (Frauen-)Namen werden als Beweis für fehlende (weiblich-)künstlerische Potenz genommen. Doch die feministische Kunstgeschichtsschreibung hat uns längst eines besseren belehrt. Es gab und gibt sehr wohl zahlreiche Malerinnen, Bildhauerinnen oder Fotografinnen, doch männlicher Chauvinismus hat die Überlieferung ihrer Biographien und Werke zumeist verhindert. Die Aufarbeitung des weiblichen Anteils an der Kunstgeschichte tut daher not und soll in diesem Beitrag aus regionalem Blickwinkel geleistet werden.

Mit dem Stichwort „Höri-Künstler" bezeichnen wir eine wenn auch inhomogene Gruppe von Künstlern, die sich in der ersten Hälfte unseres Jahrhunderts auf der Bodensee-Halbinsel niederließ. Sie erregt nicht nur aus lokalpatriotischen Gründen unsere besondere Aufmerksamkeit, zählen doch einige Künstler von bedeutendem kunsthistorischem Rang dazu: Otto Dix, Erich Heckel, Max Ackermann, Hugo Erfurth, Walter Herzger und Curth Georg Becker sind vor allem zu nennen (1).

Führte die einen die Suche nach einer Alternative zum hektischen Großstadtleben hierher, so kamen die anderen auf der Flucht vor Nationalsozialismus und Krieg in die grenznah gelegene Höri. Rund ein Dutzend verfemter Künstler – Emigranten im eigenen Land – kam infolge der Nazidiktatur an den Untersee. Zum Großteil gehörten sie dem Freundes- und Bekanntenkreis um Walter Kaesbach an, dem 1933 als Direktor der Düsseldorfer Kunstakademie entlassenen Kunsthistoriker, der sich nach Hemmenhofen zurückgezogen hatte. Zu diesem Kreis stieß zuletzt die Malerin Rose-Marie Schnorrenberg hinzu. Sie wird gemeinhin als einzige Künstlerin im Zusammenhang dieser Gruppe erwähnt (2).

Hier bedarf es jedoch nicht unwesentlicher Ergänzungen, sind doch unter den sogenannten „Höri-Künstlern" eine ganze Reihe von Malerinnen zu finden. Doch weil sie zugunsten ihrer Männer auf öffentliche Anerkennung verzichteten oder angesichts der Pflichten als Ehefrau, Mutter und Er-

Gertraud Herzger-von Harlessem: Im Tiergarten Berlin, 1930, Öl/Lw 49,5 x 54,5 cm.

nährerin der Familie ihre künstlerische Arbeit aufgeben mußten, sind sie bis heute un-
beachtet geblieben.

Gertraud Herzger-von Harlessem

Beispielsweise Gertraud von Harlessem
(1908-1989), Malerin und Radiererin, Schülerin von Johannes Itten in Berlin und Ab-
solventin der Kunstgewerbeschule auf Burg
Giebichenstein in Halle, als Künstlerin bis
vor kurzem völlig unbekannt, denn ein Le-

ben lang stand sie im Schatten ihres Mannes
Walter Herzger.

Betrachten wir einen Holzschnitt, den
von Harlessem 1932 während ihres Kunst-
studiums in Halle fertigte. Das Blatt mit
dem Titel „Liebespaar" zeigt das Doppel-
porträt eines Mannes und einer Frau, deren
Gesichter dem Betrachter frontal zugewandt sind. Während jedoch die Frau völlig
in sich gekehrt scheint – das dem Mann zu-
gewandte Auge ist gänzlich verdeckt von ihren Haaren, das andere scheint geschlossen
–, schaut der Mann mit weit geöffneten Au-

gen aus dem Bild. Doch trotz seines Blickkontaktes mit dem Betrachter ist er in seiner ganzen Körperhaltung auf die Partnerin bezogen. Er neigt sich ihr entgegen, mit seinem Körper bildet er einen schützenden Halbkreis um sie. Seine körperlich geäußerte Zu-Neigung wird von ihr nicht erwidert: sie verharrt in starrer Haltung, in sich versunken und abwesend. Während er liebevolle Zuneigung signalisiert, bleibt sie merkwürdig kühl und verschlossen.

Doch ist die Zuwendung des Mannes nicht gleichzeitig auch Einengung und – bildlich dargestellt – Unterdrückung der Frau? Der Mann beherrscht das Bild, er beansprucht den größten Teil der Bildfläche, er macht auf sich aufmerksam durch aktiven, sprechenden Gestus und hält den Blickkontakt mit dem Betrachter. Dabei drückt er seine Partnerin eng an den Rand des Bildes und läßt ihr damit nur wenig Raum zur eigenen Entfaltung. – Gertraud von Harlessem stellt sich in diesem Bild, zusammen mit einem Studienfreund, selbst dar: Sie ist die Frau, die sich angesichts der männlichen Präsenz verzichtvoll – wenn auch nicht ohne ein Bewußtsein der eigenen Persönlichkeit – unterordnet. Sie fügt sich in die ihr als Frau zugeordnete Rolle, die Zurückhaltung sowie Verzicht auf Selbstentfaltung und eigene Stärke fordert.

Nur wenige Jahre zuvor, nach dem Abitur in Bremen, war die junge von Harlessem mit einer Portion Ehrgeiz und einer Mappe voll Zeichnungen nach Berlin gezogen, um Malerin zu werden. Für eine Tochter aus großbürgerlichem Hause war der Wunsch nach Selbständigkeit und Selbstverwirklichung zu dieser Zeit nicht mehr ganz ungewöhnlich. Denn daß auch eine Frau zur Verwirklichung künstlerischer Ideale fähig sein konnte, dafür stand die Malerin Paula Modersohn-Becker, die die Malerkolonie in Worpswede bei Bremen berühmt gemacht hatte. Für die angehenden Künstlerinnen war sie damals sicherlich ebenso

Identifikationsfigur wie die in Berlin lebende Käthe Kollwitz, die als erste Frau ein Lehramt an einer Kunstakademie innehatte.

Nachdem von Harlessem an der Akademie in Berlin keine Aufnahme fand, besuchte sie die Studienateliers für Malerei und Plastik des Kunstprofessors Erdmann. Ein Jahr lang unterwarf sie sich dem sturen Drill des Aktzeichnens, bis sie dessen überdrüssig wurde. Sie wechselte auf die Kunstschule von Johannes Itten. Die neue Atmosphäre, getragen vom revolutionären Geist des ehemaligen Bauhaus-Lehrers, regte sie an. Sie wagte sich an die Ölmalerei, und sogleich entstand eines ihrer beeindruckendsten, kraftvollsten Werke: „Der Tiergarten in Berlin" aus dem Jahr 1930.

Von Harlessem hat in diesem Bild die Farbe entdeckt; es entfaltet eine reiche Palette von Grüntönen, in der die Komplementärfarbe Rot sparsam, aber wirkungsvoll Akzente setzt. Beginnend am unteren Rand des Bildes führen sie den Blick zu dem leicht aus der Mittelachse gerückten Zentrum der Komposition, dem von einer okkerfarbenen Fläche hinterfangenen Figurenpaar im Vordergrund. Von hier aus führt der Weg in ein raumlos werdendes, grünes Dickicht. Das Bild lebt von Kontrasten: den Farbkontrasten von Grün und Rot, Schwarz und Weiß, dem Gegensatz von kompakten Flächen und hingewischten Farbtupfern. Daß sowohl die Zeichnung der Figuren als auch die Räumlichkeit des Bildes unbestimmt und lediglich angedeutet bleiben, verleiht ihm einen geheimnisvollen Charakter.

Nach einem Jahr verließ von Harlessem die Itten-Schule, da der Unterricht ihr zu formalistisch und theoretisch ausgerichtet war. 1932 entschloß sie sich zum Wechsel an die Kunstgewerbeschule auf Burg Giebichenstein in Halle. Nach dem Vorbild des Bauhauses war die Kunstschule auf dem Prinzip der Werkstätten aufgebaut: Neben

Gertraud Herzger-von Harlessem:
Liebespaar, 1932. Holzschnitt 32,5 x 23 cm.

dem Malatelier gab es grafische Werkstätten sowie eine Weberei und Töpferei. Von Harlessem begann, die verschiedenen grafischen Techniken zu erproben. Vor allem mit der Radierung war sie sehr schnell vertraut, und es entstanden einige sehr versierte Grafik-Blätter.

An der Kunstgewerbeschule in Halle befreundete sich von Harlessem mit Walter Herzger, dem damaligen Leiter der grafischen Werkstätten. Gleichgerichtete künstlerische Interessen verbanden sie: Malstudien und Reisen, die sie zusammen unternahmen, fanden ihren Niederschlag in gemeinsam verfaßten und bebilderten Tagebüchern. Doch die anfängliche Harmonie

künstlerischer und persönlicher Gleichberechtigung wich bald einer Konkurrenzsituation.

Herzger ließ seine Partnerin immer wieder spüren, daß er ihre künstlerische Selbständigkeit mit Mißtrauen betrachtete. Nach der Heirat und der Geburt der gemeinsamen Tochter bedrängte er sie schließlich offensiv, das Malen aufzugeben und sich allein den familiären Verpflichtungen zu widmen. Herzger-von Harlessem malte von da an nur noch, wenn sie alleine war. So erlebte sie die letzte intensive Schaffensperiode in den Kriegsjahren, als sich ihr Mann im Kriegseinsatz befand und sie allein mit ihrer Tochter auf der Höri lebte. Bis zur Rückkehr ihres Mannes im Jahre 1946 entstanden hier zahlreiche Ölbilder, Aquarelle und Radierungen: Bilder, die inmitten des Krieges den Frieden und die ländliche Ruhe beschwören. Mit Vorliebe malte sie (Blumen-)Gärten oder Frauen bei der Gartenarbeit, wie das Aquarell „Blumenfeld" zeigt.

Mehr als die Jahre davor war die Nachkriegszeit bestimmt vom Kampf ums materielle Überleben. Acht Jahre lang arbeitete Herzger-von Harlessem in der Nähmaschinenfabrik Bernina in Steckborn, um den Lebensunterhalt für die Familie zu sichern.

Während sich Walter Herzger auf seine künstlerische Arbeit konzentrieren konnte und bei seinem Tod ein umfangreiches und zum Teil überaus dichtes Werk hinterließ (3), hat Gertraud Herzger-von Harlessem ihre künstlerischen Pläne nur ansatzweise verwirklichen können: Wie ihr Mann mit dem „Pfunde zu wuchern", war ihr als Frau nicht vergönnt. Daß ihr die Malerei ebenfalls ein existentielles Bedürfnis war, zeigt der Umstand, daß sie das Malen nie ganz aufgegeben hat und daß sie sich nach dem Tod ihres Mannes mit aller ihr zur Verfügung stehenden Kraft der Fortführung ihres Werkes widmete – auch wenn sich die verlorenen Jahre schwerlich aufholen ließen (4).

Ilse Pieper: Sant' Angelo, 1935. Öl/Lw. 47 x 61 cm.

Ilse Schmitz-Pieper

Ähnlich verlief der künstlerische Werdegang der Malerin Ilse Pieper (1904-1979), die 1934 ihren Düsseldorfer Studienfreund Jean Paul Schmitz heiratete. An den Kunstakademien in Karlsruhe und Düsseldorf hatte Pieper Gebrauchsgraphik und Malerei studiert. Nach dem Studium legte sie jedoch auf Wunsch des Vaters das Examen als Zeichen- und Turnlehrerin ab und war anschließend am Gymnasium in Soest als Lehrerin tätig. Während des „Dritten Reichs" hielt sie sich zusammen mit ihrem Mann bis zu dessen Einberufung im Ausland auf. Ausgedehnte Auslandsreisen waren für sie die einzige Möglichkeit, vor den Nationalsozialisten auszuweichen, ohne gleichzeitig

in direkte Opposition zum Regime zu treten.

Während der gemeinsamen Aufenthalte in Italien, Jugoslawien und Griechenland war Schmitz-Pieper künstlerisch äußerst produktiv. Daß sie in dieser Zeit, was die Qualität der Werke anbelangt, ihrem Mann ebenbürtig, wenn nicht überlegen war, zeigt der Vergleich ihres Ölgemäldes „Sant' Angelo" mit dessen Gemälde „Isthmus von Sant' Angelo" (5). Beide Bilder sind zur gleichen Zeit entstanden, stellen das gleiche Motiv dar. Während Schmitz' Fassung des Motivs in der kompositorischen Anlage schwach wirkt, besticht Piepers Bild durch einen klar gegliederten, architektonischen Aufbau: Die axiale Anordnung ist von wenigen Schrägen durchbrochen und gleichzeitig von diesen gestützt. Während bei Schmitz ein Bildzentrum fehlt, hat Piepers Komposition eine im mehrfach gebrochenen Weiß der Häuserfront konzentrierte Mitte. Die Flächen verleihen dem Bild Klarheit und Ruhe, die Details, bei Schmitz unpräzis und unbeholfen, sind stimmig und überzeugend.

Selbstverständlich kann der angestellte Vergleich nicht für das gesamte Werk herangezogen werden, zumal von Ilse Pieper kaum eine handvoll Arbeiten vorhanden sind, doch er bezeugt Piepers künstlerische Fähigkeiten. Nach der Geburt zweier Kinder versagte sich Schmitz-Pieper jedoch die Malerei fast gänzlich. Auf der Höri, wohin sie 1949 mit ihrer Familie zog, malte sie so gut wie nichts mehr – ihr Dasein als Künstlerin fand ein abruptes Ende; nicht einmal die eigenen Kinder wußten von der Kreativität ihrer Mutter. Jean Paul Schmitz dagegen avancierte zu einem der materiell erfolgreichsten Bodensee-Maler am Untersee.

Grete Kindermann-Krahl

Auch die mit dem Bildhauer Hans Kindermann verheiratete Malerin Grete Krahl (1914-1951) trat als Künstlerin kaum ins Bewußtsein ihrer Mitwelt. Nach dem Besuch der Folkwang-Schule in Essen war sie Schülerin von Heinrich Nauen an der Düsseldorfer Kunstakademie. Die Arbeiten, die in der produktivsten Zeit – bis zur Familiengründung – entstanden waren, fielen einem Bombenangriff zum Opfer. Die Jahre darauf ließen Kindermann-Krahl dann kaum Zeit zur künstlerischen Tätigkeit. Nach der Übersiedlung auf die Höri mußte sie für den Lebensunterhalt der fünfköpfigen Familie sorgen. Wie Herzger-von Harlessem arbeitete sie in der Nähmaschinenfabrik in Steckborn. Die wenigen in dieser Zeit entstandenen Arbeiten, alle im Besitz der Familie, lassen eine Beurteilung ihres künstlerischen Werks kaum zu.

Katharina Weiten

Wie schwer die künstlerische Selbstverwirklichung gerade für Frauen zu erreichen ist, zeigt auch das Beispiel Katharina Weitens (geb. 1911). Bildung und musische Betätigung waren für die Tochter eines Hallenser Fabrikanten eine Selbstverständlichkeit. Dem Kunstgeschichtsstudium in Halle und Zürich schlossen sich der Zeichenunterricht bei dem Kokoschka-Schüler Hans Meyboden und schließlich das Studium an der Berliner Hochschule der bildenden Künste an. Weitens strebte die Tätigkeit als Grafikerin und Buchillustratorin an. Doch nach dem Tod ihres Mannes, des Bildhauers Hans Weiten, oblag ihr die alleinige Verantwortung für zwei Kinder. Mit ihnen zog sie während des Krieges an den Untersee und übernahm dort eine Anstellung als Lehrerin. Erst nach der Pensionierung konnte sie sich ihrer eigentlichen Berufung widmen, seitdem arbeitet sie an einer Serie von Illustrationen zu den Märchen Clemens von Brentanos und eigenen Geschichten.

Margarete Macke und Maria Proelss

Margarete Macke (1890-1973) und Maria Proelss (1890-1962) sind die einzigen autodidaktischen Malerinnen unter den Höri-Künstlerinnen. In bereits fortgeschrittenem Alter hatte Margarete Macke begonnen, sich künstlerisch zu betätigen. Nach Bildmotiven ihres Mannes Helmuth und dessen Vetters August Macke fertigte sie Stickereibilder an und wandte sich schließlich der Aquarellmalerei zu – ohne professionelle Ambitionen. Für die Pianistin Proelss bedeutete die bildende Kunst Ersatz für die zwangsweise beendete Konzertkarriere: Als Halbjüdin hatte sie unter dem Nationalsozialismus Berufsverbot erhalten. Während des Krieges flüchtete sie von Berlin nach Hemmenhofen, wo sie im Kreis der „Höri-Künstler" zu malen begann.

Rose-Marie Schnorrenberg: Eisläufer, 1978. Öl/Lw. 70 x 79 cm.

Rose-Marie Schnorrenberg-Stuckert

Während die genannten Malerinnen ein lediglich fragmentarisches Werk schufen und entweder völlig vergessen oder nur einem kleinen Kreis bekannt sind, hat sich Rose-Marie Schnorrenberg (geb. 1926) mit einem dichten, kontinuierlich gewachsenen Werk regional wie überregional profilieren können. So gilt sie nicht nur als einzige Künstlerin im Kreis der sogenannten Höri-Maler, sondern findet als Repräsentantin einer „Kunst am See" allgemeine Beach-

tung. (6) Ihre biographische und künstlerische Herkunft liegt jedoch ebenfalls außerhalb des Bodenseeraums.

Geboren und aufgewachsen in Düsseldorf, besuchte Schnorrenberg nach dem Krieg die Landeskunstschule in Hamburg, ehe sie in ihre Heimatstadt zurückkehrte, um ihr Studium an der dortigen Kunstakademie fortzusetzen. In Hamburg war sie Schülerin von Erich Hartmann. Die Auseinandersetzung mit Fragen der Komposition bildete den Schwerpunkt seines Unterrichts; ein klar gegliederter Bildaufbau galt ihm als Grundlage künstlerischen Schaffens. Bei ihm lernte Schnorrenberg, ein Bild als gemalte Architektur aufzufassen, das den Gesetzen einer eigenen, optischen Statik folgt. Daß sich dieses architektonische Bildprinzip am klarsten im Architekturbild selbst verwirklichen läßt, liegt nahe. Es ist daher kein Zufall, daß Schnorrenberg häufig architektonische Motive aufgreift.

Das kleine Hafenstädtchen Matera in Apulien bildete die Vorlage des gleichnamigen Gemäldes, das während einer Italienreise 1967 entstand. Es sind darauf einzelne Gebäude und Gebäudeteile, im rechten Bildhintergrund ein Landschaftsausschnitt zu sehen. Die einzelnen Motive sind jedoch nicht im Sinne einer „Ansicht" topographisch getreu wiedergegeben, sondern stellen lediglich das visuelle Erlebnis, den real gegebenen Ausgangspunkt für eine autonome, souverän gestaltete Bildkonzeption dar. Aus geometrisch angelegten Farbfeldern baut sich das Bild auf, runde Formen kontrastieren mit kubischen Formen. Das Liniengeflecht aus Horizontalen, Vertikalen und Kurven bildet das tragende Gerüst des Bildes, innerhalb dessen sich ein malerisches, nuanciertes Farbenspiel entfaltet. Die Farben sind teils deckend, teils nichtdeckend in mehreren Schichten übereinander aufgetragen, so daß keine der Farbflächen einheitlich monochrom erscheint. Jedes Bildfeld ist von feinen Tonabstufungen oder spannungsvollen Farbakkorden durchzogen, deren Wechselspiel durch die unterschiedliche Bildstruktur und Strichführung gesteigert wird.

Ist der Sinn für die kompositorischen Elemente ein Erbe der Studienzeit in Hamburg, so ist das Gespür für die ästhetischen Qualitäten der Farbe ein Ergebnis des daran anschließenden Studiums an der Kunstakademie in Düsseldorf. Meisterschülerin bei Ferdinand Macketanz, stand Schnorrenberg hier im Bann des ausgefeilten Kolorismus ihres Lehrers. Macketanz, Ende der 20er Jahre selbst Schüler der Düsseldorfer Akademie, entstammte dem Kreis der „Rheinischen Expressionisten". Wie diese vertrat er das Prinzip der „reinen" Malerei, d. h. das Bild wird weniger als Träger geistig-seelischer Inhalte verstanden, sondern gilt als ein auf dem ästhetischen Wert der Farben und Formen beruhendes Produkt. Eine symbolische oder psychologische Bedeutungsfunktion wie im „nordischen" Expressionismus kommt den reinen Gestaltungsmitteln danach nicht zu. Die sinnlich-ästhetische Qualität der Farbe steht auch im Vordergrund von Schnorrenbergs Malerei. Sehr differenziert und teilweise recht sparsam kommt sie in einigen Bildern zur Anwendung. Das Gemälde „Winter auf der Höri" von 1978 zeigt eine Winterlandschaft, gezeichnet von Eintönigkeit, Leere und Leblosigkeit; die kahlen, starr aufgereckten Äste im Vordergrund verleihen dem Bild eine triste Stimmung. Sie wird durch eine eigentümliche, farblose Farbigkeit noch verstärkt – und diese macht den eigentlichen Reiz des Bildes aus. Ein warmes Rot bildet den Grundton des Gemäldes; in zahlreichen Variationen und Schattierungen, an einigen Stellen in Violett und Blau übergehend, durchzieht es das ganze Bild und verleiht diesem eine gedämpft vitale Farbigkeit. Sie läßt den kommenden Frühling, die Rückkehr des Lebens, inmitten des Winters erahnen.

Obwohl die Farben und Formen vom Bildgegenstand weitgehend losgelöst sind und allein als abstrakt-sinnlicher Wert Geltung erhalten, bleibt Schnorrenbergs Malerei gegenständlich, motivbezogen. Doch die Gegenstände sind nicht das Thema, sondern Anlaß der Bildkomposition. Sie bilden lediglich den äußeren Rahmen für eine an sich abstrakte Bildschöpfung. So sind formale Aspekte das eigentliche Motiv des Bildes „Die Eisläufer" von 1978: Der Kontrast von Schwarz und Weiß, die Gegenüberstellung von Farbe und Nicht-Farbe, der Wechsel von Ruhe und Bewegung.

Als Schnorrenberg zum ersten Mal auf die Höri kam, war sie noch Schülerin an der Düsseldorfer Kunstakademie; Macketanz hatte sie mit der Bodensee-Halbinsel bekannt gemacht. Bald darauf ließ sich Schnorrenberg in Wangen nieder. Mit ihrem Mann, dem Maler Rudolf Stuckert, lebt sie heute in Bettnang. Trotz Familie und Unterrichtstätigkeit konnte sie sich als einzige unter den genannten Malerinnen eine eigenständige Position als Künstlerin erkämpfen; zahlreiche Gruppen- und mehrere Einzelausstellungen stehen dafür. Sie ist damit die einzige, die sich als „Höri-Malerin" einen Namen verschaffen konnte.

Literatur:

(1) Vgl. Andrea Hofmann: Künstler auf der Höri – Zuflucht am Bodensee in der 1. Hälfte des 20. Jahrhunderts, Konstanz 1989

(2) Leopold Zahn: Künstler auf der Höri am Bodensee, Konstanz 1956 und Herbert Berner: Die Höri am Bodensee, in: Gerhard Wietek (Hrsg.): Künstlerkolonien und Künstlerorte, München 1976

(3) Paul Gönner (Hrsg.): Walter Herzger, Friedrichshafen 1987

(4) Wie Anm. 1, S. 147-153 (Interview mit Gertraud Herzger)

(5) Farb.-Abb. bei Marie-Theres Scheffczyk: Jean Paul Schmitz, Betrachtungen zu Künstler und Werk, Konstanz 1989, S. 32

(6) Kunst der Moderne II, Deutsche Maler am Bodensee, im Hegau und in Oberschwaben, Kunst am See 11, Friedrichshafen 1983 – Kunst um den Bodensee 1940-1960, Katalog der Ausstellung in Singen und Bregenz, Singen 1978

„Ich sah nichts als den verschieden stürmenden See"

Zum 100. Geburtstag von Egon Schiele

Oswald Burger

Egon Schiele hat in den wenigen Jahren, die er überhaupt lebte, eines der reifsten künstlerischen Werke geschaffen. Ich erschrecke dabei, wenn ich bedenke, daß er nicht einmal so alt wurde, wie ich bereits bin. Obwohl erst 1890 geboren und damit 23 Jahre jünger als Käthe Kollwitz (*1867), 14 Jahre jünger als Konrad Adenauer (*1876), neun Jahre jünger als Pablo Picasso (*1881), sieben Jahre jünger als Franz Kafka (*1883) und ein Jahr jünger als Adolf Hitler (*1889), stirbt Egon Schiele bereits 1918, wenige Tage vor dem Anbruch der Nachkriegszeit, in der das Lebenswerk jener älteren Zeitgenossen eigentlich erst zu wirken beginnt. Jugendliche Unbeholfenheit ist nur in den Bildern spürbar, die er als Fünfzehnjähriger gemalt hat. Ab 1907, da war Egon Schiele 17!, hat er seinen Stil gefunden, sind seine malerischen Werke in einem ähnlichen Sinne reif wie die gleichzeitig entstehenden dichterischen von Franz Kafka. Als Achtzehnjähriger stellt er bereits zum ersten Mal aus.

Der mühsame Weg zur öffentlichen Anerkennung Schieles wird unterbrochen, als Egon Schiele am 13. April 1912 in seinem damaligen Wohnort Neulengbach verhaftet wird und über ihn in St. Pölten ein für ihn ähnlich unverständliches Urteil gesprochen wird, wie es kurze Zeit später Franz Kafka in Prag in seiner Erzählung „Der Prozeß" beschreibt.

Unter Anklage

Schiele wurde ein schweres Sexualdelikt vorgeworfen, angeblich an einem unmündigen Mädchen verübt. Bis heute versuchen Schieles Freunde und Verehrer, die Angelegenheit zu verharmlosen, zu vertuschen oder bestenfalls zu mystifizieren, das gilt auch noch für den neuesten Katalog zur Ausstellung der Bilder aus der Sammlung Leopold in den vergangenen beiden Jahren in Zürich, Wien, München und Wuppertal. Die ernsthafte biographische Forschung (allen voran Christian M. Nebehay) hat inzwischen geklärt, was Schiele vorgeworfen wurde. Aufmerksam wurde die spießbürgerliche Umwelt schon deshalb auf ihn, weil er in „wilder Ehe" mit seiner Freundin und seinem oftmaligen Modell Wally Neuzil zusammenlebte. Offenbar deshalb hatte er bereits 1911 seinen Wohnort Krumau an der Moldau verlassen müssen. Auch schon in Krumau war ihm vorgeworfen worden, er habe junge Mädchen zu Aktstudien benutzt. Schiele zog 1911 nach Neulengbach bei Wien. Auch hier wohnte Wally Neuzil bei ihm, gab sich mit Kindern ab, die ungezwungen bei ihm aus und ein gingen, zeichnete und malte sie, und erregte eines Tages Anstoß bei der Justiz.

Drei Vorwürfe kamen zusammen: er habe eine Minderjährige entführt, die sich bei ihm aufhielt – dieser Vorwurf wurde schnell entkräftet dadurch, daß geklärt wer-

313

Selbstbildnis mit Lampionfrüchten, 1912.

den konnte, daß das Mädchen selbständig und freiwillig zu ihm gekommen war und Schiele sich selbst mit ihrem Vater in Verbindung gesetzt hatte. Zweitens, er habe ein Sexualdelikt an einem mündigen Mädchen begangen – dieser Vorwurf wurde in der Hauptverhandlung fallen gelassen, weil die einzige Zeugin, das betroffene Mädchen selbst, während des Verfahrens seine in der Vorverhandlung abgelegte Aussage abschwächte. Erst im Untersuchungsverfahren wurden in Schieles Atelier zunächst eine und später insgesamt 125 erotische Zeichnungen beanstandet, und es wurde Schiele zum Vorwurf gemacht, er habe sie Kindern zugänglich gemacht (Beispiele dafür bei Nebehay 1979 die Nr. 76, 77, 78). Statt der damals möglichen bis zu sechs Monaten für dieses Delikt verurteilte ihn das Gericht „nur" zu drei Tagen Strafe. Mit den 21 Tagen Untersuchungshaft zusammen mußte Schiele also insgesamt 24 Tage im Gefängnis verbringen.

Während der Untersuchungshaft mußte er das Schlimmste befürchten; das maximal drohende Strafmaß bei erwiesener Schuld in allen Fällen waren 20 Jahre Kerker! Unter dieser Drohung entstanden die meines Erachtens expressivsten Bilder Schieles überhaupt, 13 aquarellierte Bleistiftzeich-

Bildnis Wally, 1912.

nungen von Details der Zelle (den Stuhl, die Tür, die Pritsche, die bunte Decke, den Flur darstellend; und Blätter, auf denen er sich selbst verwahrlost und wirr abbildet) mit sprechenden Titeln wie „Gefangener", „Kunst kann nicht modern sein, Kunst ist urewig" oder „Ich werde für meine Kunst und für meine Geliebten gerne ausharren. 25.IV.12.D." (= Donnerstag, der 25. April 1912) (in Nebehay 1979 die Nr. 79-89).

Das einzige wirklich formaljuristische „Unrecht", das Schiele geschah, war die Verbrennung einer konfiszierten erotischen Zeichnung durch den Richter, wozu dieser nicht befugt war. Daß der Richter aber

selbst Sammler pornographischer Bilder gewesen sei, wie in der populären biographischen Schiele-Literatur behauptet wird, ist wiederum eine Legende, die die damalige Justiz ins Zwielicht der Doppelmoral stellen sollte; Schieles Richter Dr. Stovel war ein kultivierter Mann und Sammler von Werken des Kirchenmalers Franz Stecher (1814 – 1853) (hier – wie fast stets – am glaubwürdigsten Nebehay).

Auf Reisen

Nachdem Schiele am 7. Mai 1912 aus der Haft entlassen worden war, wohnt er bei seiner Mutter in Wien, ist auf der Suche nach einer eigenen Wohnung in Wien und geht auf Reisen. Noch im Mai 1912 gibt es Spuren von Egon Schiele in Klagenfurt, Triest und vom Wörthersee, dann aus Tirol, wieder aus Wien und aus München. Im August 1912 ist Egon Schiele am Bodensee.

Auf die Frage, warum er sich vom Frühjahr bis zum Herbst 1912 gerade in Kärnten, Triest, Tirol und am Ostende des Bodensees aufhält, gibt ein Blick auf eine zeitgenössische Landkarte und das Wissen um den Beruf seines Vaters als „Bahnbetriebsamtsvorstand" eine denkbar banale Antwort: offenbar kann Schiele auch nach dem Tod des Vaters noch Freifahrten bei der österreichischen Eisenbahn in Anspruch nehmen – Istrien und Vorarlberg sind dadurch für Schiele gerade noch frei erreichbare Ziele.

Nebenbei muß erwähnt werden, daß Egon Schiele äußerst ärmlich lebte und beispielsweise sofort nach seiner Verhaftung die Möbel in Neulengbach gepfändet werden, weil er bei seinem Vermieter und bei verschiedenen Handwerkern Schulden hatte. Einkünfte hatte Schiele lediglich von treuen Liebhabern seiner Kunst in Österreich; seine Versuche, auch in Deutschland zu verkaufen, mißlangen gründlich. Zwischen den einzelnen Reisen wohnt Schiele bis zum Herbst 1912 immer wieder bei seiner Mutter.

Am Bodensee

Auf dem Weg an den Bodensee ist Egon Schiele zwei Tage in München, um mit seinem Kunsthändler zu verhandeln und um zeitgenössische andere Kunst zu studieren. Vom 16. bis zum 24. August 1912 ist Egon Schiele mit seiner Mutter Marie Schiele und seiner Freundin Wally Neuzil in Bregenz nachweisbar. Sie wohnen in einem heute

Aquarell Deuring Schlößchen.

abgerissenen Haus direkt an der Hafenmole (damals „Reichsstraße 13", später „Hotel Seegarten").

Da in einem Brief Schieles aus Bregenz die Rede davon ist, „Ich möchte mir unbedingt die Ausstellung der Franzosen in Zürich ansehn, wohin von hier drei Stunden weit ist (sic! nach Nebehay 1979 S. 226-7)" und Schiele großes Interesse an dem Schweizer Maler Ferdinand Hodler hatte, hat man vermutet, daß er auch in Zürich war; dies ist aber unwahrscheinlich, jedenfalls gibt es dafür keine Zeugnisse. Schieles Kastanienbaum am Bodensee scheint von Hodlers Landschaften vor dem Genfer See beeinflußt, und man weiß, daß Schiele nach Klimt unter seinen Zeitgenossen Ferdinand Hodler am meisten liebte. Im übrigen hat der wesentlich ältere Hodler meines Wissens von Schiele nicht mehr Notiz genommen, und es blieb bei der bewundernden Haltung Schieles aus der Distanz.

Aus einer Postkarte geht hervor, daß Schiele „einige interessante Arbeiten ... hier erzeugte" (17. August 1912 an Dr. Oskar Reichel, Nebehay 1979 S. 226). Leider sind nur wenige Werke davon eindeutig zu identifizieren:

- „Deuringschlößchen" (Bleistift und Deckfarben, 31,3/48 cm, Wien Sammlung Leopold), das Bild zeigt das sogenannte Deuringschlößchen in der Bregenzer Oberstadt vom Kirchplatz vor der St. Galluskirche her (Abb. Sandner 1983, S. 63).

- „Dampfer im Bregenzer Schiffshafen" (Bleistift und Aquarell, 27/44,5 cm, Wien Privatbesitz), das leicht hingestrichelte Bild zeigt genau identifizierbare Objekte, im Vordergrund eines der beiden Schwesternschiffe „Austria (I)" oder „Habsburg", die 1884 in Dienst gestellt und 1914 ausgemustert wurden (Abb. Sandner 1983, S. 64). Dahinter liegt die „Kaiser Franz Josef I" am sogenannten „Reserve-Molo" des Bregen-

Aquarell Dampfer im Bregenzer Schiffshafen.

Ansicht Bregenz zeitgenössisch.

zer Hafens, das erste Salonschiff der k.u.k. Staatsbahnen, 1885 in Dienst gestellt, 1919 in „Dornbirn" republikanisiert und 1938 aus dem Verkehr gezogen (Details nach Karl F. Fritz, Konstanz).

- „Landschaft mit zwei Bäumen, See und Bergen" (Öl auf Leinwand, 89/89,5 cm, Wien Sammlung Leopold), das 1913 datierte Bild läßt im Hintergrund den Säntis erkennen (Abb. Sandner 1983, S. 64).

- „Kastanienbaum" (Aquarell, USA Privatbesitz), das Bild zeigt vom Seeufer bei Lochau aus den Blick über die Bregenzer Bodenseebucht auf das Bödele und die Staufenspitze (Abb. Sandner 1983, S. 63).

Das Motiv Bäume hat Schiele im Jahr 1912 mehrfach beschäftigt, oft waren sie noch kahler als das vergleichsweise belaubte Kastanienbäumchen am Bodensee. Auch das eine oder andere Bild mit anderen Sujets könnte am Bodensee entstanden sein (vgl. bei Kallir 1966 die Nr. 160-166 und 171

und bei Leopold 1972 die Nr. 105); zum Beispiel die Herbstmotive oder einzelne Gebirgssilhouetten auf Bildern von 1912 und 1913 könnten hier am Bodensee gesehene Kulissen aufgenommen haben (vgl. z. B. bei Leopold 1972 Nr. 231 S. 576 oder Nr. 274, S. 595); von den verschollenen Bildern mit den Titeln „Landhäuser", „Boothafen", „Ruhende Segel" oder Herbstmotive von 1912 oder „Inselstadt", angeblich von 1915, könnte das eine oder andere am Bodensee entstanden sein (nach Aufstellung bei Kallir 1966 S. 494 ff.).

Ausklang

Eineinhalb Jahre später benennt Schiele noch einmal Anlaß und Stimmung seines Bodenseeaufenthaltes in einem Brief an einen seiner Mäzene: „Mir ekelte vor meiner früher so innig geliebten melancholischen Landschaft in Neulengbach. – Es trieb mich als Gegensatz an die Grenze; ich blieb in

318

Bregenz 1912 und sah nichts als den verschieden stürmenden See und ferne weiße sonnige Berge in der Schweiz. – Ich wollte ein neues Leben beginnen. – Aber bis jetzt konnte ich's nicht; – nichts gelang mir noch in meinem Leben. – Ich sehne mich nach freien Menschen. – So lieb mir Österreich ist; ich beklage es. – ..." (nach Nebehay 1979, S. 301, bei Weiermair 1971, S. 6: „Mir eckelte ...").

Im Oktober 1912 bezieht Egon Schiele endgültig eine Wohnung und ein Atelier im Wiener XIII. Bezirk in der Hietzinger Hauptstraße 101, wo er bis zu seinem Tod leben wird.

Ende Oktober 1918 stirbt Egon Schiele, drei Tage nach seiner im sechsten Monat schwangeren Frau Edith, die er erst 1914 kennengelernt und 1915 geheiratet hatte. Am Abend vor ihrem Tod zeichnet er die geliebte, an der Spanischen Grippe erkrankte Frau noch einmal (bei Comini 1974 Nr. 199a). „Seine Gattin Edith, sterbend, 27.X.1918" heißt das bewegende letzte Blatt des selber todkranken Malers. Noch immer ist die von vielen Bildern Schieles bekannte Gestalt schön, aber sie blickt schon wie durch einen Schleier herüber in die Welt von uns Lebenden. Edith Schiele stirbt am 28. Oktober 1918 zusammen mit dem erwarteten Nachwuchs, Schiele selbst, ebenfalls von der Spanischen Grippe infiziert, folgt ihr am 31. Oktober 1918 in den Tod.

Literatur:

(1) Otto Kallir: Egon Schiele. Oeuvre-Katalog der Gemälde. Mit Beiträgen von Otto Benesch und Thomas M. Messer, Wien 1966 (erste Auflage unter dem Titel Otto Nirenstein: Egon Schiele. Persönlichkeit und Werk, Wien 1930)

(2) Rudolf Leopold: Egon Schiele. Gemälde, Aquarelle, Zeichnungen, Salzburg 1972

(3) Christian M. Nebehay: Egon Schiele 1890 – 1918. Leben, Briefe, Gedichte, Salzburg und Wien 1979

(4) Christian M. Nebehay: Wien speziell – Architektur und Malerei um 1900, Wien 1983

(5) Christian M. Nebehay: Egon Schiele. Leben und Werk, Salzburg und Wien 1980

(6) Oscar Sandner: Bregenz. Photographien von Studenten der Hochschule für angewandte Kunst, Wien, Wien und München 1983

(7) Peter Weiermair: Egon Schiele in Bregenz, in: Vorarlberg Heft 2/1971 S. 6-9

(8) Katalog: Egon Schiele und seine Zeit. Österreichische Malerei und Zeichnung von 1900 – 1930. Aus der Sammlung Leopold, hg. von Klaus Albrecht Schröder und Harald Szeemann, München 1988 (Die darin dokumentierte Ausstellung in Zürich, Wien, München und Wuppertal von November 1988 bis März 1990 war die eindrückliche Anregung zu diesem Aufsatz.)

Für Hinweise bedanke ich mich bei Frau Fogarassy, Graz; Karl F. Fritz, Konstanz; Jane Kallir, New York; Christian M. Nebehay, Wien, und Oscar Sandner, Bregenz.

Selbstbildnis, um 1963.

August Schwarz

Ein Malerleben am Bodensee

Dorothee Kuczkay

Der Maler und Bildhauer August Schwarz ist ein zu Unrecht Vergessener. Ein Bodenseemaler, der die Öffentlichkeit scheute, der hohen Anspruch an sich stellte. Einer, der durch eigene Aufrichtigkeit geprägt wurde.

In den zwanziger Jahren hat August Schwarz in Überlingen seine Wahlheimat gefunden. Als malender Fabulierer hat er uns von den Menschen, ihrem Alltag, von ihren Festen und Bräuchen erzählt. Das Einmalige und Flüchtige wußte er mit Spontaneität festzuhalten. Seine innere Schau verstand er mit dem Pinsel umzusetzen. Alemannischem Hintersinn verlieh er malend Kontur. Die Schönheit kleiner Details ließ er blitzartig aufscheinen. Er wurde nicht müde, die Landschaft, insbesondere die Seelandschaft, in immer neuen Facetten zu malen. Ungeachtet seiner anderen Arbeiten hinterläßt er uns damit ein Oeuvre, das die dem See eigene Atmosphäre und Stimmung bewahrt.

Lebensweg

1896 wurde August Schwarz in Mannheim geboren. Er stammte aus einem bürgerlichen Elternhaus. Der Vater war Installateur, der Großvater Ökonom. Ursprünglich war die Familie im Bayrischen zuhause. Als Kleinkind kam er nach Pforzheim. Dort besuchte er die Realschule. Es mag die Eltern überrascht haben, daß beide Söhne zeichnerisches Talent besaßen.

Der Bruder wandte sich Praktischem zu, er wurde Ingenieur. Die Eltern ermöglichten ihrem Sohn August den Besuch der damals renommierten Kunstgewerbeschule in Pforzheim.

Während des ersten Weltkriegs tat August Schwarz als Maat auf einem Torpedoboot Dienst. Gesund und bar aller soldatischen Begeisterung kehrte er aus dem Krieg zurück.

Seinen Wunsch, Maler zu werden, vermochten die Kriegserlebnisse nicht zu verdrängen. Bald konnte er sich an der damaligen Landeskunstschule in Karlsruhe einschreiben. Die Akademie befand sich während seiner Studienzeit in einer Art Umbruch. Sie löste sich aus dem Bannkreis der von Hans Thoma geprägten Tradition, der nicht nur einflußreicher Professor, sondern auch Leiter der Kunsthalle war.

Bildhauerunterricht erhielt August Schwarz bei Prof. Schreyögg. Bei Prof. Hans Adolf Bühler, einem Thomaschüler, besuchte er die Malklasse. Bühler attestierte ihm große Begabung. Indessen ist Schwarz Bühlers Einfluß nicht erlegen. Er ist nicht der neuromantische Maler geworden, den der spätere Akademiedirektor Bühler sowohl im Geiste als auch im Werke heranzubilden hoffte. Bühler selbst war Traditionalist; er verachtete die „Verfallskunst" und war Wegbereiter der Karlsruher Ausstellung „Regierungskunst 1919-1933", die gegen die Kulturpolitik der Weimarer

Regierung zielte. Schon damals ein frühes und erschreckendes Fanal des „Bildersturms", der in Deutschland einsetzte. Aus diesem Spannungsfeld des neuen „Kulturkampfes" stammen die freundschaftlichen Verbindungen von August Schwarz zu Professor Karl Hubbuch und Julius Bissier, beide Absolventen der Karlsruher Akademie. Das Zeichentalent von August Schwarz mußte den gestrengen Anforderungen von Prof. Walter Georgi entsprechen. Als Meisterschüler arbeitete August Schwarz bei Prof. Hermann Goebel, der sich wie die anderen Professoren lobend über seine Begabung, aber auch über den Charakter und die Ernsthaftigkeit seines Schülers äußerte.

Hier an der Akademie erwuchs aus der angeborenen Begabung des Künstlers zeichnerisches und malerisches Können. Zugleich trat auch der unerbittliche Anspruch an sich selbst zutage. Dieser Maßstab, gepaart mit Selbstkritik, blieb ihm eigen.

Die Malerfreundschaften mit Willy Huppert, Franz Danksin, Adolf Rentsch sowie den Vorgenannten, die sich bald unter den „Verfemten" wiederfinden sollten, überdauerten die Studienzeiten.

Aus Karlsruher Akademietagen rührt auch die Freundschaft zu Viktor Mezger. Sie bewirkte, daß August Schwarz in den späten zwanziger Jahren nach Überlingen kam, in die Kunstwerkstätte Mezger, die damals weiten und guten Ruf genoß. Hier konnte er Auftragsarbeiten ausführen und sich überdies seiner Malerei widmen. Der Verlust der Mutter im Jahr 1928 traf August Schwarz sehr; bald darauf starb auch seine Verlobte Gertrud, eine Schwester von Viktor Mezger. Mit Entwurfsarbeiten, Fresken, Sgraffiti und Skulpturen erfuhr er eine gewisse materielle Absicherung. Im Hause Mezger genoß er familiären Anschluß.

Den Beginn des zweiten Weltkriegs hatte August Schwarz auf einem Minensuchboot

Detail des Hänselebrunnens in Überlingen, 1934.

Caritas Altar, Münster in Überlingen, 1937.

durchzustehen. Da er nie gerne Soldat war und es im Urlaub tunlichst vermied, Uniform zu tragen, war er froh, als er durch Vermittlung vom „Himmelfahrtskommando" im Atlantik in eine leitende Funktion in einer Tarnfirma kam. Hier überantwortete man ihm die Gestaltung von Tarnnetzen, z. B. auch die für Hitlers „Wolfsschanze". Infolge des Todes des Inhabers mußte Schwarz nach dem Kriege noch eine Weile im Taunus bleiben, weil ihm die Auflösung der Firma übertragen worden war. Mit dem Verkauf von Landschaftsbildern und dem Porträtieren amerikanischer Soldaten konnte er zunächst sein Leben fristen.

Von 1948 bis zu seinem Tode lebte er wieder in Überlingen. Neben den Auftragsarbeiten, die ihm die Kunstwerkstätte vermit-

telte, war er nun mit neuem Elan dabei, die Seelandschaft mit dem Skizzenblock zu erobern. Er arbeitete erneut an Entwürfen, war selbst wieder mit Modellierholz und Meißel am Werke; er ließ allegorische Figuren, Altäre, Grabdenkmale entstehen. Bei seiner letzten großen Bildhauerarbeit für den Narrenbrunnen in Möhringen erlitt er in gleißender Sommerhitze einen Schlaganfall. Er war Ende 60 und hatte seine Gesundheit und Kräfte überschätzt. Das Bildhauern mußte er nun beenden, auch das Durchwandern des Seelands mußte eingeschränkt werden. Noch immer gehorchte der Pinsel, um Geschautes und Erlebtes auf die Leinwand oder zu Papier zu bringen. Noch einmal gelang es ihm, seine Vision malend zu vermitteln.

1969 mußten die Menschen, die ihm verbunden waren, Abschied von ihm nehmen.

Oeuvre

Die Spuren, die August Schwarz in Überlingen hinterlassen hat, sichern ihm gutes Gedenken. Allein in Überlingen ist der Stein gewordene Hänsele auf dem Dorfbrunnen zu sehen, der Caritasaltar und zwei Kreuzwegstationen im Münster. Die allegorischen Figuren der Rathausfassade in Wangen gehen in ihrer erneuerten Form auf August Schwarz zurück. Desgleichen ein Deckenrelief am Stadttheater in Lindau, ein Altar am Hochrhein und etliche Grabdenkmale. Viele Entwürfe für große Bildhauerarbeiten der Kunstwerkstätte Mezger stammen aus seiner Hand.

Für Überlingens Hotel „Hecht", dem er sich verbunden fühlte, schuf er eine Scheinfassade aus Sgrafitto, auch für das an der Heiligenberger „Post" leistete er einen wesentlichen Beitrag. Weitere Sgrafitti sind am Heimatmuseum in Triberg, an Gemeindehäusern von Bodman und Hagnau zu finden.

Das malerische Werk ist überaus reichhaltig. Schwarz war ein großer, ein sicherer Zeichner. Er wußte darum und maß seinem zeichnerischen Werk entsprechende Bedeutung bei. Ein kühner, knapper Strich war ihm eigen. Seine Phantasie und sein Stift illustrierten Märchen, besonders die von 1001 Nacht. In der flüchtigsten Skizze steckte viel Wesenhaftes. Mit wenigen Bleistift-, Tusch- und Pinselstrichen hat er sein Sujet umrissen. So skizzenhaft Menschen in See- oder Städtebilder eingestreut sind, so vielfältig gerieten ihm immer wieder Bewegungsabläufe. Z. B. in Zeichnungen aus dem Straßenbild Lindaus. Dies gilt nicht allein für Zeichnungen: die zurückgenommene Darstellungsweise tritt stets dann hervor, wenn Menschen in Bodenseelandschaften, Pariser Impressionen, in Motive aus dem Süden eintreten.

Malweise

Wer ist nun der Maler August Schwarz? Als Gegenständlicher ein Gestriger? Er ist auf alle Fälle einer, der sich treu blieb. Wie andere Zeitgenossen am See, die heute berühmte Namen tragen, hat er sich mit seiner Umgebung befaßt. So wie Purrmann, Heckel, Dix, Macketanz, viele vor und nach ihnen. Alle haben aus der Landschaft geschöpft. Die Landschaft, der Wandel, die Atmosphäre, die Fixierung des Typischen blieben für August Schwarz stets Anregung und Herausforderung. Er suchte nie das „Abbild". Es ging ihm um Wesen und Fluidum, Geist und Strahlkraft. Nur in jungen Jahren ging er mit der Staffelei über Land. Später war nur der Skizzenblock Begleiter des Gedankens, der Bild werden sollte. Seine Skizzen hat er vielfach mit Farbangaben versehen. In vielen seiner Landschaften übermittelte er eine Zusammenschau, die neben das Motiv die künstlerische Freiheit setzte.

In frühen Jahren malte er tonig und erdfarben. Später hat sich seine Palette aufgehellt. Sie wurde farbig, leuchtend, satt. Immer öfter nutzte er impulsiv gesetzte Kürzel. Er malte stets ohne jede Anpassung an herrschenden Zeitgeist, weder dem braunen, noch dem der Abstraktion. Selbst in seinen Skizzen hat er Geschautes verdichtet, er hat sie auf das ihm Wesentliche reduziert.

Vom Oeuvre August Schwarz' gibt es ein umfassendes Werkverzeichnis. Doch gewiß ist, daß die Landschaften, die Aquarelle dominieren. Sie sind die leuchtende Spur eines Malerlebens, das sich bewußt der Herausforderung stellt, gleiche oder ähnliche Motive stets neu zu ergründen. In sommerlichem Sonnenglast, im Sturm, im Winter, bei Föhn, im Wechsel von Tages- und Jahreszeiten.

Seestimmung, um 1969.

Zurückhaltung

Der Maler hat stets gerne große Ausstellungen und Sammlungen besucht. Seine eigenen Bilder hielt er zurück. Nicht aus Unsicherheit, oder weil er Kritik nicht ertragen konnte. In den frühen dreißiger Jahren hat August Schwarz an wenigen Gemeinschaftsausstellungen mitgewirkt. Zu einer einzigen Einzelausstellung fand er sich aus Anlaß seines 70. Geburtstags bereit. Damals hat sie einen Besucherrekord verzeichnet.

In seiner Laudatio führte Viktor Mezger 1966 in Überlingens städtischer Galerie „Fauler Pelz" aus, daß August Schwarz' Kunst nicht nur von Begabung und Können

herrühre. Ganz wesentlich sei sie durch seinen Charakter geformt und bestimmt worden. Damit schloß sich gleichsam der Kreis, denn bereits in seinen Studienjahren erkannten die Professoren, daß dem „talentvollen Maler" eine „schöne und starke Begabung für die Malerei" eigne, der er zudem „mit seltenem Ernst und großem Fleiß" oblag.

Von den 61 ausgestellten Ölbildern und Aquarellen gab es neben wenigen Zeichnungen, Stilleben und Genrebildern, außer einigen betitelten Seesujets, allein 18mal die Bezeichnung „Bodenseelandschaft". Quasi ein Synonym für die beständige Herausforderung, der fast leitmotivischen Arbeit an seinem großen Thema.

Trotz seiner Ablehnung des sich nach dem Kriege abzeichnenden Ausstellungsgetriebes fand er sich gerne bereit, Menschen, die ihn aufsuchten und darum baten, seine Bilder zu zeigen. Ohne viel Aufhebens, ohne gespreizte Diskussion, ohne deutende Erklärung. Wenn seine Bilder Freunde fanden, nun gut. Heute, da wir von einer Galerie zur nächsten Vernissage eilen, ist uns kaum mehr bewußt, wie wenige Ausstellungen es früher gab, zumal in der Provinz. August Schwarz bevorzugte den traditionellen Atelierbesuch. Auch hier blieb er sich und seinem eigenen Gesetze treu.

Der Mensch

Der Maler war zur Freundschaft begabt. Seine Beobachtungsgabe zeichnete ihn aus. Er vermochte zuzuhören, war nicht unkritisch, war darüber hinaus geistreich und hatte Sinn für Humor. Zu diesen Vorzügen fügte sich seine Bescheidenheit, die es ihm verbot, sich oder sein Werk aufzudrängen.

Bisweilen hatte es den Anschein, er begnügte sich, die Umgebung mit Auftragsarbeiten zu konfrontieren. Mit Skulpturen, Sgrafitti und Fresken, mit denen er Hausfassaden überzog. Dabei schätzte er es durchaus, bei Freunden, Bekannten, in Hotels und Weinstuben zu überprüfen, wie seine Bilder standhielten, wie sie neueren Kunstauffassungen trotzten.

Für überzeugende künstlerische Strömungen, manchen Aufbruch, hat er durchaus Bewunderung empfunden. Dies hat ihn indessen nie verführt, sich anzupassen, im Kielwasser eines Trends „en vogue" zu sein. Seine Ansicht, seine Empfindung hat er malend vermittelt. Er raffte, er fügte sein Mosaik. Seine knapp beschreibende Pinselführung bemühte sich nicht um Genauigkeit. Mit sicherem, bisweilen peitschendem, Strich setzte er Details in den lockeren Farbgrund, aus dem heraus seine Impression wuchs. Als er am Ende seines sechsten Lebensjehnts nach seiner Erkrankung wieder malend seinen Weg suchte, schuf er neben Landschaften viele Selbstporträts: Am Schnittpunkt und Kreuzweg noch einmal eine Überprüfung seines Standpunkts. Mit seinen Genrebildern knüpfte er an seine erzählende Malweise an.

Erneut widmete er sich der Landschaft, die an den unterdessen zutage getretenen Landschaftsverlust ebenso gemahnt wie die Erinnerung an einen Künstler und Menschen belebt, dem das Land am See wesenhafte Erfassung zu verdanken hat. Er gehörte zu den wenigen, die begabt sind, dem Vergänglichen bildhaft Gültigkeit zu verleihen. Kraft seiner Bilder hat er seine Lebensspur mit der Landschaft verwoben, der nachzuspüren ihm unentwegter Auftrag war.

Die Malerin Rose Sommer

Hermann Hofmann

Im Dezember 1989 hat die Malerin Rose Sommer auf dem Hardthof bei Immenstaad ihren 80. Geburtstag gefeiert. Ihr Name ist eigentlich erst in den letzten zehn Jahren durch Ausstellungen u. a. in Kressbronn, Konstanz und schließlich in der Saulgauer Fähre einem weiteren Kreis künstlerisch Interessierter bekannt geworden. Wer die repräsentative Saulgauer Ausstellung gesehen hat, war überrascht von der Kraft der großzügig gemalten Ölbilder und zupakkend frischen, leuchtenden Aquarelle. Die Themen zeigten die souveräne Beherrschung von Porträt, Figur, Stilleben und Landschaft gleichermaßen. Und der Betrachter verließ diese Ausstellung mit dem beglückenden Gefühl, daß es sich immer wieder verlohnt, abseits vom lauten, großstädtischen Kunstbetrieb mit seinen sich überbietenden Manierismen auf Entdekkungsreise zu gehen und nach Qualitäten zu suchen, die im Verborgenen liegen. Gerade im Bodenseeraum mit seinem aus einer alten Tradition gespeisten Nährboden gilt es, künstlerische Schätze zu heben. Mit dem Werk von Rose Sommer hat sich das buchstäblich ereignet, wie ein Besuch im Immenstaader Atelier beweist. Dort findet sich der überraschte Betrachter ganz im Reich der Farbe.

Paul Cezanne sprach einmal den Satz aus: „Ich sehe Flecken und sehe Farben. Sie formen sich mir zu Felsen, Häusern und Bäumen." Der farbige Fleck war also für den echten Maler vor dem Gegenstand da.

Damit kommen wir der Malerei von Rose Sommer schon näher. Seien es Landschaft,

Stilleben oder Figur, stets malt sie unmittelbar vor dem Motiv. Wo aber findet sie dieses? Wo sich die vorgefundenen farbigen Flecken zu einem spezifischen farbigen Gefüge, einem farblogischen Zusammenklang vereinigen, der dann buchstäblich zum Motiv, zum Beweggrund malerischen Zupakkens wird. In der Wirklichkeit findet der Maler ein farbiges Chaos vor. Durch die sensible Auswahl der bildbestimmenden, bildstatuierenden Farben entsteht eine bildnerische Ordnung, deren Endergebnisse eben das unverwechselbare Kunstwerk darstellt, die Hervorbringung des Notwendigen anstelle des Beliebigen.

Betrachten wir daraufhin die Bilder von Rose Sommer, so können wir versuchen, den malerischen Entstehungsprozeß nachzuvollziehen. Da fallen viele Details weg, fügt sich Fleck an Fleck wie zu einem farbig leuchtenden, kostbaren Gewebe. Nichts wird bewußtlos, „wild" überstürzt, der Malvorgang vollzieht sich fast meditativ in andächtig konzentrierter Stille.

Ob Bodenseelandschaft oder mittelmeerische Küste, Blumenstilleben oder Porträt – aus allen Bildern spricht unmittelbar die Farbe in unverbrauchter Frische, einer Frische und Lebendigkeit, die über dem souveränen Farbvortrag völlig vergessen lassen, daß eine nun über Achtzigjährige hinter diesem Werk steht.

Wie schon angedeutet: Es lohnt sich, abseits vom aktuellen Kunstmarkt in der Stille zu suchen. Schon im kleinen Immenstaad kann man fündig werden.

Selbstbildnis, 1986.

Aus meinem Leben

Rose Sommer-Leypold

Ich wurde 1909 in Schramberg als Tochter des Prokuristen Leypold der Uhrenfabrik Junghans geboren. Meine Mutter war Lehrerin gewesen. In der Realschule hatte ich einen sehr guten Zeichenunterricht bei Herrn Kettnacker, der selbst ein guter Maler war. Nach dem Abitur 1929 bestand ich die Aufnahmeprüfung in die Stuttgarter Kunstakademie. Mein Berufsziel war Kunsterzieherin. Ich wurde Schülerin in der Zeichenklasse von Prof. Hans Spiegel. Es war für mich eine sehr strenge und gute Schule. Nach drei Semestern kam ich in die Malklasse von Prof. Anton Kolig, der ein hinreißend guter Lehrer und großartiger Maler war.

1932, in der Zeit der schlimmsten Wirtschaftskrise, entschloß sich mein Vater mit 60 Jahren und sechs unversorgten Kindern, den Beruf zu wechseln. Er sah damals in der Wirtschaft keine Zukunft mehr. Schon immer war er ein begeisterter Gärtner und Obstzüchter gewesen. Als Anhänger der biologisch-dynamischen Landwirtschaft entschloß er sich zum Erwerb eines Anwesens am Bodenseeufer bei Immenstaad, dem heutigen Hardthof. Aus finanziellen Gründen konnte ich nicht mehr weiterstudieren, es bestand damals auch keine Aussicht auf eine Anstellung im Schuldienst. So half ich meinen Eltern in der Pension, im Garten und in der Landwirtschaft. Dabei versuchte ich in den Wintermonaten, mich in der Malerei weiterzubilden und unternahm Kunstreisen nach Italien und Norwegen, wo die Bilder von Edvard Munch mich besonders beeindruckten.

Bei Kriegsbeginn ergab sich die Möglichkeit, das Akademiestudium bei Anton Kolig wieder aufzunehmen, zuletzt als seine Meisterschülerin und Assistentin. Trotz dem schweren Kriegserleben war diese Zeit eine der glücklichsten meines Lebens, konnte ich doch im Atelier meines Lehrers ein- und ausgehen und seine herrlichen Bilder mit ihren leuchtenden Farben in mich aufnehmen. 1943 wurde Anton Kolig auf Befehl Hitlers entlassen. Ich war inzwischen so weit gekommen, daß ich allein weiterarbeiten konnte.

Am Ende des Krieges bekamen wir die Nachricht, daß zwei meiner Brüder gefallen waren. Sie wären fähig gewesen, den Hardthof zu übernehmen. So mußte ich den Hardthof mit den alten Eltern und zwei zarten Schwestern übernehmen. Mein Mann, der mir lange ein treuer Helfer gewesen war, wurde in den späteren Jahren das Opfer einer Lähmung und mußte 14 Jahre lang als ein Hilfloser versorgt werden. Nur in den winterlichen Ruhepausen konnte ich mich der Malerei widmen. Ich hätte natürlich gerne mehr Zeit dafür verwendet und bin oft gefragt worden, ob es mir nicht schwergefallen sei, den gewählten Beruf der Malerei weitgehend aufzugeben.

Ich war immer der Meinung, daß die lebendige Arbeit an Land und Garten, auch in der Tierzucht, und die Betreuung vieler Menschen mit sehr verschiedenen Bedürfnissen eine Tätigkeit ist, die der künstlerischen Arbeit nicht entgegensteht. Werden doch Phantasie, Menschenliebe und Intuition dadurch gefördert. Ich fand immer, daß

Bildnis des gefallenen Bruders Wolfgang Leypold, 1944.

Pfingstrosen, 1987.

man bei intensiver künstlerischer Betätigung bald an das Geistige der Kunst herantritt, und daß dazu viel Kraft und Reife notwendig sind, die man erst im Laufe des Lebens erwerben kann. Jedesmal im Herbst mußte ich wieder neu anfangen, so daß sich damit stilistische Veränderungen ergaben.

Ich empfand es immer wieder als großen Vorteil, daß ich mich ohne Rücksicht auf wirtschaftliche Erwägungen entwickeln konnte. Ich war weder auf Anerkennung noch auf Anpassung an die wechselnden Zeitmoden angewiesen. Viel verdanke ich meiner Freundschaft mit Bissier und Herburger, mit denen ich viel zusammen war. Nach dem Tod der beiden war ich sehr einsam. Später fand ich Kontakt zu ehemaligen Koligschülern, die mich zur Fortsetzung der Malerei ermunterten.

In den sechziger Jahren wagte ich den Schritt von der Arbeit vor der Natur zu größeren, freien figürlichen Kompositionen. Die Wände eines bescheidenen Atelierneubaues hatten mich zu größeren Formaten eingeladen. Einen besonderen Raum in meinem Schaffen nahm die Bildnismalerei ein. Als Leitmotiv für meine Arbeit könnte ich einen Ausspruch von Anton Kolig anführen, der einmal gesagt hat: „Wenn dem Künstler etwas gelungen ist, so ist es nicht sein eigener Verdienst, sondern ein Akt der Gnade!"

Wirbelablauf mit Sitzplatz in der Außenanlage der Siedlung Schafbrühl in Tübingen: Ein Platz zum Sicherholen, Sichentspannen, Lesen, Nachdenken.

Brunnenanlage Baienfurt: Wasserablauf in einen gestalteten Gulli.

Zwischen den Disziplinen: Kunst und Ökologie

Von der Arbeit des Überlinger Wasserateliers Dreiseitl

Brigitte Ritter-Kuhn

I

Großzügig untergebracht in einem ehemaligen Fabrikgebäude der Firma Auer, später Bäuerle, sind Werkstätten und Planungsbüro des Wasserateliers Dreiseitl in Überlingen. Ein Wasseratelier ist „ein Atelier, das sich mit Brunnenanlagen bis hin zu ökologisch-künstlerischen Wasserprojektionen" beschäftigt, eine Erklärung, die wenig von dem vermittelt, was gemeint ist. Man muß sich Zeit nehmen, sich einlassen wollen auf Ziel und Schaffensweise eines Teams aus Bildhauer, Architekt, Ingenieur, Schreiner und Sekretärin sowie einer wechselnden Zahl von Studenten bzw. Praktikanten. Vor nunmehr 10 Jahren initiierte der Bildhauer Herbert Dreiseitl diese Kooperation zwischen Künstler einerseits und Techniker andererseits mit dem Ziel, die jeweiligen Fachzuweisungen zu überwinden und gemeinsam neue Lösungen für Zeitprobleme zu finden. So sind es Pilotprojekte, die das Team in Angriff nimmt, um zu zeigen, daß seine Ideen Praxiswert haben.

Wasser – was tun wir nicht alles, um es möglichst schnell verschwinden zu lassen, in Abflußrohren und Gullis, aber auch, um es zu erreichen, von der Großstadt an den Bodensee und am gleichen Tag wieder zurück für ein kurzes Erlebnis mit Wasser.

Wasser hat eine ungeheure Anziehungskraft, allerdings ist es für die meisten Menschen in seiner Vielfalt, Lebendigkeit und Schönheit kaum mehr erlebbar. Es kommt als Strahl aus dem Wasserhahn, mehr nicht.

In Stadtgebieten geben nur noch wolkenbruchartige Niederschläge den Menschen eine Vorstellung von der Kraft des Wassers und für kurze Zeit bestehende Pfützen spiegeln da und dort den Himmel wider.

Gerade im Lebensraum Stadt fehlt es an Grunderfahrungen und Erlebnissen mit dem Element, das Leben erst ermöglicht, und das in Gefahr ist. Doch ohne Erfahrung kann keine Wertschätzung entstehen, und ohne diese ist zu verantwortungsvollem Umgang schwerlich zu motivieren. Das ist wesentlicher Hintergrund für den Schaffensinhalt des Wasserateliers und kommt etwa in der Inschrift des Baienfurter Trinkwasserbrunnens als pädagogischer Anspruch zum Ausdruck: „Du gebrauchst das kostbare Wasser – erkenne und schütze seine Lebenskraft."

Wasser spielt heute im Städtebau als Planungskomponente zur Verbesserung des Makroklimas eine große Rolle, an Aufgaben dieser Art arbeitet auch das Wasseratelier Dreiseitl von der Konzeption bis zur Realisierung mit: Es entstehen Regenwasserableitungen von Dächern und Freiflächen, Zisternen, Wasserläufe, Teiche und Feuchtbiotope in Außenanlagen, Reinigungs- und Versickerungsflächen – Oasen in Städten und Siedlungen, die neben einem ökologischen Wirkungsgrad vor allem den Menschen verlorene Erlebnismöglichkeiten mit Wasser zurückgeben: Geruch, Geschmack, Klang, Kühle, Ruhe und Bewe-

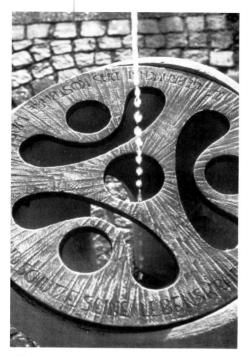

Oben: Teil der Brunnenanlage in Baienfurt ist ein Trinkwasserbrunnen mit der Inschrift: „Du gebrauchst das kostbare Wasser – erkenne und schütze seine Lebenskraft."

Rechts: Kaum etwas fasziniert Kinder mehr als das Tätigwerden mit dem Element Wasser, Bilder von der Außenanlage der Siedlung Schafbrühl. Hier kam Wasser eine dominierende Rolle als Gestaltungsmedium zu.

gung. Einzelobjekten kommt dabei eine besondere Bedeutung zu: Sie sollen zur meditativen Beschäftigung anregen, eine geistige Wirkung gegenüber demjenigen entfalten, der sich ihnen zuwendet.

Die Aufträge kommen vorwiegend aus dem überregionalen Inland und dem Ausland. Im Bodenseekreis gibt es Beispiele in

Föhrenbühl und Überlingen (Berufsschule und Post), in Immenstaad ist ein weiteres Projekt in Planung.

II

Versicherer wissen naturgemäß bestens Bescheid über das, was sie versichern. Und dieses Wissen kommt auch dann zum Tragen, wenn es darum geht, das erwirtschaftete Kapital gewinnbringend zu investieren. Insofern sind Versicherer oftmals der Zeit etwas voraus. So auch im Falle Schafbrühl in Tübingen.

Hier ist es die Karlsruher Lebens-Versicherung AG, die 1982 ein 1,3 ha großes Gelände erwirbt und darauf ein 110 Wohnungen umfassendes Anlageobjekt unter baubiologischen und ökologischen Gesichtspunkten errichten läßt. Trotz einer dadurch erforderlichen Mehrinvestition von 5-10 % sprachen vor allem zwei Gründe für die Rentabilität des Projekts:

1 – Die Instandhaltung ist langfristig wirtschaftlicher.

2 – Der Marktwert wird überdurchschnittlich und dauerhaft hoch sein, die Fluktuation gering sein.

Ein Team von Architekt, Landschaftsplaner und Wasserplaner (Atelier Dreiseitl), Heizungs-, Sanitär- und Elektroplaner, ein Geologe und Farbgestalter setzen sich zusammen, konzipieren und realisieren die Anlage. Wohn- und Freianlagen werden gleich gewichtet, es entsteht eine Wohnhofbebauung, die der angestrebten „neuen Qualität des Wohnens in der Nachbarschaft" in besonderem Maße Rechnung trägt.

Wasser als Gestaltungsmedium kommt in der Außenanlage eine besonders große Bedeutung zu: Quellpunkt-Kaskade-Teich-Furt-Spiel- und Experimentierrinnen-Stauwehre-Mäanderlauf und schließlich Wirbelablauf sind die Stationen des von den Dächern abgeleiteten Regenwassers, das

vom Endspeicher wieder in den Quelltopf gepumpt wird. Ein Spielreich für Kinder mit hohem erzieherischem Wert, aber auch Ort der Erholung und Besinnung für Erwachsene.

Bemerkenswert und neu ist die der Gesamtkonzeption innewohnende positive Einflußnahme auf viele Bereiche des individuellen und gemeinschaftlichen Lebens, mehr noch, auf das in die überschaubare Gemeinschaft eingebettete Verantwortungsbewußtsein des Einzelnen.

Wie ist das vorstellbar?

Ein neuer Bewohner wird zunächst mit einer Vielzahl von Materialien konfrontiert, deren Behandlung und Pflege ihm vom allgemein üblichen Wohnungsbau her nicht geläufig sind. Eine Fibel macht mit den Besonderheiten der Anlage vertraut und schafft damit eine erste grundlegende Sensibilisierung in Richtung Wertschätzung

Links oben und unten: Wasser wird wieder in das Dorfgeschehen miteinbezogen: als Gestaltungselement und als Regenwasserrückhaltebecken (Neubausiedlung Hameau de la Fontaine, Commune Echallens, Schweiz; Atelier Dreiseitl). Rechts oben: In Föhrenbühl wird das Hangquellwasser, zuvor unterirdisch abgeleitet, wieder sichtbar gemacht. Dadurch leistet es einen therapeutischen Beitrag zur Heilpädagogik der Dorfgemeinschaft.
Unten rechts.
Pflanzenkläranlage in der Siedlung Gärtnerhof bei Wien (Gänserndorf) kurz nach der Fertigstellung (Atelier Dreiseitl).

von „naturbelassen-traditionell". Ist der erste Schritt getan, eröffnen sich weitere Erfahrungsstationen: Kompostanlage sowie sonstige Getrenntsammlung werden angenommen, die Gartenbauflächen, integriert in die Freianlagen, können unter Anleitung in einem Mieterseminar biologisch bestellt werden. Die zunächst als ärgerlich empfundenen weiten Wege von der abseits gelegenen Parkierung der Pkws erfährt eine positive Note: Luft, Lärm Sicherheit, natürlicher Bodenbelag sind zu den besseren Qualitätsmerkmalen geworden.

Es ist die Kleinräumigkeit, die Überschaubarkeit, die den Dingen wieder einen Wert verleiht und dem Menschen angesichts übermächtiger Medien und allesüberbietender Technik von seinem Gefühl der Ohnmacht und Armseligkeit befreit, hier kann er tätig wirken.

„Viele Probleme könnten anders gelöst werden", sagt Herbert Dreiseitl, und denkt dabei wohl nicht nur an Wasser.

Lassen Sie mich aber zum Schluß noch einen völlig anderen Gedanken in die Diskussion bringen, der von einem klugen Mann stammt, den wir den Heiligen Augustinus nennen. Er schreibt:
„Et eunt homines admirar Lalta montium et ingentes fluctus maris et latissmos lapsus fluminum et oceani ambitum et gyros siderium et relinquunt se ipsum."
„Da gehen die Menschen, die Höhen der Berge zu bewundern und die Fluten des Meeres, die Strömungen der Flüsse, des Ozeans Umkreis und der Gestirne Bahnen, und verlieren dabei sich selbst."
Diesen Satz uns allen ins Stammbuch.
André Heller, in:
Berner Studien zu Freizeit und Tourismus 26 (1990).

Aquarelle von Ursula Wentzlaff-Eggebert.

„Aufrecht durch den Nebel gehen"

– Ein Gespräch mit dem Opfertshofener Autor Markus Werner –

(F = Gerhard Mack, W = Markus Werner)

Die Bitte der Redaktion von „Leben am See" um einen Beitrag konnte Markus Werner nicht erfüllen. Er teilte mit: „Meine Schubladen sind leer, und da es seit längerem auch mein Kopf ist, sehe ich keine Möglichkeit, etwas beizusteuern für das „Leben am See". (Ich täte es gern.) Daß ich so gar nicht aus dem vollen schöpfen kann, nimmst Du mir hoffentlich weniger übel als ich mir selbst."
Weil wir Markus Werner aber für einen der wichtigsten Autoren im größeren Umkreis des Bodensees halten, drucken wir ein Gespräch ab, das ihn vorstellt und vor allem dazu anregen soll, seine Bücher zu lesen. Das Gespräch führte Gerhard Mack.

F.: Herr Werner, Ihre Bücher erscheinen im renommierten österreichischen Residenz Verlag. Wie kamen Sie als Schweizer und damals unbekannter Autor zu einer so feinen Adresse?

W.: Der Residenz Verlag hat mir vom Programm her schon immer gefallen. Ich habe das Manuskript meines Erstlings hingeschickt, und der Verlag hat's angenommen. Das war alles, keine Beziehungen, nichts. Ich habe es gleichzeitig auch an Benziger und Diogenes geschickt, das sind die etwas größeren Verlage in der Schweiz, die Gegenwartsautoren verlegen, aber die haben es abgelehnt.

F.: Ihre Bücher verkaufen sich gut.

W.: Ja, vor allem der „Zündel". Davon konnte der Verlag rund 13.000 Exemplare verkaufen, bevor dtv eine Taschenbuchausgabe herausbrachte. Ich kann wirklich nicht klagen.

F.: Sie wohnen hier in Opfertshofen, einem 100-Seelen-Dorf im Kanton Schaffhausen. Auch wenn das alte Bauernhaus vielleicht nur mit Mühen zu bewohnen und im Verfall ist, strahlt es mit der üppigen Natur eine Unversehrtheit aus, die weit ab von der Welt ist.

W.: Das wird immer wieder bemerkt, wie jemand so unidyllisch schreiben könne, der so idyllisch wohne. Tatsächlich ist dieser Ort etwas stiller und grüner als andere Orte. Dies schärft Auge und Ohr.

F.: Im Klappentext werden Sie immer als Thurgauer bezeichnet, Sie leben aber hier bei Schaffhausen.

W.: Ich bin Schaffhauser. Ich wurde zwar im Thurgau geboren, aber als ich vier war, zog die Familie nach Thayngen. Mein Vater war dort Lehrer an der Grundschule.

F.: Auch Ihrer?

W.: Ja, ein Jahr lang, in der zweiten Klasse. Aber erstens interessiert das niemanden, und zweitens ist meine Biographie Privatsache.

Ich bin Lehrer, was sonst...

F.: Nur noch dies: Sie haben einmal geschrieben: „Ich bin Lehrer, was sonst" ...

W.: Bei uns sind sehr viele Schreibende mit dem Lehrerberuf verhakt. Das war ironisch, trotzig gemeint.

F.: Sind Sie gerne Lehrer?

W.: Ab und zu, und ab und zu nicht.

F.: Ihr Moritz Wank sagt in der zuletzt erschienenen „Kalten Schulter" zu seiner Freundin Judith, ihm fehle „der Glaube an die Erziehbarkeit des Menschengeschlechts".

339

W.: Eine Lessinganspielung. Mir fehlt er übrigens auch sehr oft, dieser Glaube.

F.: Ist so eine Haltung für einen Lehrer nicht problematisch? Sie ist so ganz ohne Lessings aufklärerische Hoffnung.

W.: Als Lehrer muß man vertraut sein mit der Kategorie der Vergeblichkeit.

F.: Und trotzdem Energie reinstecken?

W.: Ja, trotzdem und deswegen. Abgesehen davon: vom Schreiben allein kann ich nicht leben.

F.: Haben Sie als Schriftsteller ein Programm der ästhetischen Erziehung?

W.: Nein, eigentlich nicht. Wenn dann und wann eintrifft, daß sich in einem Kopf etwas bewegt, kann es mir recht sein, – aber daß es eine fixe Hoffnung wäre, das nicht. – Jetzt fragen Sie sicher, warum ich überhaupt schreibe.

F.: Das habe ich eigentlich nicht vorgehabt. Vielleicht kommt man weniger frontal weiter. Ich wollte Sie fragen, wie Sie zum Schreiben gekommen sind. Ihr erstes Buch, „Zündels Abgang", ist erschienen, als Sie 40 wurden. Das ist ein sehr später Start. Vielleicht haben Sie auch schon lange geschrieben, ohne zu publizieren.

W.: Nein, ich habe nie geschrieben. Es ist schwer zu rekonstruieren. '79 habe ich begonnen. Nur ein paar Zeilen. Das wurde das erste Abschnittchen im „Zündel". Der ist dann neben der Schule gewachsen, in den Ferien vor allem. Eigentlich gar nicht mit wahnsinnigen Intentionen. Merkwürdig bleibt der späte Start.

F.: Ja.

W.: Das hat mit dem Beruf zu tun. Lehrer zu sein, ist psychisch unheimlich auslaugend. Und dann ist die professionelle Beschäftigung mit Literatur keine gute Voraussetzung, wenn man selbst schreiben möchte. Man kennt zu vieles, vor allem sehr viel Gutes, von dem man beeinflußt und fast erdrückt wird. Es brauchte Zeit, bis ich mich genügend resistent fühlte gegenüber all den Beeinflussungen und mir zutrauen konnte, etwas Eigenes zu machen.

Mir fällt tage- und wochenlang nichts ein

F.: Sie haben zwei Bücher kurz hintereinander geschrieben, dann gab's eine längere Pause.

W.: Nein, eigentlich nicht. Es sieht nur so aus. „Zündel" war Ende '82 fertig, dann ist es sehr lange gegangen, bis ich ihn an den Verlag geschickt habe und bis er schließlich im Frühjahr '84 erschienen ist. Damals war vom zweiten Buch die Hälfte geschrieben. Zweieinhalb Jahre sind es auch bei der „Froschnacht" gewesen.

F.: Wie sieht das Schreiben aus?

W.: Harzig, ich schreibe unendlich langsam und immer nur schubweise. Mir fällt tage- und wochenlang nichts ein.

F.: Wie kommen Sie zu den Themen?

W.: Ich weiß es nicht, ich suche sie nicht. Sie sind da und beschäftigen mich.

F.: Gab's einen Anhaltspunkt, an dem „Die Kalte Schulter" sich herauskristallisiert hat?

W.: Ich erinnere mich nicht.

F.: Haben Sie eine Figur, wenn Sie anfangen?

W.: Ja, das ist unabdingbar. Meist steht auch der Name rasch fest. Fest steht auch das Ende des Buches, sonst kann ich nicht anfangen.

F.: Schreiben Sie vom Dialekt her?

W.: Gezwungenermaßen. Natürlicherweise. Beim Schreiben denke ich zwar Schriftdeutsch, aber meine Muttersprache färbt den Text bis in die Syntax. Es gibt auch viele unbeabsichtigte Helvetismen. In Berlin hat man mich jetzt bei einer Lesung gefragt, was „währschafte" Sandalen seien.

F.: Kommt die Lakonik Ihrer Sprache vom Schweizerischen her?

W.: Eine gewisse Trockenheit ist eventuell schon helvetisch. Möglicherweise ist es aber auch mein Individualstil, daß ich zum ausladend Epischen unfähig bin, daß die Verknappung mein Stilprinzip ist. Ich möchte viel offenlassen. Mein Ziel ist die Abbreviatur. Ich streiche sehr viel, das ist eine Tortur und eine Wollust.

F.: Haben Sie Vorbilder?

W.: Nicht Vorbilder, aber Autoren, die ich bewundere und liebe.

F.: Von wem haben Sie gelernt?

W.: Von jedem, selbst von denen, die mir nicht gefallen.

F.: Wer wäre das?

W.: Die Liste könnte nur fragmentarisch sein.

F.: Haben Sie einen Hänger, wenn ein Buch fertig ist?

W.: Ich falle immer ins tiefe Loch. Merkwürdige Traurigkeit. Und die Unsicherheit, ob's etwas taugt. Ich hab dann auch das Gefühl, daß ich nie mehr etwas schreiben kann, so ausgehöhlt bin ich. Das ist auch der Grund, warum man die Rezensenten so wichtig nimmt. Man hat selber kein Urteil mehr, weil die Distanz fehlt. So bekommen die ersten Reaktionen sogar dann ein idiotisches Gewicht, wenn sie eindeutig idiotisch sind. Ein Rezensent der „Weltwoche" z.B. empfiehlt dem Leser, mein neues Buch gar nicht zu lesen.

F.: Wie gehen Sie mit solchen Rezensionen um?

W.: Schlecht, sie empören mich. Aber im übrigen habe ich mich daran gewöhnt, daß ich in der Schweiz weniger ankomme als in Deutschland und Österreich.

F.: Haben Sie ein neues Projekt?

W.: Nichts, gar nichts. Ich laß es bewenden mit diesen drei Büchelchen. – Das ist kein Vorsatz, das ist eine Angst! Ich hab' nach der „Froschnacht" zwei Jahre keine Zeile mehr geschrieben.

Ich bin Schweizer

F.: Hängt die ablehnendere Reaktion der Schweizer Kritiker mit der Kritik an den Schweizern in Ihren Büchern zusammen?

W.: Ich glaube es nicht. Ich habe keine Erklärung dafür.

F.: In der genannten Selbstbeschreibung sagen Sie: „Ich bin Schweizer. Strammes vergelte ich mit Hühnerhaut." In den Büchern kommt dieses Stramme vor beim Militär und beim Ausländerhaß beispielsweise. Die Asylanten für die Konservenfabrik in der „Kalten Schulter".

W.: Ja, und die neurotische Fixiertheit auf die Ordnung. Die Schweizerseele erträgt nichts Schiefes, nichts Krummes, nichts Abweichendes.

F.: Sehen Sie da Unterschiede zur Bundesrepublik?

W.: Es fällt mir hier viel stärker auf, weil ich ja hier lebe. Letzten Endes werden sich der deutsche und der Schweizer Spießer aber kaum unterscheiden. Sie sind seelenverwandt. Ein Unterschied ist vielleicht die Selbstgerechtigkeit als Mentalität. Die kenne ich bei Schweizern eher.

F.: Auch bei jungen?

W.: Ja. Die Trennlinie ist nicht alt-jung. Es gibt sehr viele junge Spießer, junge, blöde, selbstgerechte Patrioten, junge Militärköpfe usf.

F.: Dient das Militär nur dem Ausleben eigener Neurosen?

W.: Das behaupte ich, daß dies oft das Primäre ist und alles andere, wie die Landesverteidigung, nur vorgeschoben, nur Rationalisierung. Ich selbst habe beim Militär vorwie-

gend Unsinniges erlebt. Ich konnte keine Beziehung herstellen zwischen diesem vielgestaltigen Unsinn und der Landesverteidigung. Im Herbst (1989) konnte das Volk erstmals über die Abschaffung der Armee abstimmen.

F.: Gab es Zweifel über das Resultat?

W.: Nein, aber es ist ein großer Fortschritt, daß die Armee zur Diskussion gestellt wird.

F.: Ist die Armee bei der Jugend fest verankert?

W.: Es schwankt. Ein paar Jahrgänge sind willig, angepaßt oder auch begeistert und dann kommt wieder eine kritischere Generation. Je nach Zeitgeist.

F.: In der Bundesrepublik war die militärische Tradition, besonders der Nationalsozialismus und seine öffentliche und private Verdrängung, ein massiver historischer Anlaß, an dem die Auseinandersetzung zwischen Söhnen und Vätern sich festmachte. In der Schweiz fehlte er.

W.: Der Anlaß fehlt nicht ganz, er ist anders gelagert. Bei uns wurde die schweizerische Haltung gegenüber dem Dritten Reich im nachhinein glorifiziert; die fürchterlichen Seiten, daß ein Teil der Schweiz sympathisiert und paktiert hat mit Hitlerdeutschland, daß die Industrie reich geworden ist, Stacheldraht für die Konzentrationslager geliefert hat, daß Tausende von Flüchtlingen, Juden vor allem, zurückgeschickt wurden in den sicheren Tod – alles verdrängt bis weit in die sechziger Jahre hinein.

F.: War das auch ein Anlaß der Auseinandersetzung zwischen Söhnen und Vätern?

W.: Unter anderem: Aber der Protest gegen die Geschichtsklitterung der Väter war viel leiser, viel weniger wichtig als der Protest gegen ihre Leistungsorientierung, ihr Konkurrenzdenken, ihren Wohlstandsfimmel usw. Und schließlich die Rebellion gegen die Arroganz der Macht, Vietnam; aber das alles ist bekannt.

Was mir Angst macht, beschäftigt mich

F.: Sie zeigen immer wieder ein sehr materiales und brutales Bild des Todes. Man könnte beispielsweise Leben und Tod auch als Einheit, als Naturkreislauf, als etwas Selbstverständliches ansehen. Ich frage mich deshalb, ob Sie damit, ganz unabhängig von Ihrer persönlichen Position, ein Gegenbild schaffen wollen gegen den Funktionalitätsprimat der Gegenwart: der schwache, hinfällige Mensch, der nicht für Perfektion und Dauerhaftigkeit gemacht ist.

W.: Einheit von Leben und Tod, Naturkreislauf usf. – das ist schön und gut, aber ist es auch wirklich empfunden? Ist es nicht einfach behauptet und angelesen? Sträubt sich nicht fast jeder bis zum letzten Atemzug gegen das Aufhören? Der Tod ist übrigens nicht ein Thema, das einen ein Buch lang beschäftigt. Er ist ein Generalthema, ein Lebensthema.

F.: Wieso beschäftigt er Sie?

W.: Er beschäftigt mich. Was mir Angst macht, beschäftigt mich.

F.: Ein Insistieren auf dem körperlichen Aspekt des Todes, den Würmern etc., kenne ich aus der Literatur von Autoren und Epochen, die auf massivste Weise damit konfrontiert waren. Den spätmittelalterlichen Facetien, dem Barock oder, in unserem Jahrhundert, von Autoren wie Ernst Jünger, Albert Drach oder John Hawkes, die den Tod in den Weltkriegen beziehungsweise im Nationalsozialismus erfahren haben. Sie gehören einer anderen Generation an.

W.: Ich habe kaum fundamentale oder

wichtige Todeserfahrungen oder -erinnerungen, wohl aber Todesängste: in bezug auch auf mir liebe Menschen, nicht nur auf mich. Der Tod beschäftigt mich, weil ich ihn nicht fasse, auch nicht im religiösen Sprung. Ich beschäftige mich mit Themen, die ich nicht fassen kann, mit Problemen, die nicht lösbar sind. Im zweiten Buch ist es das Thema Schuldgefühl, das ist unlösbar. Und im ersten Buch geht es um die Suche nach den Ursachen einer Lebensbetrübnis.

F.: Darf ich noch einmal auf meine Frage von vorhin zurückkommen? Die Betonung von existentieller Angst und Unsicherheit schafft doch ein Gegenbild zum bodybuilding gestylten, erfolgreichen Typ. Zündel fordert einmal ein „Anheulen gegen die Tapferkeitsparolen von Jahrtausenden". Und die Themen, die Sie jetzt nennen, Schuldgefühl und Tod, spielen in der christlichen Tradition eine große Rolle. Setzen Sie sich damit auseinander?

W.: Ja, mit meiner Prägung durch sie.

F.: Wie sah die aus?

W.: Es sind die christlich gefärbten Werte, die in die Ahnen eingesickert sind und mit der Muttermilch weitergegeben werden, selbst wenn die Erziehung keine speziell religiöse ist.

F.: Welche Werte sind das? Was bewirken sie? Verhindern sie Lebensfreude, um die sich Zündel, Thalmann und Wank oft vergeblich bemühen?

W.: Bestimmte Ideen, wie die der Sünde, verhindern sie bestimmt. Vor allem, wenn sie spontanen Lebensäußerungen angehängt werden, beispielsweise den erotischen. Die „Froschnacht" zeigt da einen Lösungsversuch, aber nicht so, daß am Schluß ein Gelöster dastünde. Die Frage der Schuldgefühle ist aber viel universaler als der Bereich des Sexuellen: Es ist das Gefühl, immer etwas schuldig zu bleiben, auch im Menschlichen. Das Gefühl, überfordert zu sein und zu versagen.

F.: Auch Versagen ist ein Begriff der christlichen Ethik, der die Vorstellung des Perfekten, des absoluten Maßes impliziert; der Mensch versagt vor seinem Schöpfer.

W.: So wie der Arzt, um existieren zu können, kranke Menschen braucht, so ist das Christentum auf Sünder und Versager angewiesen. Also züchtet es seit 2000 Jahren Sünder und Versager, indem es die Menschen mit einer Moral konfrontiert, die sie hoffnungslos überfordert. Und jetzt bietet es den Zerknirschten Erlösung und Gnade an, und die Zerknirschten kriechen zu Kreuze.

F.: Ein weiteres großes Thema Ihrer Bücher ist die Liebe. Ist sie die Gegenkraft des Todes, der Versuch, in der vom Tod bestimmten, fremden und ungekannten Welt heimisch zu werden?

W.: Vor allem das letztere. In der „Kalten Schulter" ist das entscheidende, daß die Liebe zu dieser Frau das einzige ist, das Wank unmittelbar einleuchtet. „Die Liebe ist ohne Warum" sagt ein mittelalterlicher Vers. – Ich hatte einfach den Wunsch, eine Liebesgeschichte zu schreiben. Das ist schwierig, weil dann der Kitsch so nahe ist. Kaputte Beziehungen beschreiben ist leichter, und es verleidet mit der Zeit.

F.: Wäre es denkbar, daß eine Liebesgeschichte positiv ausgeht?

W.: Schwer. Das kommt selbst im wirklichen Leben kaum vor.

F.: Ihre Bücher behandeln große Themen: Schuld, Liebe, Tod. Empfinden Sie sie als tragisch?

W.: Als traurig. Das sind doch traurige Bücher! Möglicherweise bin ich ein trauriger Humorist.

Auf Mode pfeife ich

F.: Haben Sie einen gesellschaftspolitischen Anspruch?

W.: Ja, sicher, einen aufklärerischen. Ich will keine postmoderne Beliebigkeit, und ich hoffe, daß das spürbar wird.

F.: Die Hinfälligkeit des Menschen, die Fremdheit der Welt, Schuld, Tod, die christliche Ethik der Glücksfeindlichkeit – das sind Themen, die nicht sehr zeitgemäß zu sein scheinen. Wenn Sie dennoch darauf insistieren, behaupten Sie ihre Aktualität.

W.: Es sind alte Themen: Verjährt sind sie nicht, höchstens verdrängt. Sie beschäftigen mich, also sind sie zeitgemäß. Auf Mode pfeife ich.

F.: Wenn Sie mit diesem Kontrastprogramm einen Finger in die individuelle Wunde legen und in der Spielwelt des „anything goes" die Verbindlichkeit des einen Lebens einklagen, tun Sie das dann von einem idealistischen Unterfutter aus, das im 19. Jahrhundert vernäht ist?

W.: Ich gehe nicht von Theorien und Ismen aus, sondern von meinem Empfinden und meiner Erfahrung, wobei mir bewußt ist, daß die Art des Empfindens, des Erfahrens und Denkens sich vielfacher Prägung verdankt. Aber ich frage mich nicht, woher mein Ekel dem „anything goes" gegenüber kommt. Ich sage einfach: Eine Kunst, die nichts zu tun hat mit unserer Existenz und mit der zersplitterten und beschädigten Realität, interessiert mich nicht. Ich bin altmodisch, ich bin für Verbindlichkeit. Der Postmoderne ist alles gleich gültig, also gleichgültig.

F.: Für Wilhelm Raabe war die Angst der Welt der Spielraum der Geschichte. Vielleicht gibt es hier doch Anknüpfungspunkte zum frustrierten Idealismus des 19. Jahrhunderts. Ihr Franz Thalmann nennt die Geschichte eine „speckige Angst-Hoffnungs-Inszenierung".

W.: Eine hübsche Formulierung. – Es gibt immer Anknüpfungspunkte, Bezüge usw. Sie aufzuspüren ist nicht meine Aufgabe. – Nochmals: Ich verstehe mich als Diagnostiker. Mein Ehrgeiz ist es, so exakt und zuverlässig wie möglich zu diagnostizieren. Sie wollen von mir etwas hören, was über eine Diagnose hinausgeht?

F.: Das nicht, nur für einen Aufklärer ist es eine sehr schwarze Sicht.

W.: Aufklärung ist primär Erhellung des Bestehenden. Aus pädagogischen Gründen wäre ich dagegen, das, was ich schreibe, als anthropologischen und also unverrückbaren Befund zu betrachten. Ich weiß, daß alles durch Erziehung, Milieu und Umwelt deformiert ist, und daß man selbstverständlich auch mit dem einzigen anthropologischen Grundbefund „Tod" anders umgehen kann, andere Folgerungen daraus ziehen kann, als ich es getan habe. Ich meine durchaus, die Gesellschaft ist veränderbar, aber sie verändert sich kaum. Wir erleben doch Tag für Tag weltweit die Wiederkehr des Gleichen: Dummheit, Niedertracht, Brutalität und Irrsinn.

F.: Sie sagten, Sie seien ein Aufklärer. Sind Sie dann einer ohne Utopie, ohne Hoffnung? Geht das überhaupt?

W.: Aufklärung ist Erhellung des Bestehenden. Der Trieb zu erhellen hat in sich die Utopie der Helligkeit. Und die verborgene Energiequelle dieses Triebs wird wohl die Hoffnung sein.

346

Siehst du nicht, mein Kind, wie sehr der Bodensee dem Marmarameer gleicht?

Kundeyt Şurdum

Kundeyt Şurdum, geboren 1937 in Konya/Türkei, lebt seit 1971 in Österreich, seine Eltern waren als Tscherkessen aus Rußland in die Türkei umgesiedelt. Er arbeitet als Übersetzer, Gerichtsdolmetscher und Lehrer für türkische Kinder in Vorarlberg. Kundeyt Şurdum (ausgesprochen Schurdum mit stimmhaftem „sch") schreibt Gedichte und Prosa in deutscher Sprache, 1988 erschien der Gedichtband „Unter einem geliehenen Himmel" (Piper Verlag München).

Ich muß die alte Dame im Krankenhaus besuchen. Ich mag sie. Sie ist eine gute alte Dame. Andererseits muß ich die Müllabfuhrfrage lösen, Übersetzungen machen, Geld verdienen. Und eine Nichte oder Base oder wie sie auch genannt werden mag, möchte ich sehen. Ich habe Sehnsucht nach ihr.

Irgendwie weiß ich, daß der Müllabfuhrwagen am Montag morgens um 8 Uhr kommt.

Zu früh für mich. Und dann kommt er am Donnerstag Mittag so gegen halbeins. Die Zeit ist zwar günstig, so daß ich ihn am Donnerstag nicht verpasse, doch kann ich nicht immer auf den Donnerstag warten, nur damit ich den Abfall loswerde.

Obwohl ich allein lebe, sammelt sich ein Haufen Abfall in meinem Zimmer an: Bananenschalen, Konservendosen und Papiere, Zeitungen und wieder Papiere.

Die Papiere vergilben, wenn sie lange irgendwo liegen, aber sie stinken nicht. Viele andere Dinge stinken regelrecht. Deshalb muß ich sie schnell loswerden. Zuerst versuche ich es mit Nylontaschen, die man hier im Lande in jedem Geschäft bekommen kann; manchmal sogar kostenlos, wenn die Verkäuferin Sie öfters gesehen hat oder wenn Sie viel eingekauft haben. Da ich aber selten einkaufen gehe und, was ich kaufe, nicht ausreichend ist, um eine Nylontasche geschenkt zu bekommen, muß ich sie extra bezahlen.

Da die Müllabfuhr solche Säcke nicht annimmt, ging ich eines Tages auf einen Parkplatz und warf sie, indem ich mich vorher vergewissert hatte, daß mich niemand beobachte, in einen Abfallkorb. Es war ein Abenteuer, das mich beschämte, obwohl ich nicht sicher bin, daß ich gegen Vorschriften gehandelt habe. Deshalb hab ich an einem Donnerstag auf die Müllabfuhr gewartet und vom Fahrer 10 große, schwarze Säcke gekauft. Die waren auch aus Nylon, darauf stand aber „Müllabfuhr Feldkirch", dreimal untereinander. Sie wurden schnell verbraucht.

Da ich nicht wie ein Ausländer aussehe, trotzdem in gebrochenem Deutsch spreche und deshalb ein Ausländer bin, empfahl mir der Fahrer, beim Müllabfuhrzentrum eine billige, gebrauchte Mülltonne zu kaufen. Ich bedankte mich bei ihm für den guten Tip. Zuerst fand ich es auch selbst eine gute Idee, nachher allerdings umständlich, erstens deshalb, weil ich nicht soviel Geld auf einmal ausgeben wollte, zweitens wollte ich nicht bis nach Gisingen gehen, damit ich zu einer Tonne komme, und außerdem, wer wußte, wie lange ich noch in diesem Haus wohnen würde? Dann würde ich dastehen mit einer Mülltonne, wüßte nicht wohin damit, wofür wäre ich bis nach Gisingen gegangen und hätte soviel Geld ausgegeben. Andererseits wäre es natürlich vorteilhafter, wenn ich eine Mülltonne hätte, aber wie gesagt, ich hatte auf einmal keine Lust dazu.

Wenn ich die Müllabfuhrfrage irgendwie gelöst hätte, würde ich meine Papiere nicht hergeben. Zwar sind sie genauso wie die Zigarettenstummel, Obstschalen, Brotkrusten oder Glasscherben, einfach wegzuwerfen; ich hatte aber keine Kraft dazu.

Ich liebe die Papiere, auf denen ich, ohne zu denken, etwas geschrieben und gekritzelt und die ich mit dem Teeglas befleckt habe. Wie meine Nachbarin, die ihre Jugend in den Schubladen bewahrt und ab und zu darin wühlt, suche ich zwischen diesen Papieren einen Satz, der mich glücklich macht, der mich die Welt um mich für eine Zeitlang vergessen läßt.

Wenn ich die Müllabfuhrfrage irgendwie gelöst hätte, würde ich vielleicht heute die alte Dame besuchen. Lieber beobachte ich mit einem Hund die Welt durch einen Türspalt.

Ich tue, als ob ich den Satz mit dem Hund und dem Türspalt schriebe. Ich bemühe mich zu sehen, sehe, was verlogen ist, sehe nichts, ich träume.

*

Meine Hände greifen nach den Wörtern
Die Worter weichen aus
Ich suche sie in den alten Kleidern
Zwischen vergilbten Papieren
Finde nur, was verlogen ist
Was funkelt pechschwarz
Reime Klage mit Plage
Ruhm mit Rum

Du aber schläfst
Weit wie die Sterne
Den Schlaf der Kinder
Aus Kinderzorn ist dein Erwachen
Am Rande der Träume
Wenn du einschläfst
Schläfst du lächelnd

Sicherlich sind jene Schiffe im Hafen
Wie deine Träume schlicht und schön
Gib mir deine Träume mein Kind

Für eine einzige Nacht
Gib mir deine junge Stimme
Für einen einzigen Schrei

Gegen Meere mit Möven möchte ich
schreien
An die Hoffnung und Freude

*

Immer hatte ich vor, die Geschichte meiner Kindheit zu schreiben.

Ich bringe sie nie zu Ende. Nicht deshalb, weil ich wenig geschrieben habe, im Gegenteil. Ich habe viel geschrieben. Ich habe sogar das, was ich geschrieben habe, einem Verleger gezeigt. Er will es bald drucken. Er ruft mich an und fragt, wann ich endlich damit fertig werde. Er ist ein junger Verleger. Der kann natürlich nicht viel bezahlen. Ich bin aber auch kein Solschenizyn. Ah, ich muß etwas unternehmen. Ich muß einkaufen gehen. Ich muß die alte Dame im Krankenhaus besuchen. Ich warte auf meine Base. Sie kommt nicht. Ich höre stundenlang Tschaikowsky. Sag mir von der Rückkehr.

*

Wenn ich nicht an das Geld denke, das heißt, an den Lebensunterhalt, dann träume ich weiter. Ich bin alt, vielleicht deshalb träumte ich neulich von einer ganz jungen Frau.

*

Ich sah sie in den engen Gassen zwischen Mülltonnen. Sie hatte ein weißes Kleid, hatte keine Strümpfe, war barfuß. Sie kam mit gestreckten Armen, lächelnd, in meine Arme. Ich wurde angesteckt mit Liebe.

Wir fanden uns in einem Zimmer, das mein war. Die Fenster mit dicken Vorhängen, die sie zumachte. Dadurch war es halbdunkel, die Atmosphäre in schwarzweiß, nur in manchen kleinen Flecken leuchtete etwas Rotes, mehr braun als rot.

Ihr Haar zerschmolzen, ihr weißes Kleid. Ich wußte, daß wir uns liebten und bekamen zwei Kinder. Sie fragte mich manchmal, ob ich wüßte, wo ihre Strümpfe seien. Wir suchten zusammen ihre Strümpfe. Manchmal fragte sie nach ihrem weißen Kleid, wir suchten zusammen ihr weißes Kleid.

*

Einmal sagte ich: „Du warst barfuß und hattest keine Strümpfe."

„Ja", sagte sie,„damals, damals ging es, damals war es so. Aber wie kann ich jetzt auf die Straße ohne Schuhe, ohne Strümpfe, ohne weißes Kleid." Und doch gingen wir am Morgen durch die gleiche Gasse, wo unsere Kinder zwischen den Mülltonnen spielten, zum Strand. Und schauten ins Wasser, als ob wir vor einem Schaufenster voller Strümpfe, voller weißer Kleider stünden.

Ich küßte sie, küßte das Meer, die müde Sonne, küßte meine Kindheit, meine Zukunft, küßte an ihren jungen Lippen den Abschied und wachte auf, der Abschied, der blieb in mir.

*

Merkwürdig, wie lange dauert so ein Traum, und doch erlebt man die ganze Armut, das ganze Eheleben in einem einzigen Traum.

Während ich so sitze oder von einem Fenster zu anderen gehe, liegt meine alte Nachbarin im Krankenhaus.

Ihre Wohnung ist in dem gleichen Stockwerk wie meine. Weil sie keine Verwandten hatte, und ich auch allein war, besuchte sie mich öfters. Ich kochte für sie Tee, wir rauchten zusammen. Und eines Tages bekam sie einen Hirnschlag.

Jetzt liegt sie im Krankenhaus.

Sie erzählte mir oft von ihrem seligen Mann, der einmal nach dem Krieg sehr gut verdient hatte, aber mit seinem frühen Tod meine alte Freundin in ihrem besten Alter allein ließ. Von all den Wohnungen, die er gebaut hatte, blieb der Frau nichts. Was sie hatte, ging rasch unter den Händen weg.

Nein, ich muß sie bald besuchen.

*

Und meine junge Freundin, sie kommt seit einer Ewigkeit nicht zu mir.

Von welcher Seite ich auch auf sie schaue, meine Nichte trägt Ohrringe; sie trägt Ohrringe, wenn ich sie nackt sehe, schöne, große Ohrringe. Ich glaube, sie küßt sie, wenn sie schlafen geht. Sie küßt sie und legt sie in einen Kasten voller Ohrringe.

Ihre Ohrringe zeichnen ihr Alter auf die Rechnungen. Die Rechnungen wiederum zeichnen den Namen eines bestimmten Mannes, der als Dritter meine Träume zeichnet, fürchterlich.

Ich schaue auf sie am Tisch beim Essen, im Auto schaue ich auf sie, ich schaue auf sie, wenn wir Musik hören, wenn wir über die Möglickkeiten einer Stimme reden, die unter schweren Bedingungen, wie beim Erdbeben, beim Autorennen, beim Ertrinken, beim Stillschweigen, nachdem man eine Nachricht gehört hat vom Radio, bei der Liebe den Notruf heult: Z. B. Hilfe! helft doch! sagt, sehe ich immer mindestens einen ihrer Ringe und werde traurig.

Gerade in solchen Augenblicken wird meine Stimme wie die eines Kindes. Meine Nichte rückt näher, sagt, sei nicht so, ja nicht so. Was sie damit sagen will, weiß ich nicht. So sagt sie, wenn ich auch nichts gesagt habe, ich meine, wenn ich nicht mit meiner Kinderstimme gesprochen habe, wenn ich seit geraumer Zeit geschwiegen habe. Mütterlich wird sie. Beugt sich über mich und sagt: „Das ist ja nicht so schlimm, alles geht vorbei. Mach dir keine Sorgen. Du machst es dir wirklich sehr schwer."

Öfters treten Wände zwischen uns, Papiere, Übersetzungen der Leumundszeugnisse, der Ausweise, die immer den gleichen Text haben.

*

Vor einigen Tagen kam sie zu mir, als ich gerade aufhörte, auf sie zu warten. Ich wollte unter die Menschen gehen und mir ein Brot kaufen. Da kam sie.

Mir schien, daß es draußen kalt war, daß sie fror.

Ich fragte sie, ob ich den Ofen heizen sollte, ob sie etwas Warmes trinken wollte; sie sagte: „Nein."

Sie saß auf meinem Bett; ich stand vor ihr. Sie saß, ihre Hände zwischen den Knien, ihre Tasche hing lose zwischen den Beinen, fast den Boden berührend. Auf ihrer Stirn waren kleine Schweißperlen. Ich fragte sie, ob es draußen regne. Sie sagte nein. In solchen Momenten, die leider zu oft vorkamen, wünschte ich mir, daß ich mehr davon in Erfahrung brächte, was draußen vor sich geht. Man sollte den Vorhang dann und wann öffnen, die Ohrwatte herausnehmen, den Kopf zum Fenster hinausstrekken. Dies alles hilft; man fragt dann nicht sehr viel. Man hört dann nicht oft nein als Antwort. Man kann Gespräche führen.

*

Aber wenn ich in meinem Zimmer bin, tue ich nichts anderes als auf sie zu warten. Ich hüte mich etwas zu tun, was mich daran hindern könnte.

Man darf sich aber nicht vorstellen, daß ich nichts tue, wenn ich warte. Ich öffne ein Buch und zähle die Akkusative auf der Seite 5 und lese einen Satz: Es ist noch nicht Zeit. Ich sage für mich hin, und das zum ersten Mal, daß ich kurze Sätze liebe, weil sie zu verschiedenen Gedanken passen, weil sie vollständig und leicht verständlich und vielleicht gerade deshalb unglaublich beweglich sind. Aber dieser Satz: Es ist noch nicht Zeit. Was bedeutet dieser Satz? Handelt es sich dabei um die Zeit, in der es eine Revolution geben wird; oder geht es um die Zeit, in der man etwas unterschreibt? Ist es die Zeit des Krankenbesuches?

Es ist auch gleichgültig.

*

Ich weiß, diese schöne junge Frau, die mich besucht, ist eine heimliche Freundin, jung und schön.

Wohin ich auch gehe, bin ich in meine Base verliebt, oder in meine Nichte, oder in meine Freundin?

Ich nehme sie auf meinen Schoß, ich streichle ihre schönen Haare und spreche mit ihr über alles, ohne mich zu schämen. Die Geschichte ist überall die gleiche. In einem neuen Land glaubt man, ein neuer Mensch zu sein, man hat vor, ein besserer Mensch zu werden. So glaube ich in einem neuen Land, daß ich endlich meine Base überrede. Nirgendwo gelang es mir. Weil sie eine ganz junge Frau ist, ziehe ich es vor, sie mein Kind zu nennen. Mein Kind, sage ich ihr, mein Kind, in diesem Land, dessen Sprache mir fremd ist, fühle ich mich sehr einsam. Es ist langweilig hier, siehst du nicht, mein Kind, wie sehr der Bodensee dem Marmarameer gleicht?

Vier Geschichten

Erika Dillmann

Familienfest

Der kleine Saal mit der üblichen Täfelung, mit Zinn und Krügen auf den Borden und einem grünen Kachelofen sprach von der Tradition, die er nicht besaß. Der Tisch war sorgfältig gedeckt, Suppe und Vorspeise waren schon gereicht worden, als der Hausherr sich erhob. Er hatte seinen Platz oben an der Längsseite der Tafel. Breit, ein wenig untersetzt stand er da, mit der gespreizten Linken sich aufstützend, die Rechte prüfend am vordersten Knopf des dunklen Jacketts, den massigen Silberkopf vorgeneigt. Während er sprach, ließ er den Blick von Zeit zu Zeit die Tafel entlang gleiten, an der die Söhne saßen, die Tochter, der Schwiegersohn, die beiden Enkelkinder. Dann redete er wieder auf das Fenster vor sich zu, durch das ein heller Novembertag hereinschaute, um schließlich seine Frau, die gleich neben ihm das obere Tischende einnahm, voll anzusehen, als gelte es, Vergangenes zu beschwören.

Es war eine wohlgesetzte Rede, die sich auf ein wohltemperiertes Leben bezog, auf das Allgemeine der Zeitläufte, auf das Besondere im Persönlichen, für das man, bei aller Bescheidenheit, wie er behutsam anmerkte, doch wohl das Wort Glück anwenden könne. Er erwähnte ihr Elternhaus und ihre Kindheit, die erste Begegnung mit ihm, den Krieg, die eigenen Kinder, die kleinen täglichen Sorgen, Bescheidung schließlich, Weisheit des Alters.

Wie war das doch damals, bohrte es in der Erinnerung der Tochter, als er von uns fortging? Immer hatte dieses Bild sie verfolgt, schemenhaft nur, denn sie war nicht größer gewesen als Anja neben ihr, der sie nun das Fleisch in kleine Stücke schnitt; sie sagten damals, daß er fortgehe, und sie hatte den wimmernden Ton noch im Ohr, der aus dem Zimmer der Mutter kam.

Warum sagt er nicht, wie es wirklich gewesen ist, dachte der ältere Sohn. Warum sagt er nicht, wie oft sie ihn wieder aufgenommen hat? Er müßte ja nichts eingestehen, aber es wäre nobel, wenn er ihr wenigstens dankte. Und das Haus, das im Ruin des Geschäfts mit unterging, hätte er es nicht wenigstens erwähnen müssen? Der Kellner goß Wein nach, und er nahm einen langen Schluck.

Wie glatt das alles geht, dachte bewundernd der Jüngere. Es hatte lang gedauert, bis er das Spiel des Vaters begriff. Er wollte es nicht billigen, nein, aber verdammen konnte er es auch nicht. Mußte man sich denn wirklich binden? Genügte nicht die Konvention? War nicht auch sonst das meiste Fassade vor einer ganz anderen Wirklichkeit?

Die Tochter schaute den Tisch hinauf, wo die Mutter, deren Geburtstag sie feierten, gerade das Glas hob, um dem Hausherrn am endlich erreichten Ende seiner Rede zuzutrinken. Sie lächelte. Daß sie das aushält, fragte sich die Tochter; daß sie das ausgehalten hat, all die Jahre! Sie hätte es nicht aushalten dürfen.

Die Frau mit dem schmalen Gesicht, das schütteres weißes Haar mit einem violetten Schimmer umrahmte, lächelte noch immer, als wäre die Geste in ihrem Antlitz von selbst stehen geblieben. Und während sie nun das Glas ansetzte, um zu trinken, dachte sie, wie gleichgültig ihr das alles war. Kaum mochte sie sich erinnern, daß es einmal eine Zeit vor dieser Gleichgültigkeit gegeben hatte.

„Wann fährst Du?", fragte sie wie nebenbei. „Morgen", sagte der Mann, und seine Gedanken waren schon weit weg in einem anderen Leben.

Dorfgeschichte

Ein wenig fremd saß der Bruder aus der Stadt nach langer Zeit wieder einmal auf der Eckbank, hörte ihr zu, fragte nach dem und jenem aus dem Dorf und strich von Zeit zu Zeit gedankenverloren mit der Hand über das feine Tuch seines Anzugs. Lang wird es nicht mehr gehen mit dem Nachbarn, sagte sie. Es war etwas Endgültiges in ihrer Stimme, jene Mischung aus Unterwerfung und Anklage, die ihre Erzählungen stets begleitete. Und es gab immer Schlimmes zu berichten. Nur kurz verweilte sie meist beim Alltäglichen, bei Feld, Stall und Haus, um rasch zum Wesentlichen zu kommen: Wie dieser von einem Augenblick zum anderen gestorben sei, einfach so am Tisch, und wie jener nun seit Monaten nicht sterben könne, Qual und Jammer für sich und die seinen; der im Oberdorf fahre fort, seine Grundstücke zu verschleudern, auf dem Bühl habe es gebrannt, mit Müh und Not habe man das Vieh retten können; auf dem Schulweg hätten sie ein Kind angefahren, man wisse nicht, ob es je wieder aufkomme. Sie sagte das alles wie beiläufig, als wäre das Haarsträubende das eigentlich Normale auf der Welt. Und manchmal, nach Wochen, gab sie den gleichen Bericht noch einmal und mit den gleichen Worten. Der Umgang mit dem Grauen war ein Teil ihres Wesens wie der Stall und das Vieh. Es gehörte wohl zum Haus, hatte sich wie der schwarze Salpeter seit Generationen eingefressen in die armdicken Mauern, die das Lachen der Kinder aufsogen, bis es verstummte. Man wußte nichts als Arbeit, die vor Tag begann und die Jahre ausfüllte und die Freude verzehrte zu einem armseligen, unstet flackernden Kerzenstummel, der nicht wärmte. Selbst das breite Bett in der Schlafstube klagte an, erinnerte an den Preis der Lust, an die vielfache Last des Gebärens, und immer noch hingen unter der Stubendecke die Schreie aus jenen Wochen, in denen der Mann den qualvollen Krebstod gestorben war.

Das Herdfeuer knisterte, es war wohlig warm in der Küche, aber um die Gestalt des Bruders war ein unsichtbarer Ring gezogen: Kühle, Überlegenheit, Abstand. Er wußte, daß sie ihn im Grunde schmerzlich beneidete, daß sie die Last ihres Daseins härter empfand, wenn er am Tisch saß. Andererseits, so erfolgreich er war, so gesichert seine Existenz: Es blieb ein Stachel, daß sie den Hof hatte, die Felder, den Wald, den Besitz, der dauerte. Nie hätte er mit ihrem Leben tauschen wollen, aber er gönnte ihr das Land nicht. Sie spürte das und sie mißtraute ihm. Aber vielleicht war es auch nur das Schicksal, von dem sie immer Schlimmes erwartete, ihrer aller Schicksal, aus dem auch er sich nicht würde lösen können, nur einfach dadurch, daß er dem Hof den Rücken kehrte.

Es wurde spät an jenem Abend. Sie richtete ihm das Bett in der schönen Stube, wo eine Spitzendecke über den Tisch gebreitet war, wo die Schätze von Silber und Porzellan aus der Vitrine blinkten wie bares Geld. Man hatte es schließlich, und es war, weiß Gott, nicht gestohlen.

Beim Frühstück – sie hatte die Stallarbeit schon hinter sich – scherzte der Bruder leichthin, wie es seine Art war, dann fuhr er eilends ab. Sie räumte die Stube auf, brachte das Bettzeug in die Lade, setzte sich noch für einen Augenblick in den schweren Ledersessel und genoß, indem sie die Augen schweifen ließ, das Gefühl, teilzuhaben an einem Reichtum, der jenseits ihres Alltags lag, Dinge zu besitzen, um die auch der Bruder sie beneiden mußte. Jetzt sah sie, daß die Vitrinentür nicht ganz geschlossen war. Erschreckt öffnete sie den Flügel ganz und griff nach der Dose, in der sie die kostbaren rotgoldenen Schweizer Taler aufbewahrte. Die Dose war leer. Es hatte ihn eingeholt. Der erfolgreiche Bruder war nichts weiter als ein gewöhnlicher Dieb. Aber sie hätte nicht sagen können, ob ihre Empörung, ihr Schmerz über den Verlust größer waren als ihr Triumph. Es hatte ihn eingeholt. Hier kam keiner davon.

Klassenfoto

Wir haben viel Platz auf der Treppe, wir sind gerade noch fünfzehn. Damals nach dem Abitur waren wir vierzig gewesen, und der Fotograf hatte Mühe, uns so zu verteilen, daß man jedes Gesicht sehen konnte. Die Mädchen waren in der ersten Reihe plaziert, um ihre langen Kleider und das rotweiß über den Busen gespannte Kommersband zur Schau zu stellen. Die Mädchen lachten, die jungen Männer machten alle ganz ernste Gesichter.

Diese Treppe: Zwei Wochen zuvor – wir hatten gerade die Abiturarbeit in Latein geschrieben – war ich sie heruntergestürmt in den Hof, wo schon ein paar Mitschüler herumstanden. Ich wollte sie nach einer kniffligen Passage fragen, aber Kurt, mein Freund, sagte wie beiläufig: „Das ist jetzt alles nicht mehr wichtig, jetzt gehen wir in den Krieg." Es war der Tag des deutschen Einmarschs in Österreich. Und es war wirklich nicht mehr wichtig, Kurt blieb in Stalingrad.

Er ist nicht der einzige, der heute fehlt, da wir uns nach Jahrzehnten zum zweiten Mal auf der Schultreppe in Positur stellen. Zehn sind gefallen, wie man das nennt, wobei in dem abgegriffenen Wort doch noch das Bild ist: Wie es plötzlich einen trifft, wie er fällt und auslöscht, nur noch ein lebloser, zerfetzter Körper; und dann nur noch eine Erinnerung, schließlich nicht einmal mehr das, nur noch ein Name, kaum mehr ein Gesicht. Gefallen: Ein Wort für einen Augenblick, und es sagt nichts über den Weg dahin. Und war dieser Augenblick auch das Ende? Oder nur der Anfang einer langen, verzweifelten Qual?

Jemand hat auf eine Kopie jenes alten Klassenfotos Nummern gemalt, zu jedem Kopf eine, die numerierten Namen stehen auf der Rückseite. Neben Kurts schmalen Kopf, von dem die Ohren ein klein wenig abstehen, hat der Zufall eine Achtzehn gesetzt: Das war gerade sein Geburtstag, den wir ein paar Tage vorher gefeiert hatten, Abschied zugleich, ehe er einrücken würde, um die Soldatenuniform anzuziehen, von der sich niemand vorstellen konnte, wie jämmerlich verschlissen sie sein würde auf dem letzten hoffnungslosen Marsch in den eisigen russischen Winter.

Auf dem Abiturbild schaute Kurt den beiden lachenden Lotten über die Schulter, von denen die eine diesmal fehlt, sie ist vor zehn Jahren an Krebs gestorben. Die andere steht mit uns auf der Treppe, aber sie folgt der Anweisung des Fotografen nicht, direkt in die Linse zu blicken. Sie hat ihr Gesicht zur Seite gewendet, den Mund streng geschlossen. Sie sei geschieden und noch immer im Beruf, heißt es. Sie ist die einzige auf diesem Bild, die nicht lacht. Warum lachen sie nur alle? Eben noch haben sie zusammen an der Tafel mit den eingravierten Namen der Gefallenen einen Kranz niedergelegt, ein paar Sekunden war es still gewesen, wie das so üblich ist, bis einer mit dem gewichtigen „Ich danke Euch" die Schleusen des Lärms wieder öffnete. Man war da, man war durchgekommen, Krieg und Krankheiten zum Trotz, und man hatte es zu etwas gebracht; keiner, dem man das nicht schon im Äußeren angesehen hätte.

Eine Klasse der Erfolgreichen, wenn man absieht von denen, die unterwegs liegen blieben: in Rußland, in einem Hinterhalt des französischen Widerstands, in den Trümmern eines zerschellten Flugzeugs auf einem Acker irgendwo, oder nur einfach auf dem Operationstisch oder im Bett. Sie sind die vielfältigsten Tode gestorben, die Mitschüler von einst. Übrigens fehlen auch einige, die vermutlich noch leben. Haben die Rundbriefe sie nicht erreicht oder sind sie nicht gekommen, weil sie ihre Niederlage nicht eingestehen wollten?

Gregor, sagt einer, ist in einem Pflegeheim gewesen bis vor zwei Jahren. Er war ein bekannter Arzt, die Ehe ging zu Bruch, danach war es der Alkohol; es war gut, daß es zu Ende ging. Der davon berichtet, eine tadellose Erscheinung, strafft sich ein wenig und schließt den obersten Knopf am eng anliegenden Jackett. Er hat sich im Griff, er ist trotz seiner bald siebzig Jahre noch immer ein Soldat. „Wie ist es", fragt er fröhlich und wirft das Kinn nach vorn, „geht Ihr noch mit auf einen Whisky?"

Hintergründe

Niemand im Dorf konnte sich an ein ähnlich großes Begräbnis erinnern. Betroffenheit lastete über allen, als habe sich ein schweres Gewitter noch nicht entladen. Er war eigentlich noch jung gewesen, keine fünfzig, beliebt und geachtet, immer freundlich und jedermann zu Diensten, der den kleinen Laden am Kirchplatz betrat. Er war eine Art Institution gewesen, man konnte

sich nicht vorstellen, daß das Leben ohne ihn anderntags weitergehen würde.

Aber es ging weiter mit einer kalten Selbstverständlichkeit, fast als wäre überhaupt nichts geschehen. Nach ein paar Tagen stand die Frau hinter dem Ladentisch, freilich mit einem derart verschlossenen Gesicht, daß niemand wagte, mehr als die üblichen Floskeln zu sagen oder gar Fragen zu stellen, die sie wohl ohnehin nicht beantwortet hätte. Aber wäre sie imstande gewesen, die Hintergründe zu erklären? Wußte, ahnte sie, warum er es getan hatte, und noch dazu wie als öffentliche Anklage mitten auf dem Kirchplatz? Die Zeitungsfrau, die ihn in der Dämmerung als erste hatte hängen sehen und Alarm geschlagen hatte, würde das grausige Bild wohl nie aus ihrem Bewußtsein auslöschen können.

Was hatte ihn in solche Verzweiflung treiben können? Die Gerüchte sprossen wie Unkraut nach dem Regen, auch wenn sie nur hinter vorgehaltener Hand weitergegeben wurden. Schließlich betraf es in irgendeiner Weise sie alle. Er hatte unter ihnen, mit ihnen gelebt. Das Dorf war sein Leben gewesen. War er also am Dorf gescheitert? Oder war es die Flucht vor einer Krankheit? Wenn er Schulden gehabt hätte, wäre das nicht lang verborgen geblieben, so etwas erfährt man zuerst.

Das tollste Gerücht, das die Runde machte, konnte einfach nicht wahr sein, obwohl es dem schlimmen Geschehen nachträglich zu einer gewissen Schlüssigkeit verholfen hätte. Und obwohl der und jener zwar keine eigenen Beobachtungen gemacht hatte, sich aber, wie er sagte, auf die Wahrnehmungen von Zeugen berufen konnte, deren Glaubwürdigkeit außer Zweifel stand. Hinzu kam, daß der Betreffende, der schließlich im Mittelpunkt der Gerüchte stand, schon gelegentlich diskret ins Gerede gekommen war. Dennoch, es konnte nicht sein; nicht nur, weil er der Bürgermeister war, sondern vor allem, weil er ja namens der Gemeinde die Grabrede gehalten hatte, und das wäre ja wohl nicht denkbar gewesen, hätte er wirklich mit der Frau etwas gehabt, das den Man in den Tod trieb. Einige meinten, er sei an jenem Morgen, nachdem die Zeitungsfrau den Fall gemeldet hatte, aschfahl im Gesicht gewesen und hätte seine Obliegenheiten in den Tagen danach mit noch kühlerer Routine abgespult als sonst. Aber das war doch alles andere als ein Beweis. Und das war gut so.

Was hätte es denn gebracht, wenn irgend jemand der Nachweis gelungen wäre, daß es wirklich so war? War nicht jeder, der etwas zu sagen hatte im Dorf, auf die eine oder andere Weise mit diesem Bürgermeister verknüpft? Wußte nicht jeder von jedem zu viel? War es also nicht für alle besser, wenn die Sache in der Schwebe blieb und bald vergessen würde? Es war gewiß schmerzlich, gegen ein Unrecht nicht angehen zu können, aber wer wollte denn die eigene Position aufs Spiel setzen, wer war hirnverbrannt genug, aus dem Schatten zu treten, der sie alle deckte?

Dann hätte also, wem das Unrecht geschieht, keine Chance? War das vielleicht der Grund?

Kardinal Damian Hugo von Schönborn, Bischof von Konstanz 1740-1743. Thesenblatt des Balthasar Waldvogel aus Meersburg, Kupferstich von Gottfried Bernhard Göz, 1742.

Die Einnahmen um ein Namhaftes mehren . . .

Die Stadt Markdorf und die Geldnöte der Bischöfe von Konstanz

Petra Sachs-Gleich

Markdorf, das kleine Städtchen im Hinterland des Bodensees, konnte bis an die Wende zum 19. Jahrhundert seine Geschicke nicht selbständig lenken. Vielmehr war die Stadt Besitz der Bischöfe von Konstanz. Als Stadtherren trafen die Bischöfe alle wichtigen Entscheidungen über Wohl und Wehe ihrer Stadt. Darin unterschied sich Markdorf beispielsweise ganz wesentlich von der benachbarten Freien Reichsstadt Überlingen.

In der letzten Ausgabe des Heimatjahrbuchs wurde am Beispiel eines fiktiven Besuchs des Bischofs Franz Johann von Praßberg in Markdorf aufgezeigt, wie es um die Situation der Stadt und ihr Verhältnis zum Bischof nach Beendigung des 30jährigen Krieges bestellt war. Nachdem in einem sog. Urbar aus dem Jahr 1670 die Ansprüche der Bischöfe an ihre Stadt Markdorf schriftlich und ausführlich fixiert worden waren, entdeckten die ewig in Geldnöten steckenden Bischöfe die Stadt und das zugehörige Umland als Geldquelle. Welche Schritte sie bis zum Ende ihrer Herrschaft unternahmen, um diese Quelle zu nutzen, und wie sich das auf ihr Verhältnis zur Stadt auswirkte, soll im vorliegenden Jahrbuch ebenfalls eingebettet in fiktive Situationen erzählt werden.

Im Jahr 1742:
Selbstzufriedene Gedanken eines höheren Beamten...
So ließe sich mutmaßen, daß sagen wir im Herbst 1742 der damalige Markdorfer Amtsverwalter Franz Anton Miller sich auf den Weg von Markdorf nach Meersburg gemacht hätte, wo sein fürstbischöflicher Herr Kardinal Damian Hugo von Schönborn seine Residenz hatte. Dieser war erst vor zwei Jahren seinem Vorgänger, Johann Franz von Stauffenberg, welcher die Geschicke des Bistums und Hochstifts Konstanz über 30 Jahre gelenkt hatte, auf dem Bischofsstuhl gefolgt. Mit etwas Wehmut hätte Miller der guten, alten Zeiten unter Bischof Johann Franz gedacht. Denn dieser hatte sich mit viel Energie bemüht, die zerrüttete finanzielle und wirtschaftliche Situation im Lande zu bessern. Er, Miller selbst, hatte dazu vor Ort nicht wenig beigetragen! Zwar hatte sich Bischof Stauffenberg gleich wieder in neue Schulden gestürzt, sei es für seine aufwendige Hofhaltung, sei es für seinen Ehrgeiz, als großer Bauherr in die Geschichte eingehen zu wollen. Aber mußte man den Beginn des Neuen Baus des Schlosses in Meersburg und die erst vor kurzem dort endlich erfolgte Einweihung eines Priesterseminars für das Bistum nicht begrüßen? Schließlich hatte auch Markdorf mit dem Neubau des sog. „Langen Hauses" und der baulichen Verbesserung des Alten Schlosses von seiner Bauwut profitiert.

Bischof Johann Franz von Stauffenberg (1704-1740). Schabkunstblatt des frühen 18. Jahrhunderts.

Und der neue Landesherr? Auch er wollte dem Konstanzer Schlendrian zu Leibe rücken, wollte vor allem Reformen in der Verwaltung in Gang bringen. Da er aber praktisch nie in Meersburg weilte, mußte er sich auf andere Weise einen Überblick über die Verhältnisse hier am See verschaffen. Vor nicht langer Zeit hatte er deshalb von seinen Beamten vor Ort eine ausführliche Berichterstattung begehrt. Aber auch dieses Mal, fürchtete Miller, würde es mit dem guten Willen wieder sein Bewenden haben. Nicht nur hatte der Kardinal noch keinen rechten Draht zu seiner neuen Diözese gefunden, auch das Domkapitel nahm von den Neuerungsabsichten nur widerwillig Kenntnis.

auf einer Reise von Markdorf nach Meersburg...

Jedenfalls hätte sich Miller an diesem Tag im Jahr 1742 auf den Weg nach Meersburg gemacht, um wenn schon nicht dem Bischof, so doch wenigstens dessen Hofkammerräten gründlichen Bericht über die Markdorfer Verhältnisse abzustatten. In der Tasche trug er eine soeben von ihm selbst gefertigte Denkschrift, die den Herren in Meersburg nicht nur einen Begriff vom Amte Markdorf geben, sondern – mit Verlaub – auch seine eigenen Verdienste ins rechte Licht rücken sollte. Und damit seine umfangreiche Beschreibung des Amts Markdorf nicht als Makulatur in den Aktenschränken verschwand, wollte er sie den Herren persönlich überreichen und mit den passenden Worten unterstreichen. In der Stunde, die die Kutsche von Markdorf nach Meersburg unterwegs war, wäre Miller genügend Zeit geblieben, alles, was ihm für die Herren Räte auf der Seele lag, nochmals zu rekapitulieren. Etwa folgendermaßen hätte dieses Selbstgespräch verlaufen können.

über Besitzerweiterungen,...

Mit Zufriedenheit hätte er erst einmal festgestellt, daß so eine Fahrt von Markdorf nach Meersburg heutigentags eine recht angenehme Sache war. Auf der ganzen Strecke bewegte man sich nun nämlich auf bischöflich-konstanzischem Territorium. Zu verdanken hatte man dies dem seligen Bischof Marquard Rudolf von Rodt, der sich im Jahr 1693 den Erwerb der zum Verkauf stehenden Herrschaft Ittendorf nicht hatte entgehen lassen. Damit war zwischen Meersburg und Markdorf endlich der lang ersehnte geschlossene Besitzkomplex entstanden. Überhaupt hatte sich dieser Kauf als recht nützlich erwiesen, weil damit dem

Bischof viele große Lehenhöfe in die Hand gefallen waren, von denen er reichliche Einkünfte bezog. Auch wurde im nunmehrigen Amt Ittendorf, anders als im Markdorfer und Meersburger Weinbaugebiet, überwiegend Getreide produziert, das sich seit geraumer Zeit sehr rentabel in die Schweiz verkaufen ließ. Und in Notzeiten, wie man sie in den schlimmen Jahren von 1710 bis 1712 erlebt hatte, half dieses Getreide, das Elend der eigenen, meist Weinbau treibenden Untertanen in Markdorf und Meersburg zu lindern.

Auch im Amt Markdorf hatte sich in diesem Jahrzehnt vor der letzten Jahrhundertwende einiges getan. Die Schwestern zu Bergheim waren nach Markdorf umgesiedelt und hatten das neue Kloster in den Auen im Jahr 1692 bezogen. Zwei Jahre darauf hatte der Bischof von der Stadt, um deren Finanzen es nach dem großen Krieg noch immer nicht gut bestellt war, ihren großen Lehenhof in Oberfischbach abkaufen können. Und glücklicherweise hatte man vom Domkapitel auch den zweiten, großen Hof in Oberfischbach erwerben können. Schließlich hatte man den abseits im Heiligenbergischen gelegenen Hof zu Harresheim an die Grafen von Fürstenberg-Heiligenberg abgetreten und dafür den Hof Haslach erhalten, der im Amt Ittendorf lag und damit zum bischöflichen Territorium gehörte. Im Amt Markdorf besaß der Bischof nun sechs Lehenhöfe: zwei in Oberfischbach, einen in Wirmetsweiler und drei in Allerheiligen. Dazu kamen noch die vier Höfe in Raderach, zwei in Autenweiler, ein Hof in Sattelbach, zwei in Kluftern und einer in Efrizweiler. Alle miteinander mußten sie ihrem bischöflichen Grundherrn jährlich nicht nur Geldzins zahlen, sondern auch etwa 53 Malter (ca. 217 Ztr.) Veesen und 34 Malter (ca. 146 Ztr.) Hafer in die bischöflichen Scheuern liefern.

über Personalkosteneinsparungen,...

Noch zu Lebzeiten des seligen Bischofs Johann Franz von Stauffenberg waren im Amt Markdorf bereits verschiedene Neuerungen eingeführt worden, die alle nur das eine Ziel hatten: die Ausgaben aus der bischöflichen Kasse zu mindern und die Einnahmen zu mehren. Angefangen hatte es mit einer Personalreform im Jahr 1734. Sämtliche Aufgaben der bis dahin vier bischöflichen Beamten, des Obervogts, des Stadtammanns, des Untervogts und des Burgvogts zu Raderach, wurden nun ihm, Miller, als Amtsverwalter übertragen. Auch wenn er nun all die Arbeit kaum bewältigen konnte, so ließen sich damit immerhin zwei Gehälter einsparen. Außerdem waren dem gewesenen Obervogt Baron von Speth alle Einkünfte aus dem Amt Markdorf mit Raderach gegen den wahrlich bescheidenen jährlichen Pachtzins von gerade 1400 Gulden verliehen gewesen. Ein schlechtes Geschäft für den Bischof, weil die tatsächlichen Einkünfte dem Obervogt ein Mehrfaches dieser Summe eingebracht hatten. Der nunmehrige Obervogt von Thurn führte nurmehr diesen Titel und erhielt eine Besoldung. Sämtliche Arbeit lastete auf ihm, Miller. Alle Einkünfte aus dem Amt waren nun direkt im Schloß zu Meersburg abzuliefern.

Gewinnmaximierung und...

Wenige Jahre später hatte es dann auch in der Bewirtschaftung des Amtes verschiedene Veränderungen gegeben. Bisher waren ja die Güter, die dem Bischof selbst gehörten, gegen Zins verliehen gewesen. 1737 aber hatte man erstmals begonnen, die bischöflichen Äcker und seit diesem Jahr auch die Wiesen in eigener Regie zu bebauen. Dieses Geschäft oblag dem Hofmeister oder Bau- und Kastenknecht, wie er auch hieß. Ebenso wurden die Aufgaben des Unterkäufers, des Eichmeisters und des Küfermeisters nur noch von einer Person erledigt.

Auf diese Weise hatten sich die herrschaftlichen Einkünfte um ein Namhaftes vermehrt.

Nicht zum Wenigsten war es sein eigenes Verdienst, daß man 1737 den halben Groß- und Kleinzehnten zu Bergheim und Riedheim von den Klosterfrauen für das Hochstift hatte zurückerwerben können. Schon im Jahr 1505 war den Schwestern dieser Zehnt nur gegen jederzeitiges Rückkaufsrecht überlassen worden. Davon wollten sie jetzt aber nichts mehr wissen. Auch ihre Vorstellungen beim Bischof und ihre Klagen, daß sie ohne diese Einkünfte nicht wohl leben könnten, haben ihnen nichts genutzt. Nur bei der Frage des Zehnten zu Burgberg wurde der Bischof weich und hat ihn den Schwestern vorerst noch belassen. Aber er, Miller, gab sich damit noch nicht zufrieden, und er hatte das gute Gefühl, daß es nicht mehr lange dauern würde, bis er auch den Burgberger Zehnten für den Bischof gewonnen hätte (1744).

Was in den letzten Jahren im Amt Markdorf geschehen war, konnte sich wahrlich sehen lassen. Und wofür all dies? Doch nur im Interesse der bischöflichen Kasse. Fragte sich nur, ob die Räte in Meersburg das auch zu schätzen wußten. Aber die seiner Denkschrift beigefügte, ausführliche Aufstellung über alle Einnahmen und Ausgaben sollte ihnen eigentlich die Augen öffnen. Wurde alles in Geld veranschlagt, so standen den jährlichen Einnahmen von knapp 7000 Gulden Ausgaben in Höhe von nur etwas mehr als 2000 Gulden gegenüber. Der Gedanke, daß Markdorf damit an der Spitze aller bischöflichen Territorien stand, erfüllte Amtsverwalter Miller mit nicht geringem Stolz.

Auf der Einnahmenseite rangierte der Verkauf der im Amt angebauten Früchte mit fast 6000 Gulden weit an der Spitze. Allen voran brachte der Verkauf von Veesen und Wein fast 5000 Gulden ein. Die Geldeinnahmen beliefen sich dagegen gerade auf

800 bis 900 Gulden, unter anderem die Stadtsteuer (171), Gerichts- und Strafgebühren (100), Grund- und Hofzinse (165). Vor allen Dingen wurmte es ihn, daß die Stadt nun schon seit Jahrhunderten dem Bischof jährlich gerade die lächerliche Summe von 171 Gulden als Stadtsteuer bezahlte. Und kraft Vertrages durfte der Bischof diese Summe auch nicht erhöhen. Nach seinen Berechnungen nahm die Stadt aber an Steuern von den Bürgern und Fremden jährlich 1200 bis 1300 Gulden ein. Man stelle sich vor, welche Summen der Bischof damit verschenkte! Auf der Ausgabenseite schlugen besonders die 800 bis 850 Gulden für den erforderlichen Kauf von Wein und die 500 Gulden Besoldung für die herrschaftlichen Beamten und Bediensteten zu Buche. Es stand jedenfalls fest, daß der Reichtum des Amts dem Anbau von Wein, Veesen und Hafer zu verdanken war. Während Veesen und Wein für den Verkauf bestimmt waren, mußte der Hafer nach Meersburg geliefert werden, wo er vor allem den bischöflichen Pferden verfüttert wurde. Von den jährlich abgepreßten 46 Fuder (ca. 538 hl) bischöflichen Weins stammten etwa 24 (ca. 280 hl) aus Zehnten und Quarten, 19 (ca. 222 hl) aus eigenem Wachstum des Bischofs (vor allem den 110 Stück Reben, die 12 Rebleute im Halbbau bewirtschafteten) und 3 (ca. 35 hl) aus Grundzinsen. Kaum anders sah es beim Veesen aus. Von den in diesem Jahr produzierten 248 Maltern (ca. 1017 Ztr.) entfielen 148 (ca. 607 Ztr.) auf Zehnten und Quarten, 37 Malter (ca. 152 Ztr.) gaben die Lehenhofbauern ab und 63 Malter (ca. 258 Ztr.) wurden aus eigenem Wachstum gewonnen. All dies bestätigte ihn in der Richtigkeit seiner Amtsführung. Nennenswerte Gewinne erzielte man durch Zehnt- und Quarteinkünfte, durch Eigenanbau und Lehenhofgülten von Veesen und Wein. Auf diese Bereiche sollte man, seiner Ansicht nach, auch künftig das Augenmerk richten.

Blick auf Markdorf und den Gehrenberg, links die Kirche von Bermatingen, rechts Schloß Ittendorf. Ausschnitt aus dem Deckengemälde im rechten Querhaus der Kapelle Baitenhausen von Johann Wolfgang Baumgartner, 1760.

Städtebau...

Alles in allem hatte er in den Jahren 1737 bis 1742 in natura nach Meersburg geliefert: 340 Malter (ca. 1460 Ztr.) Hafer, 110 Wagen mit Heu, 1370 Bund Stroh, 2 Mastrinder, 305 Pfund Unschlitt von den Metzgern, nebst unzähligen Hennen, Hühnern, Eiern und anderem mehr. An Geld hatte die bischöfliche Rentkammer in derselben Zeit 19.000 Gulden erhalten, wovon der baufreudige Bischof Stauffenberg wieder mehr als 4000 Gulden für verschiedene Bauvorhaben in der Stadt Markdorf verwendet hatte. Ihm war es nur recht gewesen, daß mit den Mehreinnahmen die bischöflichen Baulichkeiten in der Stadt ein etwas glänzenderes Äußeres erhalten hatten. Mit dem heruntergekommenen alten Schloß hatte

der Bischof gegenüber den städtischen Untertanen wahrlich keinen Staat mehr machen können. So stand man doch gegenüber Bürgern und Fremden gleich ganz anders da!

Seit 1734 war das ehemals Schwarzsche Haus zwischen Schloßturm und Untertor abgetragen und als „Langes Haus" von Grund auf neu erbaut worden. Das ganze Gebäude war als Wohnung für den Herrn Obervogt gedacht gewesen. Entwürfe dafür stammten immerhin von dem berühmten Deutschordensbaumeister Johann Caspar Bagnato. Dieser hatte erst vor wenigen Jahren den Bau des Deutschordensschlosses auf der Mainau geleitet und hatte außerdem im Auftrag des Konstanzer Bischofs bei verschiedenen Arbeiten am Neuen Bau in Meersburg mitgewirkt. Darüber hinaus war

1735 das alte Markdorfer Schloß baulich ganz verändert und verbessert worden. Er selbst konnte darin die beiden unteren Stockwerke bewohnen, die beiden oberen standen nach dem Auszug des Obervogts leer. Mit dieser prächtigen baulichen Anlage konnte man den Markdorfern gegenüber auf eindrucksvolle Weise demonstrieren, wer der Herr im Hause war, auch wenn ihnen das nicht so recht schmeckte. Daß die Stadt nun sogar für Fremde wieder etwas hergab, schmeichelte im übrigen natürlich auch der Eitelkeit der Markdorfer.

Eine neue Scheuer war 1737 ebenfalls erbaut worden. Dort stand jetzt das herrschaftliche Vieh, darunter 6 Pferde, 7 Zugstiere und 6 Stück Rindvieh. Außerdem konnten dort Heu, Stroh und Fruchtgarben gelagert werden. In die alte Scheuer wurden jetzt die Zehnteinkünfte verbracht. Sie wurden da auch gedroschen. In der Weinpresse, die dort stand, preßte man die Trauben aus den herrschaftlichen Weinbergen. In Mezlers Torkel außerhalb der Stadt im Rebgewann Harzer konnten verschiedene „Kundsleute" ihre Trauben gegen Entrichtung des Bannweins von einem Eimer pro Fuder pressen lassen. Im städtischen Kornhaus beim Rathaus gehörte dem Bischof nur der mittlere Boden. Dort konnte ebenfalls

Das sog. „Lange Haus" in Markdorf. Als Anbau an das bestehende Schloß seit 1734 unter Bischof Johann Franz von Stauffenberg (1704-1740) wohl nach Entwürfen Johann Caspar Bagnatos errichtet.

366

herrschaftliches Getreide aufgeschüttet werden. Außerdem besaß der bischöfliche Herr in Markdorf ein Schenkhaus, in dem man den minderen, eigenen Wein ausschenkte, ein Heu- und ein Hühnerhaus, das Scharfrichterhaus zu Fitzenweiler und das vor zwei Jahren neu erbaute Haus des Jägers in Allerheiligen, welcher die Aufsicht über den Jagdbezirk und die 545 Jauchert (ca. 180 ha) Wald des Bischofs führte. Dann lag da noch die alte Burg im Wald beim Hof Wirmetsweiler. Von ihr waren aber nur noch Ruinen zu sehen. Nicht zu vergessen das Schloß in Raderach, in dem der Bannwart wohnte und zu dem auch ein Scheuer-, Stall- und Torkelgebäude gehörte.

. . . münden in skeptischer Erwartung.

Unterdessen wäre die Reisekutsche Millers in der Residenzstadt angelangt. In Meersburg herrschte gerade rege Geschäftigkeit. Der schon seit Jahrzehnten liegengebliebene Innenausbau des Neuen Schlosses wurde vom Bischof von Schönborn mit großem Eifer vorangetrieben. Bedeutende Künstler und zahlreiche Handwerker waren dafür verdingt worden. Sie alle tummelten

Scharfrichterhaus in Fitzenweiler im Besitz der Bischöfe von Konstanz, die dort dem für die anfallenden „Kriminalexecutionen und Wasenmeisterei" zuständigen Scharfrichter freie Unterkunft gewährten.

367

sich nun in der Stadt. Als er vor der Brücke zum Alten Schloß vorfuhr, hätte Miller bei sich denken können, daß die Markdorfer Baulichkeiten mit dieser prächtigen Anlage natürlich nicht zu messen waren. Ob die in Meersburg wohl eine Vorstellung davon hatten, woher das Geld für all dies stammte? Jedenfalls würden die Herren Räte heute gewiß wieder sehr beschäftigt sein. Er war gespannt darauf, wie viel von ihrer wertvollen Zeit sie ihm dieses Mal zu opfern bereit waren.

Im Jahr 1802:
Wehmütige Gedanken eines
höheren Beamten...

Als sich weitere 60 Jahre später der nunmehrige Amtsverwalter Josef Höfle im Spätjahr 1802 daran machen mußte, erneut eine genaue Beschreibung und einen umfassenden Bericht über das Amt Markdorf anzufertigen, war nicht nur sein Adressat ein anderer, auch der Anlaß dafür war wenig erfreulich. Wichtige Ereignisse waren seitdem über Europa hinweggegangen. Die Französische Revolution und die ihr folgenden Revolutionskriege hatten die jahrhundertealte Ordnung in Europa und im Heiligen Römischen Reich Deutscher Nation umgestürzt. Die ganze Umgebung, vor allem aber Markdorf, hatte unter den kriegerischen Ereignissen schwer zu leiden gehabt. Die Konzentrierung von vielerlei Straßen auf dem Punkte Markdorf zog der Stadt seit 1792 unausgesetzt Durchmärsche und Einquartierungen von allen wechselseitigen Armeen auf den Hals, als Folge dessen das Gemeinwesen mit den Einwohnern so erschöpft war, daß es viele Jahre erfordern würde, um wieder in den vorigen Zustand zu kommen. Auf der Stadt lasteten zu diesem Zeitpunkt über 60.000 Gulden Schulden, und zwischen 1793 und 1800 waren jedes Jahr doppelt so viele Todesopfer zu beklagen gewesen wie in den Jahren zuvor. Die weltlichen Fürsten des Alten Reiches sollten nun für ihre linksrheinischen Abtretungen an Frankreich mit rechtsrheinischem Gebiet entschädigt werden. Bereits nach dem Luneviller Frieden begannen diese Fürsten im Herbst 1802 mit der militärischen Inbesitznahme. Neuer Herr des über ein Jahrtausend alten, ehrwürdigen Hochstifts Konstanz sollte der Markgraf

Blick auf Markdorf mit durchziehenden Soldaten zur Zeit der Revolutionskriege. Ölbild 1799 von Johann Sebastian Dirr im Rathaus Markdorf.

und spätere Großherzog von Baden werden. Seit dem 2. Oktober 1802 hatte Fürstbischof Karl Theodor von Dalberg die Besitznahme seines Territoriums durch die badischen Kommissare „in würdiger Haltung" geschehen zu lassen.

in seinem Amtsgemach....

Natürlich wünschten die neuen Herren zuallererst einen genauen Überblick über all das, was ihnen nun zufallen sollte. Für das Amt Markdorf hatte Amtsverwalter Höfle diese traurige Aufgabe zu erledigen. Stellen wir uns Höfle also an einem späten Oktoberabend des Jahres 1802 in seinem Amtszimmer im Langen Haus in Markdorf sitzend bei einer seiner letzten Amtshandlungen als bischöflich-konstanzischer Amtsverwalter vor. Auch wenn seinem Bericht keine Anzeichen von Bedauern zu entnehmen sind, könnten ihn bei der Abfassung dieses Berichts für die neuen Herren doch so manche grundsätzlichen Gedanken bewegt haben.

über effektive
Verwaltungstätigkeit,...

Seit mehr als 20 Jahren hatte er sich nun darum bemüht, das Amt nach aufgeklärten, vernünftigen, vor allem dem Nutzen seines bischöflichen Herrn dienenden Grundsätzen zu verwalten. Er war ein moderner Verwaltungsbeamter und er wußte, wovon er redete, denn vor seiner auf eigenen Wunsch erfolgten Übernahme des Postens eines Amtsverwalters in Markdorf im Jahr 1779 war er als Hofkammerrat in der Regierungszentrale in Meersburg mit der Leitung der Kameralgeschäfte betraut gewesen. Dort hatte er die versteinerten, oft gar engstirnigen Gebräuche dieser bischöflichen Regierung zur Genüge kennengelernt. Die guten Ansätze, die unter dem seligen Kardinal Schönborn gemacht worden waren, hatte das Domkapitel nach dessen Ableben alle

Carl v. Dalberg

Bischof Karl Theodor von Dalberg (1800-1817). Radierung, um 1800.

wieder rückgängig gemacht. Mit dem Vorsatz, in Markdorf vieles besser zu machen, war er hierhergekommen. War es ihm nicht gelungen, den unter seinen Vorgängern eingekehrten Schlendrian einzudämmen und die bischöflichen Gewinne aus dem Amt merklich zu steigern? Doch war ihm dafür aus Meersburg jemals Dank zuteil geworden? Wollte oder konnte man dort die Erfolge seiner modernen Verwaltungstätigkeit nicht sehen? Im Gegenteil, nicht selten warf man ihm sogar noch Knüppel zwischen die Beine.

rentable Wirtschaftsführung,...

Da hatte sich Bischof Maximilian Christoph von Rodt im Jahr 1779 zum sog. Jurisdiktionstausch mit Fürstenberg-Heiligen-

369

berg bereit gefunden. Damit waren zwar die jahrelangen größeren und kleineren Grenzstreitigkeiten zwischen den beiden Herrschaften über die Rechte an der Peripherie ihrer Territorien endlich beigelegt worden. Aber worauf hatte der Bischof dafür verzichtet? Allein im Amt Markdorf mußte er den Fürstenbergern nicht nur vier der größten bischöflichen Lehenhöfe, nämlich die beiden Höfe in Allerheiligen und Autenweiler, von denen man jährlich 12 Malter (ca. 50 Ztr.) Veesen und 8 Malter (ca. 34 Ztr.) Hafer bezogen hatte, sondern auch – man stelle sich vor – 243 Jauchert (ca. 83 ha) Wald abgeben. Aber seine ausführlichen Aufstellungen bezeugten es: Trotz dieser Verluste waren dank seiner Bemühungen die Einkünfte des Amtes seitdem im Vergleich zu seinen Amtsvorgängern Buzorini und Binder um nichts zurückgegangen, sondern im Gegenteil, vor allem in den letzten Jahren, noch gesteigert worden. Es war ihm sogar gelungen, den sog. Waldseeischen Weinzehnten kostenlos fürs Amt zu erwerben, und dieser warf nicht unerhebliche Weinerträge ab. Seit 1793 war man endlich wieder dazu übergegangen, den bischöflichen Eigenbesitz an Äckern und Wiesen zinsweise zu verleihen. Die seit den 30er Jahren praktizierte Eigenwirtschaft war immer unrentabler geworden, hatte jedes Jahr noch mehr Aufwand und Kosten verursacht, dafür aber weniger Gewinn gebracht. Dafür mußte er auf Anordnung aus Meersburg seit 1793 eine getrennte Rechnung für Raderach und Markdorf führen, wiewohl das ohne Nutzen war und bloß zur Erschwerung eines alten Mannes beitrug. Seit Jahren hatte er nun auch eine Neuvermessung der gesamten Markung gefordert. Längst waren in den Besitzverhältnissen so viele Veränderungen eingetreten, daß mit den Güterverzeichnissen von vor hundert oder zweihundert Jahren nichts rechtes mehr anzufangen war. Wie so vieles war auch das nie zustandegekommen.

Kompetenzzuwachs und…

Wenigstens war die Stadt seit der Personalreform vor 70 Jahren fest in seiner, des Amtsverwalters, Hand. Bis dahin waren vor dem Obervogt nur die hochgerichtlichen Verhandlungen gehalten worden. Die niedergerichtlichen Fälle waren vor Stadtammann, Bürgermeister und Rat der Stadt verhandelt worden. Doch hatte der Stadtammann den Vorsitz und die ausschlaggebende Stimme gehabt. Der Stadtammann war zwar vom Bischof bestellt worden, doch mußte er ein Bürger der Stadt sein. Es war ihm nicht so recht klar, warum damals eigentlich das Amt des Stadtammanns abgeschafft worden war. Vielleicht hatten die engen Verbindungen des Ammanns zur Bürgerschaft der Stadt Konflikte mit dem bischöflichen Stadtherrn heraufbeschworen. Womöglich mangelte es einem solchen aus der Bürgerschaft stammenden Individuum auch an ausreichenden Kenntnissen für eine so verantwortungsvolle Verwaltungsaufgabe. Jedenfalls besorgte seitdem der Amtsverwalter allein die Geschäfte sowohl des Obervogts wie auch des Stadtammanns. Damit war unmißverständlich klar, daß der bischöfliche Landesherr alle hohe und niedere Gerichtsbarkeit besaß und dem Rat der Stadt überhaupt keine Jurisdiktion gebührte, auch der Bürgermeister bloß die Ehre dieses Namens trug. Er, Höfle, war während seiner gesamten Amtstätigkeit als Garant für die Einhaltung dieser Grundsätze aufgetreten.

Infrastrukturverbesserung…

In Handel und Gewerbe der Stadt hatten sich in den vergangenen Jahren nicht allzu viele Veränderungen ergeben. Innerhalb der Stadtmauern waren seit dem großen Krieg fast 30 neue Häuser gebaut worden, auch in den Auen waren 11 neue Häuser entstanden. Im Ober- und Unterdorf und in den umliegenden Dörfern und Weilern dagegen hatte sich die Zahl der Häuser nicht vermehrt. So zählte das Amt gegenwärtig gerade 1560 Seelen. Das Handwerk war in verschiedenen Zünften organisiert und seine Zusammensetzung entsprach ganz jener, wie schon vor hundert Jahren. Auch Fabriken waren bisher noch nicht entstanden, und erst vor 4 Jahren war durch den Widerstand in der Bürgerschaft die Niederlassung einer Baumwollfabrik vereitelt worden. Auch wurde bar jeglicher Vernunft nichts zur Belebung der Märkte getan. Der vor 50 Jahren in Abgang gekommene Fruchtmarkt konnte seitdem nicht wieder aufgebracht werden. Vielleicht lag es am geringen Umfang der Herrschaft, am Mangel von Getreidemühlen im hiesigen Amt oder gar an der Eifersucht der benachbarten fürstenbergischen Grafschaft Heiligenberg. Das städtische Kornhaus jedenfalls hatte seitdem seinen Nutzen verloren. Erfreulich war dagegen, daß neben den zwei Hebammen und vier Barbieren, die ja nicht etwa chirurgische Kollegien gehört, sondern bloß von anderen Barbieren gelernt hatten, nun mit Dr. Keil auch ein ausgebildeter Arzt in der Stadt praktizierte. So blieb nur zu wünschen, daß endlich auch eine Apotheke am Ort eröffnet würde, damit man sich mit Arzneimitteln nicht länger im entfernt liegenden Meersburg versorgen mußte.

münden in gedämpftem Optimismus.

Wenigstens im Blick auf die medizinische Versorgung in der Stadt waren also die Bemühungen während seiner Amtszeit mit Erfolg gekrönt. Ach, mit welchen Schwierigkeiten hatte er in seinem Amt nicht zu kämpfen gehabt. Und die in Meersburg hatten das doch nie so recht zu schätzen gewußt. Nun würden in wenigen Tagen die badischen Kommissare zur Besitzübernahme eintreffen. Wer konnte es wissen, vielleicht hatte man von den neuen Herren gar Besseres zu erwarten?

Josef Höfle, der letzte bischöflich-konstanzische Amtsverwalter in Markdorf, hat dann ganz unmittelbar erleben können, ob und inwiefern sich unter der Regierung der „neuen Herren" etwas ändern sollte. Die badische Regierung richtete 1803 in Markdorf ein eigenes Amt ein, das aber bereits 1809 formell, 1811 endgültig aufgelöst und dem Amt Meersburg zugeteilt wurde. Unser Josef Höfle fungierte in dieser kurzen Zeit als Amtmann und Gefällverwalter der neuen badischen Amtsverwaltung, bevor er 1812 in Markdorf verstarb. Im ehemals bischöflichen „Langen Haus" wurden nur kurze Zeit nach dem Übergang an Baden sowohl die in konstanzischer Zeit nicht mehr realisierte Apotheke wie auch die Verwaltungsräume der badischen „neuen Herren" eingerichtet.

Die seit dem Mittelalter während Schicksalsgemeinschaft zwischen Markdorf und den Bischöfen von Konstanz hatte damit jedenfalls ihr Ende gefunden. Zumindest seit dem Ausgang des 30jährigen Krieges hatte diese Verbindung für Markdorf die Konsequenz gehabt, daß mit den dort erwirtschafteten Gewinnen die Löcher in der bischöflichen Kasse gestopft werden mußten, damit sie an anderer Stelle wieder gerissen werden konnten. Dieser Schuldigkeit sind die Markdorfer, soweit wir wissen, zumindest im 18. Jahrhundert ohne großen Widerstand nachgekommen. Gedankt hat man ihnen das mit einer zunehmenden Einschränkung ihrer städtischen Rechte. Es wäre gleichermaßen spannend und lohnenswert, der Frage nachzugehen, welche Auswirkungen dies auf das spätere Verhältnis der Markdorfer zum bischöflichen Kapitel ihrer Geschichte hatte. Dem wichtigsten Denkmal aus bischöflicher Zeit wurde und wird in Markdorf jedenfalls heutzutage wieder Aufmerksamkeit geschenkt. Das Bischofsschloß wurde in den letzten Jahren aufwendig renoviert und lädt als Hotel und Restaurant nun (wieder) Fremde zum Aufenthalt in den Mauern der Stadt.

Quellen und Literatur:

Im wesentlichen basiert die vorliegende Schilderung auf der Auswertung folgender Quellen:

(1) Beschreibung des Amtes Markdorf durch Amtsverwalter Miller, 1742 (Generallandesarchiv Karlsruhe 229/64472).

(2) Beantwortung statistischer Fragen bei der badischen Besitznahme des Bistums Konstanz durch Amtsverwalter Höfle, 1802 (Generallandesarchiv Karlsruhe 48/5491).

(3) Verschiedene Berechnungen und Aufstellungen über Einnahmen und Ausgaben des Hochstifts Konstanz bzw. der Stadt Markdorf in Generallandesarchiv Karlsruhe 48/5636, 48/5644, 229/83881.

Darüber hinaus wurde hauptsächlich auf folgende Publikationen zurückgegriffen:

(4) Kuhn, E.L.u.a. (Hg.): Die Bischöfe von Konstanz. Geschichte und Kultur. 2 Bände. Friedrichshafen 1988; insbes. S. 344-363.

(5) Prahl, H.: Die Stadt Markdorf im Linzgau. Verfassung und Verwaltung vom 13. bis zum 16. Jahrhundert. Stuttgart 1965.

(6) Wetzel, M.: Markdorf in Wort und Bild. Markdorf 1910.

SEEBERGE

Vom Bodensee zum Glärnisch

Rainer Barth

Die Berge sind dunkel und still,
aber sie sind nicht tot.
Ich habe sie angerufen in der Nacht
und das Schlagen ihrer mächtigen Herzen gehört.
Aus der keltischen Mythologie

Wintermorgen am Friedrichshafener Schloß.

Der Bodensee ist ein Kind der Berge. Diese lapidare Feststellung beschreibt exakt die Entstehung des Sees und seines Umlands, wie es sich heute darstellt. Weit ins Alpenvorland hinausfließende Gletscherströme schufen während der Eiszeit eine Szenerie, wie wir sie etwa von Bildern aus Grönland kennen. Erst vor 10.000 Jahren krochen sie zurück in die höchsten Alpenwinkel, und langsam entwickelte sich das uns vertraute Landschaftsbild: die weite Seefläche, das nördlich angrenzende, reich gegliederte Hügel- und Tälerland und im Süden, wie eine Kulisse aufgestellt, die schwungvoll aufsteigende Alpenkette. Dieser Wall ist die natürliche Begrenzung eines Natur- und Kulturraumes, der in seiner Vielgestaltigkeit einmalig in Mitteleuropa

ist – eine mit großer Geste komponierte Szenerie, die Vollendung nordischer Landschaft.

In der Betrachtung des modernen, für gewöhnlich nüchtern denkenden Seeanwohners, dessen Sinne mehr und mehr auf die Wahrnehmung technischer und elektronischer Reize ausgerichtet sind, ist diese Einheitlichkeit verlorengegangen. Er nimmt eine Zergliederung vor, die sich an seinem Drang nach Aktivitäten orientiert. See oder Berge, Sport auf dem Wasser oder Sturm auf die Gipfel. Natur wird zum Freizeitterrain degradiert. Das Bewußtsein für eine regionale Einheit, kulturell und naturbezogen, beschränkt sich auf wenige Köpfe und ist bei so manchem lediglich Vorwand für die Durchsetzung verkehrs- und wirt-

373

schaftspolitischer Maßnahmen. Die Gründe für diesen Verlust dürften vielfältig sein: das Leben in einer zunehmend technisierten Umwelt, in der die Natur vermeintlich überflüssig wird, das Entstehen größerer politischer Einheiten und damit einhergehend die schleichende Auflösung regionaler Eigenständigkeiten und Eigenheiten.

So ist es auch nicht verwunderlich, daß der Seeanlieger die bedeutendsten Gipfel im Seepanorama meist weder zu bezeichnen noch zu lokalisieren vermag. Befragt nach den Namen der Berge, die an klaren Tagen, oft ganz unwirklich glänzend wie kristallene Gralsburgen einer fernen Märchenwelt, sein Gesichtsfeld begrenzen, ist er, wenn überhaupt, allenfalls in der Lage, den Säntis zu identifizieren.

Fast noch verwunderlicher ist das Treiben vieler am See ansässiger Bergsteiger, die ja bekanntlich für sich in Anspruch nehmen, Individualisten zu sein, die Ursprünglichkeit und Einsamkeit suchen. Aber auch sie gehen häufig seltsame Wege, lassen sich von einer undurchsichtigen „alpinen Propaganda" lenken. Die Folge sind Massenanstürme in bestimmten Gebieten und weiträumig einsam gebliebenes Bergland in anderen Alpenwinkeln. Man wendet sich halt traditionell dem seeabgewandten Allgäu zu, geht in den Bregenzerwald und ins Montafon. Weitgehend ignoriert werden hingegen die Churfirstengruppe und ganz besonders die ausgedehnten Glarner Alpen, die man in der selben Zeit wie etwa die überlaufenen Berge um Oberstdorf erreicht, und die im übrigen einen wesentlichen Teil des Seepanoramas ausmachen.

Bergsteiger, so sagt man, haben hohe Ziele, die sie sich selbst setzen. Was läge für den Alpinisten vom See also näher, als ein Besteigungsprogramm für die Gipfel zu entwickeln, auf die fast täglich sein Blick fällt? Man sollte annehmen, daß von ihnen eine ganz direkte Lockung ausgeht. Ohne das bergsteigerische Tun darauf zu beschränken

war ich im Lauf der letzten Jahre auf ungefähr 25 „Seebergen". Am Seeufer stehend besuche ich sie oft mit den Augen und der Erinnerung wieder und flüstere ihre Namen. Aber weit größer ist die Zahl der Berge hinterm See, deren Besteigung noch aussteht – ein lebenslanges Betätigungsfeld.

Ein klarer Abend im späten Herbst. In der Stadt ist es schon dunkel. Feierabendgeschiebe in den seeabgewandten Straßen. Der kurze Weg zur Uferpromenade ist der Eintritt in eine andere Welt, nahezu übergangslos. Die glattgespannte Wasserfläche, gesäumt vom Lichterkranz am Schweizer Ufer. Darüber die Berge. Im Osten übergossen vom Schmelz des Abendlichts in feinen Abstufungen übergehend zu den scharf profilierten Massen und Zackenreihen im Süden. Dahinter die Ahnung von Italien. Der Zauber wird noch verstärkt durch das dumpfe Gebrodel, das von der Stadt herandrängt und vom See und der Stille geschluckt wird.

Der aufmerksame Betrachter wird vom Friedrichshafener Ufer aus westlich des Säntismassivs in noch größerer Entfernung zwei markante Berggestalten entdecken. Es handelt sich um den Tödi, einen kompakten Vierkant mit schräg aufgesetztem Gletscherdach und rechts von ihm, etwas näher, den Glärnisch als gewaltige Felsbastion, der in seinen Formen an das Castel del Monte in Apulien erinnern könnte. Mit 3623 Metern Höhe ist der Tödi der höchste und mit 104 km Entfernung zugleich der am weitesten entfernte Berg, der vom deutschen Seeufer zu sehen ist. Er gehört wie der Glärnisch zu den Glarner Alpen, einem höchst eigenwilligen Gebirge, das gekennzeichnet ist durch eine ungeheure Ansammlung riesiger Felsmassen, zersägt durch tiefeingeschnittene Täler.

Der Glärnisch

Die Besteigung dieses höchst eigenartigen und geheimnisvollen Berges ist eine der erlebnisreichsten, die vom See aus an zwei Tagen möglich ist. Vor 10.000 Jahren wäre man mit dem Schiff ins Glarnerland gereist. Die von den Gletschern ausgehobelten Täler füllten sich am Ende der Eiszeit mit Wasser, und ein Riesensee erstreckte sich vom Oberschwäbischen bis nach Chur und hinüber zum heutigen Zürichsee. Ein mächtiger Seitenarm griff weit ins Glarnerland hinein. Bodensee, Walensee und Zürichsee sind die bescheidenen Reste – bis auch sie vom Flußgeschiebe aufgefüllt sein werden.

Heute geht die Fahrt auf der Autobahn an Sargans und am Walensee vorbei nach Glarus, dem Hauptort des gleichnamigen Kantons. Der Kanton ist klein, besteht nur aus dem verzweigten Talsystem des Flusses Linth und hat, abgesehen von der Talöffnung und dem Westzipfel des Walensees, seine natürliche Begrenzung im Kammverlauf der Berge. Die geographische Situation ist außergewöhnlich, denn in den schmalen Talboden, im Haupttal nur 500 Meter über Meereshöhe, schießen die steilen Bergflanken nahezu ohne Abstufung hinein. Die Höhenunterschiede sind auch für alpine Verhältnisse beeindruckend: vom Glärnischgipfel sind es 2400 Meter in einem Zug, vom Tödi gar nahezu 3000 Meter.

Die nächste Überraschung ist das Bild, das die Talorte bieten. Statt heimeliger Alpendörfer mit Holzhäusern und weit überkragenden Dächern trifft man auf moderne Orte mit ausgedehnten Industriearealen. Man reibt sich ungläubig die Augen: Milano-Peripherie im verträumten Gebirgstal! Bei einer Einwohnerzahl von 37.000 bietet der Kanton 17.000 gewerbliche Arbeits-

Klöntaler See und Glärnisch.

375

plätze und ist damit der am höchsten industrialisierte Kanton der Schweiz. Die aufgeräumte Nüchternheit der Stadt Glarus allerdings ist eine Folge des systematischen Wiederaufbaus nach dem großen Brand im Jahr 1861. Bei uns kaum bekannt ist die alljährlich stattfindende Landsgemeinde, die Versammlung der stimmfähigen Bürger auf dem Landsgemeindeplatz, dem wichtigsten Instrument der direkten Demokratie im Kanton.

Von Glarus geht es in wenigen Kilometern hoch ins Klöntal, und wieder stehen wir vor einer Szenerie, die einmalig ist im Alpenbogen. Unmittelbar aus den Fluten des langgezogenen Klöntaler Sees, der fast den gesamten Talboden ausfüllt, steigt die ungeheure und wild zerklüftete, ja fast furchteinflößende Felsmauer des Glärnisch, aufgebaut aus horizontal geschichteten, weitgehend weichen Kalkschichten – Ablagerungen in einem urzeitlichen Meer. An eine Meerlandschaft gemahnt auch das aktuelle Landschaftsbild: an Norwegens Fjorde. Der See, entstanden durch einen Bergsturz, wie der vor wenigen Jahren im Veltlin, wurde in den Jahren 1904 bis 1908 zur Elektrizitätsgewinnung durch einen längst bewachsenen Erddamm weiter aufgestaut. Damals eine Pioniertat und heute schon ein Technikdenkmal.

Mehr als zweitausend Meter über dem Betrachter, fast schwebend, der filigrane Firngrat hinüber zum Vrenelisgärtli, mit 2904 Metern der eigentliche Hauptgipfel des Glärnisch. Daß wir morgen da hinüber wandeln werden, ist noch nicht so recht vorstellbar.

Dem wunderschönen Namen liegt eine Sage zugrunde, in der die Entstehung des nahezu quadratischen Firnfelds unter dem Gipfel erklärt wird, das selbst im Sommer an klaren Tagen bis nach Zürich hinausglänzt. Das Vrineli, eine offenbar etwas „übermüetige Jumpfere", wollte da oben trotz der Warnung der Leute einen Garten

anlegen und stieg mit ihrem Käskessel hinauf. Der Herrgott nahm ihr diese Dreistigkeit wohl übel und ließ sie mitsamt ihrem sperrigen Gefäß, das sie sich über den Kopf hielt, einschneien. Und so bezeichnet noch heute „e chliis viergeggets Schneefäld" den Ort des Frevels.

Obwohl heute nahezu vergessen, wurde das Klöntal im 19. Jahrhundert als „romantische Landschaft" viel besucht und immer wieder von Künstlern gepriesen. Auch Landschaften unterliegen Modeströmungen. Im legendären Fremdenbuch des Gasthauses Richisau, das in aussichtsreicher Lage westlich über dem See am Weg zum Pragelpaß liegt, finden wir Eintragungen von Richard Wagner, Arnold Böcklin, Conrad Ferdinand Meyer und Carl Spitteler, der gar von „einem der allererlesensten Landschaftsgenüsse" spricht, „die es auf Erden gibt". Die scheint man heute eher in Tibet und in Neuseeland zu suchen.

Der Anstieg durchs Rossmatter Tal zur Glärnischhütte, die der Sektion Tödi des Schweizer Alpenclubs gehört, ist lang, aber ungemein abwechslungsreich. Wegen der vielen Wasserfälle, die über senkrechte Felswände hinabstürzen, nannten wir es „Tal der fallenden Wasser". Zuletzt schlängelt sich der schmale Steig durch steile, blumenübersäte Wiesenhänge. Ich zähle allein vier Orchideenarten. Fast schon ein Wunder sind die unzähligen Feuerlilien, riesige Flammengewächse. Sonst findet man sie nur selten und als Einzelgänger, hier sind sie als Leuchtpunkte verstreut über das ganze Gelände. Die Hütte, 1990 Meter hoch gelegen, ist ein schlichter Steinbau in westoffener Balkon- und Aussichtslage. Hier verbringen wir mit weiteren Glärnischanwärtern, die allesamt zur näheren Umgebung kommen, die Nacht.

Noch in der Dämmerung geht es am nächsten Morgen über vom Gletscher glattgeschliffene Felsen und Geröll zur Zunge des Glärnischfirns hinauf. Ihr ist es zu warm ge-

Vrenelisgärtli und Schwander Grad.

worden in den letzten 150 Jahren, denn damals reichte sie noch bis zum Standort der Hütte hinunter, um sich nach und nach auf ihre heutige Position in ungefähr 2400 Metern Höhe zurückzuziehen. Und um ihr Schicksal dürfte es weiterhin schlecht bestellt sein.

Das weite Gletscherbecken, ein ganz harmonischer, sanft umgrenzter Bergraum, wird in seiner ganzen Länge durchschritten. Gleichmaß des Schritts auf einförmigen, weißen Hängen, eine Wüstenwanderung. Feierliche Vorbereitung auf die unvermittelte Öffnung der Welt in die endlose Weite und in unfaßbare Tiefen oben am Wächtensaum. Das sind die großen Momente in den Bergen, die schockartigen Szenenwechsel, die das Gefühl des Fliegens schenken. Rauschhaft wahrgenommen der gestaffelte Osten im Gegenlicht. Die Welt verblaßt zur

Vision, das Feste nur noch zart angedeutet zwischen blassen Dunstschichten.

Kurzer Abstieg und auf dem schartgeschnittenen Schwander Grat hinüber zum Fuß des Vrenelisgärtli-Gipfelaufbaus. Im Wortsinn atemberaubend der Blick hinunter zum See, gestern ging er noch etwas ungläubig nach oben. Kurze, leichte Kletterei und oben zum Empfang das heraufsteigende Sonntagsgeläute der Schwander Kirchenglocken. Der Blick stürzt ins Tal hinab, ganz ungewöhnlich die Verbindung zur Menschenwelt trotz der gewaltigen Höhendistanz. Im Süden hinter endlosen Höhenzügen die hochherausgehobene Bernina, über deren Hauptkamm die italienische Grenze verläuft, im Norden der Säntis und draußen unter der Dunstglocke der Bodensee.

Der lange Abstieg – 2100 Höhenmeter –

377

geht mächtig in die Knie und will nicht aufhören – das Fluchen gehört zur großen Bergtour. Der Preis ist aber nicht zu hoch, die Bilder bleiben. Und im Seepanorama ein Fixpunkt mehr, ein Name mehr, der geflüstert werden darf...

Hundwiler Höhi

Von ganz anderem Charakter als die wilde Glarner Hochgebirgswelt ist das Appenzellerland gleich überm See. Verspielte Landschaftsformen mit sanften Höhen und weiten sonnigen Matten prägen das Bild. Es ist ein Bauernland. Lebendiges Brauchtum, architektonisch intakte Ortsbilder, im welligen Wiesengelände verstreute alte Bauernhöfe, von ihren Besitzern gehegt und ge-

Blick vom Vrenelisgärtli nach Osten. Links oben der Schesaplanastock.

378

pflegt, der reizende Wechsel von Wald und offenem Gelände – und über allem thronend Vater Säntis, breit hingelagert und sein Land beschützend.

Das zieht die Fremden an, und sie erleben ihre Klischeevorstellungen als Wirklichkeit: die heile Alpenwelt aus dem Bilderbuch. Der Reisende hat's gut, er muß ja nicht genau hinschauen, und so bleiben ihm die Mühen und Entbehrungen der Bergbauern meist verborgen.

Das Appenzellerland ist Wanderland. Neben den ausgesprochenen Hochgebirgstouren im Alpstein, der Szenerien dolomitischen Zuschnitts bietet, gibt es eine Unzahl von gemütlichen Wanderungen mit Mittelgebirgscharakter, die sich durch die vielfältigen Ausblicke auf gänzlich gegensätzliche Welten auszeichnen. Von den langgezogenen Höhenrücken geht der Blick auf die hohen Berge und weit hinaus über den See hinweg bis zum Schwarzwald und zur Schwäbischen Alb.

Bei allen Unternehmungen kommt einem eine Appenzeller Besonderheit zugute: das dichte Netz der regionalen Schmalspurbahnen, an denen Eisenbahnfreunde ihre wahre Freude haben dürften. So empfiehlt es sich, die Anfahrt mit dem Auto bereits am Bahnhof Altstätten unten im Rheintal zu beenden und mit dem zahnradunterstützten Triebwagen nach Gais hinaufzufahren. In steiler Fahrt werden 500 Höhenmeter überwunden. Mit jedem Meter weitet sich der Blick auf das Rheintal und die östlich angrenzenden Berge des Bregenzerwaldes und des Rätikon. Oben in Stoss der plötzliche Eintritt in eine andere Welt, die Appenzeller Grenze ist überschritten, man ist im Bergland mit seinem strengeren Gepräge.

In der Ortschaft Gais, die in eine sanfte Talmulde eingebettet ist, sollte man die Notwendigkeit, den Zug zu wechseln, für einen Gang durch den wunderschönen Ort nutzen. Besonders der Dorfplatz mit seiner einheitlichen Bebauung als Folge eines

Großbrandes im Jahr 1780 ist ein erlesenes Beispiel ländlicher Baukunst, ganz zu Unrecht viel weniger beachtet als die überlaufenden Gassen in Appenzell. Geschwungene Barockgiebel und frühklassizistische Elemente in Verbindung mit der örtlichen Bautradition geben ihm ein heiter-festliches Gepräge.

Eine besonders lohnenswerte Wanderung von Gais aus ist die Besteigung des Gäbris, 1250 m, eines voralpinen Aussichtsberges ersten Ranges. Unterm Gipfel, den ein Gasthaus mit Terrasse schmückt, träumt ein birkenumstandenes Hochmoor mit dem kleinen Gäbrisseeli seinen stillen, noch ungestörten Traum.

Unser Ziel ist die Hundwiler Höhi, 1305 m, auch sie ein „Seeberg", denn ihr breiter, dunkler Rücken zeichnet sich für den Betrachter vom Seeufer deutlich vor der übermächtigen Säntismauer ab. Wir fahren mit dem Zug über Appenzell nach Gonten, einem ruhigen Dorf südlich unter der Hundwiler Höhi. Es ist Mitte November und erster Schnee ist schon gefallen. Aber die Südhänge sind wieder frei, die Sonne hat ihr Werk getan. Über dem See hängt seit Tagen die uns so vertraute graue und undurchdringliche Nebeldecke, hier oben ist es wolkenlos bei sommerlichen Temperaturen.

In einem westlichen Bogen steigen wird gemächlich in anderthalb Stunden an. „Wie im Märchen", ruft der Sohn oben aus angesichts der aus Dunstschleiern aufsteigenden, hintereinander aufgereihten Bergketten im Südwesten. Ein unwirkliches, urwelthaftes Bild. Den alpinen Eckpunkt markiert der Pilatus überm Vierwaldstättersee. Im Nordwesten wird das Sichtfeld begrenzt von den dunklen, ungegliederten Massen des Schwarzwalds, aus denen der Feldberggipfel als weiße Kuppel herausragt. Der See ruht unterm weißen Wattemeer.

Direkt beim Gipfel, mit südseitiger Terrasse, bevölkert mit glücklich lächelnden Sonnenanbetern, die wohl allesamt wieder in die Nebelhölle hinunter müssen, das schönstgelegene Gasthaus weit und breit, urgemütlich darüber hinaus. Die Übernachtung dort bietet die seltene Chance, Sonnenuntergang und -aufgang in herausragender Position zu erleben. Denn eins ist sicher: keiner der seenahen Vorberge bietet eine schönere und abwechslungsreichere Aussicht als dieser „kleine Berg".

Im nächsten Jahrbuch soll vom Bregenzerwald die Rede sein.

Das Graf-Zeppelin-Haus aus der Vogelperspektive: beliebtes Kultur- und Tagungszentrum.

Bevölkerung – Wohnungswesen – Erwerbstätige und Wirtschaft

Ergebnisse der Volkszählung 1987 für den Bodenseekreis

Wilfried Franke

Bevölkerung

Im Bodenseekreis hat die Bevölkerung zwischen den beiden Volkszählungen 1970 und 1987 um rund 21.500 Einwohner zugenommen. Dies entspricht einem Bevölkerungswachstum von 14,2% gegenüber lediglich 4,4% im Landesdurchschnitt (vgl. Tabelle 1). Den größten Bevölkerungszuwachs hatte die Gemeinde Daisendorf zu verzeichnen, die ihre Einwohnerzahl ziemlich genau verdoppelt hat. Es folgen Immenstaad mit 67,3%, Owingen mit 38,5% und Eriskirch mit 37,1%. Nahezu gleich geblieben ist dagegen die Einwohnerzahl der größten Stadt im Bodenseekreis, nämlich Friedrichshafen, mit lediglich einem Zuwachs von 1,1%. Gleich dahinter, mit ebenfalls unterproportionalen Zuwachsraten liegen die kleineren Gemeinden im ländlichen Raum wie Frickingen, Deggenhausertal oder Neukirch. Da der Siedlungsdruck im Bodenseeraum in den vergangenen Jahren nahezu kontinuierlich angehalten hat, ist die Intensität des Bevölkerungswachstums im wesentlichen wohl eine Folge des zur Verfügung gestellten Baulandpotentials.

Der Ausländeranteil lag im Bodenseekreis 1987 mit 7,7% unter dem Wert des Landes Baden-Württemberg (9,1%). Von den rund 13.200 Ausländern lebt nahezu die Hälfte (6071) in Friedrichshafen. Dies entspricht dort einem Anteil an der Bevölkerung von 11,7%. Wie Tabelle 2 zeigt, ist die ausländische Bevölkerung in den „industriellen Standorten" konzentriert. Das sind die größeren Städte und Gemeinden im Bodenseekreis, die als Arbeitsplatzschwerpunkte die überwiegende Zahl der gewerblichen und industriellen Arbeitsplätze stellen. Wie zu erwarten, sind die Ausländeranteile in den kleineren, ländlich strukturierten Gemeinden weit unterproportional.

Die bekannten Verschiebungen in der Altersstruktur der Bundesrepublik Deutschland spiegeln sich auch in den Tabellen 3a und 3b für die Gemeinden des Bodenseekreises wieder. So hat generell der Anteil der „65- und mehr Jahre" alten Einwohner zwischen 1970 und 1987 stark zugenommen, während die jüngeren Jahrgänge, beispielsweise „bis unter 15 Jahre" jetzt deutlich schwächer besetzt sind. Mit 21,6% „65 und über 65jährigen" Mitbürgern weist die Stadt Überlingen den höchsten Altenanteil auf, gefolgt von Meersburg und Sipplingen. Umgekehrt sind deren Anteile an den „bis unter 15jährigen" auch besonders niedrig.

Es fällt auf, daß es sich bei den Städten und Gemeinden mit den höchsten Altenanteilen ohne Ausnahme um Ufergemeinden handelt. Dies deutet darauf hin, daß die bekannte Altenwanderung in den Bodenseeraum auf die landschaftlich besonders attraktiven seenahen Wohnstandorte abzielt.

Der landesweite Anstieg der Ein- und Zwei-Personen-Haushalte ist auch im Bodenseekreis zu verspüren. 30,1% der Haus-

381

halte kann man hier heute als Single-Haushalte bezeichnen, gegenüber lediglich 21,7% 1970. Der Anteil der Fünf- und Mehr-Personen-Haushalte hat sich dagegen von 17,7% auf nunmehr 9,2% verringert. Der Bodenseekreis liegt gemäß den Tabellen 4a und b noch etwas unter dem Landesdurchschnitt.

Bei der Differenzierung nach Gemeinden springen sofort die Zusammenhänge zwischen einem hohen Anteil an Ein- und Zwei-Personen-Haushalten und dem vorher beschriebenen hohen Altenanteil ins Auge. Während wiederum die Ufergemeinden, allen voran Überlingen und Meersburg, bei den Ein-Personen-Haushalten an der Spitze stehen, rangieren die kleineren, ländlich strukturierten Gemeinden am Ende. In Neukirch und Deggenhausertal beispielsweise sind noch mehr als ein Fünftel der Haushalte mit fünf und mehr Personen belegt. Auffällig ist nicht zuletzt auch der dritte und vierte Platz in Tabelle 4b von Friedrichshafen und Immenstaad. Der hohe Anteil der kleinen Haushalte ist hier vermutlich auf die Vielzahl junger Akademiker und Facharbeiter in der Industrie zurückzuführen, die teilweise als Alleinstehende von auswärts zugewandert sind.

Wohnungswesen

Die Entwicklung auf dem Wohnungsmarkt verlief im Bodenseekreis zwischen 1968 (Gebäude- und Wohnungszählung) und 1987 erheblich ausgeprägter als im Landesdurchschnitt. Die Tabellen 5 und 6 zeigen diese Entwicklung der Wohngebäudezahlen bzw. Wohnungen.

Den höchsten Zuwachs an neuen Wohngebäuden und zusätzlichem Wohnraum weisen die Gemeinden auf, die auch in der Bevölkerungsentwicklung (vgl. Tabelle 1) an der Spitze stehen. Gemeinden wie Immenstaad und Daisendorf haben im Beobachtungszeitraum ihr Wohnungsangebot mehr als verdreifacht, Eriskirch, Hagnau,

Langenargen und Owingen nahezu verdoppelt. Obwohl absolut gesehen die meisten Wohngebäude und auch Wohnungen in der Stadt Friedrichshafen entstanden sind, bedeutet dies nur einen unterdurchschnittlichen Zuwachs. Friedrichshafen ist in dieser Beziehung nicht stärker gewachsen als Frikkingen, Deggenhausertal oder Neukirch. Auch ist festzustellen, daß im Gegensatz zu den meisten anderen Gemeinden in Friedrichshafen eine relativ geringe Bevölkerungszunahme von 588 Einwohnern mit einer wesentlich größeren Erhöhung der Zahl der Wohngebäude (2368) oder der Wohnungen (6623) einhergeht. Dies ist wohl am ehesten mit einem besonders hohen Ersatzbedarf, vielleicht aber auch mit einer überproportionalen Verringerung der sog. inneren Belegungsdichte (Anteil der Wohnfläche pro Person) zu erklären.

Das Verhältnis zwischen der Zunahme der Zahl der Wohngebäude und der Zunahme der Zahl der Wohnungen gibt Aufschluß über die Bauweise. In Gemeinden wie Immenstaad, Eriskirch oder Friedrichshafen übersteigt die Zahl der Wohnungen diejenige der Wohngebäude erheblich. Daraus ist zu schließen, daß hier der Anteil der Mehrfamilienhäuser und auch verdichtete Bauweisen häufiger anzutreffen sind, als beispielsweise in Deggenhausertal, in Frickingen oder in Heiligenberg. In diesen eher ländlich strukturierten Gemeinden ist naturgemäß der Anteil der Ein- und Zwei-Familienhäuser wesentlich größer.

Die Zahlen zur Wohnraumsituation im Bodenseekreis in Tabelle 7 sind sicherlich bereits in der kurzen Zeit seit der Volkszählung 1987 in Teilbereichen überholt. Dies gilt sowohl für die leerstehenden Wohneinheiten als auch für den Versorgungsgrad mit Wohnraum. Durch die überproportionale Zunahme der Nachfrage aufgrund der stetigen Nord-Süd-Wanderung in der Bundesrepublik, einem wieder veränderten Geburtenverhalten und nicht zuletzt auch wegen der veränderten Situation durch Aus- und Übersiedler ist es vor allem in den letzten Monaten zu einer erheblichen Verschärfung der Wohnraumsituation gekommen. Bemerkenswert ist allerdings, daß im Bodenseekreis bereits zur Volkszählung 1987, zu einem Zeitpunkt also, an dem das Thema Wohnungsmarkt und Wohnungsbau in der öffentlichen Diskussion noch kaum eine Rolle gespielt hat, ein Fehlbedarf von ca. 1 100 Wohneinheiten festzustellen war.

Tabelle 7 gibt darüber hinaus Auskunft über den Umfang der Freizeitwohneinheiten in den Städten und Gemeinden im Bodenseekreis. Die Freizeitwohneinheiten, die gemeinhin in der Diskussion als Zweitwohnsitze bezeichnet werden, stellen im Bodenseeraum ein besonderes Problem dar. Größtenteils nur kurze Zeit während des Jahres bewohnt, stellen sie vielerorts die bekannten „Rolladen-Siedlungen" dar. Erwartungsgemäß konzentrieren sich die Freizeitwohneinheiten in den besonders attraktiven Standorten der Ufergemeinden. Weniger Bedeutung haben sie dagegen in den kleineren ländlich strukturierten Gemeinden.

Die durchschnittliche Wohnungsbelegung im Bodenseekreis ist gemäß Tabelle 8 zwischen 1970 und 1987 von 3,2 auf 2,4 Personen pro Wohnung zurückgegangen. Damit liegt der Bodenseekreis exakt im Landesdurchschnitt. Hinter dieser Entwicklung verbirgt sich schlicht und einfach die Tatsache, daß in den 50er Jahren eine Person noch mit ca. 14 m² Wohnfläche auskam, während es zum Ende der 80er Jahre bereits ca. 37 m² waren. Diese Verringerung der Belegungsdichte ist einer der wesentlichen Gründe für die Siedlungsentwicklung generell.

Die Situation im Bodenseekreis stellt sich nicht homogen dar. In den ländlich strukturierten Gemeinden ist die Belegungsdichte noch wesentlich höher als in den Ufergemeinden mit ihren hohen Anteilen an Freizeitwohneinheiten. Dabei ist auch zu berücksichtigen, daß in den ländlichen Gemeinden der Anteil der Mehr-Generationen-Familien unter einem Dach noch größer sein dürfte als anderenorts.

Erwerbstätige und Wirtschaft

Die Veränderungen in der Wirtschaftsstruktur unseres Raumes ergeben sich aus einem Vergleich der Erwerbstätigen nach Wirtschaftsbereichen 1970 und 1987 in den Tabellen 9a und 9b. Gekennzeichnet ist die Entwicklung durch einen deutlichen Rückgang der Land- und Forstwirtschaft von 13,4 auf nunmehr 5,3 %. Dieser Wert liegt allerdings noch nahezu doppelt so hoch wie im Landesdurchschnitt und ist Ausdruck der Bedeutung des Sonderkulturanbaus am Bodensee. Offenkundig ist die gewachsene Bedeutung des Dienstleistungssektors mit nunmehr 32,1 % der Erwerbstätigen. Der Wert liegt zwar immer noch etwas unter dem des Landes, der Abstand hat sich jedoch gegenüber 1970 verringert. Zurückgefallen ist dagegen das produzierende Gewerbe, wenngleich nach wie vor jeder zweite Erwerbstätige diesem Wirtschaftsbereich angehört. Den höchsten Dienstleistungsbesatz weisen die beiden Kurgemeinden Heiligenberg und Überlingen auf. Dahinter folgen erwartungsgemäß die übrigen, stark durch den Fremdenverkehr geprägten Kommunen. Am unteren Ende der Tabelle stehen die Städte und Gemeinden, in denen das produzierende Gewerbe oder zusätzlich die Landwirtschaft dominieren. Diese Gemeinden stellen den Löwenanteil der gewerblichen und der industriellen Arbeitsplätze und fungieren vielfach als Arbeitsplatzstandorte von regionaler Bedeutung.

Die Anzahl der Arbeitsstätten hat im Berichtszeitraum ebenfalls erheblich zugenommen (siehe Tabelle 10). Spitzenreiter ist hier Überlingen, gefolgt von Friedrichshafen und Meersburg. Lediglich Deggenhausertal und Heiligenberg haben eine negative Bilanz aufzuweisen. In diesen Gemeinden konnte aller Wahrscheinlichkeit nach der Verlust an landwirtschaftlichen Arbeitsstätten nicht durch Schaffung von gewerblichen oder Dienstleistungs-Arbeitsstätten ausgeglichen werden.

Wesentlich aussagekräftiger als die Zu- oder Abnahme der Arbeitsstätten ist die Entwicklung der Beschäftigten (am Arbeitsort gezählt). Aus Tabelle 11 läßt sich entnehmen, daß die Zahl der Beschäftigten im Bodenseekreis zwischen 1970 und 1987 um 28 % zugenommen hat – demnach nahezu doppelt so stark wie im Lande Baden-Württemberg. Den höchsten Zuwachs an Beschäftigten mit nahezu 4000 hatte die Stadt Überlingen zu verzeichnen, gefolgt von Friedrichshafen (ca. 3600), Tettnang (ca. 2000), Meckenbeuren (ca. 2000) und Immenstaad (ca. 1000).

Mit besonderer Spannung ist die in Tabelle 12 dargestellte Erhebung der Ein- und Auspendler erwartet worden, weil solche Zahlen nur anläßlich der Volkszählung erhoben werden und auch nicht fortgeschrieben werden können. Erwartungsgemäß liegt die Stadt Friedrichshafen als Arbeitsplatzschwerpunkt mit einem Einpendlerüberschuß von über 10.000 Personen an der Spitze, gefolgt von Überlingen (ca. 4800) und Immenstaad (ca. 480). Bei allen übrigen Gemeinden im Bodenseekreis ergibt sich ein negativer Pendlersaldo, d. h. ein Auspendlerüberschuß. In diesen Gemeinden gibt es folglich mehr Erwerbstätige als jeweils Arbeitsplätze örtlich zur Verfügung stehen. Die höchsten Auspendlersalden weisen die Wohngemeinden Meckenbeuren, Salem und Uhldingen-Mühlhofen auf.

Bemerkenswert ist nicht zuletzt auch, daß die Bilanz der Pendlerverflechtung über die Kreisgrenze hinweg mit 1110 Personen negativ ausfällt. Trotz der bedeutenden wirtschaftlichen Stellung des Bodenseekreises finden also per Saldo nicht alle Erwerbstätigen hier Beschäftigung, sondern pendeln zu entsprechenden Arbeitsplätzen in den Nachbarlandkreisen. Dies könnte seine Ursache in der besonderen landschaftlichen Attraktivität des Bodenseeraumes als Wohnstandort haben.

Tabelle 1: Bevölkerungsentwicklung zwischen 1970 und 1987

Gemeinde	Volkszählung 1970	Volkszählung 1987	Zu-/Abnahme absolut	Zu-/Abnahme in %
Daisendorf	554	1.111	+ 557	+ 100,5
Immenstaad	3.126	5.229	+ 2.103	+ 67,3
Owingen	2.252	3.119	+ 867	+ 38,5
Eriskirch	2.722	3.733	+ 1.011	+ 37,1
Oberteuringen	2.509	3.313	+ 804	+ 32,0
Salem	6.543	8.520	+ 1.977	+ 30,2
Markdorf	8.143	10.578	+ 2.435	+ 29,9
Meckenbeuren	8.838	10.833	+ 1.995	+ 22,6
Uhldingen-Mühlhofen	4.539	5.521	+ 982	+ 21,6
Bermatingen	2.540	3.085	+ 545	+ 21,5
Tettnang	13.186	15.522	+ 2.336	+ 17,7
Langenargen	5.253	6.073	+ 820	+ 15,6
Überlingen	16.349	18.729	+ 2.380	+ 14,6
Hagnau	1.129	1.290	+ 161	+ 14,3
Sipplingen	1.805	2.044	+ 239	+ 13,2
Stetten	812	914	+ 102	+ 12,6
Meersburg	4.224	4.703	+ 479	+ 11,3
Kressbronn	6.069	6.633	+ 564	+ 9,3
Heiligenberg	2.267	2.440	+ 173	+ 7,6
Neukirch	2.008	2.147	+ 139	+ 6,9
Deggenhausertal	3.019	3.204	+ 185	+ 6,1
Frickingen	2.131	2.227	+ 96	+ 4,5
Friedrichshafen	51.220	51.808	+ 588	+ 1,1
Zum Vergleich				
Bodenseekreis	151.238	172.776	+ 21.538	+ 14,2
Baden-Württemberg	8.894.921	9.286.387	+ 391.466	+ 4,4

Quelle: Statistisches Landesamt Baden-Württemberg Band 402/1 zur Volkszählung 1987

Tabelle 2: Entwicklung der ausländischen Bevölkerung zwischen 1970 und 1987

Gemeinde	Anzahl 1970	1987	Veränderung absolut	Ausländeranteil 1987 in %
Friedrichshafen	4.650	6.071	+ 1.421	11,7
Markdorf	639	963	+ 324	9,1
Uhldingen-Mühlhofen	391	416	+ 25	7,5
Überlingen	889	1.229	+ 340	6,6
Tettnang	669	986	+ 317	6,4
Meersburg	313	298	− 15	6,3
Eriskirch	152	237	+ 85	6,3
Salem	288	532	+ 244	6,2
Kressbronn	517	407	− 110	6,1
Immenstaad	124	312	+ 188	6,0
Neukirch	166	128	− 38	6,0
Meckenbeuren	390	581	+ 191	5,4
Bermatingen	219	160	− 59	5,2
Langenargen	348	299	− 49	4,9
Oberteuringen	125	150	+ 25	4,5
Sipplingen	94	91	− 3	4,5
Daisendorf	45	49	+ 4	4,4
Hagnau	38	41	+ 3	3,2
Stetten	64	28	− 36	3,1
Owingen	37	93	+ 56	3,0
Heiligenberg	75	62	− 13	2,5
Deggenhausertal	48	72	+ 24	2,2
Frickingen	80	42	− 38	1,9
Zum Vergleich				
Bodenseekreis	10.361	13.247	+ 2.886	7,7
Baden-Württemberg	641.725	849.677	+ 207.952	9,1

Quelle: Statistisches Landesamt Baden-Württemberg Band 402/1 zur Volkszählung 1987,
Band 413 „Die Ausländer" und Gemeindeblätter zur Volkszählung 1970

Tabelle 3a: Altersstruktur der Bevölkerung 1970
(Reihenfolge nach Anteil der „65- und über 65jährigen" Einwohner)

Gemeinde	Bevölkerungsanteil in %			
	bis unter 15 Jahre	15 bis unter 45 Jahre	45 bis unter 65 Jahre	65 und mehr Jahre
Überlingen	22,5	38,8	23,0	15,7
Hagnau	21,4	40,3	24,2	14,1
Deggenhausertal	30,4	37,0	19,9	12,7
Meersburg	22,1	44,6	20,8	12,5
Uhldingen-Mühlhofen	25,0	43,4	19,2	12,4
Heiligenberg	32,1	36,0	19,6	12,3
Sipplingen	28,7	39,8	19,3	12,2
Stetten	25,6	39,6	22,9	11,9
Owingen	32,7	38,6	16,9	11,8
Salem	27,5	40,4	20,4	11,7
Langenargen	25,0	40,9	22,5	11,6
Neukirch	28,5	39,2	20,8	11,5
Frickingen	29,0	38,3	21,2	11,5
Tettnang	28,1	41,1	19,9	10,9
Markdorf	26,6	43,5	19,4	10,5
Kressbronn	25,8	42,8	21,0	10,4
Meckenbeuren	27,8	41,4	20,5	10,3
Friedrichshafen	24,3	43,9	22,3	9,5
Daisendorf	23,6	46,4	20,9	9,1
Immenstaad	24,1	47,6	19,6	8,7
Oberteuringen	31,4	42,1	18,0	8,5
Eriskirch	28,3	43,3	20,5	7,9
Bermatingen	32,0	43,8	16,4	7,8
Zum Vergleich				
Bodenseekreis	25,8	42,1	21,1	10,9
Baden-Württemberg	24,3	42,7	21,4	11,6

Quelle: Statistisches Landesamt Baden-Württemberg
Gemeindeblätter zur Volkszählung 1970

Tabelle 3b: Altersstruktur der Bevölkerung 1987
(Reihenfolge nach Anteil der „65- und über 65jährigen" Einwohner)

Gemeinde	Bevölkerungsanteil in %			
	bis unter 15 Jahre	15 bis unter 45 Jahre	45 bis unter 65 Jahre	65 und mehr Jahre
Überlingen	13,4	39,7	25,3	21,6
Meersburg	13,6	42,1	25,3	19,0
Sipplingen	13,5	40,1	27,9	18,5
Hagnau	15,3	42,6	23,9	18,2
Stetten	14,1	44,9	23,0	18,0
Langenargen	13,8	43,2	25,9	17,1
Kressbronn	15,9	42,8	24,3	17,0
Friedrichshafen	15,1	43,6	25,8	15,5
Uhldingen-Mühlhofen	16,6	44,9	23,7	14,8
Heiligenberg	18,9	43,7	22,9	14,5
Daisendorf	17,5	43,8	24,3	14,4
Frickingen	17,1	44,3	24,6	14,0
Immenstaad	16,8	47,8	22,6	12,8
Tettnang	17,1	46,7	23,5	12,7
Markdorf	17,5	44,7	25,1	12,7
Neukirch	20,9	46,9	19,6	12,6
Deggenhausertal	18,2	45,1	24,5	12,2
Salem	20,4	46,4	21,1	12,1
Eriskirch	16,9	47,6	23,4	12,1
Meckenbeuren	16,6	49,7	22,3	11,4
Owingen	18,9	48,1	22,2	10,8
Oberteuringen	19,2	47,8	22,5	10,5
Bermatingen	18,3	47,1	25,3	9,3
Zum Vergleich				
Bodenseekreis	16,1	44,5	24,4	15,0
Baden-Württemberg	15,4	45,0	25,3	14,3

Quelle: Statistisches Landesamt Baden-Württemberg Band 402/1 zur Volkszählung 1987

Tabelle 4a: Privathaushalte 1970
(Reihenfolge nach Anteil der 1-Personen-Haushalte)

Gemeinde	Gesamt-zahl	Anteil der Haushalte mit (in %)				
		5 u. mehr Pers.	4 Pers.	3 Pers.	2 Pers.	1 Pers.
Meersburg	1.676	9,8	14,2	18,4	25,6	32,0
Überlingen	6.110	13,1	14,1	17,0	25,5	30,3
Immenstaad	1.095	14,7	16,8	18,6	23,6	26,3
Markdorf	2.816	15,6	17,5	20,5	22,0	24,4
Uhldingen-Mühlhofen	1.602	14,7	16,1	18,5	27,4	23,3
Stetten	294	15,3	15,3	19,1	27,2	23,1
Hagnau	394	17,5	16,8	19,3	23,6	22,8
Tettnang	3.894	22,6	16,4	17,1	21,6	22,3
Friedrichshafen	17.513	14,3	17,3	20,4	26,2	21,8
Kressbronn	1.905	18,8	18,4	18,6	22,9	21,3
Langenargen	1.741	16,8	17,2	20,2	25,8	20,0
Heiligenberg	564	34,2	15,3	15,3	17,5	17,7
Sipplingen	577	22,7	16,6	18,4	25,0	17,3
Daisendorf	182	13,8	19,2	24,7	25,3	17,0
Salem	1.883	25,1	18,7	18,3	23,0	14,9
Meckenbeuren	2.577	23,6	19,2	20,1	23,1	14,0
Eriskirch	821	21,3	22,1	20,5	22,8	13,3
Neukirch	540	33,8	18,5	14,4	20,2	13,1
Oberteuringen	748	23,8	19,9	18,0	26,2	12,0
Frickingen	601	29,3	17,7	18,6	22,6	11,8
Deggenhausertal	725	41,2	16,4	14,9	17,0	10,5
Owingen	608	31,9	20,6	17,7	19,4	10,4
Bermatingen	706	30,6	19,1	18,3	21,8	10,2
Zum Vergleich						
Bodenseekreis	49.572	17,7	17,1	19,0	24,5	21,7
Baden-Württemberg	3.128.500	14,2	16,3	19,2	25,7	24,6

Quelle: Statistisches Landesamt Baden-Württemberg
Gemeindeblätter zur Volkszählung 1970, Statistische Monatshefte 12/1988

Tabelle 4b: Privathaushalte 1987
(Reihenfolge nach Anteil der 1-Personen-Haushalte)

| Gemeinde | Gesamt-zahl | Anteil der Haushalte mit (in %) | | | | |
		5 u. mehr Pers.	4 Pers.	3 Pers.	2 Pers.	1 Pers.
Überlingen	8.438	7,2	12,3	15,7	26,8	38,0
Meersburg	2.203	6,0	11,2	14,8	30,1	37,9
Friedrichshafen	22.201	6,7	15,1	16,9	28,5	32,8
Immenstaad	2.272	5,3	17,0	16,0	29,1	32,6
Langenargen	2.547	7,7	15,1	16,5	28,5	32,2
Heiligenberg	899	15,7	13,0	15,5	24,1	31,7
Daisendorf	462	5,8	22,1	13,0	28,8	30,3
Uhldingen-Mühlhofen	2.305	7,7	16,1	16,7	30,4	29,1
Tettnang	5.958	12,3	16,7	16,9	25,9	28,2
Hagnau	538	6,7	16,9	18,4	30,4	27,3
Sipplingen	762	8,0	17,7	20,7	26,3	27,3
Kressbronn	2.545	11,3	18,3	16,3	27,2	26,9
Markdorf	4.122	9,4	19,3	18,4	26,8	26,1
Meckenbeuren	3.788	12,0	19,4	18,2	24,4	26,0
Eriskirch	1.453	9,2	18,7	18,7	28,6	24,8
Stetten	372	7,3	16,6	15,6	36,8	23,7
Oberteuringen	1.213	13,9	19,8	17,4	27,0	21,9
Frickingen	801	15,0	19,0	17,0	27,3	21,7
Salem	2.942	15,3	19,2	18,7	26,5	20,3
Owingen	1.097	14,7	19,9	20,5	25,8	19,1
Bermatingen	1.074	13,2	21,1	22,1	25,1	18,5
Neukirch	689	22,0	18,9	17,3	23,4	18,4
Deggenhausertal	993	23,0	20,6	16,4	22,6	17,4
Zum Vergleich						
Bodenseekreis	69.674	9,2	16,2	17,0	27,5	30,1
Baden-Württemberg	3.900.175	7,5	15,3	17,5	27,1	32,6

Quelle: Statistisches Landesamt Baden-Württemberg
Band 402/1 zur Volkszählung 1987, Gemeindeblätter zur Volkszählung 1987

Tabelle 5: Entwicklung der Wohngebäudezahl* 1968-1987

| Gemeinde | Anzahl der Wohngebäude* | | Veränderung | |
	25. 10. 1968	22. 5. 1987	absolut	in %
Daisendorf	106	290	+ 184	+ 173,6
Immenstaad	429	932	+ 503	+ 117,2
Bermatingen	369	717	+ 348	+ 94,3
Oberteuringen	379	700	+ 321	+ 84,7
Salem	1.078	1.945	+ 867	+ 80,4
Owingen	365	651	+ 286	+ 78,4
Markdorf	1.193	2.085	+ 892	+ 74,8
Uhldingen-Mühlhofen	734	1.274	+ 540	+ 73,6
Meckenbeuren	1.278	2.191	+ 913	+ 71,4
Langenargen	774	1.305	+ 531	+ 68,6
Tettnang	1.802	2.938	+ 1.136	+ 63,0
Stetten	145	234	+ 89	+ 61,4
Überlingen	2.390	3.837	+ 1.447	+ 60,5
Eriskirch	436	673	+ 237	+ 54,4
Frickingen	377	582	+ 205	+ 54,4
Heiligenberg	337	517	+ 180	+ 53,4
Kressbronn	841	1.289	+ 448	+ 53,3
Meersburg	592	904	+ 312	+ 52,7
Hagnau	215	328	+ 113	+ 52,6
Sipplingen	302	450	+ 148	+ 49,0
Deggenhausertal	482	687	+ 205	+ 42,5
Friedrichshafen	5.919	8.287	+ 2.368	+ 40,0
Neukirch	334	463	+ 129	+ 38,6

Zum Vergleich

Bodenseekreis	20.877	33.279	+ 12.402	+ 59,4
Baden-Württemberg	1.234.354	1.831.844	+ 597.490	+ 48,4

* Wohngebäude; ohne Wohnheime und Ferienhäuser

Quelle: Statistisches Landesamt Baden-Württemberg Band 403/1 zur Volkszählung 1987

Tabelle 6: Wohnungsentwicklung im Bodenseekreis 1968-1987

Gemeinde	Wohnungen am		Zunahme	
	25. 10. 1968	22. 5. 1987	absolut	in %
Immenstaad	878	2.742	+ 1.864	+ 212,3
Daisendorf	158	483	+ 325	+ 205,6
Eriskirch	746	1.468	+ 722	+ 96,8
Hagnau	364	703	+ 339	+ 93,1
Langenargen	1.515	2.921	+ 1.406	+ 92,8
Owingen	580	1.104	+ 524	+ 90,3
Uhldingen-Mühlhofen	1.444	2.734	+ 1.290	+ 89,3
Markdorf	2.276	4.143	+ 1.867	+ 82,0
Meersburg	1.437	2.568	+ 1.131	+ 78,7
Oberteuringen	769	1.366	+ 597	+ 77,6
Tettnang	3.303	5.858	+ 2.555	+ 77,3
Sipplingen	561	954	+ 393	+ 70,0
Bermatingen	616	1.038	+ 422	+ 68,5
Kressbronn	1.630	2.721	+ 1.091	+ 66,9
Salem	1.778	2.943	+ 1.165	+ 65,5
Überlingen	5.246	8.627	+ 3.381	+ 64,4
Meckenbeuren	2.355	3.701	+ 1.346	+ 57,1
Stetten	257	390	+ 133	+ 51,7
Heiligenberg	572	861	+ 289	+ 50,5
Friedrichshafen	15.276	21.899	+ 6.623	+ 43,3
Frickingen	576	821	+ 245	+ 42,5
Deggenhausertal	704	989	+ 285	+ 40,5
Neukirch	504	708	+ 204	+ 40,5
Zum Vergleich				
Bodenseekreis	43.545	71.742	+ 28.197	+ 64,8
Baden-Württemberg	2.729.196	3.854.662	+ 1.125.466	+ 41,2

Quelle: Statistisches Landesamt Baden-Württemberg Band 403/1 zur Volkszählung 1987

392

Tabelle 7: Zahlen zur Wohnraumsituation im Bodenseekreis 1987

Gemeinde	Freizeit-Wohneinheiten	Leerstehende Wohneinheiten	Wohneinheiten Fehl = − Überschuß = +	
Friedrichshafen	119	195	−	563
Überlingen	352	42	−	210
Tettnang	63	94	−	83
Meckenbeuren	9	42	−	67
Markdorf	66	60	−	65
Salem	30	33	−	53
Immenstaad	455	29	−	39
Kressbronn	180	47	−	32
Eriskirch	21	11	−	31
Bermatingen	3	3	−	29
Owingen	18	9	−	23
Deggenhausertal	7	12	−	17
Oberteuringen	90	26	−	11
Daisendorf	52	3	−	11
Stetten	18	6	−	5
Frickingen	11	26	+	2
Neukirch	10	24	+	3
Hagnau	129	24	+	4
Heiligenberg	42	27	+	6
Sipplingen	144	33	+	10
Uhldingen-Mühlhofen	306	88	+	17
Langenargen	288	52	+	31
Meersburg	214	132	+	63
Zum Vergleich				
Bodenseekreis*	2.627	1.018	− 1.106	

* Unterschiede zur Gesamtsumme durch Rundung der Einzelergebnisse
Quelle: Statistisches Landesamt Baden-Württemberg Gemeindeblätter zur Volkszählung 1987 und weitere Mitteilungen – Eigenberechnungen

Tabelle 8: Durchschnittliche Wohnungsbelegung im Bodenseekreis

Gemeinde	Anzahl Personen je Wohnung	
	1970*	1987
Deggenhausertal	4,2	3,2
Neukirch	3,7	3,0
Bermatingen	3,9	2,9
Meckenbeuren	3,4	2,9
Salem	3,4	2,9
Heiligenberg	3,8	2,8
Owingen	3,6	2,8
Frickingen	3,5	2,7
Tettnang	3,7	2,6
Eriskirch	3,4	2,5
Markdorf	3,2	2,5
Kressbronn	3,5	2,4
Oberteuringen	3,1	2,4
Friedrichshafen	3,1	2,3
Stetten	2,9	2,3
Langenargen	3,0	2,1
Überlingen	2,9	2,1
Sipplingen	2,8	2,1
Daisendorf	2,7	2,1
Uhldingen-Mühlhofen	2,7	2,0
Immenstaad	3,2	1,9
Hagnau	2,8	1,8
Meersburg	2,6	1,8
Zum Vergleich		
Bodenseekreis	3,2	2,4
Baden-Württemberg	3,2	2,4

* auf der Basis der Fortschreibung des Wohnungsbestandes der
Gebäude- und Wohnungszählung 1968

Quelle: Statistisches Landesamt Baden-Württemberg, Bände 403/1 und 2
der Volkszählung 1987, Auskünfte des Landesinformationssystems

Tabelle 9a: Erwerbstätige nach Wirtschaftsbereichen 1970

Gemeinde	Wirtschaftsbereiche (in %)				
	Land- und Forstwirtschaft, Fischerei	Produzierendes Gewerbe	Handel, Verkehrs- u. Nachrichtenüberm.	Dienstleistungen, Sonstiges	gesamt
Überlingen	9,3	41,5	13,1	36,1	100
Meersburg	8,0	44,4	12,0	35,6	100
Hagnau	25,6	33,4	11,0	30,0	100
Heiligenberg	36,5	27,8	7,1	28,6	100
Daisendorf	15,7	49,8	9,2	25,3	100
Langenargen	8,8	53,8	14,2	23,2	100
Tettnang	21,3	48,2	9,6	20,9	100
Sipplingen	2,9	63,7	12,9	20,5	100
Uhldingen-Mühlhofen	7,4	60,7	11,4	20,5	100
Kressbronn	14,4	55,3	10,9	19,4	100
Immenstaad	13,3	60,3	7,6	18,8	100
Eriskirch	12,1	54,7	14,6	18,6	100
Friedrichshafen	4,5	64,4	12,6	18,5	100
Meckenbeuren	16,2	53,9	12,1	17,8	100
Stetten	23,2	49,0	10,2	17,6	100
Salem	25,1	47,1	10,3	17,5	100
Markdorf	13,3	61,9	9,8	15,0	100
Owingen	32,2	43,2	10,1	14,5	100
Oberteuringen	29,5	48,8	8,4	13,3	100
Frickingen	34,3	45,2	9,1	11,4	100
Deggenhausertal	48,4	33,5	6,8	11,3	100
Neukirch	44,3	40,1	6,0	9,6	100
Bermatingen	18,4	64,1	8,0	9,5	100
Zum Vergleich					
Bodenseekreis	13,4	54,6	11,4	20,6	100
Baden-Württemberg	7,9	54,7	14,3	23,1	100

Quelle: Statistisches Landesamt Baden-Württemberg
Gemeindeblätter zur Volkszählung 1970

Tabelle 9b: Erwerbstätige nach Wirtschaftsbereichen 1987

Gemeinde	Wirtschaftsbereiche (in %)				gesamt
	Land- und Forstwirtschaft, Fischerei	Produzierendes Gewerbe	Handel, Verkehrs- u. Nachrichtenüberm.	Dienstleistungen, Sonstiges	
Heiligenberg	9,3	33,7	9,3	47,7	100
Überlingen	3,5	37,1	13,4	46,0	100
Meersburg	3,6	37,4	15,3	43,7	100
Daisendorf	3,3	51,3	8,9	36,5	100
Hagnau	14,4	39,2	10,0	36,4	100
Sipplingen	1,3	48,8	14,3	35,6	100
Stetten	9,8	42,9	12,0	35,3	100
Uhldingen-Mühlhofen	3,8	47,6	13,7	34,9	100
Langenargen	4,4	47,1	14,3	34,2	100
Tettnang	8,3	47,0	12,0	32,7	100
Owingen	9,5	47,3	10,9	32,3	100
Kressbronn	7,5	45,8	14,7	32,0	100
Meckenbeuren	6,2	49,5	12,8	31,5	100
Eriskirch	4,6	51,8	14,4	29,2	100
Friedrichshafen	2,5	55,3	13,0	29,2	100
Immenstaad	3,2	57,6	10,0	29,2	100
Salem	7,3	52,3	11,4	29,0	100
Deggenhausertal	14,3	48,3	9,7	27,7	100
Frickingen	13,6	50,1	10,9	25,4	100
Markdorf	4,3	59,3	11,0	25,4	100
Oberteuringen	9,1	54,0	12,4	24,5	100
Bermatingen	6,3	61,2	10,1	22,4	100
Neukirch	21,5	48,5	9,4	20,6	100
Zum Vergleich					
Bodenseekreis	5,3	50,1	12,5	32,1	100
Baden-Württemberg	2,7	48,1	15,3	33,8	100

Quelle: Statistisches Landesamt Baden-Württemberg
Gemeindeblätter zur Volkszählung 1987

Tabelle 10: Entwicklung der Arbeitsstätten 1970 bis 1987

Gemeinde	Arbeitsstätten am 27. 5. 1970	am 25. 5. 1987	Zu- (+) bzw. Abnahme (−) 1987 gegenüber 1970
Überlingen	827	1.262	+ 435
Friedrichshafen	1.689	1.899	+ 210
Meersburg	238	432	+ 194
Uhldingen-Mühlhofen	198	343	+ 145
Langenargen	206	303	+ 97
Tettnang	545	642	+ 97
Meckenbeuren	270	365	+ 95
Salem	253	348	+ 95
Markdorf	335	421	+ 86
Kressbronn	240	325	+ 85
Immenstaad	129	212	+ 83
Owingen	101	169	+ 68
Oberteuringen	78	126	+ 48
Bermatingen	66	106	+ 40
Neukirch	82	116	+ 34
Sipplingen	49	83	+ 34
Daisendorf	16	41	+ 25
Deggenhausertal	143	120	− 23
Hagnau	92	109	+ 17
Stetten	19	31	+ 12
Frickingen	111	121	+ 10
Heiligenberg	119	112	− 7
Eriskirch	138	139	+ 1

Zum Vergleich

Bodenseekreis	5.944	7.825	+ 1.881
Baden-Württemberg	352.339	425.034	+ 72.695

Quelle: Statistisches Landesamt Baden-Württemberg Band 404/5 zur Volkszählung 1987

Tabelle 11: Beschäftigte 1970 und 1987

Gemeinde	Beschäftigte (Anzahl) am 27. 5. 1970	am 25. 5. 1987	Zu- (+) bzw. Abnahme (−) 1987 gegenüber 1970
Überlingen	7.436	11.389	+ 3.953
Friedrichshafen	28.369	32.007	+ 3.638
Tettnang	3.824	5.841	+ 2.017
Meckenbeuren	1.484	3.476	+ 1.992
Immenstaad	3.951	4.976	+ 1.025
Markdorf	2.795	3.679	+ 884
Salem	1.369	2.125	+ 756
Hagnau	227	630	+ 403
Uhldingen-Mühlhofen	1.211	1.612	+ 401
Owingen	410	787	+ 377
Langenargen	1.769	2.095	+ 326
Deggenhausertal	423	731	+ 308
Bermatingen	334	636	+ 302
Kressbronn	2.008	2.279	+ 271
Oberteuringen	372	546	+ 174
Neukirch	524	647	+ 123
Heiligenberg	572	660	+ 88
Eriskirch	792	852	+ 60
Frickingen	687	636	− 51
Daisendorf	57	102	+ 45
Stetten	36	81	+ 45
Meersburg	2.027	2.069	+ 42
Sipplingen	389	417	+ 28
Zum Vergleich			
Bodenseekreis	61.066	78.273	+ 17.207 (28 %)
Baden-Württemberg	3.891.323	4.496.265	+ 604.942 (15 %)

Quelle: Statistisches Landesamt Baden-Württemberg Band 404/5 zur Volkszählung 1987

Tabelle 12: Ein- und Auspendler 1987

Gemeinde	Einpendler	Auspendler	Ein- (+) bzw. Auspendlerüberschuß (−)
Friedrichshafen	14.513	3.867	+ 10.646
Überlingen	6.346	1.529	+ 4.817
Immenstaad	2.127	1.641	+ 486
Meersburg	949	1.219	− 270
Markdorf	2.496	2.771	− 275
Stetten	72	358	− 286
Hagnau	89	421	− 332
Neukirch	214	577	− 363
Daisendorf	38	526	− 488
Heiligenberg	157	670	− 513
Sipplingen	148	689	− 541
Tettnang	3.030	3.626	− 596
Frickingen	236	835	− 599
Deggenhausertal	131	991	− 860
Kressbronn	796	1.705	− 909
Owingen	211	1.156	− 945
Bermatingen	241	1.379	− 1.138
Oberteuringen	200	1.394	− 1.194
Eriskirch	403	1.614	− 1.211
Langenargen	745	1.956	− 1.211
Uhldingen-Mühlhofen	492	1.859	− 1.367
Salem	1.020	2.423	− 1.403
Meckenbeuren	1.205	3.763	− 2.558

Zum Vergleich

Bodenseekreis	35.859	36.969	− 1.110

Quelle: Statistisches Landesamt Baden-Württemberg Band 402/7 zur Volkszählung 1987

Chronik des Bodenseekreises

vom 1. Juli 1989 bis 30. Juni 1990

Dieter Bucher

Die zweite Hälfte des Jahres 1989 war von Umwälzungen in der DDR und in anderen Ostblockländern geprägt. Es war die Zeit als die Nachrichtensendungen im Fernsehen und im Radio spannender waren als ein Krimi. Die Ereignisse werden zwar erst später in die Geschichte eingeordnet, doch spüren wir schon jetzt, daß wir Zeuge eines bedeutenden geschichtlichen Ereignisses wurden.

Auch wir im Bodenseekreis haben diese Umwälzungen hautnah mit den Flüchtlingsströmen gespürt. Aus der DDR kamen im Jahre 1989 1654 Übersiedler und aus anderen Ländern 1065 Aussiedler. Da galt es schnell zu helfen, und dies ist gelungen. Daran haben viele Anteil, Einzelpersonen und Institutionen.

Neben den Übergangswohnheimen in Friedrichshafen und Kressbronn wurden insgesamt 17 Notlager, auf das gesamte Kreisgebiet verteilt eingerichtet, vor allem Festhallen und Turnhallen. Die Situation wird am besten durch ein Beispiel verdeutlicht: In einer Nacht waren 300 Betten zu besorgen.

Aus der Vielzahl anderer Ereignisse verdienen herausgehoben zu werden:

Viele neue Gesichter im Kreistag nach der Wahl vom 22. Oktober 1989

Durch fünf Ausgleichsmandate (bisher sieben) hat sich die Zahl der Kreisräte von 57 auf 55 verringert.

Sitzverteilung:

	Wahl 1989	Wahl 1984
CDU	23	27
FWV	12	10
SPD	10	11
Grüne	6	5
FDP	3	3
Eriskircher Liste	1	1
	55	57

Von den 55 Kreisräten sind 23 neu.

400

Umweltschutz geht alle an

Meinungsumfrage zu Folge rangiert der Umweltschutz im Bewußtsein der Bevölkerung an erster Stelle vor allen anderen Aufgaben. Diese Erkenntnis schlägt sich in einer Vielzahl von Maßnahmen nieder, deren Schwerpunkt beim Schutz der Landschaft lag.

Seehagsanierung Stetten abgeschlossen

Als Seehag wird das Bodenseeufer bezeichnet. Die im Jahre 1989 durchgeführte Maßnahme liegt zwischen Meersburg und Hagnau auf der Gemarkung Stetten.

Schutz der Landschaft

Das flächenhafte Naturdenkmal „Süßenmühle" mit 1,9 ha, das zwischen Überlingen und Sipplingen liegt, wurde unter Schutz gestellt.

Darüber hinaus wurden mit dem „Köstenerberg" mit 16 ha, dem „Sipplinger Dreieck" mit 15 ha und dem „Katharinenfelsen" mit 4 ha drei neue Naturschutzgebiete ausgewiesen. Damit erhöht sich der Anteil der unter Naturschutz stehenden Flächen im Bodenseekreis auf 979 ha.

Erwerb von Grundstücken für Naturschutzzwecke

Der Bodenseekreis erwarb 12 Grundstücke mit einer Gesamtfläche von 25 ha. Die größte zusammenhängende Fläche bildet dabei das ökologisch sehr wertvolle Hofgut Falkenhalde, Gemeinde Deggenhausertal mit 18 ha.

Gewässerschutz: Schäden abgewendet

In ca. 40 Fällen ist es gelungen, Gewässerverunreinigungen z. B. durch auslaufendes Öl, zu verhindern. Der spektakulärste Fall ereignete sich in Sipplingen, wo eine Diesellok auf einer Bundesbahntrasse im direkten Uferbereich über eine Länge von ca. 1 km Öl verloren hatte. Der gesamte Bereich wurde gereinigt.

Erstmals Wasserpfennig erhoben

Eine neue Aufgabe kam auf das Wasserrechtsamt mit der Berechnung und Erhebung des Wasserentnahmeentgeltes, im Volksmund „Wasserpfennig" genannt, zu. Mit diesem Wasserpfennig sollen vom Land Baden-Württemberg Maßnahmen des Umweltschutzes unterstützt werden. Abgabepflichtig sind die Wasserversorgungsunternehmen.

Einrichtung eines Abfallwirtschaftsamts

Wegen der zunehmenden Bedeutung der Abfallwirtschaft hat der Landrat Anregungen aus dem Kreistag aufgegriffen und im September 1989 ein Abfallwirtschaftsamt eingerichtet. Dieses Amt ist für alle Fragen der Abfallbeseitigung, der Müllentsorgung und der Wiederverwertung zuständig, ebenso für die Deponien und Kompostierungsanlagen.

Abfallberaterin eingestellt

Am 1. Dezember 1989 nahm die erste Abfallberaterin ihre Arbeit auf. Ihr Hauptanliegen ist die Müllverwertung. Sie berät die Bevölkerung insbesondere die Jugend und die Betriebe in allen Fragen der Abfallwirtschaft.

Verkehr

Im Spannungsfeld der Interessen, zum einen die Zunahme des Verkehrs, zum anderen die Vermeidung zusätzlicher Belastungen der Bodenseelandschaft, versucht der Kreistag einen Ausgleich herzustellen. Aber dieser schwierige Weg ist gepflastert mit Hindernissen. Tatsache ist, daß die Motorisierung wiederum gestiegen ist und am 31. Dezember 1989 mit 114000 Fahrzeugen einen neuen Höchststand erreicht hat. Das sind im Bodenseekreis 651 Fahrzeuge auf 1000 Einwohner.

Da gehört der verkehrssichere Ausbau des Straßennetzes zwangsläufig zu den vordringlichsten Aufgaben, und so wurden in den Kreisstraßenbau zwischen 1973 und 1989 = 99 Millionen investiert. Diese Zahl kann der im letzten Jahr herausgegebenen Broschüre entnommen werden.

Förderung des öffentlichen Personennahverkehrs

Eine Bestandsaufnahme und eine Reihe von Vorschlägen zur Verbesserung des öffentlichen Personennahverkehrs enthält der Nahverkehrsbericht vom November 1989. Besonders herauszuheben sind dabei

das Umwelt-Abo

Eine Jahresfahrkarte nach dem Motto „12 Monate fahren = 8 Monate zahlen". Dieses Angebot wurde ab 1. September 1989 mit gutem Erfolg eingeführt.

das Fahrrad im Bus

In der Sommerfahrplan-Periode 1989 wurde auf den Teilstrecken Überlingen-Heiligenberg und Tettnang-Wangen an Sonn- und Feiertagen ein Versuch zur Kombination Fahrrad und Bus eingeführt. Die Aktion kam so gut an, daß sie 1990 wiederholt wird.

Jugend, Schulen und Soziales

Zum Schuljahr 1989/90 wurde an der Justus-von-Liebig-Schule, Haus- und Landwirtschaftliche Schule Überlingen, ein 1jähriges Berufskolleg zur Erlangung der Fachhochschulreife der kaufmännischen und hauswirtschaftlich-sozialpädagogischen Richtung eingerichtet.

1jähriges Berufskolleg

Ebenfalls zum Schuljahr 1989/90 wurde an der Elektronikschule Tettnang die Fachschule für Automatisierungstechnik eröffnet.

Bereits in der 5. Auflage wurde der Schulwegweiser für den Bodenseekreis herausgegeben. Er bietet einen Überblick über das vielfältige schulische Angebot im Bodenseekreis.

Ausbildung beim Landratsamt weiterhin gefragt

Das erhöhte Ausbildungsplatzangebot blieb auch 1989 bestehen. Damit standen beim

Landratsamt 38 Ausbildungsplätze und 10 Praktikantenplätze zur Verfügung. Das Kreiskrankenhaus Tettnang bildet 54 Schwesternschülerinnen aus und stellt 4 Praktikantenplätze für medizinische Berufe zur Verfügung, so daß der Bodenseekreis über 100 Plätze bereitstellt.

Man muß zeitlebens die Welt mit Kinderaugen sehen

Diese Forderung des französischen Malers Henri Matisse zieht sich als Grundgedanke wie ein roter Faden durch die Arbeit des Kreisjugendamts.

Das erstmals 1984 herausgegebene Kreisjugendprogramm wurde aktualisiert und im September 1989 neu herausgegeben. Dieses Programm soll einen Rahmen zur Verbesserung der Situation der Kinder und Jugendlichen im Bodenseekreis darstellen.

Kultur

Die Förderung von Kunst und Kultur hat im Bodenseeraum Tradition. Diesem geschichtlichen Auftrag fühlt sich auch der Bodenseekreis verpflichtet. Auf kulturellem Gebiet liegt der Schwerpunkt der Aufgaben in der Denkmalpflege, in der Durchführung von Kunstausstellungen und der Betreuung der Galerie Bodenseekreis.

Die Ausstellung „Ein Haus voll Glorie schauet ... – Maurach und Birnau", die erstmals im Schloß Maurach stattfand, hatte mit 15000 Besuchern den bislang größten Publikumserfolg. Zur Planungs- und Baugeschichte der Basilika Birnau erschien gleichzeitig eine große Veröffentlichung von Ulrich Knapp im Verlag Gessler.

Die Veranstaltungsreihe „Literatur und Geschichte am See" wurde mit vier Vorträgen in Meersburg, Markdorf und Hagnau neu begonnen.

Chronik der Städte und Gemeinden

vom 1. April 1989 bis 31. März 1990

(zusammengestellt nach Angaben der Bürgermeisterämter von Dagmar Miedzianowski)

Bermatingen: Bereits zum dritten Mal wurden in Bermatingen Ferienspiele durchgeführt (31.7.-12.8.89). Das sanierte Hallenbad nahm den Betrieb wieder auf (16.-17.9.). In der Dorfmitte wurde ein Dienstleistungsbereich eröffnet (1.-2.10.).

Daisendorf: Das neue Rathaus und der Dorfplatz wurden unter Mitwirkung eines Gast-chors aus Stetten bei Wien eingeweiht. Gleichzeitig öffnete die erste Ausstellung Daisen-dorfer Malkünstler im neuen Rathaus (3.-4.6.89). Neben dem Schützenhaus und den Ten-nisplätzen wurde die neuerrichtete Freizeitanlage mit Bolzplatz, Volleyball- und Badmin-tonspielfeld, Tischtennisplatte, 30 m-Seilbahn und weiteren Spielgeräten der Öffentlichkeit übergeben (2.7.). Die im Rahmen der Dorfsanierungsmaßnahme im Ortskern errichtete Pension Deifel wurde eröffnet (18.8.). Der Spielplatz am Kindergarten Daisendorf, unter erheblicher Mithilfe der Eltern neu gestaltet, konnte den Jüngsten der Gemeinde überge-ben werden (22.9.). Der Schützenverein Daisendorf beging sein 25jähriges Bestehen mit Ju-biläumsveranstaltungen im Schützenhaus und im Bürgersaal des neuen Rathauses. Dabei konnte die Ehrennadel des Landes Baden-Württemberg erstmalig einem Bürger der Ge-meinde verliehen werden: Gründungsmitglied Werner Danneffel. Gleichzeitig wurde Friedrich Hebsacker, neuer Weltmeister im Luntenschloßgewehr, geehrt (29.9.-1.10.). Nachdem die bisherige Bürgerliste zur Gemeinderatswahl nicht mehr antrat, errangen CDU 6, FWV 3 und SPD 1 Sitz. Vier Gemeinderäte gehören erstmals dem Gremium an (22.10.). Im Bürgersaal des neuen Rathauses wurde erstmals Theater aufgeführt: Die neu-gegründete Laienspielgruppe „Bänklehocker" spielte den „Scheinheiligen Jakob" (27.-28.10.). Ein erster Kammermusikabend mit Daisendorfer Musikliebhabern fand im Bürger-saal des Rathauses statt. Dabei konnte der durch eine Bausteinaktion finanzierte Konzert-flügel übergeben werden (17.11.).

Deggenhausertal: Auf dem Gelände des Fachkrankenhauses Höchsten an Stelle des ehe-maligen Klosters Rubacker entstand eine neue Kapelle (4.5.89). Die Landjugend Homberg feierte ihr 35jähriges Bestehen (10.-11.6.89). Die Kläranlage Deggenhausertal wurde in Be-trieb genommen (22.6.). Ein Geh- und Radweg zwischen Wittenhofen und Deggenhausen konnte eingeweiht werden (22.9.).

Eriskirch: Gemeinderat Alfred Schmitt wurde im Ludwigsburger Schloß durch Minister-präsident Lothar Späth mit der Verdienstmedaille des Landes Baden-Württemberg geehrt (6.5.89). Die Gemeinde erwarb von der Deutschen Bundesbahn den alten Bahnhof (6.6.). Mit einem Schulfest wurde das 10jährige Bestehen der Iris-Schule (Grund- und Haupt-schule) gefeiert (23.-24.6.). Die Ausstellung der Kulturfreunde „Einheimische Künstler stellen sich vor" wurde im Bürgerhaus eröffnet (24.6.). Auch in diesem Jahr fanden wieder Ferienspiele für Kinder und Jugendliche statt (9.7.-6.8.). Die Sendung „Gruß vom Bodensee" wurde erstmals live vom Strandbad Eriskirch aus übertragen (16.7.). Hans Bertele erhielt die Goldene Wappennadel der Gemeinde für sein 18jähriges Mitwirken im Gemeinderat (29.11.). Im Laufe des Jahres 1989 wurde in mehreren Veranstaltungen des 50jährigen Bestehens des Naturschutzgebietes „Eriskircher Ried" sowie des 60jährigen Bestehens des Klosters Moos gedacht.

Frickingen: Der Heimatverein Frickingen zeigte eine vom Kreisarchiv zusammengestellte Ausstellung „Votivbilder am See" (April 1989). Auf Einladung des Gemeinderats von Frick im Kanton Aargau besuchte eine kleine Delegation mit Bürgermeister Bosem die Schweizer Gemeinde, um erste freundschaftliche Kontakte zu knüpfen (8.-9.4.). Architekt Fetscher erläuterte im Rahmen einer Bürgerversammlung in Altheim den Entwurf für einen geplanten Umbau des ehemaligen Schulhauses in ein Dorfgemeinschaftshaus. Im Rahmen dieser Veranstaltung wurde die Einführung eines Ortsreferenten für Altheim von den anwesenden Bürgern für nicht notwendig erachtet (13.4.). Die Abteilung Frickingen der Freiwilligen Feuerwehr konnte in der Festhalle ihr 75jähriges Jubiläum begehen (20.-21.5.). Der Musikverein Frickingen führte erstmals einen „Feierabendhock" auf dem idyllischen Platz hinter der Festhalle durch. Diese Gelegenheit nahm der Heimatverein Frickingen und Umgebung zur Prämierung der Preisträger des von ihm im Juni erstmals in allen Ortsteilen durchgeführten Blumenschmuckwettbewerbs wahr (14.7.). Im Landesentscheid des Wettbewerbs „Unser Dorf soll schöner werden" errang die Gemeinde Frickingen eine beachtliche Silbermedaille (11.8.). Das renovierte ehemalige Schul- und Rathaus in Leustetten konnte der Bürgerschaft als Dorfgemeinschaftshaus übergeben werden (8.10.). Der Gemeinde Frickingen wurden 12 Asylbewerber aus Somalia zugewiesen, die im ehemaligen Schwesternhaus Unterkunft fanden (23.10.). Nach einem Gegenbesuch einer Delegation des Gemeinderates von Frick/Aargau Ende Juni fand nun in Frickingen unter starker Beteiligung der Bürgerschaft aus Frick die Unterzeichnung der Partnerschaftsurkunden zwischen beiden Gemeinden statt (28.10.). In einer öffentlichen Gemeinderatssitzung wurden die am 22.10. gewählten Ratsmitglieder verpflichtet und 11 Gemeinderäte, die auf eine erneute Kandidatur verzichtet haben, verabschiedet (21.11.). Der Leustetter Ortschaftsrat wählte erneut Richard Straßer zum Ortsvorsteher (4.12.). Der Heimatverein Frickingen und Umgebung legte die neue Ausgabe der „Frickinger Heimathefte" vor (23.12.). Bürgermeister Hans-Georg Bosem, am 3.12. im ersten Wahlgang zum neuen Bürgermeister der Stadt Riedlingen gewählt, wurde im Rahmen einer Feierstunde in Anwesenheit zahlreicher Bürger und Ehrengäste verabschiedet (30.1.90). Bürgermeisterstellvertreter Franz Fügner überreichte dem „Freundeskreis Altheimer Blütenfest e. V." für seine vorbildlichen Leistungen im Kommunalbereich eine besondere Auszeichnung in Form einer Urkunde des Regierungspräsidenten Dr. Gögler (9.2.). Um das Amt des Bürgermeisters bewarben sich 5 Kandidaten; im ersten Wahlgang fiel noch keine Entscheidung (18.3.).

Friedrichshafen: Der Gemeinderat stimmte dem zweiten Bauabschnitt für einen hochwassersicheren Ausbau der Rotach zu (20.4.89). Das Regierungspräsidium lehnt Charterflüge vom Flugplatz Löwental aus ab (24.4.). Demonstration von Lehrern, Eltern und Schülern gegen mehr Ferientage, für mehr Lehrer (29.4.). Friedrichshafen erhielt insgesamt 25 Mio. DM von Bund und Land aus dem Stadterneuerungsprogramm (5.5.). Das Verwaltungsgericht Sigmaringen genehmigte 52 Charterflüge nach Kreta und Mallorca (5.5.). „Häfler Karte" und „Ruftaxi im Abendverkehr" im Aufwärtstrend (10.5.). Protestaktion und Warnstreik vor dem Friedrichshafener Krankenhaus gegen den Pflegenotstand (2. und 11.5.). Freigabe der neuen Bahnunterführung der Riedleparkstraße (12.5.). Die für 16,5 Mio. DM erweiterte Riedlepark-Unterführung wurde dem Verkehr übergeben (16.5.). Mit einer Multivisionsschau in Konstanz begann das „Bodensee-Festival" der Städte Friedrichshafen und Konstanz sowie des Südwestfunks (23.5.). Ehrenbriefe für Verdienste um die Städtepartnerschaft mit Peoria (USA) wurden Dr. Wolfgang Fix, James Maloof und Gordon Peters verliehen (24.6.). Der Gemeinderat beschloß die Gründung einer städtischen Wohnbaugesellschaft (27.6.). Der Stadtteil Hofen feierte sein 900jähriges Bestehen (28.6.). Übergabe des neuen Kinderspielplatzes „Weidenring" (30.6.). Das Graf-Zeppelin-Haus zog Bilanz: mehr als 250000 Besucher kamen im Jahre 1988 (4.8.). Die Mötteli-Unterführung, deren Baukosten rund 6,5 Mio. DM betrugen, wurde in Betrieb genommen (5.9.). Eine Delegation der zukünftigen Partnerstadt Polozk (UdSSR) erwiderte in der Stadt einen Besuch der Häfler Delegation vom Mai (19.9.). Ehrenbriefe erhielten Dr. Benno Foldenauer und Alfred Vogler für Verdienste um Städtepartnerschaften (27.9.). Über den Ideenwettbewerb für das Stadtwerke-Gelände wurde entschieden (27.9.). Der ehemalige Oberbürgermeister Herzog übernimmt die Geschäftsführung einer Filzstoffabrik in Göppingen (1.10.). 1. Internationaler Kongreß Waldschadensforschung (3.-6.10.). Für eine Mehrzweckhalle in Ettenkirch erfolgte die Grundsteinlegung (11.10.). Die Verwaltungsgemeinschaft Friedrichshafen-Immenstaad konnte ihren 15. „Geburtstag" feiern (12.10.). In der alten Festhalle wird ein Notaufnahmelager für 306 DDR-Umsiedler eingerichtet (9.11.). Der neue Kindergarten im Stockerholz wurde eingeweiht (10.11.). Klufterns Ortsvorsteher Leo Benz konnte auf 30 Jahre im Dienst an der Gemeinde zurückblicken (1.12.). Das Regierungspräsidium verweigert die Zustimmung zu Charterflügen vom Flugplatz Löwental aus (18.12.). Das Tempo-30-Netz im Stadtgebiet wurde durch Ausweisung neuer Zonen dichter (25.1.90). Raderachs Ortsvorsteher Karl Scheck wurde nach 41jähriger Tätigkeit im Dienst der Stadt verabschiedet (3.2.). Der Gemeinderat brachte einen Rekordhaushalt von 552 Mio. DM ein (19.2.) und beschloß die Aufnahme einer Städtepartnerschaft mit Delitzsch/ DDR (19.3.). Erstmalig wurden Jugendratswahlen durchgeführt (28.3.).

Hagnau: In einer Bürgerversammlung informierte Bürgermeister Wersch über Maßnahmen 1988 und Planungen für 1989 (Apr. 89). Die Musikkapelle Hagnau feierte ihr 175jähriges Bestehen im Rahmen eines Festbanketts (11.8.89). Der Gründer der Winzergenossenschaft Hagnau, Pfarrer Dr. Heinrich Hansjakob, der auch als Politiker und Volksschriftsteller sehr aktiv war, brachte erstmals im Jahr 1894 in Heidelberg den Band „Schneeballen, III. Reihe" über seine Zeit am Bodensee heraus. Nachdem dieses Werk vergriffen war, initiierte die Gemeinde Hagnau in Zusammenarbeit mit dem Präsidenten der Hansjakob-Gesellschaft, Dr. Helmut Bender aus Freiburg, und dem Stadler-Verlag in Konstanz eine Neuauflage (17.9.). Auf dem Bodensee-Weintag 1990 im Neuen Schloß in Meersburg wurde die 20jährige Hagnauer Winzertochter Renate Meichle als neue Bodensee-Weinprinzessin gekrönt. Durch die Badische Weinkönigin Alixe Winter offiziell in ihr Amt eingeführt, wird sie für ein Jahr den Seewein vertreten (19.3.90).

Heiligenberg: Ein dritter Tennisplatz wurde in Betrieb genommen (14.5.89). Die Renovierung der denkmalgeschützten Kapelle „St. Georg" im Ortsteil Oberrrehna begann. Ermöglicht wurde sie größtenteils durch freiwillige Eigenleistungen von Mitgliedern des CDU-Ortsverbands Heiligenberg (Mai). Eine erste detaillierte Flächenausweisung für die

Einrichtung einer 18-Loch-Golfanlage in Heiligenberg wurde durch die Fürstlich Fürsten-
bergische Liegenschaftsverwaltung in Donaueschingen in Zusammenarbeit mit der Ge-
meinde Heiligenberg in Angriff genommen (Mai). Die Bauarbeiten zur Neugestaltung der
Ortsdurchfahrt Heiligenberg im Zuge der Landesstraße 201 begannen. Der Neubau umfaßt
Gehwege, Straßenbeleuchtung, Bepflanzung, Anlage von Parkbuchten, Wasserleitungs-
und Kanalerneuerung und wird die Gemeinde mit einem geschätzten Kostenanteil von 1,6
Mio. DM belasten (30.8.). Mit den Bauarbeiten zur Abwasserbeseitigung zwischen den
Teilorten Röhrenbach, Wintersulgen und Heiligenberg und zugleich einer Neuverlegung
der Wasserleitung zum Anschluß von Wintersulgen an die Wasserversorgung Heiligenberg
wurde begonnen. Die Kosten für diesen Bauabschnitt werden auf 1,7 Mio. DM geschätzt
(September). Zur Aufnahme weiterer Kontakte zwischen den Kinderschülern und Schul-
kindern beider Gemeinden erwiderten die Lehrerschaft und die Kindergärtnerinnen der
Partnergemeinde Heiligenberg im Elsaß einen Besuch ihrer Kollegen aus Heiligenberg/Ba-
den vom Juli d. J. (Oktober). Erstmals waren 13 Asylbewerber in der Gemeinde aufzunehmen und unterzubringen (2.11.). Am Volkstrauertag wurde das neu erstellte Kriegerdenk-
mal auf dem in den Jahren 1987/88 angelegten Friedhofsgelände mit Einsegnungshalle eingeweiht (19.11.). Lieferung eines neuen Mannschaftstransportwagens 207 D für die Freiwillige Feuerwehr Heiligenberg (November). Für die Renovierung und Erweiterung des kath.
Kindergartens, die unter finanzieller Mithilfe der Gemeinde erfolgen und einer weiteren
dritten Kindergartengruppe Platz bieten soll, wurde der erste Spatenstich unter Mitwirkung
des Bürgermeisters und des Ortsgeistlichen vorgenommen (28.12.). Die mit erheblichem
Aufwand erfolgte Instandsetzung des einzigartigen denkmalgeschützten Windrads im Ortsteil Rickertsreute konnte nach einem halben Jahr abgeschlossen werden (Januar 1990).

Immenstaad: In Kippenhausen wurde das „Museum zum Puppenhaus" eröffnet (5.4.89).
Edwin Gleichauf, Gemeinderat und Bürgermeisterstellvertreter von 1953 bis 1962, ist ver-
storben (Juni 1989). Der Ausbau der Seestraße-Ost und -West konnte fertiggestellt werden
(Juni). Erstmals wurden Ferienspiele für Kinder und Jugendliche in der Gemeinde durchgeführt (5.-20.8.). Die BUND-Ortsgruppe feierte ihr 5jähriges Bestehen (16.-17.9.). Erstmals
wurden die Immenstaader Gesundheitstage veranstaltet (6.-7.10.). Auch der Jugendtreff
konnte sein 5jähriges Bestehen feiern (7.10.). Im Gebiet „Dornier III" wurde das Elektro-
nikzentrum der Firma Dornier in Betrieb genommen (27.10.). Die Gemeinde Immenstaad
erhielt 48 Übersiedler aus der DDR zugewiesen (November). Bürgermeister Heinz Fink-
beiner konnte sein 20jähriges Dienstjubiläum als Bürgermeister feiern (5.12.). Die DRK-
Ortsgruppe beging ihr 75jähriges Bestehen (26.12.).

Kressbronn: Andrea Vossen gewann mit der Judo-Nationalmannschaft bei den Internationalen Tunesischen Frauenmeisterschaften, auf denen die besten Judo-Nationen vertreten waren, eine Goldmedaille (April 1989). Wegen der beginnenden Wohnungsmisere legte
die Gemeinde eine Mieterkartei mit bereits über 100 Wohnungssuchenden an (Mai). Die
Aufnahme von Aussiedlern in der Gemeinde Kressbronn („Hallberger-Haus") begann mit
zunächst 260 Personen (bis Ende des Jahres sollten es über 500 Personen werden, die Gemeinde dadurch auf über 7000 Einwohner anwachsen). Kressbronn startete Aktionen zur
Eingliederung der Aussiedler: Arbeitskreis Aussiedlerhilfe, Organisation von Veranstaltungen, Begegnungen mit Gemeindebürgern, Spendenaktionen und weitere Integrations-
hilfen (Juli). Ministerpräsident Lothar Späth besuchte eine unter der Schirmherrschaft der
Gemeinde Kressbronn durchgeführte Internationale Jugendsternfahrt der Segler (August).

Die Gemeinde beschloß den Bau eines neuen Kindergartens bei der Nonnenbachschule (September). Gemeinderat Josef Massag erhielt das Bundesverdienstkreuz am Bande für sein fast 70jähriges Bemühen um den Erhalt der Umwelt (September). Nach der Kommunalwahl blieb die Sitzverteilung der Parteien im Gemeinderat gleich: Fünf neue Gemeinderäte erhielten erstmals ein Mandat (Oktober). Gemeinderätin Otti Meyer wurde nach 24jähriger ehrenamtlicher Tätigkeit im Kressbronner Gemeinderat, aus dem sie auf eigenen Wunsch ausschied sowie langjährigem Engagement im Kreistag und anderen Gremien mit besonderem Dank des Bürgermeisters und der Fraktionen verabschiedet (November). Für langjährige Verdienste um das Vereins- und Gemeindeleben erhielten die Vereinsvorstände Gebhard Amann („Liederkranz"), Anton Frey (Arbeiterverein) und Kurt Zell (VdK) die Landesehrennadel (November). Der Gemeinderat fällte eine Grundsatzentscheidung zum Neubau des Feuerwehrgerätehauses und des Bauhofs im Säntisweg (November). Mit 199000 Übernachtungen im Jahr 1989 schrieb die Gemeinde wiederum Rekordzahlen im Fremdenverkehrsbereich (Dezember). Kinopionier Willi Burth erhielt für zahlreiche bedeutende Erfindungen für die Filmwirtschaft das Bundesverdienstkreuz am Bande (Januar 1990). Die Kulturgemeinschaft „Arbeitskreis Weihnachtsmarkt" stellte erneut 6000 DM für soziale Zwecke zur Verfügung (Januar). Politisch interessierte Jugendliche und die Gemeinde führten ein erstes Jugendgespräch (März). Bürgermeister Gröschl zeichnete kommunale Bürgeraktionen aus: Willi Denner für die Erstellung von Gedenkbüchern für die Gefallenen und Vermißten beider Weltkriege; Frau Vossen und ihre Mitarbeiterinnen van Rinsum, König, Sainer-Goehlke und Rothmeier für über 10jährige ehrenamtliche Betreuung von Ausländerfamilien (März). Die Gemeinde veranstaltete ein gemeinsames Fest für Aussiedler, Ausländer und Neubürger unter dem Motto „Unsere Gemeinde, Heimat für alle" (März).

Langenargen: Franz Josef Krayer unterzeichnete die Urkunde zur Errichtung der von ihm ins Leben gerufenen „Franz-Josef-Krayer-Stiftung" (17.4.89). Für das Clubhaus des TC und die Tennishalle wurde der Grundstein gelegt (28.4.). Fertigstellung der Fußgängerunterführung zum Sportzentrum (19.5.). Die Broschüre „Historischer Führer durch Langenargen" wurde vorgestellt (1.6.). Mit großem Festprogramm, Platzkonzert und Supertombola zugunsten der „Aktion Sorgenkind" nahm die Bürgerschaft den neu gestalteten Marktplatz in Besitz (3.-4.6.). Im MGV „Frohsinn" wurde Dirigent Helmut Hack und Dieter Melzer abgelöst (15.6.). Sein 40jähriges Bestehen konnte der Yacht-Club Langenargen feiern (24.-25.6.). Reinhard Zünder nahm seinen Dienst als neuer Leiter des Altenheims „Zum Heiligen Geist" auf (1.8.). Die Rot-Kreuz-Ortsgruppe Langenargen beging ihr 50jähriges Jubiläum (19.-20.8.). Ein historischer „Büttel" aus Bronze ziert nun den Marktplatz (24.8.). Nach rund halbjähriger Bauzeit wurde die Tiefgarage für Bewohner am Feuerwehrhaus übergeben (14.9.). Im Landeswettbewerb „Unser Dorf soll schöner werden" gewann Oberdorf eine Silbermedaille. Bürgermeister Rolf Müller und eine Oberdorfer Delegation nahmen sie bei der Preisverleihung in Karlsruhe aus der Hand von Minister Weiser entgegen (7.10.). Im Rahmen der André-Ficus-Ausstellung konnte der 10000ste Besucher seit Bestehen des Museums begrüßt werden (8.10.). Aus Anlaß des 500. Geburtstages des aus Langenargen stammenden Reformators Urbanus Rhegius fand eine Feier im Schloß Montfort statt (27.10.). Die neue Aussegnungshalle im Friedhof Langenargen wurde feierlich geweiht (1.11.). Langenargen erhielt für das Projekt „Erzählte Geschichte" einen Preis beim Wettbewerb für Bürgeraktionen, die sich der Förderung und Pflege des örtlichen Kulturlebens und der Kunst annehmen (23.11.). Die ev. Kirchengemeinde beging ihr 100jähriges Jubiläum und feierte gleichzeitig das 75jährige Bestehen der Friedenskirche (8.-10.12.). Der 4. Band der „Langenargener Geschichte(n)" wurde vorgestellt (13.12.). Beim traditionellen Weihnachtskonzert des MGV „Frohsinn" erhielt Hansjörg Jungel die Ehrennadel des Landes Baden-Württemberg (16.12.). Anläßlich des Jahresempfangs wurde Eduard Hindelang, Leiter des Museums, die Goldene Ehrenmedaille der Gemeinde verliehen (15.1.1990).

Markdorf: Die Freiwillige Feuerwehr – Abteilung Ittendorf – feierte ihr 100jähriges Bestehen (20.-21.5.89). Ihr 20jähriges Jubiläum begingen die Sportfreunde Ittendorf-Ahausen (11.6.). Für die Notunterbringung von DDR-Übersiedlern mußte in der Mehrzweckhalle Leimbach Raum geschaffen werden (27.10.-17.11.). Belegschaftsmitglieder der Fa. Gaub besetzten ihren Betrieb nach dem Konkurs der Firma, um die Weiterführung zu sichern (Dez. 89).

Meckenbeuren: Die kostenlose Verteilung der Gemeindenachrichten sowie der kirchlichen Mitteilungen der kath. Kirchengemeinden Brochenzell, Kehlen und Meckenbeuren an alle Haushalte wurde aufgenommen (Frühjahr 1989). Demonstrationszug Meckenbeurer Bürger in Friedrichshafen gegen Charterflüge vom Flugplatz Löwental aus (7.4.). Ihr 40jähriges Jubiläum feierte die Landjugend Meckenbeuren-Kehlen e. V. (20.-21.5.). Der Kleintierzuchtverein Meckenbeuren Z 133 e. V. beging sein 50jähriges Bestehen (24.6.). In der Festhalle Kehlen mußten 100 DDR-Übersiedler untergebracht werden. Durch intensive Suche der Gemeinde konnten in kurzer Zeit Wohnungen vermittelt werden (14.-21.11.). Die Gemeinderäte Johann Eberle und Eugen Deutelmoser erhielten für eine jeweils 21jährige Tätigkeit im Gemeinderat die Ehrenmedaille des Gemeindetags Baden-Württemberg (27.11.). Nachdem Franz Assfalg auf Vorschlag des Ortschaftsrates am 18.12. durch den Gemeinderat zum ehrenamtlichen Ortsvorsteher von Kehlen gewählt wurde, erfolgte die Amtseinsetzung anläßlich des Neujahrsempfangs. Gleichzeitig erfolgte die Verabschiedung des bisherigen Ortsvorstehers Franz Maier, der 33 Jahre als Gemeinderat, Ortschaftsrat und Ortsvorsteher tätig war (19.1.1990). Im Rahmen des Neujahrsempfangs wurde auch Frau Dr. Ilse Radziewoski, die von 1949 bis 1989 als Ärztin in Kehlen tätig war, geehrt (19.1.). Alfons Weishaupt, Ehrenbürger der Gemeinde Meckenbeuren, konnte seinen 80. Geburtstag feiern (7.3.).

Meersburg: Das Land begann mit einer umfassenden Innensanierung des Neuen Schlosses (Frühjahr 1989). Meersburg weist mit 10 Museen bei 5000 Einwohnern eine enorme Dichte auf und stellte sich mit einer Informationsmappe für das Jahr 1989 als „Museenstadt" vor (24.4.). Die Stadtverwaltung bot den Meersburgern eine Bürgerkarte an, die Vergünstigungen für alle Fremdenverkehrseinrichtungen und das gesamte kulturelle Angebot der Stadt ermöglicht (10.5.). Das Deutsche Zeitungsmuseum, einziges seiner Art in der Bundesrepublik, das sich mit der Frühgeschichte der Presse befaßt, wurde in Anwesenheit von Ministerpräsident Lothar Späth eröffnet (3.6.). Zum Andenken an Annette von Droste-Hülshoff fanden die 31. Literaturtage des Internationalen Bodenseeclubs statt (3.-4.6.). Anläßlich des 200jährigen Jubiläums der Französischen Revolution wurde die Ausstellung „Deutschland und die Französische Revolution" in Meersburg gezeigt (7.-29.6.). In der fünften Saison des Sommertheaters in der „Hämmerle-Halle" führte das Stadttheater Konstanz Martin Walsers Monodrama „Nero läßt grüßen" und Goethes „Reinecke Fuchs" auf. Zum kleinen Jubiläum des Sommertheaters zeigte das Städt. Kulturamt die Ausstellung

„Vom Webstuhl zur Theaterbühne – die Metamorphose der Hämmerle-Halle" (21.6.-4.9.). Die Sanierung des Unterstadttors wurde beendet (Juli). Erstmals ließ die Stadtverwaltung Sperrmüll sortengetrennt sammeln (September). Das Kulturamt zeigte die Ausstellung „Das Archiv – Gedächtnis der Stadt" (15.10.-12.11.). Die Entwicklung in Osteuropa wirkte sich aus: 40 DDR-Übersiedler wurden in der alten Straßenmeisterei untergebracht (8.-23.11.). Mit einer großen Fasnachtsveranstaltung der Narrenzunft wurde die zur Festhalle umgebaute Sporthalle der Öffenlichkeit übergeben. (9.2.90). Meersburg erhielt Erdgas (Februar).

Neukirch: Pfarrer Gregg aus Obereisenbach löste Pater Odilo (Haslach) als Pfarrverweser für die Pfarrei Goppertsweiler ab (23.4.89). Der Gemeinderat beschloß die Aufstellung eines Bebauungsplans „Sportzentrum Hüttensteige". Durch den Neubau von zwei Sportplätzen samt Nebenanlagen an diesem Standort, deren Baukosten auf 2,75 Mio. DM geschätzt werden, soll der Weg freigemacht werden für eine Betriebserweiterung des größten Arbeitgebers am Ort mit 300 Arbeitsplätzen durch Überbauung des bisherigen Sportplatzes (11.5.). Die Gemeinde plant einen Anbau an das bestehende Schulhausgebäude in Neukirch. Für die Hauptschule sollen bisher fehlende Fachräume sowie Klassenräume geschaffen werden, um die Außenstellen in Wildpoltsweiler und Goppertsweiler schließen zu können. Einen offenen Architektenwettbewerb für das Vorhaben für etwa 5,2 Mio. DM gewann das Büro Reinhardt, Zohner und Partner in Überlingen (16.6.). Pater Hilarius von der Pfarrei Neukirch/Wildpoltsweiler feierte sein 50jähriges Priesterjubiläum (2.7.). Oberlehrer Hans Haller wurde nach 36jähriger Tätigkeit an der Grund- und Hauptschule Neukirch in den Ruhestand verabschiedet (5.7.). Die Feuerwehr weihte ihr neues Fahrzeug, einen Schlauchwagen SW 1000, ein (17.9.). Bei den Kommunalwahlen erhielten vier neue Gemeinderäte ein Mandat, darunter erstmals eine Frau. CDU und Freie Wählervereinigung erhielten jeweils 6 Sitze. Ins Kreisparlament wurden aus Neukirch Bürgermeister Egelhofer (CDU) und Markus Schweizer (Grüne) gewählt (22.10.). Der neugewählte Gemeinderat wurde eingesetzt, vier Gemeinderäte verabschiedet, darunter Heinrich Schupp, der dem Gremium 27 Jahre ununterbrochen angehörte (30.11.). Nach rund einjähriger Bauzeit konnte die Gemeindeverwaltung das renovierte und umgestaltete Rathaus in der Schulstraße 3 wieder beziehen und feierlich einweihen (12.12.).

Oberteuringen: Unter großer Beteiligung veranstaltete die Volkshochschule Bodenseekreis erstmals ein Heimatseminar (10.4.89). Das Teuringer Provinztheater gab bei verschiedenen Aufführungen mit dem „Schnegga-Professor" wieder sein Können zum besten (April). Der in den 50er Jahren eingestellte Betrieb der „Teuringer Talbahn" wurde bildlich wiederbelebt mit der Eröffnung einer entsprechenden Ausstellung (21.4.). Die kath. Kirchenchöre von Oberteuringen und Sasbach/Kaiserstuhl gestalteten ein gemeinsames Konzert (22.4.). Eröffnung des Teuringer Obstweges, auf dem laufend „Apfeltouren" zur Erläuterung der heimischen Sorten durchgeführt werden (4.7.). Die Gartenwirtschaft „Neue Post" öffnete nach ihrem Umbau mit einem Platzkonzert (7.7.). Zentrale Antikriegstags-Veranstaltung der DGB-Kreise Ravensburg und Bodenseekreis in der „Neuen Post" (1.9.). Nach Abschluß der Ausbauarbeiten wurde der Kirchweg, eine Fußweg-Verbindung von Oberteuringen nach Unterteuringen, der Öffentlichkeit übergeben (22.9.). Der Spielplatz beim kath. Kindergarten öffnete nach einer Umgestaltung, bei der die Eltern einen wesentlichen Teil der Arbeit geleistet hatten, wieder (September). Eine Ausstellung von Bildern in Lasurtechnik von Bruno Müller wurde eröffnet (1.12.). Der Gemeinderat beschloß die

Einrichtung einer Übergangslösung für einen kommunalen Kindergarten (7.12.). Dem langjährigen Gemeinderat Karl Rueß wurde für seine Verdienste das Bundesverdienstkreuz verliehen (19.1.90). In den Räumen der „Neuen Post" fand der Internationale Frauentag statt (8.3.).

Owingen: Die Kläranlage Billafingen wurde offiziell in Gebrauch genommen (19.5.89). Übergabe eines neuen Schlauchwagens SW 1000 anläßlich des 100jährigen Jubiläums der Freiwilligen Feuerwehr Owingen (2.-5.6.). Auf ein 10jähriges Bestehen konnte der Jugendchor Billafingen zurückblicken (11.6.). In der befreundeten Gemeinde Coudoux wurde aus Anlaß des „Bicentinaire" der Französischen Revolution ein Friedensbaum durch die Bürgermeister Lacreusette und Reiner gepflanzt (24.6.). Einweihung des Erweiterungsbaus am Kindergarten (29.9.). Gründung eines Deutsch-Französischen Vereins e. V. Präsidentin wurde Helga Molge (13.11.). Aus Anlaß seines 20jährigen Dienstjubiläums erhielt Bürgermeister Reiner die Ehrenmedaille und -urkunde des Gemeindetags Baden-Württemberg (5.12.). Stafettenreiter erinnerten durch einen Besuch in Owingen an das 500jährige Bestehen der Post (3.1.90). Der Bebauungsplan „Golfplatz Lugenhof" trat in Kraft (18.1.). Am Erweiterungsbau des Rathauses wurde das Richtfest, verbunden mit der Grundsteinlegung, gefeiert (1.2.).

Salem: Die Sozialstation Salem konnte auf ihr 10jähriges Bestehen zurückblicken (16.4.89). Das Dorfgemeinschaftshaus Weildorf wurde eingeweiht (29.-30.4.). Im Rahmen eines „Tages der offenen Tür" im Feuerwehrhaus übergab Landrat Siegfried Tann einen Mannschaftstransportwagen und einen Rüstwagen (10.9.). Mit einem Schulfest wurde das 20jährige Bestehen der Sonderschule Salem gefeiert (23.9.). In Mimmenhausen wurde der Kindergarten eingeweiht (4.-5.11.) und in Rickenbach das Dorfgemeinschaftshaus (2.-3.12.).

Sipplingen: Friedrich Frick, langjähriger Leiter des Amtes für Obst- und Gartenbau beim Bodenseekreis und Bürger der Gemeinde Sipplingen, wurde mit der Verdienstmedaille des Verdienstordens der Bundesrepublik Deutschland ausgezeichnet (5.4.89). Zugunsten der Sozialstation Überlingen-Owingen-Sipplingen führten die Einwohner der Gemeinde das 12. Dorffest auf dem Rathausplatz durch. Der Reinerlös in Höhe von 15 000 DM wurde der Sozialstation zum Kauf eines Kleinwagens überlassen (19.8.). Mit dem ersten Spatenstich für den Bau der B 31-neu vom Autobahnende Stockach bis Überlingen-Hohlinden schöpften die Einwohner und Feriengäste der Gemeinde Sipplingen neue Hoffnung auf eine Entlastung der Seestraße, der B 31-alt (14.9.). Josef Seiberle, der mehr als 40 Jahre als Ratschreiber für Sipplingen tätig war, wurde für seine großen Verdienste der Ehrenring der Gemeinde verliehen (4.10.). Die Grund- und Hauptschule feierte das 25jährige Bestehen des neuen Schulgebäudes (17.10.). Bei der Gemeinderatswahl blieb die Sitzverteilung unverändert: 8 Sitze erhielt die CDU, 4 Sitze die SPD. Bei der Kreistagswahl wurden Bürgermeister Kurt Binder (FWV) und Gemeinderat Josef Dichgans (CDU) in den Kreistag gewählt (22.10.). Im Rahmen des Neujahrsempfangs im Bürgersaal des Rathauses wurden für mehr als 20jährige Zugehörigkeit zum Gemeinderat Berthold Biller (28 Jahre), Willi Regenscheit (22 Jahre) und Heinz Schröter (25 Jahre) mit der Ehrennadel des Gemeindetags Baden-Württemberg geehrt (6.1.90).

Stetten: Abgeschlossen wurden die Arbeiten an der Seehagsanierung des Landkreises, in deren Rahmen der gesamte Stettener Uferabschnitt (1 100 m) durch Aufschüttungen und Neubepflanzung gegen Erosion geschützt wurde (Frühjahr 1989). In der Gemeinderatswahl waren 8 Mandate zu vergeben. Auf die CDU entfielen 4 Sitze, auf die SPD und die FWV je 2 Sitze; die Hälfte der Gemeinderatsmitglieder wurde erstmals gewählt. Bei der Kreistagswahl konnte Bürgermeister Gerhart Höfflin (SPD) sein Mandat erfolgreich verteidigen (22.10.). Anläßlich der Verpflichtung der neugewählten und der Verabschiedung der ausscheidenden Gemeinderäte wurden Werner Leicht (CDU) und Mathäus Weber (FWV) für ihre jeweils 24jährige Mitgliedschaft im Gemeinderat mit der Ehrenmedaille des Gemeindetags geehrt (27.11.). Eine Laienspielgruppe der Narrengemeinschaft belebte mit der gelungenen Aufführung eines Lustspiels wieder die Tradition des Laienspiels in Stetten (5.-7.1.90).

Tettnang: Ein Gedenkstein, der an den Rappertsweiler Haufen im Bauernkrieg des Jahres 1525 erinnern soll, wurde offiziell enthüllt (23.4.89). Aus der Partnerstadt St. Aignan erfolgte ein offizieller Gegenbesuch in Tettnang (13.-16.6.). Die Laimnauer Argenbrücke wurde gesprengt (5.7.). Verleihung der Silbernen Stadtmedaille an die Tae-Kwon-Do-Spitzensportlerin Angelika Biegger (1.8.). Die Landjugendgruppe Tettnang konnte ihr 40jähriges Jubiläum feiern (5.-6.8.). Im Rahmen der Innenstadtsanierung wurde der Montfortplatz fertiggestellt (2.9.). Verleihung der Silbernen Landesehrennadel an Sepp Hofmann (3.9.). Die Straßenbauarbeiten von Gießenbrücke bis Hiltensweiler wurden offiziell abgeschlossen (17.9.). Die Städt. Bücherei an der Schloßstraße 9-11 wurde offiziell ihrer Bestimmung übergeben (13.-15.10.). Anton Schmidberger, dem früheren Leiter des Tettnanger Landwirtschaftsamtes, wurde das Bundesverdienstkreuz verliehen (1.12.). Verleihung von Verdienstmedaillen der Stadt in Gold an Edwin Bruder und Josef Dingler, der Goldenen Stadtmedaille an Hermann Zwisler sowie Silberner Stadtmedaillen an Paula Maier, Rita Fricker, Georg Holitsch und Hugo Schlichte (12.1.90). Am Erweiterungsbau der Elektronikschule in Tettnang konnte Richtfest gefeiert werden (8.2.). Auch an der Mehrzweckhalle Kau wurde nach neunmonatiger Bauzeit das Richtfest gefeiert (21.3.).

Überlingen: Für das Bürgerhaus in Nesselwangen wurde die Baugenehmigung erteilt (1.4.89). Gründung eines Fördervereins zum Bau eines Dorfgemeinschaftshauses in Bambergen (4.4.). Die Jörg-Zürn-Gewerbeschule erhielt den Status einer UNESCO-Modellschule (20.4.). Vorstellung eines ersten Entwurfs der Ensemble-Lösung für ein neues Kurhaus im Gemeinderat (28.4.). Der Ortsteil Ernatsreute feierte sein 750jähriges Bestehen (30.5.). Hans Boesch erhielt den Bodensee-Literaturpreis der Stadt Überlingen (2.7.). Christoph Maier und Michael Steinbach vom Überlinger Ruderclub wurden Deutsche Meister im Doppelvierer (21.7.). Zwei Taucherinnen ertranken vor Überlingen (21.7.). Friedrich Hebsacker wurde Weltmeister der Vorderladerschützen in der Disziplin „Luntengewehr Mannschaft" (2.9.). Für den Bau der B 31-neu erfolgte der erste Spatenstich (14.9.). Victor Mezger, namhafter Überlinger Restaurator und „Chefideologe" der Überlinger Narrenzunft, verstarb (23.9.). In Überlingen trafen die ersten DDR-Flüchtlinge ein (25.9.). Übernahme der Bodenseewerk Gerätetechnik GmbH durch die Diehl-Gruppe (26.9.). Addi Attenberger wurde Deutscher Meister im Kegeln der Behinderten in der Klasse 3/2 der über 50jährigen (4.10.). Der Schlachthof wurde privatisiert (13.10.). Die Stadtbücherei vergab den 20000sten Leseausweis (27.10.). Bei der Bodenseewerk Gerätetechnik GmbH erfolgte der erste Spatenstich zur Errichtung eines neuen Fertigungsgebäudes (28.10.). Die

„Zehntbauern", vier Statuetten aus dem Rathaussaal-Vorraum, vor fünf Monaten einem Kunstraub zum Opfer gefallen, tauchten auf mysteriöse Weise wieder auf (17.11.). Die Stadt und das Land Baden-Württemberg erwarben die Puppenstubensammlung Kunz für das Überlinger Museum (21.11.). Bürgermeister Reinhard Ebersbach konnte auf eine 20jährige Amtszeit zurückblicken (6.12.). Ein Glockenturm wurde für die ev. Paul-Gerhard-Kirchengemeinde am Burgberg errichtet (20.12.). Eine Delegation aus Bad Schandau in der DDR stattete Überlingen einen ersten Besuch ab; Gespräche wegen einer möglichen Partnerschaft wurden geführt (20.1.90).

Uhldingen-Mühlhofen: Die Abteilung Mühlhofen der Freiwilligen Feuerwehr Uhldingen-Mühlhofen übernahm offiziell ihre neue Unterkunft im Gerätehaus Mühlhofen. Somit verfügen nun alle Abteilungen der FFW Uhldingen-Mühlhofen über eigene Gerätehäuser, Unterrichts- und Versammlungsräume (April 1989). Eindrucksvolle Bilder vom „Landleben in Oberschwaben um 1900" gab es im Rahmen einer vom Archiv des Bodenseekreises zusammengestellten Ausstellung im Rathaus Oberuhldingen zu sehen (April). Unter Beteiligung von Schülern der Lichtenbergschule wurden im Rahmen einer Pflanzaktion Bäume und andere Pflanzen entlang des Seeufers zwischen Meersburg und Unteruhldingen gesetzt (April). Nachdem im Februar bereits afghanische Asylbewerber Aufnahme fanden, wurde nun eine große Gruppe Osteuropäern in Privatunterkünften im Ortsteil Unteruhldingen untergebracht (April). Der örtliche „Bund der Selbständigen" stellte im Rahmen eines Frühlingsballs eine neue Gewerbebroschüre vor, welche die Vielseitigkeit und Leistungsfähigkeit des örtlichen Gewerbes eindrucksvoll verdeutlichte (April). Auf ungewöhnliche Weise gratulierte Uhldingen dem berühmten Eiffelturm zu seinem 100. Geburtstag: Unter dem Motto „Erster Postkurs Uhldingen-Paris" fand eine aufsehenerregende Fahrt einer vierspännigen Postkutsche in die Seine-Metropole statt, begleitet von Presse, Rundfunk und Fernsehen (7.-20.5.). Veranstaltet vom Landratsamt Bodenseekreis, fand im Schloß Maurach eine vielbeachtete Ausstellung „Ein Haus voll Glorie schauet über alle Land" statt (Mai). Mit dem ersten Bauabschnitt für ein Blockheizkraftwerk der Kläranlage des Abwasserzweckverbandes Überlinger See, in dem anfallendes Faulgas genutzt werden soll, wurde begonnen. Hier müssen in nächster Zeit mehr als 8 Mio. DM investiert werden (Mai). Mit einem großen Fest wurde das Priesterjubiläum von Pater Ambrosius Schaidle, Prior der Klosterkirche Birnau, Barockjuwel auf Uhldinger Gemarkung, begangen (Mai). Mit dem Beschluß zur Einrichtung eines Wertstoffhofes ging der Gemeinderat einen weiteren Schritt in Richtung einer sinnvollen Abfallbeseitigung (Juli). Zum Schutz des Grünbestandes im Gewann „Untere Baienwiesen" erließ der Gemeinderat eine entsprechende Verordnung (September). In der Lichtenberghalle mußte ein Notquartier für mehr als 100 Übersiedler eingerichtet werden. Es gelang nach Auflösung dieses Notlagers Wohnung und Arbeit für 50 Personen in der Gemeinde zu schaffen (November). Mit einem beachtlichen 3. Platz auf Bundesebene wurden die Leistungen der Wettkampfgruppe des einheimischen Roten Kreuzes belohnt (November). Nachdem der Gemeinderat 5 Monate zuvor die Gründung einer Musikschule Uhldingen-Mühlhofen beschloß, konnte deren Leiter Hans Heinrich Hartmann bereits 70 Anmeldungen vorweisen (Januar 1990). Der Gemeinderat beschloß, das Gemeindemitteilungsblatt künftig allen Haushaltungen kostenlos zuzustellen (Januar). Das Landwirtschaftsamt stellte dem Gemeinderat ein Biotop-Vernetzungskonzept anhand eines Filmbeitrags vor (März). Der Gemeinderat beschloß die Aufstellung des Bebauungsplans „Löhle" (März).

Veröffentlichungen 1989/90 zum Bodenseekreis und zu seinen Orten

1. ALLGEMEINES

Bodensee.
Photographie Roland Gerth.
Text Martin Walser u.a.
München (u.a.): Bucher, 1989.

Raach, Karl-Heinz / Bosch, Manfred:
Bodensee.
Hamburg: Ellert & Richter, 1989.

Bode, Fritz u.a. (Hrsg.):
Bodensee-Handbuch Radwandern Spezial.
3. überarb. Aufl.
Meersburg: Hinze, 1989.

Bohl, Peter:
Bodenseehochwasser und seine Folgen.
In: Langenargener Geschichte(n) 4, 1989, S. 66-74.

1.1 Mittelalter und frühe Neuzeit

Schneider, Alois:
Burgen und Befestigungsanlagen des Mittelalters im Bodenseekreis.
In: Fundberichte aus Baden-Württemberg 14, 1989, S. 515-667.

Burmeister, Karl-Heinz:
Die Montforter auf Reisen.
Vortrag beim Montfort-Fest am 20. Juni 1986.
Tettnang: Bürgermeisteramt, 1989.

Diefenbacher, Michael (Bearb.):
Das Urbar der Deutschordenskommende Mainau von 1394.
Stuttgart: Kohlhammer, 1989.
(Veröffentlichungen der Kommission für geschichtliche Landeskunde in Baden-Württemberg: Reihe A, Quellen; 39).

Diefenbacher, Michael:
Die Deutschordenskommende Mainau und ihr Territorium im Mittelalter.
In: Protokoll/Konstanzer Arbeitskreis für mittelalterliche Geschichte, 305, 1989.

Bohl, Peter:
Quellen zur Bevölkerungsgeschichte des ländlichen Raumes am Bodensee im 16. Jahrhundert.
In: Andermann, Kurt / Ehmer, Hermann (Hrsg.): Bevölkerungsstatistik an der Wende vom Mittelalter zur Neuzeit. Sigmaringen 1990 (Oberrhein. Studien 8), S. 47-63.

Brummer, Guntram:
Johannes Hüglin, ein Zeuge der Reformation am Bodensee.
In: Glaserhäusle 11, 1990, S. 13-26.

Bürkle, Martin:
Urbanus Rhegius – Der Reformator aus Langenargen.
In: Langenargener Geschichte(n) 4, 1989, S.89-96.

Göttmann, Frank:
Über Münz- und Währungsprobleme im Bodenseeraum vom Ende des 17. bis zur Mitte des 18. Jhs.
In: Schriften des Vereins für Geschichte des Bodensees 107, 1989, S. 195-220.

Göttmann, Frank:
Bewaffnete Patrouillen auf dem Bodensee. Ein Kapitel aus der Geschichte des Getreidehandels im 18. Jh.
In: Beiträge zur Landeskunde 1990, 3, S. 8-14.

Miersch, Klausjürgen:
Bäuerliche Selbstverwaltung unter
spätmontfortischer Obrigkeit.
Hiltensweiler in der Herrschaft Schomburg
gibt sich eine Dorfordnung (1741).
Tettnang: Bürgermeisteramt, 1989.

1.2 Vom Ende des 18. zum 20. Jahrhundert

Moser, Eva / Stender, Detlef (Hrsg.):
„Vorüber ist die Herrlichkeit –
wir leben jetzt in andrer Zeit".
Wendezeit am See um 1800.
Markdorf: Amt für Geschichte und Kultur, 1990.
(Begleitband zu Ausstellungen 6).

Moser, Eva / Stender, Detlef:
Wendezeit am See.
In: Bodensee Hefte 41, 1990, 8, S. 44-49.

Bischof, Franz X.:
Das Ende des Bistums Konstanz.
Hochstift und Bistum Konstanz im
Spannungsfeld von Säkularisation und
Suppression (1802/03-1821/27).
Stuttgart (u. a.): Kohlhammer, 1989.

Bischof, Franz X.:
Das Ende des Hochstifts und Bistums
Konstanz (1802/03-1821/27).
In: Rottenburger Jahrbuch für Kirchengeschichte, 8,
1989, S. 133-146.

Trogus, Wolfgang:
Eine Karte des Linzgaus und
Oberschwabens von 1798.
In: Immenstaader Heimatblätter, 12, 1989, S. 72-83.

Vögele, Jörg:
Getreidemärkte am Bodensee im 19. Jh.
St. Katharinen: Scripta Mercaturae, 1989.

Kuhn, Elmar L.:
Schiffahrt und Verkehr im württembergischen Bodenseegebiet im 19. Jh.
In: Zeitschrift für Württembergische Landes-
schichte 49, 1990, S. 269-280.

Zang, Gert:
Die Entwicklung von Schiffahrt und
Eisenbahn im badischen Bodenseegebiet
während des 19. Jhs.
In: Zeitschrift für Württembergische Landes-
schichte 49, 1990, S. 259-268.

Seidelmann, Wolf-Ingo:
Schiffe über den Dächern von Geislingen.
Pläne für eine Wasserstraße Neckar-
Donau-Bodensee in Württemberg.
In: Beiträge zur Landeskunde, 1989, 5, S. 1-8.

Citovics, Tamara:
Franz Xaver Konrad Staiger, Liberaler –
Popularphilosoph – Historiker.
Markdorf: Kreisarchiv, 1990.
(Geschichte am See 38).

Heidtmann, P.:
Als am 1. Sept. 1939 der Zweite Weltkrieg
ausbrach . . .
In: Schwäbische Zeitung, Ausg. Tettnang
2. 9. 1989, Nr. 202, S. 3-5.

1.3 Gegenwart

Henkel-Böhret, Eva-Maria (Bearb.):
Das Jahrbuch 1988 für Überlingen,
Salem, Uhldingen-Mühlhofen, Owingen,
Sipplingen.
Überlingen: Opus, 1989.

Landratsamt Bodenseekreis (Hrsg.):
Das Wichtigste in Kürze.
Friedrichshafen: LRA, 1990 (Faltblatt).

Wende, Norbert (Mitarb.):
Projekt: Streuobstwiese.
Rettung einer alten Kulturlandschaft.
Friedrichshafen a.B.: BUND, 1989.

fm (Maier, Fritz):
40 Jahre Kreisbaugenossenschaft
Tettnang e. G.
Sitz Friedrichshafen.
In: Schwäbische Zeitung, Ausg. Friedrichshafen,
16. 9. 1989, Sonderbeilage.

Dillmann, Erika:
Umgehungsstraße in der
Erholungslandschaft.
Die neue B 31 und eine
Bodenseegemeinde als Beispiel.
Stuttgart: Straßenbauverwaltung BW, 1989.

ARGE (Friedrichshafen):
ARGE Sportkreis Bodenseekreis.
Friedrichshafen, 1989.

Schützenbezirk V Bodensee (Hrsg.):
25 Jahre Schützenbezirk V Bodensee.
1963-1988.
Steißlingen: Schützenbezirk V, 1989.

Hoben, Gertrud / Kuhn, Elmar L.:
Geschichte und Kultur am See 2.
10 Jahre Kreisarchiv Bodenseekreis.
Eine Dokumentation.
Markdorf: Kreisarchiv, 1989.

1.4 Literatur

Elbertzhagen, Theodor W.:
Der Ratsherr Pflummern.
Historischer Roman mit e. Nachwort von
Guntram Brummer.
Überlingen: Stadt, 1989.

Kelter, Jochen (Hrsg.):
Bodensee-Lesebuch.
18 Autoren stellen sich vor.
Karlsruhe: Braun, 1990.

Kelter, Jochen:
Ein Ort unterm Himmel.
Texte aus Alemannien.
Eggingen: Isele, 1989.

Scheib, Asta / Walser, Martin:
Armer Nanosh.
Kriminalroman.
Frankfurt a. M.: Fischer, 1989.

Wieland, Hans Peter:
Auf dem Enneberg.
In: Kultur 5, 1990, 6, S. 40-44.

1.5 Kunst

Petzold, Leander / Dettmer, Hermann:
Volkskunst.
Volkstümliche Kunst rund
um den Bodensee
Friedrichshafen: Gessler, 1989 (Kunst am See 21).

Ommerle, Klaus / Dettmer, Hermann:
Wetterfahnen auf oberschwäbischen
Dächern.
Baindt: Ommerle, 1990.

Klodnicki-Orlowski, Agnes:
Studien zu Jacob Ruß, einem spätgotischen
Bildschnitzer aus Ravensburg.
Heidelberg: Phil. Diss., 1990.

Hindelang, Eduard (Hrsg.):
Julius Herburger.
Gemälde, Zeichnungen.
Friedrichshafen: Gessler, 1990.

Meyer, Werner (Hrsg.):
Eckhard Froeschlin.
Werkverzeichnis Radierungen.
Stuttgart: Dr. Matthaes, 1989.

2. DEGGENHAUSERTAL

Schmid, Hermann:
Das Dominikanerinnen-Kloster Rugacker
im oberen Linzgau (1438/39-1673).
In: Schriften des Vereins für Geschichte des Bodensees 107, 1989, S. 77-95.

3. ERISKIRCH

Leushacke, Christa / Thielcke-Resch, Elke:
Naturschutz und Erholung.
Ein Interessenkonflikt, dargestellt am
Beispiel des Eriskircher Riedes / Bodensee.
Höxter: Dipl.-Arbeit, 1989.

4. FRICKINGEN

Frickinger Heimathefte 2.
Frickingen: Heimatverein, 1989.

Bachmann, Erich:
Die Flurnamen der Gemeinde Frickingen
In: Frickinger Heimathefte 2, 1989, S. 4-13.

Borath, Paul:
Badstube und Wirtshaus zum „Löwen"
in Frickingen.
In: Frickinger Heimathefte 2, 1989, S. 14-19.

Stengele, Benvenut:
Geschichte des Ortes und der Pfarrei
Altheim im Linzgau.
In: Frickinger Heimathefte 2, 1989, S. 32-47.

416

5. FRIEDRICHSHAFEN

5.1 Allgemeines

Dillmann, Erika:
Friedrichshafen.
Bilder einer Stadt.
3., aktualisierte Aufl.
Friedrichshafen: Gessler, 1990.

Müller, Erich E. / Steinhauser, Norbert:
Schulmuseum Friedrichshafen
am Bodensee.
Führer durch das Museum.
Friedrichshafen: Schulmuseum, 1990.

Legler, Erich u. a.:
Kirchen in Friedrichshafen.
Geschichte und Kunst.
Friedrichshafen: Gessler, 1990.

Wieland, Georg u. a.:
Die Orgel der St.-Nikolaus-Kirche
in Friedrichshafen.
Friedrichshafen, 1989.

Bink, Hildegard / Tözün, Cigdem:
Juden in Friedrichshafen und Umgebung.
Friedrichshafen: Schülerwettbewerb, 1989.

Maier, Fritz:
Friedrichshafen 1939: Vom Frieden in den
Zweiten Weltkrieg.
In: Schwäbische Zeitung, Ausg. Friedrichshafen,
1. 9. 1989, Nr. 201.

5.2 Industrie

Knäusel, Hans G.:
Zeppelin und Zeppelinismus.
In: Magazin Trans Luft- u. Raumfahrt 1, 1989,
S. 78-97.

Toland, John:
Die große Zeit der Luftschiffe.
Herrsching: Pawlak, 1989.

Bentele, Eugen:
Ein Zeppelin-Maschinist erzählt.
Meine Fahrten 1931-1938.
Friedrichshafen: Städt. Bodensee-Museum, 1990.

Wachtel, Joachim:
Claude Dornier.
Ein Leben für die Luftfahrt.
Friedrichshafen: Dornier, 1989.

Stark, Max:
Vor 50 Jahren: Weltrekordfahrt
mit Maybach-Motoren.
In: mtu heute 20, 1990, 2, S. 26-29.

Meighörner-Schardt, Wolfgang:
Vor 50 Jahren in Frankfurt:
Das Ende der Zeppeline.
In: Schwäbische Zeitung, Ausg. Friedrichshafen,
26. 5. 1990.

Walser, Harald:
Bombengeschäfte.
Vorarlbergs Wirtschaft in der NS-Zeit.
Bregenz: Vorarlberger Autoren Ges., 1989.

Hetzer, Gerhard:
Industrielle und Techniker im französisch
besetzten Friedrichshafener Raum.
In: Martin Broszat u. a. (Hrsg.): Von Stalingrad zur
Währungsreform. München 1990[2], S. 584-587.

5.3 Gegenwart

Stadt Friedrichshafen, Pressereferat (Hrsg.):
Friedrichshafen im Bild 1989.
Friedrichshafen 1990.

*Stadt Friedrichshafen, Planungsamt
(Hrsg.):*
Bürger und Städtebau.
Friedrichshafen 1989.

Stadt Friedrichshafen, Pressereferat (Hrsg.):
Was macht die Stadt mit unserem Geld?
Friedrichshafen, Gessler, 1989.

*Kath. Gesamtkirchengemeinde
Friedrichshafen, (Hrsg.):*
Kinder in den Kindergärten der
Kath(olischen) Gesamtkirchengemeinde
Friedrichshafen.
Friedrichshafen, (1990).

Claude-Dornier-Schule (Faltblatt).
Friedrichshafen, 1990.

5.4 Kultur

Kunstverein Friedrichshafen (Hrsg.):
Dem Baum Flügel machen . . .
(Dokumentation einer Aktion von Josef
Bücheler 1988 an der Uferpromenade in
Friedrichshafen).
Friedrichshafen: Kunstverein, 1989.

*Tannenhag-Schule (Friedrichshafen)
(Hrsg.):*
Kinder malen Raumfahrt.
Einblicke in das bildhafte und plastische
Gestalten behinderter Kinder. Bilder von
der Tannenhag-Schule für geistig behin-
derte Kinder und der Merian-Schule für
lernbehinderte Kinder.
Friedrichshafen: Tannenhag-Schule, 1989.

Aicher, Julian:
Schnell, dreckig, lustig.
Die Rockband ‚Bellybuttons & the
Knockwells'.
Ravensburg: Direktverl., 1989.

5.5 Teilorte

*Gesellschaft für Geschichte und
Heimatpflege Ailingen-Berg (Hrsg.):*
Auszüge aus der Ailinger
Kirchengeschichte.
Friedrichshafen: Ges. f. Geschichte u. Heimatpflege,
1989.

Schalmeienkapelle (Fischbach):
25 Jahre Schalmeien Fischbach.
Fischbach, 1989.

Stadtplanungsamt Friedrichshafen (Hrsg.):
Stadt Friedrichshafen Rahmenplanung
Kluftern.
Friedrichshafen, 1989.

6. HAGNAU

Dobras, Werner:
Kath. Pfarrkirche St. Johannes Baptist
Hagnau am Bodensee.
2. erw. Aufl.
München-Zürich: Schnell & Steiner, 1989.

Musikkapelle Hagnau (Hrsg.):
Festschrift aus Anlaß des 175jährigen
Jubiläums der Musikkapelle Hagnau.
Hagnau: Musikkapelle, 1989.

7. HEILIGENBERG

Borath, Paul:
Der Heilige Berg im Linzgau
und seine Burgen.
In: Frickinger Heimathefte 2, 1989, S. 50-53.

8. IMMENSTAAD

Immenstaader Heimatblätter 12.
Immenstaad: Heimatverein, 1989.

Budde, Heide:
Von Äbten, Räuberhöhlen und
Schleichwegen.
Ein historischer Rundgang durch den
Ortskern.
In: Immenstaader Heimatblätter 12, 1989, S. 36-47.

Jehle, Gerhard:
Die Eigentümer des Hauses Seestraße Ost
15, 18, . . . West 18.
In: Immenstaader Heimatblätter 12, 1989, S. 53-71.

Trogus, Wolfgang:
Immenstaader Dorfordnung von 1674.
In: Immenstaader Heimatblätter 12, 1989, S. 88-99.

Meichle, Helmut:
Geschichte der Baggergesellschaft
Meichle und Mohr.
In: Immenstaader Heimatblätter 12, 1989, S. 7-16.

9. KRESSBRONN

Kressbronner Jahrbuch 1989:
Beiträge aus Geschichte und Gegenwart.
Kressbronn: Kulturgemeinschaft, 1989.

Steuer, Heiko:
Höhensiedlungen des 4. und 5. Jhs. in
Südwestdeutschland.
In: Archäologie und Geschichte des ersten Jahrtau-
sends in Südwestdeutschland. Sigmaringen: Thor-
becke, 1990, S. 139-205 (S. 166: Lenensburg).

Näher, Ernst:
Der „Engel", der älteste Gasthof
in Kressbronn.
In: Kressbronner Jahrbuch 1989, S. 82-85.

Sachs-Gleich, Petra:
Ortssanierung als Spurensicherung:
Das Haus Kees in der Kirchstraße.
In: Kressbronner Jahrbuch 1989, S. 78-81.

Sachs-Gleich, Petra:
„Verhandelt und beschlossen . . ."
Aspekte der Ortsgeschichte im Spiegel der
Gemeinderatsprotokolle zwischen 1822
und 1914.
In: Kressbronner Jahrbuch 1989, S. 58-74.

Altmann, Gerhard (u. a.):
Zuwanderungen nach Kressbronn und
Langenargen.
In: Kressbronner Jahrbuch 1989, S. 18-24.

Satzer-Spree, Susanne:
Zwischen Friedrichshafen und Lindau
gelegene Bodensee-Riviera.
Fremdenverkehr in Kressbronn –
Geschichte und Entwicklung.
In: Kressbronner Jahrbuch 1989, S. 29-42.

Satzer-Spree, Susanne:
Neue Gesichter und neue Lebensstile in
Hemigkofen-Nonnenbach oder:
Von fremden Einflüssen im dörflichen
Leben.
In: Kressbronner Jahrbuch 1989, S. 13-16.

Soldatenverein 1825 Kressbronn (Hrsg.):
35 Jahre Wiedergründung des Soldaten-
vereins 1825 e. V. Kressbronn a. B.
Kressbronn, 1989.

Baur, Arno:
Die Europawahlen in Kressbronn.
In: Kressbronner Jahrbuch 1989, S. 27-28.

Andritzke, Harald / Lemp, Harald:
Gemeinderatswahl Kressbronn 1989.
In: Landeszentrale für politische Bildung BW
(Hrsg.): 32. Schüler-Wettbewerb '89. Stuttgart 1990,
S. 32-43.

Keller, Peter / Schaugg, Gerhard:
Kulturarbeit in Kressbronn –
Wegbeschreibung und Bestandsaufnahme.
In: Kressbronner Jahrbuch 1989, S. 6-11.

Jahresbericht der Park-Realschule
Kressbronn 1989/90.
Kressbronn: Park-Realschule, 1990.

10. LANGENARGEN

Langenargener Geschichte(n) 4.
Langenargen in alter Zeit.
Langenargen: Gemeinde, 1989.

Schlichtherle, Helmut / Klein, Friedrich:
Die Besiedlung des unteren Schussen- und
Argentals.
In: Langenargener Geschichte(n) 4, 1989, S. 5-22.

Flad, Max:
Landwirtschaftliche Produkte in und von
Langenargen.
In: Langenargener Geschichte(n) 4, 1989, S. 24-30.

Fix, Wolfgang:
Kirchen und Kapellen in alter Zeit.
In: Langenargener Geschichte(n) 4, 1989, S. 40-51.

Liesching, Walther P.:
„Das Wappen der Grafen von Montfort ist
eine rote Kirchenfahne".
Zur Geschichte des Gemeindewappens von
Langenargen.
In: Langenargener Geschichte(n) 4, 1989, S. 52-65.

Klein, Ulrich:
Die Münzstätte Langenargen.
In: Langenargener Geschichte(n) 4, 1989, S. 97-109.

Kuhn, Elmar L.:
„die buren Argen gwunnen".
Langenargen, die Grafen von Montfort
und der Bauernkrieg.
In: Langenargener Geschichte(n) 4, 1989, S. 76-88.

Fix, Martin / Dieck, Margarete:
Von „teuflischen Künsten und Hexerei" –
der Prozeß von 1625 gegen Anna Lohr aus
Argen.
In: Langenargener Geschichte(n) 4, 1989, S. 110-123.

Sachs-Gleich, Petra:
Die Lebensgrundlagen der Langenargener
vor 300 Jahren.
In: Langenargener Geschichte(n) 4, 1989, S. 124-135.

Zodel, Joachim:
Feuerwehr in Langenargen seit mehr als
200 Jahren.
In: Langenargener Geschichte(n) 4, 1989, S. 137-143.

Bürkle, Martin:
75 Jahre Friedenskirche.
100 Jahre (Filial-) Kirchengemeinde Langenargen.
Langenargen: Ev. Kirchengemeinde, 1989.

Rau, Hans:
Aus den Chroniken des
Männergesangvereins „Frohsinn".
In: Langenargener Geschichte(n) 4, 1989, S. 148-153.

Fuchs, Andreas (Hrsg.):
„Der Sozialismus auf dem Marsche".
Das Gründungsjahr des „Sozialdemokrati-
schen Vereins" Langenargen, 1919.
Eine kommunalpolitische Dokumentation.
Langenargen: Müller, 1990.

Gemeinde Langenargen (Hrsg.):
Jahresbericht 1989.
Langenargen, 1990.

11. MARKDORF

Klevenz, Ulrike / Baur, Doris:
„Meine Vorfahren waren Raubritter".
Firma Gaub, Markdorf: Eine Belegschaft
wehrt sich.
In: Neues Nebelhorn, 1990, 1, S. 22-24.

Bildungszentrum Markdorf.
Friedrichshafen: Landratsamt, 1989[3].

Jahrbuch der Realschule am
Bildungszentrum Markdorf 1989/90.
Markdorf 1990.

12. MEERSBURG

Glaserhäusle 11.
Meersburger Blätter für Politik und Kultur.
Meersburg: Glaserhäusle, 1990.

Brummer, Guntram:
Meersburgs erster Kirchenführer.
In: Glaserhäusle 11, 1990, S. 29-35.

Grande, Brigitte:
Gemäldegalerie für Meersburg.
In: Bodensee-Hefte 41, 1990, 7, S. 48-51.

Voith, Christel / Voith, Helmut:
Die Bibelgalerie zu Meersburg.
In: Bodensee-Hefte, 1989, 12, S. 46-51.

Schmid, Hermann:
Meersburg 988-1988.
In: Freiburger Diözesan-Archiv 108, 1988,
S. 475-482.
(Vgl. dazu G. Brummer in: Mitteilungsblatt Meers-
burg 6. 7. 89, S. 11 und in: Glaserhäusle 10, 1989,
S. 12).

Schmid, Hermann:
Das Meersburger Frauenkloster zum
Hl. Kreuz in der Neuzeit (1498-1808).
In: Zeitschrift für Geschichte des Oberrheins 136,
1988, S. 63-128.

Grande, Brigitte:
Vom Webstuhl zur Theaterbühne.
Die Geschichte der Meersburger
Textilindustrie.
In: Glaserhäusle 11, 1990, S. 6-10.

13. NEUKIRCH

Michler, Jürgen:
Ein spätgotischer Credo-Zyklus
am Bodensee.
Neu entdeckte Wandmalereien
in Elmenau.
In: Jahrbuch der Staatlichen Kunstsammlungen in
Baden-Württemberg, 26, 1989, S. 7-46.

14. SALEM

Dillmann, Erika / Schulz, Hans-Jürgen:
Salem.
Geschichte und Gegenwart.
Tettnang: Senn, 1989.

Zahnd, Urs M.:
Zur Wirtschaftsordnung hochmittelalterli-
cher Zisterzienserklöster im oberdeutschen
und schweizerischen Raum.
In: Schweizerische Zeitschrift für Geschichte, 40,
1990, 1, S. 55-66.

Kuhn-Rehfus, Maren:
Die Entstehung der oberschwäbischen
Zisterzienserinnenabteien und die Rolle
Abt Eberhards von Salem.
In: Zeitschrift für Württembergische Landesge-
schichte 49, 1990, S. 123-141.

Salem.
Salemer Hefte 57, 1986/89
Salem: Schule Schloß Salem, 1989.

*Turn- und Sportverein Mimmenhausen
(Hrsg.):*
90 Jahre Turn- und Sportverein
Mimmenhausen.
60 Jahre Abteilung Handball.
Festschrift zum Doppeljubiläum.
Mimmenhausen: TSV, 1989.

15. SIPPLINGEN

Binder, Kurt:
Sipplingen am Bodensee.
Geschichte und Entwicklung.
Ein kleiner Geschichtsführer durch den
Ort.
Sipplingen: Gemeinde, 1989.

Tietzen, Reinhard:
Inventar des Gemeindearchivs Sipplingen.
Friedrichshafen: Kreisarchiv, 1990
(Geschichte am See 33).

Musikkapelle Sipplingen (Hrsg.):
200 Jahre Musikkapelle Sipplingen e. V.
Sipplingen, 1990.

Naber, Gerhard:
30 Jahre Bodensee-Wasserversorgung.
In: Schriften des Vereins für Geschichte des Bodensees und seiner Umgebung, 107, 1989, S. 251-271.

16. TETTNANG

Fuchs, Andreas:
„Kaisers Geburtstag" und „freie Liebe".
Ein Streifzug durch die Frühgeschichte der
120jährigen Tettnanger Sozialdemokratie.
In: Schwäbische Zeitung, Ausg. Tettnang,
14. 7. 1990, Nr. 160.

Tettnanger Bilderbogen 1989.
Tettnang: Stadtverwaltung, 1990.

Heidtmann, Peter:
Laimnauer Bürgerwehr 150 Jahre alt.
In: Schwäbische Zeitung, Ausg. Tettnang, 7. 6. 1990.

17. ÜBERLINGEN

Hagemann, Herbert:
Der Überlinger Krippenaltar.
In: Bodensee-Hefte, 1989, 12, S. 6-11.

Baur, Paul (Hrsg.):
. . . klein, hochmodern, aber hiesig!
Überlinger Gewerbe im Wandel.
Überlingen: Jörg-Zürn-Gewerbeschule, 1989.

DK.:
Bei Kriegsbeginn vor 50 Jahren.
In: Südkurier, Überlinger Zeitung, 1. 9. 1989,
Nr. 201, S. 17.

Wielandt, Friedrich:
Konstanzer Münzprägung in
Überlingen-Goldbach?
In: Schriften des Vereins für Geschichte des Boden-
sees und seiner Umgebung, 107, 1989, S. 191-193.

Keller, Hermann:
Wallfahrtskirche Maria im Stein / Lipperts-
reute.
München (u. a.): Schnell & Steiner, 1989.

18. UHLDINGEN-MÜHLHOFEN

Michler, Jürgen:
Das Gnadenbild Unserer Lieben Frau zur
Birnau.
In: Das Münster 43, 1990, S. 141-150.

Schmid, Hermann:
Die ehemaligen salemischen Besitzungen
Oberriedern und Gebhardsweiler.
In: Freiburger Diözesan-Archiv 108, 1988, S.
311-340.

Schmid, Hermann:
Maurach am Überlinger See.
In: Oberländer Chronik 1989, 365, S. 1-2.

NACHBEMERKUNGEN

Eine vollständige Titelerfassung ist nicht möglich. Bei selbständigen Publikationen wird sie angestrebt. Bei unselbständigen Veröffentlichungen kann nur eine Auswahl geboten werden.

Texte dieses Jahrbuches werden in der Bibliographie nicht nochmals eigens aufgeführt.

Autor/inn/en, Herausgeber/innen, Verlage und Leser/innen werden um Mitteilung einschlägiger Veröffentlichungen an die Redaktion gebeten.

Bildnachweis

Mitarbeiterinnen und Mitarbeiter dieses Buches

1 Alber, Herbert
Friedrichshafen
geb. 1959
Finanzbeamter

2 Alles, Isolde
Überlingen
geb. 1945
Lehrerin, jetzt Hausfrau

3 Assfalg, Brigitte
Meckenbeuren-Kehlen
geb. 1951
Verwaltungsangestellte

4 Aurich, Kerstin
Hagnau
geb. 1958
Dipl.-Bibliothekarin

5 Bachschmid, Fritz
Friedrichshafen
geb. 1941
Ingenieur

6 Barth, Rainer
Friedrichshafen
geb. 1954
Dipl. Verwaltungswirt

7 Bartsch, Christa
Friedrichshafen-Kluftern
geb. 1955
Dipl. Päd. und Leiterin der
Jugendkunstschule Bodenseekreis

8 Baur, Dr. Paul
Radolfzell
geb. 1958
Studienrat

9 Beck, Karl-Heinz
Markdorf-Leimbach
geb. 1949
Bürgermeister

10 Beer, Felix
Markdorf
geb. 1975
Schüler

11 Beer, Franz
Markdorf
geb. 1943
Oberstudienrat

12 Beran, Friedrich
Markdorf-Leimbach
geb. 1934
Studiendirektor

13 Binder, Rotraut
Friedrichshafen
geb. 1946
Hausfrau

14 Brand, Ulrich
Frankfurt
geb. 1967
Dipl. Betriebswirt

15 Bucher, Dieter
Friedrichshafen
geb. 1938
Leiter des Hauptamts im
Landratsamt Bodenseekreis

16 Burger, Oswald
Überlingen
geb. 1949
Lehrer

1 Alber, Herbert   2 Alles, Isolde   3 Assfalg, Brigitte   4 Aurich, Kerstin

5 Bachschmid, Fritz   6 Barth, Rainer   7 Bartsch, Christa   8 Baur, Dr. Paul

9 Beck, Karl-Heinz   10 Beer, Felix   11 Beer, Franz   12 Beran, Friedrich

13 Binder, Rotraut   14 Brand, Ulrich   15 Bucher, Dieter   16 Burger, Oswald

17 Deckner, Allmut
Friedrichshafen
geb. 1967
Erzieherin

18 Degenhart, Peter
Markdorf
geb. 1958
Erzieher

19 Dieterich, Rolf
Leutkirch
geb. 1943
Redakteur

20 Dillmann, Erika
Tettnang
geb. 1919
Journalistin und Schriftstellerin

21 Döhmann, Angrit
Friedrichshafen
geb. 1942
Journalistin

22 Duller, Artur
Tettnang
geb. 1941
Betriebsleiter, Druckerei Senn

23 Fetzer, Christine
Markdorf
geb. 1954
Leitende Erzieherin

24 Ficano, Claudia
Friedrichshafen
geb. 1961
Sekretärin und Hausfrau

25 Franke, Wilfried
Heiligenberg
geb. 1955
Dipl.-Geograph und Leiter
der Stabsstelle
für Kreisentwicklung/Kreisplanung im
Landratsamt Bodenseekreis

26 Friemel, Gudrun
Markdorf
geb. 1974
Schülerin

27 Geiling, Volker
Friedrichshafen
geb. 1942
Journalist und Pressereferent

28 Gertitschke, Kerstin
Markdorf
geb. 1974
Schülerin

29 Grande, Brigitte M. A.
Konstanz
geb. 1960
Leiterin des Städt. Kulturamts
Meersburg

30 Günther, Gudrun
Überlingen
geb. 1936
Lehrerin

31 Hagel, Manfred
Lindau
geb. 1955
Journalist

32 Haupt, Udo
Friedrichshafen
geb. 1943
Fremdenverkehrsdirektor
der Stadt Friedrichshafen

17 Deckner, Allmut   18 Degenhart, Peter   19 Dieterich, Rolf   20 Dillmann, Erika

21 Döhmann,   22 Duller, Artur   23 Fetzer, Christine   24 Ficano, Claudia
   Angrit

25 Franke, Wilfried   26 Friemel, Gudrun   27 Geiling, Volker   28 Gertitschke,
                                                                       Kerstin

29 Grande, Brigitte   30 Günther, Gudrun   31 Hagel, Manfred   32 Haupt, Udo
   M. A.

427

33 Hauser, Hermann
Langenargen
geb. 1941
Schriftsetzermeister

34 Heinzelmann, Kurt
Friedrichshafen
geb. 1927
Studiendirektor i. R.

35 Hofmann, Andrea
Singen
geb. 1956
Kunsthistorikerin im Kulturamt Singen

36 Hofmann, Prof. Hermann
Stuttgart
geb. 1913
Prof. a. D.

37 Hunger, Heinrich
Friedrichshafen
geb. 1934
selbst. Industrievertreter

38 Keferstein, Dr.-Ing. Claus P.
Überlingen
geb. 1952
Leiter Industrielle Bildverarbeitung
und Technisches Marketing,
Automation im Bodenseewerk
Gerätetechnik GmbH, Überlingen

39 Kleiber, Alfred
Karlsruhe
geb. 1911
Rentner

40 Köhler, Tanja
Salem-Beuren
geb. 1974
Schülerin

41 König, Gabi
Markdorf
geb. 1963
Erzieherin

42 Kröschle, Vera
Friedrichshafen
geb. 1965
Erzieherin

43 Kuczkay, Dorothee
Überlingen
geb. 1927
Journalistin

44 Kuhn, Elmar L.
Überlingen
geb. 1944
Kreisarchivar im Landratsamt
Bodenseekreis

45 Lancé, Ulrich
Friedrichshafen
Bildjournalist

46 Lauterwasser, Siegfried
Überlingen
geb. 1913
Fotograf

47 Leser, Rupert
Bad Waldsee
geb. 1933
Fotograf und Bildberichter

48 Leushacke, Christa
Höxter
geb. 1962
Dipl.-Ing. (FH)

33 Hauser,
Hermann

34 Heinzelmann,
Kurt

35 Hofmann,
Andrea

36 Hofmann, Prof.
Hermann

37 Hunger,
Heinrich

38 Keferstein,
Dr.-Ing. Claus P.

39 Kleiber, Alfred

40 Köhler, Tanja

41 König, Gabi

42 Kröschle, Vera

43 Kuczkay,
Dorothee

44 Kuhn, Elmar L.

45 Lancé, Ulrich

46 Lauterwasser,
Siegfried

47 Leser, Rupert

48 Leushacke,
Christa

49 Löderbusch, Wilfried
Markdorf
geb. 1950
Dipl. Biologe und Mit-
arbeiter des B.U.N.D.

50 Mack, Dr. Gerhard
St. Gallen
geb. 1956
Dramaturg am
Stadttheater St. Gallen

51 Mannheims, Jenny M. A.
Markdorf-Kluftern
geb. 1961
Redakteurin

52 Matt, Brigitte
Markdorf
geb. 1938
Kindergartenhelferin

53 Medinger, Wolfgang
Überlingen
geb. 1952
Dipl. oec., Personalleiter
Bodenseewerk Perkin Elmer GmbH

54 Megerle, Andreas
Friedrichshafen
geb. 1961
Dipl. Geograph

55 Miedzianowski, Dagmar
Überlingen
geb. 1947
Kreisoberinspektorin bei der
Stabsstelle Kreisentwicklung im
Landratsamt Bodenseekreis

56 Mohr, Marlies
Wolfurt, Vorarlberg
geb. 1956
Redakteurin

57 Moser, Eva M. A.
Konstanz
geb. 1941
Kunsthistorikerin im Amt
für Geschichte und Kultur im
Landratsamt Bodenseekreis

58 Mouhot, André
Friedrichshafen
geb. 1932
Realschulrektor

59 Näher, Ernst
Kressbronn
geb. 1920
Betriebs-Inspektor i. R.

60 Natter, Alice
Markdorf
geb. 1974
Schülerin

61 Ohlendorf, Peter
Freiburg
geb. 1952
Journalist

62 Rauschelbach, Burghard
Friedrichshafen-Fischbach
geb. 1947
Dipl. Geograph und Umweltplaner

63 Reile, Holger
Konstanz
geb. 1954
Journalist

64 Ritter, Gabi
Markdorf
geb. 1960
Erzieherin

49 Löderbusch, 50 Mack, Dr. 51 Mannheims, 52 Matt, Brigitte
   Wilfried   Gerhard   Jenny M. A.

53 Medinger, 54 Megerle, 55 Miedzianowski, 56 Mohr, Marlies
   Wolfgang   Andreas   Dagmar

57 Moser, Eva M. A. 58 Mouhot, André 59 Näher, Ernst 60 Natter, Alice

61 Ohlendorf, Peter 62 Rauschelbach, 63 Reile, Holger 64 Ritter, Gabi
                Burghard

431

65 Ritter-Kuhn, Dr. Brigitte
Überlingen
geb. 1949
Biochemikerin, Redakteurin

66 Ruf, Stefan
Friedrichshafen
geb. 1971
Schüler

67 Sachs-Gleich, Petra M. A.
Kressbronn
geb. 1956
Gemeindearchivarin im Amt
für Geschichte und Kultur
im Landratsamt Bodenseekreis

68 Satzer-Spree, Susanne M. A.
Konstanz
geb. 1957
Leiterin des Amtes für
Geschichte und Kultur der
Gemeinde Kressbronn

69 Schnell, Helmut
Weingarten
geb. 1943
Stv. Hauptgeschäftsführer der
Industrie- und Handelskammer
Bodensee-Oberschwaben in Weingarten

70 Schultz, Mechthild
Salem-Oberstenweiler
geb. 1972
Schülerin

71 Sommer-Leypold, Rose
Immenstaad
geb. 1909
Malerin und Leiterin einer Pension

72 Staudinger, Gerrit
Markdorf
geb. 1974
Schüler

73 Steinke, Gerd
Oberteuringen
geb. 1971
Schüler

74 Stender, Detlef
Konstanz
geb. 1956
Gemeindearchivar im Amt
für Geschichte und Kultur im
Landratsamt Bodenseekreis

75 Şurdum, Kundeyt
Frastanz
Schriftsteller

76 Sydow, Bianca
Weingarten
geb. 1959
Abfallberaterin im
Landratsamt Bodenseekreis

77 Taubert, Roswitha
Überlingen
geb. 1956
Elektronikfacharbeiterin

78 Theurer, Helmut
Immenstaad
geb. 1955
Dipl.-Ing., Leiter des
Abfallwirtschaftsamtes
im Landratsamt Bodenseekreis

79 Thielke-Resch, Elke
Überlingen-Bonndorf
geb. 1965
Dipl.-Ing. (FH)

80 Trapp, Werner
Konstanz
geb. 1949
Historiker und Publizist

65 Ritter-Kuhn, Dr. Brigitte

66 Ruf, Stefan

67 Sachs-Gleich, Petra M. A.

68 Satzer-Spree, Susanne M. A.

69 Schnell, Helmut

70 Schultz, Mechthild

71 Sommer-Ley-pold, Rose

72 Staudinger, Gerrit

73 Steinke, Gerd

74 Stender, Detlef

75 Şurdum, Kundeyt

76 Sydow, Bianca

77 Taubert, Roswitha

78 Theurer, Helmut

79 Thielke-Resch, Elke

80 Trapp, Werner

81 Urbanzyk,
Michael
Lindau
geb. 1946
Redakteur

82 Wagner, Thomas
Überlingen
geb. 1962
Journalist

83 Wandeff,
Susanne
Markdorf
geb. 1961
Kinderpflegerin

84 Wentzlaff-Egge-
bert, Ursula
Kressbronn
geb. 1937
Grafik-Designerin
und Malerin

Inhaltsverzeichnis